DESDE LAS ENTRAÑAS
DEL MONSTRUO

DESDE LAS ENTRAÑAS DEL MONSTRUO

César Fernando Zapata

2008

DESDE LAS ENTRAÑAS DEL MONSTRUO

A mis padres,
que me dieron la vida.
Y a mi familia,
que me inspira a vivirla.

ÍNDICE

PRÓLOGO

Todo comenzó con un bebé muerto.

Fue a principios de la década de 1990. Yo tenía 24 años, y acababa de ser ascendido a editor de sección en *El Diario* (ahora *Milenio*) de Tampico, mi ciudad natal.

Había recibido fotos sobre un accidente, un choque en carretera que había dejado varias personas fallecidas.

Entre ellas, la de un bebé de entre dos o tres años.

La foto no era horrible, ni impactante. Era más bien triste: Ahí estaba el cuerpecito, tirado sobre un montón de pasto. Más que dormido parecía una muñeca rota, a la que le habían arrancado la magia.

Su madre había llevado al bebé en su regazo al momento del choque. Ella también se había ido.

La foto era como todas las fotografías periodísticas: Eficiente e insensible. "Sólo los hechos", como dicen los periodistas en Estados Unidos.

Pero desde ese día, la imagen se negó a dejarme. Me sigue a todas partes.

Aún hoy recuerdo la escena perfectamente: El niño vestía un overol azul, con una camiseta de manga corta y cuello, unas sandalias diminutas. Se veía un bebé limpio, cuidado y arreglado. Amado.

Cada detalle de la escena me contaba pasajes de la corta vida de ese chiquito. Me imaginaba cómo había comenzado ese día para la familia del bebé. Seguramente con emoción por el viaje planeado, sin saber que sería el último.

(¿Acaso alguien lo sabe?)

La nota periodística, en su fría eficiencia, era muda. La foto con todos sus detalles, en cambio, gritaba una historia.

Me imaginé que la madre se había preparado con anticipación. Habría lavado y planchado la ropa de su hijo (el overol, la camiseta y las chanclitas), y en la mañana, quizá muy temprano, lo había despertado, bañado y vestido con todo el cuidado que sólo las mamás saben.

Pese a ser editor, pese a tener una hora de cierre encima, me impactó más la parte humana del hecho que la periodística. Como persona, me identifiqué con la historia detrás de lo ocurrido; con la gente detrás de los nombres.

Esta tragedia, en todo su horror, me llegó, porque pudo haberle pasado a cualquiera. A nosotros mismos. ¿Quién no ha viajado alguna vez?

Todos nos preparamos cada mañana para salir a alguna parte: Elegimos nuestra ropa, nos alistamos, salimos. Al vestirnos, nunca nos imaginamos que quizá nos estemos poniendo nuestra última ropa.

Las prendas con las que dejaremos esta vida. Con la que saldremos en la foto de los periódicos.

Pese a haber escuchado muchas veces la frase de "los muertos no son cifras, sino seres humanos", hasta ese momento fue cuando lo comprendí de verdad.

Las notas periodísticas cuentan un hecho directo, simple, insensible. Los reporteros que las escribimos casi nunca nos detenemos a pensar que se trata de personas que vivieron, amaron, lloraron. Y un día, sin darse cuenta, se fueron.

Esas historias de personas de todos los días, son las que me interesa relatar. Más que las tediosas, repetitivas y hasta engañosas entrevistas a funcionarios y presidentes.

De ahí nacieron —aunque años después— mis columnas *"Desde las Entrañas del Monstruo"*, las primeras de las cuales este volumen recopila.

Fue en un momento de 2002. Vivía en Dallas, Texas, y tenía varios años como inmigrante trabajando de editor de *El Hispano News,* un periódico comunitario en español.

Yo tenía una visa de trabajo, que iba a expirar pronto. Ya había metido los papeles para obtener mi residencia permanente en Estados Unidos, pero después de los ataques terroristas del 9/11 todo trámite migratorio se había vuelto más difícil y tardado. En un arranque de paranoia, comencé a considerar la posibilidad de que por un error burocrático no me fueran a llegar los papeles a tiempo, y tuviera que regresarme (con todo y mi familia) a México.

Tendría que ir a tocar puertas a periódicos, buscando empleo.

Pero, ¿cómo iba a volver a México, si nadie me conocía?, pensé. ¿Quién me daría chamba, si tenía años fuera del país? Sabía de sobra que en este medio tan saturado, cuentan mucho las "palancas".

La única manera de que me conocieran era que me publicaran. Y como sabía que el 99% de los editores mexicanos le tienen tiña a pagarle a sus columnistas, me propuse a regalarles un artículo semanal sobre lo que mejor conocía: La vida como un inmigrante mexicano en Estados Unidos.

Tema muy taquillero desde siempre, por cierto.

Pero no quería hacerlo desde la perspectiva "docta" de un periodista sesudo, como hay tantos en las secciones editoriales de los periódicos latinoamericanos (y que, de paso, casi nadie lee). Siempre me aburrieron terriblemente los artículos complejos, largos y llenos de politiquería de los editorialistas mexicanos. Para mí, las páginas editoriales sólo las leían los viejitos que no tenían nada qué hacer, más que sentarse en una banca de la plaza. Y los políticos chismosos y "grilleros", que eran los principales protagonistas de esas columnas.

(Cierto, a veces los editoriales los "sazonan" con chistoretes de varios colores. Pero a mí nunca se me dio este arte.)

Cuando emigré a Estados Unidos descubrí que los columnistas norteamericanos tienen un estilo muy distinto al mexicano: Escriben de manera fresca, agradable, amena y hasta graciosa.

Son editoriales que invitan a leerlos, no a dormirse con ellos. Pero no por ello son superficiales, al contrario. Como no queriendo, con una anécdota simpática o hasta irónica, estos columnistas nos preparan para introducirnos a una verdad demoledora: La de sus propias opiniones (con las que uno podría o no estar de acuerdo, pero al menos la experiencia de leerlas es altamente disfrutable.)

Ese tipo de columnas sí me gustaban. Más aún, quedaba tan embebido con su lectura, que las columnas se me acababan y yo quería seguir leyéndolas, encarrerado.

Así fue como me di cuenta que uno perfectamente podía escribir un artículo de opinión sin ser aburrido. Más aún, uno lo podía hacerlo usando el sentido del humor (sin caer en la tentación cuentachistes de periodistas que ya tienen su estilo muy propio).

Por eso me fijé una meta para mis columnas: Nunca serían desde la perspectiva de un "Señor Periodista" (como hay tantos), sino desde la perspectiva de una persona cualquiera, común y corriente.

Después de todo, no soy ningún "periodista famoso". Vamos, después de casi 20 años de trabajar en periódicos (como reportero, diseñador, diagramador, fotógrafo, editor y hasta repartidor), todavía dudo al llamarme un "Periodista". Para mí, la palabra Periodista me inspira el mismo respeto que otras profesiones cuyos términos se han manoseado injustamente, como Artista, Maestro y Escritor.

Yo siempre he insistido que soy un reportero. Y aunque llevo años como editor, nunca me he cansado de escribir, de reportear, de conocer gente.

A fin de cuentas, es por esto por lo que uno entra en la profesión, para reportear. No hay niño que sueñe con ser "editor-gerente" de periódico cuando crezca. Como tampoco hay niños que sueñen ser directores de la NASA en vez de astronautas, o delegados de Seguridad Pública en vez de policías.

No, los niños (y los adolescentes que entran a las carreras de Periodismo y Comunicación) generalmente sueñan con ser reporteros, escritores, entrevistadores. Todos quieren ser caballeros andantes mata-dragones, no reyes en un trono.

Tampoco me considero escritor. Sería más bien, como diría Jorge Luis Borges, un escribidor, un relator. Yo cuento lo que me platican, sin más. Agregándole algo (o bastante) de sabor, de mi manera de ver las cosas.

Por eso, no encontrará usted en este libro referencias, ni bibliografía, ni citas, aunque sí menciono fuentes cuando tomo material de otros lados. Sólo escribo lo que he visto, como un testigo de lo que me ha tocado vivir como inmigrante en Estados Unidos.

Una de las primeras preguntas que me hice al iniciar la columna, fue: ¿A alguien le interesaría leer acerca de mi rutinaria y predecible vida de editor de periódicos?

Pensé que quizá sí, Siempre y cuando relatara cómo es la vida en este país increíble (positiva y negativamente) que es Estados Unidos, desde la perspectiva de un fuereño, de un inmigrante latinoamericano, como lo puede ser cualquiera de nosotros.

Y como de hecho lo son más de 50 millones de inmigrantes que ya vivimos en Estados Unidos. Y aumentando.

A los profesionales de los medios a veces se nos olvida que también somos como cualquier hijo de vecino: Compramos en el súper, llevamos a los niños a la escuela, nos quedamos atorados en el tráfico por horas, nos duele la panza, vamos al cine... Cosas "normales" de todos los días.

Y aunque parezcan situaciones rutinarias, muchas veces resultan por eso mismo muy importantes para cualquiera, si sabemos abrir los ojos.

Pero no soy ningún "iluminado". Mis opiniones podrá usted compartirlas o no, y está bien. Soy, eso sí, afortunado de haber vivido tantos episodios que quizá se me hubieran escapado si me hubiera quedado en mi Tampico lindo y querido, de donde una vez salí.

Mis columnas no son recopilaciones de entrevistas a famosas estrellas ni a importantes presidentes, como a muchos periodistas les gusta publicar. Personalmente, no encuentro ningún mérito que un reportero enliste las figuras que entrevistó: A fin de cuentas es su trabajo, y cualquier persona que sea persistente, puede conseguir los contactos necesarios para contactar hasta al mismo Papa, si se lo propone. Y sin necesidad de ser o decirse "Periodista".

¿Qué caso tiene incluír entrevistas de famosos, que cualquier persona puede leer en internet en cualquier otro medio? Los presidentes, reyes y estrellas no han comentado nada ya que la gente no sepa o se imagine.

Cierto, he sido afortunado en entrevistar gente "importante". Por lo menos, a dos presidentes. Pero a esas personas les han hecho millones de entrevistas, y siempre dicen lo mismo. ¿A quién le interesa leer una más?

En cambio, a mí lo que me importa son las entrevistas con personas comunes y corrientes. Cada uno de ellos tiene una historia interesante que contar, y nunca les dan oportunidad. Tal vez estas personas no sean famosas, pero eso no significa que no sean importantes.

Estas historias son las que me interesa conocer, capturar y conservar. Porque, ¿cuántos de nosotros podemos identificarnos con una entrevista a un ministro o un presidente? En cambio, hay millones de personas que podemos vernos a nosotros mismos en los relatos de la gente común, la que vive en nuestro barrio, en nuestra calle, o la que tiene que emigrar para mejorar su futuro.

Por fortuna, he recibido bastantes opiniones positivas de que mis columnas gustan. (Y no todas esas opiniones provienen de mi mamá, conste.)

Una de esas opiniones fue precisamente la que me llevó a preparar este libro.

Una vez, cuando ya la columna era publicada semanalmente por una docena de periódicos de México y Estados Unidos, recibí un correo electrónico de un lector.

Decía en la entrada: "YA VÁYASE BUSCANDO UN EDITOR".

La columna me había acostumbrado a recibir los peores (y más insólitos) insultos, por eso pensé que ese mensaje se trataba de otra rechifla. Me supuse que el iracundo lector consideraba mis escritos tan horrendos, que exigía que un editor los corrigiera.

Por fortuna me equivoqué. Me sorprendí de que el lector me pedía que buscara un editor de muy buena manera, porque le habían gustado mis artículos y quería verlos publicados en un libro.

¿Publicar mis columnas en un libro?, me pregunté. Claro, en un arranque de egocentrismo, la idea me encantaba. Pero, fuera de mi mamá, mi esposa y mis amigos, ¿habrá alguien que aceptara pagar por leer mis opiniones?

Parece que sí. Incluso algunos lectores me han confesado que recortaban mis columnas, y las guardaban, como un álbum. Uno incluso me contó que puso el grito en el cielo porque un compañero de su trabajo le había tirado su colección de recortes de mis columnas, y me preguntaba dónde conseguirlas.

Esto lo agradezco.Simplemente me propuse a escribir las columnas que me gustaría leer, como lector de periódicos. Y parece que hay quienes piensan igual.

Debo aclarar algo sobre las columnas que aparecen en este libro: Ni son todas las que están, ni están todas las que son. Por cuestiones prácticas y de espacio, no pude incluír todas las columnas que he escrito desde 2002. Las columnas que aparecen aquí son las que a mí más me han gustado. Y están en el único orden que me pareció lógico, que es el cronológico. Mil perdones si alguna columna que usted pensaba encontrar no esté aquí.

Las columnas sólo abarcan hasta medidados de 2005. Si este libro-experimento tiene algún éxito, pienso recopilar las que siguen en otro volumen.

Mis columnas están disponibles ya gratis en internet, en mi blog *http:// www. cesarfernando.com.* ¿Porqué recopilarlas entonces en un libro?

Por dos motivos: Primero, éstas no son exactamente esas mismas columnas que usted leyó en algún periódico hace años, ni las que están en internet. Son versiones revisadas. Lo cual significa que los errores que pude haber cometido al escribirlas originalmente fueron corregidos, y reescribí algunos párrafos que me parecían confusos al reelerlos. En algunas ocasiones inclusive agregué párrafos que en sus versiones originales habían quedado fuera por cuestiones de espacio.

Confieso que algunas de mis opiniones que tuve cuando escribí estas columnas ya no son las mismas ahora —es de sabios cambiar de opinión, dicen. Pero no he alterado el sentido ni las intenciones originales de las columnas. Son las mismas columnas, pero con algunos agregados novedosos. Digamos que los cambios y agregados suman, cuanto más, un 10% del contenido original.

Segundo motivo: Confieso ser un poco chapado a la antigua cuando se trata de leer. Por mucho que me encanta el internet, aún disfruto de agarrar un libro hecho con papel y tinta, y tumbarme en un sillón a gozarlo.

Por eso, esta versión impresa de "Desde las Entrañas del Monstruo" va para esos lectores chapados a la antigua como yo, que aún disfrutan del enorme placer de encender la mente.

Bienvenido a mis entrañas. Adelante.

CFZapata
—Fort Myers, Florida, diciembre de 2007

Los mitos del "sueño americano"

Algunos mitos nos alimentan a experimentar como seres humanos. E incluso a avanzar y progresar.

Pero una vez que logramos llegar a la añorada cima, nos damos cuenta de que el paisaje no se ve tan bonito como pensábamos desde allá abajo.

Lo mismo pasa con el espejismo de vivir y trabajar en Estados Unidos.

Desde nuestros pueblos en México y el resto de Latinoamérica el mito es alimentado por Hollywood y las series de TV. Pero como todos los expertos en opinión pública lo saben, nada es tan efectivo como el relato de uno de los nuestros, que hayan vivido en carne propia el "sueño americano". Como aquellos amigos de la infancia, que una vez se fueron "al norte", y ahora regresan vistiendo ropa de marca, zapatos lustrados y sombreros Stetson. Conduciendo sus "trocotas" de muchos colores, con llantas anchas y el estéreo CD tocando a todo volumen "La Puerta Negra" como para que todo el pueblo se entere.

¿Y qué decir de sus anécdotas de cómo es la vida "del otro lado"?: Que si ganan 20, 30, 50 dólares la hora. Que si todos allá tienen carro "del año". Que si van a un baile o concierto "de los Tigres" dos veces por semana.

¿Y qué decir de las "gringotas"? "Viera compadre, qué viejonas! ¡Pero mujerones, compadre, todas!", no falta quien comente.

Y así por el estilo.

Por supuesto, tales relatos no pueden sino incitar el natural instinto de curiosidad de cualquiera. Y si a eso le agrega la crónica jodidez de muchos de nuestros pueblos en México, la decisión no tarda mucho en tomarse:

"Amá, apá, ya lo he pensado", dice el jovenzuelo, campesino en ciernes, a su humilde familia. "Me voy a ir al otro lado, como se fue Miguel. A hacer dólares. Vieran cuánta lana les voy a enviar".

Los mitos, desafortunadamente, son eso: Mitos. La realidad de Estados Unidos, sin caer en los argumentos manipulados de la izquierda anti-norteamericana, no es leche y miel. El país tiene sus oportunidades, pero también sus problemas. Y enormes.

Veamos algunos de los mitos:

DESDE LAS ENTRAÑAS DEL MONSTRUO

Mito 1: *"En Estados Unidos el trabajo abunda"*.
Falso. Claro, comparado con San Juan de las Tunas, hay más trabajo en Dallas o en Los Angeles. Pero igual uno encuentra oportunidades en Monterrey o Tijuana. Y también más problemas. Actualmente, a causa de la tan mencionada recesión, Estados Unidos apenas sí ha retomado un crecimiento que araña un enclenque 1 por ciento. Pero para esto, en los meses anteriores millones tuvieron que ser despedidos. Miles de negocios de todo tamaño ya se declararon en bancarrota. Y este remolino, causado por las grandes corporaciones, ha arrastrado también a negocios de servicios (restaurantes, hoteles, tiendas), o de mediano tamaño, que es donde nuestra gente se emplea con más frecuencia.

Mito 2: *"La bronca es pasar la frontera. Ya del otro lado todo es más fácil"*.
Falso. Lo fácil (relativamente) es pasar (digo, si uno no se muere en el desierto). A pesar de las cifras alarmantes y verdaderas de las muertes en la frontera que vemos en los noticieros, en número absolutos son más los que logran pasar que los que se mueren en el intento. No, el problema verdadero es llegar a un país extraño, sin saber dónde están las cosas, dónde pedir trabajo, a quién pedírselo. Sin hablar el idioma, sin un lugar donde quedarse. Si a eso se añade no tener dinero, o no conocer a nadie, el cuadro es desolador. No se puede entrar a una tienda y pedir chamba así nomás. Hay que presentar papeles. Y si no se tienen hay que comprarlos. Y si no sabe dónde comprarlos, debe saber que cuestan entre 200 y 500 dólares por un seguro social y una tarjeta de residencia "chuecas". La bronca es que comprarlos es delito federal, y se paga con cárcel, en caso de que lo agarren. Estas personas son candidatos casi seguros a deportación, ya que "La Migra" hace rondines y tiene retenes en todas las carreteras desde California hasta Texas.

Mito 3: *"Yo tengo amigos allá que me van a ayudar en todo"*.
Verdadero o falso (según el caso). Uno puede conocer mucha gente allá, pero si no son familiares, es difícil que lo ayuden a uno en todo. Para las cosas más simples como encontrar trabajo, hay que tener auto (en muchas ciudades de Estados Unidos las distancias no se recorren de otra manera). Y aunque uno tenga amigos, éstos tendrán que darle de comer, alojamiento, dinero, ropa y *"ride"* al trabajo todos los días, por lo menos hasta que junte unos 1, 000 dólares para pagar el enganche de un carrito e independizarse. Lo cual puede tardar de varias semanas, meses o hasta años. Algunos "paisanos" nunca lo consiguen, y continúan viviendo en casas ajenas.

Mito 4: *"Voy a trabajar duro para comprarme mi casa y mi carro, y tener mucho dinero".*

Difícil. No imposible. Hay quien lo ha logrado en un año. Hay quienes llevan años intentándolo, aún con papeles (aquí se incluye este humilde servidor). Ni siquiera muchos gringos lo han conseguido, a pesar de ser ciudadanos americanos y llevar toda la vida acá. Uno debe contar con que por lo menos durante los primeros 12 meses la situación va a ser muy complicada, por no decir crítica. Pasando ese periodo, si el inmigrante logra aguantar, ya puede hablar de proyectos a futuro. Antes de eso, todo es apenas adaptarse, sobrevivir.

Mito 5: *"Estados Unidos ya es como México, con tanto paisano allá. No tengo ni qué aprender inglés".*

Falso. Estados Unidos es un país distinto a México, no importa que "nos hayan robado Texas y California". Eso fue hace más de siglo y medio. Y aunque el Censo calcula una cifra de alrededor de 18 millones de mexicanos viviendo "en el otro lado", hay que tomar en cuenta de que Estados Unidos es una nación con más de 300 millones de habitantes. O sea, más de 300 millones viven, trabajan y hacen negocios en inglés. Si usted quiere esperarse a que todos ellos aprendan español, ya puede ir buscándose una silla para sentarse.

Si alguien quiere de verdad progresar en Estados Unidos, debe aprender el idioma inglés. No hacerlo causa bastantes problemas, hasta para situaciones tan sencillas como pedir una dirección por teléfono.

Mito 6: *"Toda la gente en 'el otro lado' vive bien".*

Falso. La mayoría vivimos de prestado. Todo está hipotecado, empeñado o financiado. Uno trabaja como burro para pagar las deudas. Es cierto, uno gana en dólares... pero también gasta en dólares. La imagen del "gringo" que llega a México gastando dólares sin ton ni son es inexacta: Casi todos estos turistas se echan en dos semanas lo que fueron juntando trabajosamente todo el año. Y regresan a su país a trabajar doble para pagar la endedudada que se dieron por irse a *"Méksiko".*

La realidad es que el nivel de vida en Estados Unidos puede ser bueno, si uno sabe administrarse. La mayoría, desafortunadamente, no lo sabemos.

Mito 7: *"Voy a ir a buscar novia (o novio) allá para formar una familia".*

Si uno no tiene ni en qué caerse muerto, no se van a fijar en él ni las moscas. Para eso no necesita uno irse a Estados Unidos. Cuando uno consigue un empleo, las prioridades cambian, y uno trata de mantener la chamba (o las chambas, si consigue dos). O sea, uno trabaja —si le va bien— de 8 a 12 horas. Entre más trabaje, gana más dinero (acuérdese que pagan por hora). Con esto se entiende que a veces ni tiempo queda para noviar. Y si se consigue un "part-time", o trabajo de medio tiempo, para tener más horas libres, le va peor porque no le va a alcanzar ni para pagar la renta. Mucho menos para andar de galán o galana.

Mito 8 (Para mujeres): *"Voy a tener mi bebé en Estados Unidos para que el gobierno me mantenga y me dé papeles".*

Falsísimo. El gobierno de Estados Unidos no mantiene ni a sus propios ciudadanos. Hay ayudas, sí, pero limitadas, y sólo para quienes son ciudadanos americanos —y califiquen para recibirlas. Si su bebé nace allá, tendrá ciertos derechos como ciudadano. Pero ojo, los tendrá él, no su madre mexicana, la que sería indeseable si es indocumentada. Ha habido casos en que se ha deportado a los padres de un niño ciudadano americano, mientras que al niño sí se le permite quedarse, aunque por ley debe estar a cargo de un adulto. Como no hay otra opción, toda la familia sale.

La residencia o ciudadanía americana no se dá automáticamente por tener un bebé "del otro lado". Para ello, tendría que esperar a que el niño llegue a los 21 años y pida legalizar a su familia, como residentes. Pero para lograrlo, tendrá que comprobar que tiene el suficiente dinero para mantenerlos y que éstos no recurran a pedir ayuda del gobierno.

Mito 9: *"En Estados Unidos no quieren al mexicano, son racistas y anti-hispanos".*

Indistinto. Como dijimos, Estados Unidos es un país de más de 300 millones de habitantes. Uno no puede echar en un mismo saco a tanta gente, con distintas actitudes y personalidades. Sí hay muchos anti-mexicanos y anti-inmigrantes, que nos acusan de todos los males habidos y por haber, pero en general la actitud hacia nuestros "paisanos" es indiferente. Nos tratan igual que a cualquiera. Si uno se comporta correctamente, nos tratan correctamente. Si uno viola una ley, nos meten a la cárcel. Más que racismo, hay un clasismo sutil: Tanto tienes, tanto vales. Pero esto es igual en México (o peor). La diferencia es que en Estados Unidos, si uno es indio, pero con dinero, será Mr. Indio. En México, en cambio, uno nunca pasará de ser "ese pinch... indio".

Mito 10: *"Hay gringotas".*
Verdadero.

—Dallas, Texas, 23 de agosto de 2002

Los verdaderos embajadores
de México en Estados Unidos

Jimmy es cuate. No es mexicano, sino colombiano. Es un periodista de Bogotá que, por cuestiones de superación, se aventó a venirse a Estados Unidos para conseguir "el sueño americano". Como todos.

Coincidí con él varias veces en mi trabajo, y con frecuencia organizábamos tertulias informales en la oficina, cuando se dejaban caer por allí otros amigos sudamericanos, casi todos prófugos económicos de los medios de nuestros países.

Por eso me sorprendió cuando un día, mientras charlábamos, me soltó la frase de sopetón:

"Déjeme decirle, mi amigo (los colombianos se hablan siempre de usted, hasta entre niños), que de verdad usted no parece mexicano".

Mi obvia respuesta fue otra pregunta: "¿Porqué?".

"Bueno, pues porque usted no viste de sombrero ni botas", explicó seriamente, señalándome. "Pero, sobre todo, porque usted sí sabe expresarse bien, es educado, y habla español correctamente".

Mi reacción no fue de agradable sorpresa, sino de simple sorpresa. No sabía si agradecerle el comentario como un cumplido hacia mí como individuo, o sentirme ofendido como mexicano.

Cuando Jimmy vio mi expresión, de inmediato aclaró: "Bueno, usted sabe porqué lo digo".

Lo entendí. Yo quizá no sea el "mexicano típico" que todo mundo espera ver en Estados Unidos. La imagen que abunda allá no es la de los mexicanos urbanos, con título universitario, ciudadanos del mundo global del siglo 21, como nos gusta vernos a nosotros mismos.

Jimmy esperaba que yo usara la frase "ansina mesmamente" para afirmar algo. Que me dejara el bigotote a lo Pancho Villa y anduviera de sombrero hasta en la iglesia. Ah, y que manejara una "troca" (que no "camioneta") de llantas anchas, colores chillantes y con el estéreo a todo volumen con música de tambora.

Lo que más me ofendió es que ni siquiera se esperaba que un mexicano hubiera estudiado más allá de la primaria, o que tuviera un maestro en la escuela lo suficientemente capacitado para haberle enseñado a hablar un "correcto" español.

Otra: Mi amigo Tom, un "gringo" típico de Dallas, encendió la TV de un hotel durante una visita de trabajo que hicimos juntos a la Ciudad de México, algunos años atrás.

De inmediato la pantalla se iluminó con la imagen de una conductora de uno de los noticierillos que TV Azteca mete entre la programación regular.

La joven iba vestida con un saco formal y llevaba el pelo bien peinado, sobre los hombros. Pintado de rubio.

"She doesn't look Mexican!", fue la primera exclamación de Tom. (Traducción: "Ella no parece mexicana".)

"¿Porqué dices eso? ¿Cómo son las mexicanas, según tú?", le pregunte, medio en broma y medio alarmado. Me respondió con un ademán de "tú sabes", más que elocuente.

La respuesta se la leí de la mente. Tom, obviamente, esperaba ver leyendo las noticias de la tele a una mujer de piel muy morena, con trenzas y rasgos indígenas. Si hubiera estado vestida como danzante de la Guelaguetza no le hubiera parecido nada extraño.

Estas imágenes de documental de *National Geographic* que Tom esperaba en la tele no tienen nada de malo, excepto que no representan a a la mujer mexicana típica que uno encontraría en una calle de Guadalajara o Veracruz.

Cierto, muchos mexicanos (casi la mayoría) tenemos rasgos y ancestros marcadamente indígenas. ¿Tiene algo de malo esto? No que yo sepa. Tampoco es que me interese sobremanera, excepto que es una imagen equivocada. Como también lo sería suponer que todas las mujeres mexicanas son como las conductoras de noticieros, altotas, güerotas y sofisticadas, a lo Rebeca de Alba.

Estos incidentes se me quedaron grabados como una reacción típica de un "gringo" promedio, como Tom, o un latinoamericano , como Jimmy. No los culpé, no actuaron con malicia. Las imágenes que tienen son típicas de casi todos los que viven "del otro lado", y a las que siempre recurren mentalmente cuando oyen el término *"Mexican"*. Es una reacción instantánea, irreflexiva.

Aunque mucha gente *"nice"* al sur de la frontera se horrorice, quienes llevan nuestra imagen como nación en Estados Unidos, no son Carlos Slim (el hombre más rico de Latinoamérica), ni Luis Miguel. Tampoco María Félix ni Carlos Fuentes. Ni siquiera Vicente Fox, quien más bien parece presidente de la República Menonita.

No, la "gente bonita", o los representantes de la *"intelligentsia"* quedan totalmente fuera del cuadro cuando al gringo típico se le pregunta cuál es la idea que prevalece de los mexicanos.

DESDE LAS ENTRAÑAS DEL MONSTRUO

Nuestros embajadores más representativos, para bien o para mal, son los campesinos. La gente rústica, la que no tiene educación ni de primaria. La que trabaja en el cultivo, con las manos. La que muestra en su rostro las arrugas y pigmentación de quien labora bajo los rayos del sol día con día.

No sería de extrañarse. La inmensa mayoría de los Mexican-Americans (ciudadanos americanos de origen mexicano) son descendientes de gente humilde. Muchos ya estaban allí antes del Tratado Guadalupe-Hidalgo, pero la mayoría apenas sí llegaron hace algunos años. Y siguen llegando.

Y es que los migrantes que tanto enaltecen los medios cuando muere uno en el desierto, o cuando son ejecutados en Texas, no provienen de San Ángel, Coyoacán o San Pedro, Nuevo León. Provienen de pueblitos —a veces conocidos, a veces perdidos— de Guanajuato, de San Luis Potosí, de Michoacán.

No vienen de *"shopping"* ni a "ver mundo". A duras penas saben dónde está Dallas o Nueva York en un mapa. No vienen a ver lo bonitos que están los *"freeways"* ni a vestir ropa de marca.

Vienen a trabajar.

El inmigrante que los mexicanos del DF o Monterrey quieren ver, sofisticado y a la vanguardia, no se da mucho por estos lares. Aunque debido a la recesión económica, sí ha habido un aumento considerable de migrantes con título universitario y bilingües (no sólo de México, sino de toda Latinoamérica), la aplastante mayoría de los recién llegados son gente rural, con escaso nivel académico, según datos del censo de Estados Unidos 2000.

Las cosas van cambiando, pero muy lentamente. Muchos migrantes mexicanos se han superado. Y lo siguen haciendo. Pero aún son más los campesinos que llegan a diario sin nada, con un muy largo camino por recorrer.

Esa es la imagen que se tiene de los mexicanos en Estados Unidos.

Los gringos todavía no se enloquecen por los discos de Paulina Rubio o Paty Manterola. Tampoco funcionó muy bien el querer meter con calzador a Thalía en el gusto anglosajón, invitándola al programa de Oprah Winfrey. En cambio, quienes sí venden discos a lo bestia son Los Tigres del Norte y Los Tucanes de Tijuana. Es más fácil verlos a ellos en la tele y en los medios como artistas consagrados.

El *"jet-set"* mexicano, ése que nos gusta ver en los reportajes de "El Gordo y la Flaca" o "La Oreja" desde Miami o Beverly Hills, es una élite, y como tal, reducida. Minúscula, diríamos.

Es fantasía y oropel. No realidad. Y creo que, para bien o para mal, los mexicanos "de allá", los que se quedaron, habrían de ir enfrentándolo.

—30 de agosto de 2002

"Mas si 'Osama' un extraño enemigo..."

"Osama se merece un monumento."

La frase la escuché hace algunos meses, y de momento, me sacó de balance. Máxime porque la decía una persona muy querida por mí, en mis recientes vacaciones en México.

A casi un año de los ataques terroristas del 11 de septiembre, la frase volvió a resonar en mi mente.

Por supuesto, ese "Osama" del que hablaba esta persona, no era otro que Bin Laden, el mismo que desde hace doce meses ya forma parte del lenguaje popular.

En Estados Unidos, por supuesto, es odiado. Casi se le equipara al mismo diablo.

Lo interesante es que si uno avanza unos cuantos kilómetros al sur, hacia México, las cosas cambian radicalmente. Osama bin Laden ya no es "tan malo", al menos en varios círculos de izquierda.

Algunos intelectuales en el DF o Guadalajara comienzan a hablar de "matices", "perspectivas" y "contextos" en el asunto de Al-Qaeda y el 11 de septiembre, como para justificar el hecho.

Incluso hay quienes, como ya dijimos en la frase al principio, en alguna plática de café o cantina piden un monumento para el jefe terrorista.

A riesgo de parecer inocente o malinchista, logré articular una pequeña pregunta:

¿Porqué?

"¿Cómo que porqué?", me preguntaban casi exhasperados. "Pues porque Osama se había atrevido a lo indecible: A atacar a Estados Unidos".

A darles una "sopa de su propio chocolate a los gringos".

No sólo eso, sino también a ganarles. A darles una lección en su propio territorio.

Es, pues, un "campeón de los oprimidos". Un "paladín de las víctimas del imperialismo yanqui", me decían.

Por supuesto, si usted viene a Estados Unidos a pedir un monumento para Osama, cuidado. Lo pueden hasta linchar.

DESDE LAS ENTRAÑAS DEL MONSTRUO

Eso si no es que el FBI le pide que pase un ratito a platicar con ellos.

Pero en México todavía hay espacio para el debate. Hay quienes dudan de la culpabilidad de Bin Laden, e incluso quienes lo apoyan ciegamente.

A éstos últimos quiero referirme.

Aunque muchos intelectuales y activistas mexicanos de izquierda me acusen de hereje, ahí les va mi duda: ¿Porqué defender a Osama bin Laden? ¿Cuál es su mérito?

Antes de que me acusen de pro-yanqui, debo confesar que cuando pasaron los atentados terroristas, y se supo que Osama bin Laden estaba detrás de ello, sentí cierto respeto —que no admiración— hacia él.

Me dije: "Aquí está este tipo que se atrevió a lo que ningún ejército en su sano juicio haría: Atacar a Estados Unidos. Al país más poderoso en la historia del mundo. Y no sólo eso: también se atreve a salir en la TV a nivel internacional, reconociendo su responsabilidad y prometiendo incendiar al enemigo yanqui. Prometiendo morirse en la raya por sus ideales".

O sea, el tipo estaba loco, claro: Lo iban a hacer pinole, pero parecía que no le importaba. Yo no estaba de acuerdo con sus ideas, ni con la manera de expresarlas, pero de que el tipo tenía principios, los tenía. Y estaba dispuesto a morir por ellos, no importa lo equivocados que éstos fueran.

Me imagino que esta imagen idealizada echó raíces en México, donde hay muchos que todavía sueñan con una república al margen del vecino del norte, a quien ven como culpable hasta de nuestro fracaso en el Mundial.

Pero no nos engañemos: En México se admira a Osama no por principios. No por motivos reales, no por verdadera filosofía.

No, aquellos que admiran a Osama bin Laden en México y en Latinoamérica, y que se atreven a pedir un monumento, lo hacen por moda. Porque es "chic" llevar la contraria. Porque quieren que todo el mundo note su "independencia" de ideas. Porque es "in" estar contra Estados Unidos.

Quienes piensan así cometen un error enorme. Porque de hecho, nosotros los mexicanos somos quienes menos deberíamos aplaudirle a Osama.

¿Qué tenemos en común con sus ideas? ¿Creemos en el fundamentalismo islámico? ¿Creemos en rezar rumbo a La Meca cinco veces al día?

¿Qué pasaría si en lugar de estar cerca de Estados Unidos, estuviéramos cerca de un Afganistán gobernado por Al-Qaeda? ¿Los intelectuales de café pedirían un monumento a Bush?

¿Aguantarían esos intelectuales vivir en un régimen político donde el modelo no fuera la —aún muy imperfecta— democracia norteamericana? ¿Lo aguantaríamos todos nosotros?

Aunque no nos guste, no nos conviene adoptar actitudes contrarias a Estados

Unidos. A Estados Unidos tampoco le conviene enemistarse con México Estamos demasiado cerca. Lo que le pase a uno, necesariamente va a afectarle al otro, para bien o para mal.

Si a Al-Qaeda se le ocurre atacar a México, ¿quién cree que será el primero en entrar en nuestra ayuda? Rusia no. Ni Cuba, por mucho que lo quiera. Tampoco Francia o España.

No, los primeros que le entrarán al quite serán los gringos. De acuerdo, no por bondad, sino por saluda propia. Porque si en México ocurre una catástrofe, necesariamente va a afectar la zona fronteriza de Texas, Nuevo México, Arizona y California. Si no es que más.

Pero de que le entrarían, le entrarían.

Igual a nosotros: Si un ataque químico, biológico o nuclear asuela a Estados Unidos, los primeros en sufrir los efectos seremos los mexicanos (de aquí y de allá). México tendrá que enviar ayuda, o cerrar la frontera para evitar contaminación, lo que será prácticamente imposible. Tamaulipas, Nuevo León, Coahuila, Chihuahua, Sonora y Baja California se verán inundadas de refugiados o infectados, con los consiguientes efectos.

(Eso sin mencionar la hecatombe financiera que acarrearía la interrupción de remesas de los paisanos hacia el sur.)

Si Estados Unidos cae (o desaparece, o queda anulado), y lo sustituye el fundamentalismo islámico como el nuevo super-poder mundial, ¿qué pasará con México? ¿Aceptaremos vivir en ese nuevo orden mundial? ¿Nos volveremos musulmanes, o estaríamos dispuestos a sufrir en vez de renunciar a nuestra fe? ¿Aceptaríamos las órdenes de nuestro nuevo régimen, que seguramente prohibiría a las mujeres trabajar, prepararse, educarse? ¿Las mujeres aceptarían abandonar su atuendo normal para adoptar el vestido hasta los tobillos, con el velo que solo les dejen los ojos al descubierto?

¿Qué pasaría con Rosario Robles o Rosario Ibarra de Piedra? ¿Seguirían en sus papeles políticos, o serían destituídas y enviadas a cuidar a sus hombres?

¿Y Lolita Ayala y Adela Micha?

¿Y qué me dicen de Lorena Herrera? ¿Sería latigueada en una plaza pública por conducta indecorosa?

¿Aceptaríamos gustosos renunciar a la democracia, en favor de una monarquía teocrática, hereditaria y militarizada, como ocurre en virtualmente todos los países musulmanes? ¿Quiénes serían nuestros nuevos "líderes"? Eso no importaría, porque igual no podríamos contradecirlos, ni mucho menos criticarlos: Si lo hacemos, no faltaría un nuevo Ayatollah mexicano que... vaya usted a saber qué castigo nos impondría.

Osama no fue un héroe. Lo que hizo fue prometer a todo mundo estar dispuesto de morirse "en la raya". Se exhibió en CNN, y gozó de sus quince minutos de fama. Esta actitud sorprendió a muchos. Incluso Estados Unidos le tuvo miedo, no a su casi inexistente poderío, sino a su imagen: Funcionarios del Pentágono reconocieron que no sabían qué harían en caso de encontrar a Osama. No se atrevían a detenerlo, porque lo harían héroe, y mucho menos lo podían matar, porque lo harían mártir. Se habló incluso de dejarlo ir, porque ya fuese preso o muerto, era un peligro moral para el prestigio de Estados Unidos.

Pero no hubo necesidad de preocuparse. Osama no estuvo a la altura de las circunstancias: A la hora de los trancazos, ¿qué hizo? Esconderse. Salir corriendo. Se metió en sus cuevas y no salió. No quiso dar la cara. No quiso estar a la altura de sus ideales.

Ah, pero eso sí: Envió como carne de cañón a un montón de soldados desarrapados, con armamento ruso de los setentas, con sus ideales como único escudo. Ellos sí estaban dispuestos a morir por sus ideales. A morir por Alá.

A morir por Osama.

¿Y Osama? Escondido. Sacando sus millones de las cuentas de Nueva York (hay que recordar que el tipo está "forrado". Decir que es un burgués le quedaría chico).

¿Es este tipo de gente la que merece un monumento?

Como mexicano, creo que nuestras aspiraciones deberían estar puestas en Estados Unidos. No para ser iguales que ellos (los "gringos" distan mucho de ser perfectos: Adolecen de muchísimos problemas y de espantosos defectos, como ya todos sabemos), sino para ser mejores.

Y a esto no es descabellado aspirar. ¿Quién hubiera pensado que un país pequeño y pobre como España iba a ser miembro un día de una Europa próspera y pujante, con un nivel de vida similar a Francia y Alemania?

Es allí donde está nuestro futuro. No en Afganistán.

—7 de septiembre de 2002

Ese país hispano llamado
United States of America

Cuando llegué a Estados Unidos, hace unos pocos años, una de las diversiones favoritas de la familia era ir a rentar películas.

En nuestro vecindario, hay un Blockbuster (como parece que hay en todos los vecindarios de Estados Unidos. Son como hongos). Cuando llegábamos a estas tiendas nos íbamos derechito a los anaqueles de películas subtituladas al español. Nuestra condición de recién emigrados así lo exigía.

En ese tiempo, sólo había una selección limitada. Casi puras películas de catálogo, o algunos filmes de Mario Almada que por alguna peregrina razón se habían colado en el catálogo de la cadena de videos (quizá algún "genio" de Blockbuster pensó que esa clase de películas eran cine de arte en México).

O sea, habían pocas películas, pero habían.

Hoy en día, cuando voy al Blockbuster, me doy cuenta de que ese insignificante anaquel de películas en español, ya se ha convertido en seis áreas completas. Y no sólo títulos de Mario Almada, sino de Harrison Ford, Tom Cruise y Russell Crowe. Es decir, son los mismos estrenos que salen en inglés, pero doblados o subtitulados al español.

Por otro lado, siempre que llamo por teléfono a mi banco, el sistema automatizado me pregunta si quiero ser atendido en inglés o en español. Igual opción me da la bomba de gasolina en la estación de la esquina, o cuando llamo a la compañía telefónica para quejarme de un recibo estratosférico.

El otro día iba manejando cuando vi que el letrero de una calle de Dallas estaba siendo cambiado. Yo siempre la había llamado a esa calle "Manana Road", porque así estaba escrito. Cual fue mi sorpresa de ver que los trabajadores municipales se habían tomado la tarea de subirse y agregarle un tilde a la "n". Entonces supe que la calle se llamaba "Mañana Road". Ahora todos los periodistas de TV y radio en inglés la pronuncian así, mañana. Igual que en español.

Y esto ocurre aquí, en Dallas, en pleno corazón de Texas. Hoy, en el Estados Unidos del siglo 21.

DESDE LAS ENTRAÑAS DEL MONSTRUO

¿Qué está pasando?

Nada, que el español está tomando carta de naturalización en Estados Unidos. Más rápido de lo que a muchos gringos les gustaría.

Estados Unidos, dicen muchos críticos, se está convirtiendo rápidamente en una nación bilingüe, como Canadá. Yo no lo creo así: Estados Unidos YA ES una nación bilingüe, de hecho.

Y a diferencia de Canadá, el cambio no ha sido impuesto desde arriba, por los políticos, sino que se ha dado de manera natural, casi como algo normal. De las bases, hacia arriba.

No sería de extrañarse. De hecho, el español fue el primer idioma europeo que se habló en territorio norteamericano. Los primeros en llegar fueron los españoles, mucho antes del tan reverenciado arribo de los peregrinos del *Mayflower.*

Pero el asunto no cae de la gracia de muchos norteamericanos: Mientras que en México hay puristas que se rasgan las vestiduras en cada esquina ante el riesgo de que el español sea invadido por el inglés, en Estados Unidos pasa lo mismo, pero al revés. Cada vez más y más gringos se horrorizan cuando ven letreros en español, cuando el gobierno les envía una carta oficial equivocadamente en español. O cuando entran a una tienda y se dan cuenta de que el dependiente (que casi siempre se llama José) no sabe más inglés que *"Hello".*

Ya se han creado asociaciones contra la invasión del español. Y no hay pocos que vaticinan —equivocadamente— la desaparición del inglés en muchas partes.

En Los Angeles la situación es increíble: En todas las encuestas de audiencia, siempre sale como ganador absoluto el canal local de la cadena hispana Univisión. Muy por encima de las venerables ABC, CBS y NBC.

En Texas una población fronteriza (un ejido llamado El Cenizo) ya declaró que todos los actos oficiales y documentos de la municipalidad se realizarán en español. Si alguien quiere una traducción en inglés tendrá que solicitarla por escrito, y esperar dos días a que se le entregue.

Si uno entra a foros de opinión en internet, verá que cada vez son más los norteamericanos se sienten todo esto como una auténtica invasión silenciosa, y exigen a gritos al gobierno hacer algo al respecto.

Pero todo esto son exageraciones. Ni el español va a desaparecer, ni el inglés va a ser barrido. Ambas son dos lenguas lo suficientemente maduras, y sobre todo, lo suficientemente expandidas como para tener garantizada su supervivencia.

Aunque muchos intelectuales mexicanos se horroricen, es inevitable cierta influencia. Ambos idiomas están demasiado cerca uno del otro. Y ni el poderío de Estados Unidos garantiza su preeminencia sobre el español, porque aunque el mundo anglo sea una potencia económica y militar, por el otro lado nosotros, el mundo hispano, somos una potencia cultural.

Y todos (hasta los gringos) reconocen esto.

Muchos grupos de extrema derecha protestan. Exigen que se apliquen leyes para declarar oficial al inglés. Añoran el Estados Unidos de los años cincuentas, que ya hace mucho tiempo que desapareció. En buena medida gracias al español. (De los mexicanos y centroamericanos, claro, no de los españoles).

Todo esto nos gusta presumirlo en charlas de sobremesa a nosotros los mexicanos. Pero la realidad es que esta situación nos perjudica. A nosotros, no a los gringos.

Cuando regresamos a México de vacaciones, o para vivir otra vez definitivamente, una de las primeras preguntas que nuestros paisanos nos hacen es: "Bueno, y a todo esto, ¿ya aprendiste inglés?"

Suena lógico. Si yo voy a Tampico, mi ciudad, de vacaciones, lo normal sería saber si fui a comer jaibas. O si voy a Monterrey me preguntarían si probé el cabrito.

Si voy a Estados Unidos a vivir, lo mínimo que esperan de mi es haber aprendido inglés, ¿verdad? Es normal. Si vives rodeado de gringos, algo se te pudo haber pegado. De perdido el idioma, o algunas frases sueltas.

El problema es que muchos mexicanos (la mayoría, diría yo, quizá el 80 o el 90 por ciento) respondemos que no. Que no aprendimos inglés.

Aunque parezca irónico, muchos paisanos pueden haber vivido meses o años en Estados Unidos, y nunca haber aprendido una palabra de inglés.

Hay casos patéticos de personas que llevan toda una vida "del otro lado" (es decir, 25 ó 30 años) que se las han arreglado para no saber nada de inglés. Y lo presumen como si fuera una hazaña.

Pero no lo es. Al contrario, la incapacidad o falta de deseo de nosotros para aprender inglés en Estados Unidos es una de las barreras que mantiene a nuestra gente al final de la escala social de ese país.

Por supuesto, existen mexicanos que han aprendido inglés, a distintos niveles. Pero no podemos decir que son mayoría.

¿Porqué el mexicano en Estados Unidos se resiste a aprender inglés? Claro, no es una tarea fácil. Cualquiera puede justificarse diciendo que es un inmigrante adulto que nunca ha aprendido idiomas. Pero esto no es motivo real, pues hay otros muchos inmigrantes que vienen de otras partes del mundo que sí lo aprenden: Adolescentes, adultos y hasta personas mayores de Asia y Medio Oriente colman las clases de inglés como segundo idioma.

Y para ellos la labor es mucho más difícil. Son personas que vienen de culturas con alfabetos totalmente distintos al latino, con sonidos extrañísimos e idiomas con estructuras totalmente opuestas a las lenguas europeas.

Y sin embargo, aprenden inglés.

Quizá la culpa de todo esto la tenga la enorme penetración del español. Y los perjudicados, como dije, somos nosotros.

¿Qué nos hace falta a algunos de nosotros, migrantes mexicanos, que no aprendemos inglés? Los idiomas son cultura. Son un arma para mejorar.

Aunque parezca extraño, a los mexicanos nos pasa lo que a la mayoría de los norteamericanos: No sentimos la necesidad de aprender otro idioma, por la simple razón de que estamos rodeados de gente que habla nuestra propia lengua.

Cuando nos instalamos en Estados Unidos, los mexicanos tendemos a meternos a un "ghetto" particular: Vivimos en vecindarios rodeados de mexicanos. Compramos en tiendas de productos mexicanos. Trabajamos con mexicanos. Vamos a fiestas de mexicanos. Vemos televisión en español (Univisión y Telemundo).

De hecho, una reciente encuesta del Censo 2000 en Estados Unidos, determinó que entre el 60 y 70 por ciento de los más de 35 millones de hispanos en este país, prefieren hacer su vida en español, aunque muchos de ellos hablen inglés.

Si esto sigue así, a la larga, vamos a ver la existencia de dos países dentro de un mismo Estados Unidos: Uno angloparlante y protestante, y otro latino y católico. Totalmente alejados uno del otro.

Los hispanos vamos a ser mayoría, pero apuesto a que los gringos van a seguir siendo la minoría dominante, con los mejores salarios y los mejores puestos.

Claro, a menos que nos pongamos listos y tratemos de competir con ellos de igual a igual. Hasta en el inglés.

—27 de septiembre de 2002

¿Conviene a México anexarse a Estados Unidos?

Muy bien, lo admito, el titulito de esta columna pudo haber atragantado a más de uno que se desayunaba con este periódico. Seguramente no faltaron quienes dejaran su café o su pan de dulce, se levantaran de la mesa indignados e hicieran pedazos la página. Eso si no es que ya tomaron el teléfono para reclamarle al editor por publicar estas "estupideces".

¿México, nuestro lindo y querido, anexado, unido, absorbido a Estados Unidos? Bueno, reconozco que la idea se lee cataclísmica en el papel. La peor pesadilla perredista, izquierdista, anti yanqui.

Pero no es una pesadilla. Tampoco un paraíso. Es una idea, nada más. No mía, ni surgió ayer. Aunque parezca mentira, esta idea ya es vieja. No estoy inventando el hilo negro. Me he topado con algunos sitios en internet que promueven esta propuesta abiertamente (incluso hubo un partido político en Tijuana creado años atrás con el único propósito de lograr esta meta).

La anexión forma parte de una corriente que viene desde hace tiempo, y que todos —absolutamente todos— los mexicanos la hemos pensado en algún momento de nuestra vida: en alguna conversación de café, en alguna discusión política en el aula, en algún programa de radio. Ya sea por estar a favor o en contra de ella. Temiéndola o deseándola.

Se trata de una idea descabellada, me dirían. Espantosa. Irreal. Ilusa. Horrenda. Inimaginable.

Pero no, no lo es. Es una idea. Punto. No estamos aquí para promoverla o ridiculizarla, sino para discutirla. Como toda idea, tiene pros y contras, y cualquier persona inteligente, por lo menos, aceptaría discutirlos.

¿Qué le pasaría a México si decide unirse a Estados Unidos? ¿Sería bueno para nuestro país? ¿Malo? Claro, en todo hay cosas buenas y malas, pero en este caso, ¿las cosas positivas superarían a las negativas?

DESDE LAS ENTRAÑAS DEL MONSTRUO

Como son de sobra conocidos los puntos en contra de esta idea, me permitiré analizar los puntos a favor, que quizá también los haya.

La principal crítica a la idea es que México termine siendo una colonia subyugada a Estados Unidos. Es una idea abstracta y confusa. ¿Qué significa 'subyugado'? En la práctica, hay que reconocer que México ya está subyugado a Estados Unidos, aunque insistamos en negarlo. Y si no es al gobierno de Washington directamente, sí a las grandes corporaciones financieras (gringas). México vende el 80% de todo lo que produce a EEUU. ¿Qué más colonialismo se quiere?

Ahora bien, el término "colonia" es muy espinoso políticamente entre los americanos. Casi igual que "esclavismo", "fascismo" o "racismo". En caso de anexión, los primeros en negar rotundamente el colonialismo serían los propios norteamericanos. Porque no va con su filosofía política actual. Porque correrían el riesgo de ser tachados de retrógradas a nivel mundial. Porque se autonombran campeones de la justicia y el ser imperialistas "ya no queda". Por esto, no se atreverían a convertir a México en una colonia. Al menos no abiertamente.

Tampoco sería un "Estado Libre Asociado", como Puerto Rico. Las condiciones políticas e históricas que lograron crear esa figura en la isla boricua ya no se repetirían fácilmente. Y México no tiene el tamaño de Puerto Rico. Tendría que inventarse un nuevo concepto, para que el trato fuera entre México y Estados Unidos —al menos en teoría— de igual a igual.

O sea, se buscaría formar una especie de confederación, como la que tiene Rusia con las ex repúblicas soviéticas. Una Federación Norteamericana, o algo así, donde todos los miembros (quizá incluída Canadá) tuvieran voto y voz iguales, para contrarrestar el enorme peso de Estados Unidos.

Es decir, cada nación tendría sus propias leyes, sus himnos y banderas, pero al izar el lábaro tricolor o la *"Old Glory"* de las barras y estrellas, también se haga lo mismo con la bandera de la Federación, como se hace en Europa.

¿Qué pasaría entonces? ¿Los mexicanos tendríamos chance de fronteras abiertas? ¿Viajar a buscar trabajo donde nos diera la gana, de los ríos Usumacinta y Suchiate "pa'arriba"? ¿Acceder al mercado laboral más grande del mundo? De esta manera, cualquier mexicano que viva, digamos, en Cuernavaca, y que no encuentre chamba, podría si quiere, irse a trabajar a Nueva Orleans, donde quizá le espere un empleo mejor pagado y con mayores perspectivas.

Cada país proveería lo que le sobra: Canadá, los recursos naturales, Estados Unidos el capital y nosotros la mano de obra (no solamente corporal, sino también intelectual, que la hay).

Y aunque no lo crean, hay miles de norteamericanos ansiosos por poder irse a México a vivir permanentemente, en su mayoría jubilados. Para ellos, México ofrece todo lo que Estados Unidos no tiene: Clima agradable, ambiente relajado, cultura ancestral y una vida relativamente más barata. La mayoría de ellos ya decidieron que sus restos descansarán al sur de la frontera.

Un temor que se tiene en caso de una anexión es que el poderío militar norteamericano acabe controlando todo. Ver *"marines"* custodiando las fronteras horrorizaría a más de uno, y es comprensible. Pero para evitar esto se buscaría una coordinación con los ejércitos de los tres países, como se hizo con la OTAN. Tanto Canadá, como México están interesados como Estados Unidos por evitar que se cuelen terroristas (un atentado en El Paso necesariamente afectaría a Ciudad Juárez). En este sentido, un tratado así tiene lógica. Defendería no solo a Estados Unidos, sino a toda Norteamérica.

Los opositores a todo esto dicen que Estados Unidos dice una cosa y hace otra. Y tienen razón. Aseguran que Estados Unidos pudiera rechazar el término "colonia" por cuestiones retóricas, pero en la práctica, si se requiere, es capaz de cambiar de opinión, e invadir cualquier país en su beneficio, pisoteando sus leyes e instituciones. Incluso a México.

Pudiera ser. La historia de Estados Unidos está llena de estos ejemplos. Pero los gringos nunca han "invadido" Dakota o Wyoming. Y nunca los "invadirían" porque *SON* Estados Unidos. Sería inútil y hasta estúpido. Por eso, un México "asociado" o "anexado" evitaría una invasión militar yanqui si antes elabora los mecanismos para hacerla inexistente, como por ejemplo, establecer un ejército común, federado.

(Para dar un ejemplo más parecido, Estados Unidos no "invadiría" nunca la ciudad con más mexicanos fuera del DF, que es Los Ángeles.)

Es decir, ni a México le convendría enemistarse con la Casa Blanca, ni a Estados Unidos le convendría enemistarse con Los Pinos. Sería como si usted tomara un cuchillo y se obsesionara con la idea de enterrárselo en una mano: Sería autodestructivo.

Por otro lado, México no correría el riesgo de perder identidad cultural, como se teme. México tiene un poderío cultural tal, que le hace los mandados todo lo que Hollywood pueda recetarle. Es gracioso ver como, mientras los intelectuales en México se la pasan dando la voz de alarma del "peligro" que corre la identidad cultural mexicana ante la cercanía con los gringos, en Estados Unidos las tendencias mexicanas en la comida, música, costumbres y hasta el idioma español ya están arraigadas desde hace años, y todo mundo lo ve como algo natural, y hasta como moda.

Pero me dirán, "es que hay casos como Puerto Rico, que ya no quiere ser parte de Estados Unidos, porque se siente una colonia". En realidad, la mayoría de los puertorriqueños no quiere separarse de Estados Unidos. Ya han hecho varios plebiscitos para preguntarle a la población su sentir al respecto, y en todos ha ganado el estatus actual, de "Estado Libre Asociado". Ni siquiera el anexarse como estado número 51 ha tenido tantos votos. Y la independencia ni se diga: Los que la apoyan no son mayoría. Ahora con el asunto de Vieques parece que la tendencia favorece un poco más la separación, pero no se espera que cambie mucho la situación actual. ¿Porqué? Porque a los puertorriqueños le conviene. Porque nacen con ciudadanía americana, tienen pasaporte gringo y pueden viajar a Estados Undos a trabajar, con todos los derechos de los anglosajones. Y además porque el gobierno americano daba exenciones fiscales a las empresas que se instalen en Puerto Rico. Y porque no pagan impuestos federales. Y porque pueden votar por sus gobernantes. (Si se convirtieran en un nuevo estado, tendrían que pagar impuestos federales, lo que no les cae en gracia).

Otro mito: En un país anexado, los mexicanos vamos a ser "ciudadanos de segunda", pobres y sin las oportunidades de un gringo. Mi experiencia (poca o mucha) viviendo en Estados Unidos me ha dicho lo contrario. Uno es pobre por diversos factores fuera de nuestro control, pero no porque haya una oscura oficina de burócratas en Washington obsesionados con mantener a los mexicanos sojuzgados. Uno es ciudadano de segunda si así lo decide. De hecho, actualmente nuestra gente migrante en EEUU es pobre en buena medida porque no tiene los papeles para trabajar legal. Y muchos jovencitos terminan en trabajos menores debido a que carecen de oportunidades para becas o apoyos para estudiar una carrera. Todo esto cambiaría si se tienen las mismas oportunidades como ciudadanos americanos (o de una confederación mayor que incluya a EE.UU. y México).

Actualmente hay méxico-americanos ("chicanos", hijos de mexicanos) que han destacado tanto o más que los anglosajones, porque supieron aprovechar las ventajas de ser ciudadano americano.

¿Que han habido casos de discriminación? Por supuesto. Pero uno puede hacer dos cosas: O sentirse mal y deprimido por esto, o salir a la calle, sobreponerse y gritarlo a los cuatro vientos para hacerse víctima. A los medios gringos les encantan estas noticias del mexicano o el negro víctima del racismo de un anglo perverso.

Un "chicano" me dijo una vez una frase que nunca se me ha olvidado, con respecto a Estados Unidos: "En este país, si estudias y nunca te callas la boca, llegarás muy lejos". Él lo sabía por experiencia. Nunca se calló la boca. Cuando alguien mostraba el más mínimo deseo de discriminarlo, él de inmediato levantaba la voz y exigía ver al supervisor. Hacía valer su fuerza como minoría étnica y ciudadano americano, en el país donde todos se jactan de igualdad. Y llegó muy lejos.

Hoy en día, el poder económico de los 18 millones de mexicanos que vivimos en Estados Unidos duplica el de los 100 millones que se quedaron al sur del Bravo. ¿Es esto una ventaja, o desventaja? ¿Sería aplicable en caso de una anexión, o asociación más completa con el Tío Sam?

Otro temor que se tiene es que, dandose el caso de la anexión, los gringos "se aprovechen" de México. O sea, que ellos saquen ventaja a costa nuestra. Pero la situación, hoy en día, ya es de por sí ventajosa para ellos. Ellos tienen el dinero. Tienen los recursos. Tienen el poderío militar. Y eso lo consiguieron en 200 años de historia. Nosotros nunca hemos tenido nada de eso, a pesar de tener 3 mil años. Solo nuestro orgullo nacional y patriótico (lo que no tendríamos porqué perder).

O sea, ya ahorita nosotros no tenemos ninguna ventaja. En cambio, como ciudadanos "norteamericanos" (no necesariamente de "Estados Unidos" sino de esa parte Norteamericana llamada México) tendríamos todas las ventajas que esto implicaría, al igual que los Smith o los Jones. Al menos ante la ley.

Una propuesta así no sería simple. La posible anexión de México a Estados Unidos tendría primero que pasar sobre un obstáculo que nos parece increíble: La autorización del Congreso en Washington. Y aunque los mexicanos no lo creamos, allá la idea no sería tan bien recibida por todos. ¿Porqué? Muy sencillo. Pongamos el ejemplo de Puerto Rico: Si el día de mañana, los puertorriqueños votan en favor de convertirse en el estado 51, deberán ir al Congreso y solicitar oficialmente su ingreso como estado, lo que deberá votarse entre los legisladores. Y hay muchos que temen aceptar un estado donde se habla español y no inglés, ya que sentaría un precedente que agravaría el conflicto en otros estados donde ya se debate oficializar el inglés ante el fuerte embate del español (como en Texas y California). Es decir, si Estados Unidos acepta un estado hispano, ¿porqué no dos, o tres, o diez? Y esto no le caería muy bien a muchos.

Además, Puerto Rico como estado de la Unión permitiría a sus ciudadanos votar en las elecciones federales (lo que no pueden hacer ahora, a menos que cambien su residencia a EE.UU.). Serían 3 millones de personas que de golpe se unirían al ya de por sí fuerte bloque de votantes hispanos, lo cual podría desequilibrar la balanza en las elecciones federales. Sería el inicio (oficial) de la hispanización del país.

Ahora, esto es Puerto Rico. 3 millones de habitantes. Un mar de distancia. Imagínense lo que ocurriría con México, con 100 millones de habitantes y 10 mil kilómetros de frontera común.

100 millones de nuevos votantes potenciales que podrían decidir entre un presidente anglo, republicano, demócrata... o hispano. 32 nuevos estados que podrían elegir congresistas y senadores (como a cada estado le tocan dos senadores, a los mexicanos nos tocarían mínimo 64 senadores de un total de 164 escaños, o sea casi mayoría legislativa). Eso por no mencionar los cientos de congresistas federales, quienes junto con senadores y votantes mexicanos podrían decidir si autorizar o no el español como lengua cooficial de la "Unión". Y que más de una vez podrían cambiar las políticas de Washington a su favor.

Si esto pasa, los candidatos que quieran ganarse el favor de los electores deberían hacer campaña no solo en Wisconsin o Minnesota, sino también en Oaxaca y Sinaloa. Y el PRI, PAN o PRD podrían abrir comités locales en Los Angeles o San Antonio para lanzar candidatos, depende de cómo se estructure esto.

Sería, en fin, el objetivo del actual gobierno foxista: "Borrar la frontera".

Y esta idea, claro, ha causado horror y espanto entre los políticos nacionalistas... de Estados Unidos

(¡La pesadilla de un Tom Tancredo o un Pat Buchanan!)

Pero no se me preocupen, nacionalistas mexicanos: Pueden dormir tranquilos. Como podemos ver, la idea de que México se anexe a Estados Unidos es un sueño guajiro. Y nunca será realidad precisamente porque los gringos serían los primeros en oponerse.

—4 de octubre de 2002

"El paisano feo"

Todos los hemos visto, en alguna u otra ocasión: En aeropuertos, en estaciones de autobuses, en los cruces fronterizos con Estados Unidos.

Son mexicanos como nosotros. Son "paisanos". La única diferencia con los mexicanos "de México", es que estos "paisanos" viven y trabajan en Estados Unidos.

Y se comportan como amos del mundo.

Son fáciles de identificar, una vez que abren la boca: Son prepotentes, quieren cesar a todo el mundo que se les cruza delante y se la pasan quejándose de porqué México no se parece más a Estados Unidos.

En los cincuentas, un libro causó sensación en Estados Unidos. Se titula *"The Ugly American"* ("El americano feo"), y relata las actitudes negativas que algunos estadounidenses tienen cuando salen al extranjero: Se vuelven criticones, se quejan en voz alta y de manera grosera si se dan cuenta de que las cañerías del agua no se parecen a las de Chicago o Los Ángeles.

Ese estereotipo ha calado tanto entre los norteamericanos, que cualquiera de ellos que se comporte así es de inmediato indentificado como un "americano feo". Hasta sus propios compatriotas huyen de ellos, por sus actitudes cerradas e intransigentes respecto a lo que les es ajeno.

Desafortunadamente, y a pesar de lo mucho que a nosotros los mexicanos nos gusta criticar a los gringos, también tenemos nuestra versión de estos "americanos feos". Llamémosles "los paisanos feos".

"Llegan con aires de prepotentes, nos gritan y nos insultan", recordaba un agente aduanal mexicano en la frontera con Matamoros, mientras platicaba sobre sus experiencias con los "paisanos feos". "Se ofenden si les queremos revisar el equipaje, no aceptan pagar impuestos, y de plano son molestos".

—Hay que recordar que muchos agentes aduanales han abusado de ellos— le mencioné al agente.

"De acuerdo, han habido casos de corrupción", concedió. "Pero muchas veces los propios visitantes connacionales se comportan muy mal con los agentes, sin motivo".

Mencionó que es común ver al típico paisano que quiere pasar aparatos electrónicos sin pagar tarifas. Que quiere pasarse de listo escondiendo artículos prohibidos, y se ofende cuando se los descubren. Peor, hay quienes se portan insorportables cuando les piden una revisión rutinaria al equipaje, aún cuando les haya tocado luz roja en el semáforo aduanal.

Por supuesto, las actitudes prepotentes de los paisanos contribuyen a poner de malas al agente aduanal, y aumenta el riesgo de confiscación.

Muchos recurren a las quejas del Módulo Paisano, aún cuando no haya un motivo verdadero de denuncia. Sólo por fastidiar.

La actitud negativa del "paisano feo" no termina al cruzar la frontera, más bien apenas comienza.

Una vez en México se la pasan criticando de todo, desde los hoteles hasta los postes de luz. Le comentan a quien esté a su alcance las maravillas de la vida en Estados Unidos, y menosprecian cualquier logro en México por considerarlo "del Tercer Mundo".

Es decir, ellos, con su vida en Estados Unidos, ya pertenecen al "Primer Mundo", y prefieren olvidar que alguna vez vivieron en México.

Presumen de sus dólares, de su ropa "americana", de sus botas, sus sombreros *Stetson* y de su "troca" del año. Todo esto crea una cortina de humo, una imagen que estas personas tratan de crearse de sí mismas, que a veces no corresponde con la realidad.

Nunca dicen que en Estados Unidos trabajan al aire libre, en empleos duros y peligrosos. Que quizá no les paguen el salario justo. Que a la mejor no tienen más dinero que el que traen en la bolsa (el cual juntaron todo el año, comiendo sólo papitas y refrescos), ni de que la famosa *"troca"* está arrendada.

No se trata de magnates, ni portentos financieros del primer mundo. A la mejor algunos de ellos hasta duermen en el suelo.

Ah, pero eso sí: Cuando llegan a México se convierten, y tratan de presumir a todo el mundo lo que no tiene. Además de que critican a más no poder.

A veces una actitud crítica puede tener sus fundamentos. Las diferencias entre lo que se puede ver en México y lo que hay en Estados Unidos pueden ser abismales, sobre todo en infraestructura, en burocratismo y en formas de ver la vida. Pero estos inmigrantes no aceptan las diferencias, al contrario: las consideran un insulto a su buen gusto, y fastidian a todo el que los escucha.

Obviamente, esta actitud ofende a cualquier mexicano que los oye.

Aunque muchos "paisanos" inmigrantes se indignen, hay que aclarar que básicamente no hay diferencia entre los mexicanos "de México" y los de "Estados Unidos", no importa cuánto tiempo hayan vivido en el otro lado. Las actitudes que adoptan de perdonavidas, de *"yo-soy-mejor-que-tú-porque-vivo-en-Estados-Unidos-y-gano-en-dólares"* denotan una baja, muy baja autoestima, y una falta de educación.

Lo peor es que parece que no se dan cuenta de que su imagen ante los demás, en vez de agrandarse, como lo buscan, termina yéndose por los suelos.

Porque a los antipáticos nadie los aguanta, ni aunque traigan dólares.

—1 de noviembre de 2002

Mano cadena

Don Candelario *(no su nombre verdadero)* fue el primero de su familia en llegar a Estados Unidos, a principios de los ochentas.

Él había crecido en un pueblito en el centro de San Luis Potosí, donde tradicionalmente sus jóvenes viajan al norte en busca de oportunidades. Don Candelario no lo dudó, y partió un día a la aventura.

Cuando ya tenía cierto tiempo en Dallas (a donde había llegado a buscar a un amigo), le llamó a un hermano mayor. Me va bien, dijo. Quizá tú puedas encontrar oportunidades.

Cuando ya eran dos hermanos en Dallas, les llamaron a los demás hermanos. En total, toda la familia —incluídos siete hermanos, padre y madre— emigró.

El mejor amigo de Don Candelario, Rubén *(también un pseudónimo)* viajó igualmente a Dallas, y se estableció acá. Como él, también había nacido en el mismo pueblo, y siempre habían sido camaradas. A los pocos años de vivir solo, mandó por su mujer y su hijo de cuatro años.

Esa mujer tenía hermanos, a los que también invitó a irse a Estados Unidos. Todos ellos se establecieron primero en la misma casa, compartiendo los gastos, hasta que se casaron y se independizaron. Todos ya tienen cónyuges, hijos y una vida formada en Estados Unidos.

También trajo a sus papás, dos personas mayores, que ya son residentes en este país.

Una vez, toda la familia se puso a sacar la cuenta de la gente que ha llegado desde la llegada de Don Candelario. En total, perdieron la cuenta cuando llegaron a sesenta, incluyendo parientes, familia directa e indirecta, amigos y quién sabe cuántos más.

Esta no es la historia de los Buendía de Macondo. No, es la historia de los —digamos— Gómez, de San Luis Potosí, y Dallas. Pero también pudiera ser la historia de los López, de Zacatecas y Chicago, o de los Villanueva, de Morelos y Los Ángeles.

DESDE LAS ENTRAÑAS DEL MONSTRUO

Estas historias se repiten una y otra vez en Estados Unidos: Son las historias de miles y miles de migrantes mexicanos y latinoamericanos que llegan a este país.

El guión es casi el mismo: Primero llega uno, abre brecha, encuentra oportunidades y se establece. Al poco tiempo manda por los hermanos, las hermanas, o la esposa e hijos. O los papás, amigos o compadres.

Es la "mano cadena" que nos gusta tanto mencionar en Latinoamérica cuando nos referimos a un esfuerzo compartido.

Esta "mano cadena" es la que está convirtiendo a Estados Unidos en un país hispano. Porque a nosotros nos gusta la vida familiar. A diferencia de la mentalidad anglosajona (donde los hijos pueden mudarse de Los Angeles a Nueva York en busca de oportunidades, sin lamentar la separación de la familia), nosotros siempre añoramos a los nuestros. Los idealizamos, no pasa un día sin que nos acordemos de ellos, ni que maquinemos nuevas formas de traerlos para acá. Y casi siempre lo logramos.

Esta actitud la vemos en todo Estados Unidos. Cuando vamos a cualquier sitio público (restaurante, sala de cine, tienda) los hispanos somos fácilmente reconocibles porque cargamos hasta con el perico. No concibimos vivir alejados de los nuestros, ni aunque se trate de tíos ya no tan cercanos, o los mismos abuelos.

Las mismas leyes migratorias de Estados Unidos están diseñadas para facilitar esta tendencia: Buscando fortalecer la "reunificación familiar", Washington modificó su legislación para hacer más fácil que un residente o ciudadano traiga a sus hijos, padres o hermanos, algo que es raro que otros países permitan.

Resultado: Los hispanos (y en particular los mexicanos) somos los más beneficiados. Casi todo el mundo tiene un pariente, un amigo o un conocido viviendo acá. No es de extrañarse, por tanto, que más del 70 por ciento de los 30 millones de hispanos que viven acá sean de origen mexicano, según cifras del Censo de Estados Unidos.

Esa "mano cadena" también explica porqué existen comunidades enteras originarias de un mismo pueblo en ciertas ciudades, como en Nueva York, donde casi ya es un municipio del estado de Puebla, de tanto poblano que se ha ido para allá. No se sabe quién fue el primer poblano que pisó la ciudad de los rascacielos, pero seguramente fue alguien que tenía muchos amigos y familia, porque ahora ya está lleno por allá. Incluso ya hay quienes han rebautizado a la ciudad como *"Puebla York".*

Usted puede saborear mole poblano con la misma facilidad con que encuentra los famosos *hot-dogs* neoyorquinos, a la vuelta del Central Park.

Y así ha ocurrido con cada rincón de Estados Unidos. En Dallas, donde vivo, son enormes las comunidades de guanajuatenses y potosinos (como la familia de mi esposa). En otras ciudades son los michoacanos o los morelenses. O los zacatecanos o hidalguenses.

Ya no ocurre esto solamente en ciudades grandes, como Los Ángeles o Chicago. Ahora hasta los propios anglosajones se sorprenden de cómo se han "mexicanizado" barrios y pueblos enteros en el corazón del país, en estados típicamente norteamericanos como Wisconsin, las Dakotas, o Kansas, donde las plantas procesadoras de alimentos, o las granjas requieren constantemente de la mano de obra inmigrante.

Para bien, o para mal, este es un hecho irreversible. Ninguna ley lo detendrá, ni todos los agentes de inmigración con que cuente Estados Unidos.

Todos los días se repite la historia. Y con cada nuevo Don Candelario que llega a abrir brecha, hay montones de familiares detrás de él, esperando que les den la luz verde que inicie una nueva dinastía de méxicoamericanos en Estados Unidos.

Y todos los días, estas familias hacen un poquito de historia. Tanto de México como de Estados Unidos. A pesar de todo.

—15 de noviembre de 2002

El mexicano que puso de rodillas a una multinacional

Esta historia me la contaron. Se las paso al costo:

Hay un mexicano, don Pedro, que sí "la hizo" en Estados Unidos.

Oriundo de Tepito, emigró a Texas desde hace muchos años. Allí hizo de todo, hasta que se hizo de un puesto de tacos, y se compró una vivienda. Luego otra. Con esfuerzos, formó su pequeño patrimonio.

Luego vino una empresa grande, enorme. Una corporación multinacional, dueña y manejadora de los minisupers que se encuentran en cada esquina de todas las ciudades de Estados Unidos.

Buscaban comprar un terreno, les gustó el barrio de don Pedro. Comenzaron a comprar locales aledaños. Su plan era construír allí el centro de operaciones internacionales de su imperio.

Y se toparon con don Pedro.

No muy estudiado y humilde como era, don Pedro no era tonto. Ya todos los locales de alrededor estaban comprados, pero faltaba precisamente la propiedad de don Pedro para iniciar la construcción del complejo.

Pero él no quiso vender.

Los representantes de la corporación quisieron hacerlo menos. Querían cerrar el trato rápido (tenían a las retroexcavadoras y albañiles esperando), pero la generosidad no era su estilo. Ofrecieron poco.

Don Pedro dijo: "No vendo".

Muy bien, dijeron los ejecutivos. Vamos a darle un poco más. Pero firme ya. Pero don Pedro se mantenía en su posición. No tenía porqué vender, no estaba interesado.

El asunto exhasperó a todos. El proyecto estaba congelado. Todo por "un mexicano" que no quería vender.

Después de tanta insistencia, don Pedro lo pensó mejor. Cambió de idea. Dijo:

"Muy bien, les vendo mi propiedad. Pero sólo si me pagan medio millón de dólares por ella".

¡Ni en sueños!, soltaron el alarido los ejecutivos del corporativo. Gritaron, amenazaron, se enojaron, pero don Pedro no se inmutó. La propiedad no valía eso, por supuesto. Pero en medio del aroma de tacos cocinados en aceite de su negocio, el inmigrante se mantuvo firme: O medio millón o nada.

Los ejecutivos estaban que echaban chispas. Sostuvieron largas juntas con los representantes legales de la compañía para ver qué podían hacer. Era inconcebible que una multinacional como aquella estuviera de rodillas ante un inmigrante que ni siquiera hablara bien inglés.

Pero una y otra vez, la respuesta de los abogados y asesores legales era desoladora: No hay nada qué hacer, él es el dueño de la propiedad y tiene todos los derechos. Nadie puede obligarlo a vender. Si él pide un precio, hay que pagarselo.

Al final, doblaron las manos. Le llamaron por teléfono y aceptaron: "De acuerdo, medio millón, pero ni un centavo más". Muy bien, dijo don Pedro. Los espero mañana a las 8:00 de la mañana con el cheque.

Llegó el día. A las 8:00 nadie se apareció. Dieron las 9:00 y las 10:00. A medio día, don Pedro ya andaba a la mitad de su jornada. Para las 7:00 de la noche ya se había olvidado del asunto y se fue a su casa.

Al día siguiente, apareció un gringo trajeado con un portafolio. Le sonrió mientras le extendía un cheque por medio millón de dólares y un contrato.

Don Pedro lo miró y le dijo: "No vendo".

La cara del gringo se enrojeció de ira. ¿Cómo? ¿No había quedado en vender por medio millón? ¿Qué no tenía palabra?

Sí, respondió don Pedro tranquilamente. Pero el trato convenido debía haberse cerrado ayer, a las 8:00 de la mañana. Y como ustedes no vinieron, el trato se rompió y el asunto se acabó.

No hubo ruego ni súplica que lo hicieran cambiar su postura. Al final, después de más conferencias telefónicas y en persona con más trajeados, don Pedro ofreció: "Si quieren comprar, ahora les cuesta un millón".

El grito que los gringos pegaron seguro se pudo escuchar hasta México.

El propio presidente de la corporación tuvo que intervenir para ver qué pasaba con el proyecto de construcción. ¿No que ya estaba todo solucionado? ¿Qué pasó? Tenemos a los arquitectos, ingenieros y constructores detenidos, cobrando salarios.

Le explicaron la situación. El hombre se indignó, pero no había nada qué hacer. Si no aceptaban la oferta ya, iban a tener que vender las propiedades ya compradas y buscarse otro terreno para su sede, con los consiguientes gastos extras y pérdida de tiempo. Todo el merequetengue les había costado ya mucho más que el medio millón que don Pedro les había pedido originalmente.

Al día siguiente, el propio presidente de la multinacional se presentó en el puesto de tacos de don Pedro (ése, el oriundo de Tepito, el que llegó humildemente a Texas como tantos otros inmigrantes). Sonriendo, mostrando sus dientes blancos y enfundado en su traje de miles de dólares, le extendió un cheque por un millón de dólares a don Pedro, para cerrar el trato.

El complejo de oficinas se construyó. La corporación siguió creciendo y teniendo éxitos comerciales, pero nunca se olvidó de los aprietos en que los había puesto un sagaz inmigrante mexicano.

¿Y don Pedro? Allí sigue, en Texas. Tiene una cadena de taquerías muy famosa, y se da el gusto de promocionar grupos folclóricos mexicanos, a cuenta propia.

Una historia verídica sobre un mexicano que "sí la hizo" en Estados Unidos. Como los muchos más que sí hay y que seguirán habiendo en el futuro.

Como me la contaron, se las cuento.

—28 de noviembre de 2002

¿Vas a una fiesta mexicana?
Cuidado con los balazos...

Otra vez llegó el fin de año.

En todas partes se preparan las celebraciones. Con festejos, con reuniones familiares. Todo mundo anda ocupado.

Unas de las personas más ocupadas por estas fechas son, tristemente, los oficiales de Policía. En todas partes.

Aquí en Texas, donde millones de inmigrantes mexicanos tienen su hogar, los operativos policiacos en preparación para el Año Nuevo incluyen, por supuesto, vigilancia contra conductores ebrios. Y rondines por los sitios públicos, para evitar desmanes.

Todo normal, hasta el momento.

Pero en Dallas, como en muchos otros lugares de Texas y de Estados Unidos con fuerte presencia mexicana, la Policía tiene preparados no solamente los operativos de siempre, sino uno más: El operativo antibalaceras.

Porque, vergonzosamente, debemos reconocer que muchos de nuestros paisanos llegaron a Estados Unidos con muchas de sus costumbres, buenas y malas. Y una de ellas es darle vuelo al gatillo cada 31 de diciembre, como lo hacían en sus pueblos, en sus ranchos.

Lo que comenzó como incidentes aislados, ahora tiene alarmados a todos los habitantes de ciudades como Dallas y Fort Worth. Anglos, negros, asiáticos y hasta los propios hispanos vemos con horror cómo cada fin de año se repiten las mismas tragedias: Gente herida por balas perdidas, producto de la algarabía de algún gracioso que todavía festeja pistola en mano.

Lo más triste de todo es que casi siempre son niños los afectados. Cada año la Policía de Dallas informa de uno o dos menores que (sin deberla ni tenerla) resultan blanco de una "bala perdida". Un par de ellos (una niña y un niño) murieron en incidentes separados en años pasados. Nunca se encontró a los responsables.

La Policía ya parece disco rayado cada víspera de Año Nuevo: Transmiten anuncios por radio y televisión en español, invitando a la gente, a nuestros paisanos, que no saquen sus pistolas. Comenzaron como un atento consejo, pero debido a que nadie entiende, ahora se han puesto más duros, y llaman a la comunidad a denunciar a aquellos que les de por creerse el Llanero Solitario con algunas copas de más.

¿Qué ocurre? Ninguna otra comunidad hace lo que nosotros. Ni siquiera la gente de raza negra (a la que nos encanta achacarle la mayoría de los delitos) tiene ese gusto perverso de dar balazos al cielo al ritmo de las doce campanadas. Mucho menos los gringos, que casualmente son los más afectos a las armas de fuego.

Ah, pero los mexicanos, cuidado. Para nosotros, ninguna fiesta del 31 de diciembre está completa sin *"la tartamuda"* en la mano. Como que nos hace sentirnos "más machos".

El colmo de la vergüenza llegó a tal grado, que los mencionados rondines antibalaceras se concentran en los barrios mexicanos. La policía ya sabe que no va a detener las balaceras, pero por lo menos tratará de prevenir que la cosa pase a mayores. Porque al parecer, los mexicanos no entendemos.

Los que trabajamos en los medios en español nos hemos cansado de dar siempre las mismas recomendaciones a "la raza": No sacar las pistolas. Divertirse sanamente. Pero es como si predicáramos en el desierto.

Cada 31 el cuadro es el de siempre: Un pachangón marca diablo. Música de tambora a todo volúmen. Sombrerudos y botudos bailando "Quebradita"... y el imbécil al que le sale lo "Piporro" (con perdón para el genial cómico) y grita a todo pulmón "¡Viva México, gringos jijos de su...!", mientras descarga todos los tiros de su pistola al aire, sin importarle si hay alguien que pueda salir herido.

Hay que ser claros: Las armas no sirven para otra cosa, mas que para matar. No son espantasuegras ni globos llenos de agua. Cargan balas, y las balas están diseñadas y tienen pólvora por un motivo: Para atravesar cuerpos vivos. Para acabar con vidas.

Lo más deprimente de todo esto es que, después de que ocurre una tragedia (como un niño balaceado) somos los propios mexicanos los que encubrimos al responsable. La Policía casi nunca puede dar con el asesino fiestero, a pesar de entrevistar a todo el mundo que acude a estas celebraciones. Nunca nadie vio nada, nadie se acuerda.

Esa "solidaridad" la deberíamos de guardar para progresar como comunidad, no para encubrir a borrachos asesinos.

(Contra lo que pudieran argüir algunos defensores espontáneos, esta clase de gente no son "enfermos" que requieren "todo nuestro apoyo". No tienen problemas mentales. No tienen traumas, como los asesinos en serie. Generalmente no están afectados por problemas personales graves. Simple y sencillamente son irresponsables.)

¿Cómo podemos exigir que nos traten de igual a igual, si por culpa de algunos pocos nos ven como que todos rompemos la armonía que debe existir en una sociedad? ¿Porqué nos enojamos por los estereotipos que tenemos los mexicanos como bandoleros pistola en mano, si nunca falta el gracioso que es el primero en fomentar esa imagen?

Para muchos de nuestros paisanos, las aventuras rancheras de Pedro Infante y "El Indio" Fernández no fueron fantasía: Fueron realidad, y aún existen, dentro de sus cerrados mundos.

Veremos qué dicen las estadísticas policiacas este 1 de enero. Pero no somos muy optimistas. Es en eventos como los festejos sociales donde se demuestra qué tan civilizado está un grupo dentro de una sociedad. Y desafortunadamente, aunque vivamos negando la realidad, a algunos de nosotros los mexicanos nos falta aún mucho camino por recorrer para madurar como dignos miembros de esta comunidad inmigrante.

—5 de diciembre de 2002.

Si responde "mande", es mexicano

¿Qué mexicano no recuerda, cuando niño, haber sido regañado por no contestar "mande"? Cuando alguien nos llamaba, "mande" era la contestación ideal, la correcta. Millones de papás nos lo embuían a los niños mexicanos, criando así nuevas generaciones de padres que enseñarían a sus hijos también la reverenciada tradición del "mande".

Yo no estoy contra ello. De hecho, pienso que todo padre inculca a su hijo las costumbres que cree correctas.

Así, pues, como millones de mexicanos de mi generación (y de todas las generaciones) yo me crié respondiendo, respetuosamente, "mande".

(So pena de recibir un sopapo de mi adorable madre, conste.)

Hasta que llegué a la preparatoria, claro. Por alguna razón, en aquellas épocas en las que uno se siente todopoderoso, el "mande" como que no cuadra —por ejemplo, uno no responde "mande" cuando el cuate lo llama para ir al cine, claro. Aquí la etiqueta demanda el obligado: *"¿Qué pex, wey?"*

Así, pues, casi inconscientemente, fui dejando la reverenciada respuesta en desuso, en favor de otras contestaciones más "adultas": "¿Cómo?", "qué pasó?", "¿qué fue?", "dígame", "sí" y el ambiguo pero utilísimo "hey".

(Eso sin mencionar el famosísimo "¿qué onda?").

Por lo tanto, cuando emigramos a Estados Unidos, yo ya tenía más de diez años en que me había liberado de las amarras del "mande". Sin saberlo, sin proponérmelo. Sólo por desuso. Para mí, como mexicano, era perfectamente normal escuchar que alguien respondiera "mande" cuando otra persona le hablaba.

Pero esto no ocurre en todas partes.

Cuál fue mi sorpresa al enterarme que todos los otros inmigrantes latinoamericanos y españoles (y algunos gringos) se desternillan de risa al escuchar el "mande". Incluso hay quienes dicen que los mexicanos se identifican inmediatamente cuando los escuchan decir "¿mande?".

Lo peor es que hasta nos imitan el acento de nuestro "mande" con una tonadita de extrema suavidad, casi de sumisión total. (Como agachando la cabeza para evitar ser golpeado por el amo, supongo.)

Por supuesto, mi primera pregunta fue: "¿En verdad, así somos los mexicanos de sumisos?". Claro que no, me decían. Pero al menos así lo parecemos.

Por increíble que suene esto, casi nadie en el resto del mundo de habla hispana es criado con el famoso "mande", que yo sepa.

Puede sonar un asunto superficial, pero en sí lleva implícito toda una tradición de sumisión que nos han ido imponiendo la historia a los mexicanos (a pesar de ser "muy machos", muy "valientes" y muy "patriotas").

Mi jefe Marcos, un cubano, es uno de los que se tira a la risa cuando escucha el famoso "mande". "En Cuba nadie dice mande. No crían a los niños así", me explica. "Eso es mexicano".

Incluso, él mismo se enfrascó una vez en profundos debates filosóficos con argentinos y españoles, tratando de explicarse la cultura sumisa del "mande" que caracteriza al mexicano.

En verdad, parece que lo que dice es cierto. Nunca he escuchado a los venezolanos, a los chilenos, a los argentinos, a los cubanos, a los españoles, decir "mande". Responden de manera correcta, amable, pero sin mostrar esa sumisión que trae implícita tal respuesta.

Platicando con varios amigos sudamericanos, acá en Dallas, llegamos a la conclusión que todo esto viene de los conquistadores españoles, que enseñaron a sus esposas indígenas (y por consiguiente, a sus hijos mestizos), a "respetarlo". El "mande" implicaría una diferenciación de estatus, el decir "no somos iguales, así que respete".

Los españoles se fueron. O se hicieron mexicanos. Terminó el colonialismo en México (al menos abiertamente). Sin embargo, los indígenas, buscando evitar enfrentamientos directos, heredaron la tradición del "mande" a sus hijos, lo cual prevalece hasta hoy.

¿Es malo? No creo. Como dije, nuestros padres tratan de inculcarnos lo que es mejor. Y como así les enseñaron sus propios padres, no creen que sea una mala costumbre. El problema es que en Estados Unidos he visto cómo algunos niños se burlan de los hijos de inmigrantes mexicanos que responden "mande" en la escuela.

Porque el choque de costumbres no se da precisamente al llegar a un país extraño, a una escuela nueva: se da, precisamente, cuando los amiguitos critican lo que papá y mamá enseñan en casa. Y puede ser muy duro para algunos niños.

Por lo pronto, a mi hijo de seis años le estamos enseñando a usar el "mande" en la casa, pero lo aliento a responder de otra manera en la escuela. Quizá mis padres me critiquen por esto. Quizá a los mexicanos de México les parezca arrogante. Pero me conforta pensar que estoy improvisando porque piso terreno nuevo. Ni mis padres ni mis amigos en México tienen que lidiar con el estigma de que lo vean a uno como sumiso y abnegado (raza conquistada) por responder "mande".

—12 de diciembre de 2002

¿Qué, ya no soy *"Very Important Paisano?"*

Juan Hernández llegaba siempre sonriendo a todo el mundo, con sus ojillos claros chispeando, y las puntas de sus rubios bigotes cuidadosamente enrollados hacia arriba, lo que le daban un aspecto quijotesco que quizá añoraba.

Se trataba del jefe de la Oficina de Atención al Migrante del gobierno de Vicente Fox. La prueba viva de que el flamante presidente panista cumpliría sus promesas de proteger a los "paisanos" que vivimos en Estados Unidos.

"Vamos a proteger a nuestros 'paisanos', porque son muy, pero muy importantes para todos los mexicanos", decía Hernández entusiasmadísmimo, a cuanta gente le escuchara. "Para nosotros, los 'paisanos' son V.I.P., o sea *'Very Important Paisanos'*", era su letanía de siempre. La repetía dos o tres veces cada vez que llegaba a Dallas (y a cualquier ciudad de Estados Unidos). Los reporteros ya ni nos molestábamos en escribir sus discursos, simplemente los copiábamos de las notas archivadas. Siempre decía lo mismo.

Disfrutaba las conferencias de prensa. Degustaba las entrevistas. Se henchía ante las cámaras.

Debo confesar que llegamos a creerle, a contagiarnos de su entusiasmo. Esperanzas huecas de náufragos, quizá.

Pero la novedad sólo duró algunos meses. Luego, ¡Pufff! Nada. Un buen día, Fox anunció que la Oficina al Migrante "se reestructuraría". Nosotros entendimos que "desaparecía". Nombró a un sustituto para Juan Hernández (quien pasó a ser asesor de no sé qué), el cual nunca "pegó".

Vino el 11 de septiembre. Y como diría Emmanuel, "todo se derrumbó...".

Luego, cayó Jorge Castañeda, el arrogante canciller que habría apostado un brazo a que era capaz de conseguir la famosa "enchilada completa", la legalización migratoria para los indocumentados mexicanos en Estados Unidos. (Qué bueno que no lo hizo, pues estaría manco).

Cierto, no perdió un brazo, pero el fracaso sí le costó que le cortaran la cabeza de la administración foxista.

En medio del merequetengue, los "paisanos" nos preguntamos: "¿Qué pasó? ¿Ya no somos tan *'Very Important'*?"

DESDE LAS ENTRAÑAS DEL MONSTRUO

De Chicago a Brownsville, y de Los Ángeles a Nueva York, el sentimiento más generalizado entre "la raza" es que Fox nos dejó colgados de la brocha, vestidos y alborotados, como novias de rancho.

¿Para qué tanto bombo y platillo?

Pero eso no es lo peor. A fin de cuentas, Castañeda, Juan Hernández y en general ningún individuo es mesías. Son partes de una estructura. Partes importantes, pero no decisivas. Su salida no debería afectar un plan amplio que el gobierno foxista debería tener en marcha, con o sin ellos.

Lo que nos preocupa es que es precisamente en estos momentos, en que los migrantes vivimos quizá la etapa más negativa en Estados Unidos, es cuando el gobierno mexicano nos retira el tapete de sopetón.

Nunca antes en la historia de este país la situación de los indocumentados (en su inmensa mayoría mexicanos) era tan precaria y estaba en la "cuerda floja".

Nunca antes en la historia de Estados Unidos ha habido tantas restricciones, tantos controles, tanto sentimiento antiinmigrante como ahora. A esto se suma las escandalosas cifras de muertos en la frontera.

Vaya, si hasta grupos paramilitares que "cazan" indocumentados se han multiplicado como hongos en Arizona, Nuevo México y Texas. Los sitios de internet donde acusan a los mexicanos hasta de la onda gélida son muchos y muy visitados.

Y es ahora, precisamente cuando más necesitamos apoyo, que el gobierno mexicano da la espalda.

Al contrario. Pensamos que a pesar de los conflictos de política interna o externa que Fox esté soportando, ahora es cuando se deben redoblar esfuerzos. No disminuírlo. En vez de reducir la Oficina de Atención al Migrante, de cerrar consulados, se deben abrir, se debe aumentar personal (personal que de verdad trabaje, claro). Ahora, cuando el sentimiento antiinmigrante es fuerte entre los legisladores de Estados Unidos, es cuando se debería aumentar el cabildeo, las presiones diplomáticas a Washington, las campañas en los medios.

No hay lógica. ¿Porqué cuando andaban de manita sudada con George W. Bush prometieron el cielo y las estrellas? Andando de Luna de Miel cualquiera puede negociar una legalización, es sencillo. Lo difícil (lo que verdaderamente requiere demostrar liderazgo y habilidad diplomática) es en los momentos en que el gobierno americano da la espalda. Como ahora.

Cuando las cosas se ponen difíciles es cuando más ayuda necesitan los migrantes, no nada mas cuando andan de luna de miel con Bush. Así cualquiera.

Como diría Germán, un mesero amigo que atiende un restaurante de mariscos en Dallas: "Señor Fox, ahora es cuando. ¡Métele gas, cuñao!".

¿Para qué tanta alharaca antes, cuando andaba de manita sudada con Bush, retratándose en el rancho de San Cristóbal?

Ahora es cuando se debe hacer algo, sobre todo porque las remesas de los "paisanos" son tan importantes para la economía mexicana.

Luis Echeverría podía darse el lujo de ignorarlas. Igual López Portillo. Pero no Fox. El México de 2003 depende mucho más de las remesas de los paisanos (en su mayoría ilegales) que el México de 1978.

Como dijo un "paisano" en Texas, el gobierno de Fox "me recuerda al Chapulín Colorado: Primero mucho '¡No contaban con mi astucia!', pero a la hora de los trancazos, se echan a correr."

Con el gobierno americano dándonos la espalda, y con el gobierno mexicano retirando todo el apoyo, los "paisanos" no tenemos otra mas que rascarnos con nuestras uñas, "aguantar vara" como diría Fox, y capear el temporal hasta una nueva (aunque lejana y poco probable) legalización.

Mientras tanto, ¿quién podrá defendernos?

—16 de enero de 2003

"¿La gente en México también usa ropa?"

A Denton, Texas, cerca de donde vivo, se vino a establecer en 1998 una filial industrial del poderoso Grupo IUSA, de México. La multinacional adquirió una plata siderúrgica de larga tradición en la zona, *United Copper Industries*.

Uno de los hijos de los fundadores, Alejo Peralta, cambió su residencia de México a Dallas, junto con toda su familia, para supervisar personalmente el desarrollo de la nueva planta, buscando penetrar más en el mercado norteamericano.

Como toda empresa pisando mercados nuevos, el directivo sabía que se enfrentaría a numerosos desafíos y obstáculos. Pero le sorprendió también enfrentar los prejuicios de los anglosajones hacia los mexicanos.

Durante una junta con los trabajadores de la recién adquirida planta, Peralta les dio a conocer las reglas de los nuevos dueños. Cuando se tocó el tema de la capacitación, el directivo informó que varios supervisores y obreros recibirían cursos avanzados de actualización sobre nuevas tecnologías siderúrgicas. Para ello tendrían que viajar a México.

"¡¿A México?!", rezongó en voz alta uno de los empleados anglosajones. "¿Qué pueden enseñarme a mí en México?".

El tipo fue al fin al viaje. Al regresar solicitó hablar con Peralta y le pidió disculpas públicamente por su comentario. Estaba gratamente sorprendido de que sus prejuicios sobre México eran equivocados. No sólo constató que la capacidad de sus colegas mexicanos era igual o incluso mejor a la de cualquier profesional americano o europeo, sino que incluso aprendió muchas cosas que antes no sabía.

Peralta no se ofendió. Comprendió que esa actitud hacia México era muy común entre los americanos. En vez de discutir, prefirió demostrar con hechos que el obrero estaba equivocado.

Desafortunadamente ese trabajador siderúrgico no es un caso aislado en Estados Unidos. En todo el país, las imágenes que se tienen de México son en general negativas. Y a pesar de que estos estereotipos son falsos, la realidad es que también son muy populares entre los norteamericanos.

Uno pensaría que, siendo Estados Unidos el país más rico y poderoso del mundo, su gente sería muy culta y conocedora. Pero no. El típico gringo peca de una enorme ignorancia respecto a otros países, incluso si son sus propios vecinos.

En especial, México ha sido objeto de inumerables estereotipos que fueron reforzados por el cine, como el del mexicano bandolero, el sombrerudo con sarape dormido al pie de un cactus y tantos otros.

Lo sorprendente es que todas esas imagenes equivocadas siguen en la mente de muchos norteamericanos. Y no nos referimos a gentes de escasa cultura, sino también de universitarios y personas que uno supondría tienen cierta educación.

La situación es tan exagerada, que incluso los casi un millón de norteamericanos que viven en México (retirados, pensionados o aventureros que decidieron establecer su hogar al sur de la frontera) se sorprenden de lo mal informados que sus compatriotas están respecto a su vecino del sur.

Recientemente, un sitio de internet llamado *www.mexconnect.com* (mantenido y frecuentado por expatriados norteamericanos viviendo en México), invitó a sus visitantes que contaran las opiniones más ridículas que hayan escuchado sobre México o los mexicanos, de parte de otros norteamericanos. Algunos de los ejemplos recabados van desde graciosos, hasta francamente insultantes. Pero lo importante es que todos denotan una enorme falta de conocimiento de los temas más básicos que tienen que ver con México y su gente.

Los propios "gringos" que visitan el sitio de internet acaban riéndose de todos los prejuicios que los habitantes de Estados Unidos tienen sobre México.

¿Qué comentarios recibe un norteamericano que les cuenta a sus compatriotas que vive en México? He aquí algunos ejemplos:

—*"¿También celebran el 4 de julio en México?"* (Esto lo comentó, presuntamente, un jueza de una corte de distrito).

— *"¿La gente de México también usa ropa? Digo, como la de nosotros"* (De un ingeniero civil).

En otros comentarios, queda en evidencia el casi total desconocimiento que los norteamericanos tienen de sus propias leyes, con respecto a México.

Como por ejemplo:

—*"Mejor no te quedes mucho tiempo viviendo en México, o podrías perder tu ciudadanía americana"*. (Dicho por un abogado de Nueva York).

—*"Vine a Mazatlán por mis vacaciones de verano y me enamoré de una hermosa muchacha mexicana. Como yo soy americano, puedo llevarla a Estados Unidos, ¿verdad? Solo escribo una carta a alguien, o algo así"*. (Dicho, por supuesto, por un jovencito.)

Hay otros comentarios que denotan, de plano, una total ignorancia. En este sentido, los que siguen son verdaderas joyitas:

—*"Así que usted vive en México. Entonces usted debe saber hablar puertorriqueño muy bien, ¿no?"* (Dicho por un policía).

O también:

— *"(Si has vivido en México, entonces), ¿ya aprendiste a hablar mexicano?"*

—*"¿Tienen allá en México el mismo tipo de electricidad que aquí?"*

— *"¿Hay pavos allá y todo lo necesario para el Día de Acción de Gracias?".*

— *"¿Cuándo se celebra la Navidad en México?"*

—*"¿Cómo funcionan las computadoras en México?"* (Aunque no lo crean, esta pregunta la hizo un asesor en cuestiones técnicas de una empresa.

— *"¿No comen carne de perro allá?"* (De una "chicana" que trabaja en una tienda de comida).

Otro visitante del sitio de internet contó cómo enseñó a sus amigos en Estados Unidos fotos de la casa donde vive en México. Al ver las imágenes, un tipo dijo: "Me alegra ver que tienes piso de verdad. Temía que vivieras en una casa con suelo de tierra".

La seguridad en México es una preocupación de siempre, a veces (desafortunadamente) no tan infundada, pero siempre exagerada. He aquí algunos comentarios hechos por amigos a expatriados que viven al sur del río Bravo.

—*"¿No te preocupa que te roben?"*

— *"Mi esposa y yo siempre nos preocupamos cada vez que viajas a México. ¿No temes que te secuestren?"*

—*"¿No tienes miedo de contraer todas las enfermedades que hay allá?"*

—*"¿Y qué pasa si te enfermas? ¿Tienen allá doctores verdaderos, y hospitales?"*

Otra persona comentó que, en su deseo de alejarse de los tradicionales destinos turísticos de la costa (Cancún, Puerto Vallarta, etc.), decidió viajar al interior de México para conocerlo. Cuando comentó esto a varios amigos norteamericanos, algunas de las preguntas que recibió fueron estas:

—*"Toda la zona central de México debe ser muy pobre y atrasada. ¿Qué puede haber de interesante para ver allá?"*

—*"¿Viajaste en autobuses? ¿No van siempre llenos de gallinas y cabras?"* (No, le respondió el viajero. Al contrario, son muy cómodos y modernos. A lo que el amigo le respondió:) *"Oh, bueno. Quizá los hagan así para tener contentos a los turistas".*

Otro visitante comentó a sus amigos, durante una visita a un restaurante en la zona turística de Yucatán: "Yo nunca doy propina a nadie en México. Si lo hago, todos van a querer que les dé".

En otra anécdota, un joven universitario contó a sus amigos sobre su viaje a México. Uno de ellos comentó: "Apuesto a que te acostaste con muchas mexicanas. Harían CUALQUIER cosa a cambio de uno o dos dólares."

Los mexicanos "de acá", que vivimos en Estados Unidos, tampoco nos libramos de los falsos estereotipos. A pesar de que vivimos, trabajamos y nos codeamos con "gringos" todo el tiempo, hay algunos que aún tienen ideas erróneas sobre nosotros. Algunas opiniones:

—*"¡(Los mexicanos) Nos están robando nuestros trabajos!"* (Esta es una clásica. Como si limpiar oficinas y casas, o recoger naranjas y manzanas fueran empleos muy solicitados por los ciudadanos americanos).

—*"¡Sólo vienen a venderles drogas a nuestros niños!"*.

—*"¿Sabes porqué nuestros hijos no pueden recibir becas escolares? ¡Porque ellos (los mexicanos) las están agarrando todas!"* (Como si fuera tan fácil. Lo primero que tienes que probar para aspirar a una beca es tu estancia legal en el país).

—*"¡Los mexicanos nos están invadiendo! Muy pronto van a controlar al país."*

— *"¡Están trayendo brujería a Estados Unidos!"*

Quizá los norteamericanos debieran esforzarse un poco más en entender el mundo exterior, más allá de sus fronteras. Así quizá podrían evitarse muchos malentendidos innecesarios. ¿Cuántas Guerras del Golfo Pérsico se podrían evitar así?

Podrían comenzar por conocer mejor a sus vecinos, como Canadá y en especial, México. Porque, como uno de los norteamericanos ignorantes comentó:

—*"¡Guau! México... ¡Es como si fuera un país totalmente distinto!"*

Ni hablar...

—*24 de enero de 2003*

¿Una "probadita" de México?

Don Federico viajó a su pueblo natal en busca de lo que todo migrante que viaja cada fin de año: Festejar con la familia.

Iba a entregar y recibir regalos. A asistir a posadas, cenar en Nochebuena, ir a misa con la familia. Saludar a los viejos amigos.

En síntesis, pasar un rato agradable con los suyos, después de un año de duro trabajo en Estados Unidos.

Iba a un pueblecito del estado de Hidalgo, cerca de Pachuca, y a medio camino hacia el Distrito Federal. Junto a él viajaban dos primos y un amigo, gringo.

Era principios de diciembre, a las 3:00 de la tarde, cuando dejó la carretera México-Querétaro para desviarse a una vía secundaria, que lo llevaría a su destino.

Fue cuando notó que una camioneta se le "emparejaba" y vió de reojo un arma de fuego, una pistola. Después, escuchó y sintió el disparo.

El impacto de bala destrozó el cristal de la ventana izquierda de la camioneta de don Federico, y de paso le hizo añicos la mano. Sangrando profusamente, no tuvo más remedio que detener el vehículo ahí, en el despoblado, a una hora de ninguna parte.

Los delincuentes bajaron y, a punta de pistola, los llevaron a una milpa cercana. Allí, despojaron al grupo de más de 15 mil dólares que llevaban para entregar a sus familiares, además de regalos y juguetes de Navidad.

No conforme con eso, los asaltantes la agarraron contra el gringo amigo de don Federico, al que había invitado para que conociera las "maravillas" de México. El pobre tipo, como no tenía dinero en las bolsas, les sirvió de *"sparring"* a los delincuentes, quienes justificaron su acción diciendo que le estaban dando al "gringo" "un poco de lo que su gente le hace a los pobres mexicanos todos los días".

A patadas y puñetazos el gringo recibió su "probadita" de México, mientras sus horrorizados amigos escuchaban amenazas que lo iban a matar allí mismo.

Por el crimen de ser gringo.

Por fortuna, la cosa no pasó a mayores. Los delincuentes abandonaron a sus víctimas (uno con una bala en la mano y otro en el piso, totalmente vapuleado) en mitad de la milpa, no sin antes tirar al monte las llaves de su camioneta.

Tras pedir ayuda de un buen samaritano que conducía por la zona, las víctimas fueron auxiliadas y llevadas a un hospital de Pachuca. Allí, mientras esperaba recibir atención, don Federico trabó plática con una mujer que se encontraba en la misma clínica.

"¿Qué le pasó?", preguntó la mujer. Don Federico le explicó, y vio como la señora meneaba la cabeza. "Eso mismo le pasó a mi sobrino, por eso estamos aquí."

Y no es la primera vez, relató. Hacía días, otra familia de paisanos que regresaban de Estados Unidos con su automóvil con placas extranjeras fue interceptada y atracada con lujo de violencia, también en despoblado, también a mano armada.

"Dice la gente de estos pueblos que es una banda bien organizada y grande, que solo asalta a migrantes", explicó ella. "Porque saben que traen dinero y regalos".

Don Federico planeaba pasar cuatro días en su pueblo, entregar regalos, tener su cena de Nochebuena, y regresar a su negocio en Texas. En cambio, debió pasarse casi un mes en un hospital del DF porque en Pachuca no lo pudieron atender debido a la seriedad de sus heridas. Adiós regalos, adiós vacaciones, adiós ver a la familia.

Al volver a Texas, su sorpresa fue mayor cuando leyó en un periódico local el horrendo caso de una familia que fue despojada de 45 mil dólares (los ahorros de muchos años) de la misma manera, y con exceso de violencia. Hasta la camioneta les quitaron, a pesar de los gritos de los niños de la familia.

"Vea usted, no es cosa del dinero", relata ahora don Federico, en la pizzería de la que es dueño en Carrollton, Texas. Su mano está vendada e incrustada de alambres de metal, prácticamente inmovilizada. "No me sobra el dinero, claro, pero puedo volver a trabajar. Tampoco es por la herida, esa se cura. Lo que de verdad me duele es que ya no podemos estar seguros ni siquiera en nuestros pueblos de provincia."

"¿Qué está pasando en México?", se preguntó con tristeza.

Esa pregunta se la han estado haciendo muchos inmigrantes mexicanos que ven con espanto como las noticias de violencia en México dejan los límites del DF y se extienden a otros lados, tradicionalmente tranquilos.

"Aquí en Texas hay mucha gente de Hidalgo, y a varios ya les pasó lo mismo. Y parece que los delincuentes andan 'venadeando' solo a quienes vamos desde Estados Unidos, buscan carros con placas de acá", explicó don Federico.

¿Recomendaría él a los paisanos abstenerse a ir a México en vacaciones?, le preguntamos.

DESDE LAS ENTRAÑAS DEL MONSTRUO

Don Federico se quedó un instante pensativo, luego movió la cabeza: "No, claro que no. ¿Cómo podemos dejar de ir allá? Allá están nuestros pueblos, nuestra familia. Nuestra gente. Vamos a seguir yendo, cada año."

Lo que sí aconsejó a los paisanos es tener más cuidado. "Tratar de no ir solos, sino en grupo. Varias camionetas, por ejemplo, para ayudarse. O ponerse de acuerdo para que alguien de la familia de allá vaya a recogerlos, con sus carros con placas mexicanas."

Suena lógico, pensamos. Sensato. No atraer la atención demasiado, con placas extranjeras ni regalos en la caja de las camionetas. Mucho menos televisiones o juguetes caros.

Lo triste es que esa clase de recomendaciones eran impensables hace unos pocos años entre los paisanos. Cuando algún amigo gringo o sudamericano nos preguntaba si teníamos miedo de ir a México, por la crisis y la guerrilla, siempre nos reíamos, y les decíamos: "México no es así. México es muy tranquilo. Uno corre más peligro aquí en Estados Unidos que en México", contábamos orgullosos.

Luego, platicábamos a quien nos quisiera oír las maravillas de vivir en los pueblos y ciudades chicas de México, donde los niños todavía juegan en la calle. Donde los vecinos se conocen entre sí, donde nadie se molesta en cerrar con llave las puertas de sus casas.

"Los asaltos solo pasan en el DF, y en ciertas áreas", decíamos. "Y la guerrilla está solo en Chiapas, y le preocupa más salir en la tele que tomar el fusil".

No, tomar medidas de seguridad quizá sean adecuadas para Colombia o Afganistán, decíamos. No para nuestro México lindo y querido.

¿Debemos ahora, tristemente, reconsiderar nuestras opiniones?

"Ojalá el gobierno pueda hacer algo al respecto", pensaba en voz alta don Federico. "Para evitar que esto les ocurra a más personas".

Buena idea, pensamos nosotros. Solo que estamos seguros que esa propuesta es como el sermón de un predicador en un paraje tan desierto como el despoblado donde todos los días los paisanos son atracados.

Vaya manera de celebrar el fin de año...

—Febrero de 2003

¿Qué es un gringo?

Con todo el asunto de la guerra de Irak, el mundo en general se la ha pasado atacando a "los gringos".

Que si los "gringos" son militaristas, que si les encanta la guerra, que si son imperialistas, que si son Satán en la Tierra, contra quienes se debe iniciar una "Guerra Santa".

Uno nada más necesita checar cualquier página de periódicos en México para darse cuenta que la campaña antiguerra se volvió rápidamente en una campaña antiestadounidense.

El sentimiento ya está muy extendido. Hace apenas unos cuantos meses, sólo se encontraban esas duras críticas contra los norteamericanos en periódicos como *La Jornada* o revistas como *Proceso*, pero nadie se sorprendía. Era normal, viniendo de publicaciones de izquierda. Lo sorprendente es que ahora hasta diarios tradicionalmente de más de centro o derecha (como *El Universal* y *Reforma*) se han unido a la campaña. Editorialistas y caricaturistas, tanto de izquierda como de derecha, se la han pasado usando a George W. Bush de *"sparring"*, y a todo lo que huela a "norteamericano".

"Los gringos son esto...", "los 'gringos' son aquello...", leemos en editoriales. Algunos escritos por gente que en toda su vida jamás ha puesto un pie en Estados Unidos, y cuyo "profundo" conocimiento de los norteamericanos se basa en series policiacas, películas chafonas de Hollywood y los noticieros de TV Azteca.

A veces, algunas de las críticas tienen fundamento. La situación es complicada. Pero la mayoría de los editoriales que hemos leído han arrancado más de una sonrisa (y hasta alguna que otra carcajada) entre los que vivimos acá. Mexicanos incluidos. ¿Cómo no reírse de columnistas que acusan a Estados Unidos de todos los males del planeta, cuando nosotros —a veces sin serlo— sabemos que este país es mucho más que solamente George W. Bush o los *"marines"*?

Y es que para muchos en el mundo (latinoamericanos incluidos), la palabra "gringo" equivale a problemas. Equivale a arrogancia, uso excesivo de fuerza, manipulación de la economía y el mundo en favor de la gran potencia. Equivale, en fin, a que los norteamericanos son lo peor que le ha podido ocurrir a este vapuleado mundo nuestro.

¿Qué son, pues, los gringos?

Para algunos mexicanos, la imagen de este pueblo no puede ser más clara: Un tipo rubio (generalmente viejón). Panzón, con piernitas delgadas que siempre exhibe medio enfundados en bermudas estrafalarias, una camisa floreada y lentes oscuros. Ah, y la cámara. Su cabellera (si todavía la tiene) es rubia o canosa, y siempre está aplacada por una infaltable gorrita de beisbol.

Pero ese es el exterior, solamente. Además de todo eso, un gringo es (para nosotros los mexicanos) un tipo que se cree que lo sabe todo, que se cree que lo puede comprar todo con dólares, y al que le causa urticaria cualquier imagen de pobreza a la que nosotros (tercermundistas) estamos más que acostumbrados.

Pero, ¿qué es en realidad un gringo?

"Un tipo que nació en Estados Unidos", fue la respuesta que me dieron, clara y directa, en México. "Un ciudadano americano". Eso es obvio, claro. Pero, los hijos de mexicanos nacidos de "este lado", ¿son también gringos?

"No, no", me responden, aclarando. "Esos son 'pochos'. 'Chicanos'. No son verdaderos gringos. Los gringos son blancos, rubios".

Bueno, los hijos de argentinos, españoles, uruguayos, algunos cubanos nacidos en Estados Unidos y hasta algunos méxicoamericanos son blancos y algunos rubios. Y son ciudadanos americanos. Andy García. Martin Sheen (verdadero nombre: Ramón Estévez). El puertorriqueño Geraldo Rivera. ¿Son ellos gringos?

"Tampoco", me insiste mi amigo. "Esos son latinos. No, el gringo es un anglo, alguien que habla inglés solamente".

Los descendientes de italianos sólo hablan inglés. John Travolta, Sylvester Stallone. Robert De Niro. Al Pacino. ¿Son gringos?

"Bueno, no exactamente", es la respuesta de nuevo. "No, un gringo es un yanqui".

¿Yanqui? Dígale yanqui a un texano o a un orgulloso habitante de Alabama o Georgia, y le responderá (si bien le va) con un insulto. Cuando no con un tortazo. En esos lares, *"yankee"* es una ofensa tan grande como decirle "chilango" a alguien de Monterrey.

"Un gringo es un imperialista, una multinacional", grita mi amigo mexicano, ya exasperado.

Y ese es el problema. El estereotipo que tenemos los latinoamericanos no cabe cuando venimos para acá y nos damos cuenta qué es en realidad un gringo.

DESDE LAS ENTRAÑAS DEL MONSTRUO

Generalmente inmigramos temerosos, inseguros de saber qué encontraremos. Nuestros periódicos en Latinoamérica nos cuentan tantos horrores de la vida de los latinos en Estados Unidos, que al llegar aquí casi nos sentimos como reos camino al paredón.

Nos sentimos víctimas en potencia de racismo, discriminación, insultos y hasta de ser quemados en la hoguera en público al momento de poner pie en este país.

No tardamos en darnos cuenta que la realidad es otra, totalmente. Descubrimos que "los gringos" a los que tanto les tememos, no son más que... gente. Gente, sí. Personas comunes y corrientes, preocupadas con sus vidas diarias. A ninguno le vemos cara de imperialista, ni los hemos visto cargando metralletas ni correteando latinos palo en mano, listos para colgarlos del cuello en la plaza del pueblo.

Mi madre vino de visita una vez a Texas. Su primera visita en casi cuarenta años. Como no podía caminar, la traíamos en silla de ruedas en un *"mall"*. Una de las rueditas de la silla se atoró en una alfombra, y apenas estaba tratando de empujar para liberarla, vimos cómo una empleada de un local comercial dejó lo que estaba haciendo (desatendió el *"changarro"*, para ser claros) y acudió en nuestra ayuda. Sonriente, la chica sacó la rueda de la alfombra y nos dijo adiós.

"La gente es muy amable aquí", se sorprendió mi mamá, al ver la acción de la gringuita. Su comentario me sorprendió, pero entendí: Un mexicano no espera, al venir a Estados Unidos, encontrar GENTE. Espera ver gente bonita, rubia, bien vestida, sí. Como la que vemos en la tele. Pero no personas comunes, con defectos, pero también con corazón, amables. Gente "normal", como hay en todas partes.

Sí, un "gringo" puede ser un asesino en serie. Un Timothy McVeigh, o un *"Unabomber"*. Pero también son gringos los padres de familia que salen el fin de semana al cine, con sus hijos (gringuitos, claro), y que nos ceden el paso amablemente y comentan en voz alta lo *"nice"* que estuvo la película.

Un gringo también es el tipo de la calle que te saluda con una sonrisa, aunque no te conozca. No es tu amigo. No sabe si eres un ladrón o un millonario, pero por costumbre, sonríe al extraño. Por cortesía.

Gringos también son los tipos gordos, con barba rubia de tres semanas que les llega al ombligo, sombrero vaquero y overol descolorido, que toman cerveza en algún billar, antes de montarse en su tráiler y escuchar música *"country"*.

Gringa es la señora que trabaja en el Wal-Mart de la esquina, quien a sus setenta años sonríe a todo el mundo que entra al local, y les cuenta cómo su esposo murió de cáncer y cómo empezó su vida de nuevo como empleada al no alcanzarle el dinero para sostenerse en su vejez.

Y también gringo es el cliente de la tienda de revistas, con puro en la boca y sombrero de la década de 1950, que en voz alta apoya a George W. Bush y su guerra contra Irak, y critica abiertamente a los "liberales izquierdistas" que atentan "contra la civilización" y desea que vuelvan los "buenos tiempos" de Ronald Reagan.

Gringa también es Jody, mi amiga de ojos azules y pelo rubio casi blanco, que se la pasa hablando horrores de George W. Bush, los republicanos y los multimillonarios conservadores, y añora aprender español e irse a vivir a Oaxaca.

Gringo también es Tom Michael, el cuarentón que nunca creció, y quiere cruzar Latinoamérica en moto, antes de "sentar cabeza" definitivamente con una colombiana, porque las mujeres americanas "no son hogareñas".

Gringa es la chica de la taquilla del cine, que siempre sonríe amablemente y está trabajando duro para conseguir una beca y ser veterinaria, algo que quizá le tome diez, quince años, porque aunque de hambre no se muere, se considera "pobre" por no tener los 100 mil dólares que necesita para su carrera universitaria.

Gringos también son el tipo que viene a fumigar la oficina donde trabajo, la mujer que le encanta la artesanía mexicana y quiere tomar clases de alfarería, el policía retirado gordo y con cara de bonachón cuya risa abierta y estruendosa llena toda la habitación, o el fotógrafo que se la pasa tomando instantáneas de sus mellizos recién nacidos y colecciona estampillas postales.

En fin, ¿qué es un gringo? Una persona, que puede ser rubia y de ojo azul, pero también morena, de ojos cafés. Anglosajón, italiano, irlandés o hispano. Que puede ser de derecha, procapitalista, o de izquierda prosocialista. Que puede apoyar a Bush, o que quizá lo odie a muerte. Alguien que quizá esté a favor de la guerra y de "borrar a los árabes de la faz de la tierra", o alguien que se horrorice de las invasiones militares de su país y abogue por la concertación y la diplomacia.

Puede ser hombre, mujer, niño, niña, adolescente, anciano. Gordo, flaco, mediano, alto, bajo...

Un gringo es un ser humano, único. Similar, pero a la vez diferente a sus congéneres. Como cualquier persona de la Tierra. Como los europeos, los asiáticos o los africanos. Como los latinoamericanos, a quienes nos indigna que nos crean "iguales" unos a otros. Como a los mexicanos que nos indigna que nos confundan con "jalisquillos" si somos colimenses, o con veracruzanos si somos tabasqueños.

A los latinoamericanos nos encanta resaltar los errores y defectos de los poderosos. Y los gringos, como país, son poderosos. Nos encanta acusarlos de racismo hacia "nuestra gente". Pero aunque hay muchos casos documentados de verdadero racismo, nunca mencionamos los casos en los que los propios gringos se han levantado en nuestra defensa (que son bastantes también). Tampoco mencionamos los incontables casos de racismo que hay (y sigue habiendo) en México contra los indígenas y contra los centroamericanos. Muchos de estos horrendos actos, que ocurren a cada rato al sur de la frontera, ya hubieran causado escandalosas demandas, multas y cárcel en Estados Unidos, pero en México pasan desapercibidas como "cosas de todos los días".

Aunque nos duela, este enorme desconocimiento que tenemos de la gente de Estados Unidos, y el solo hecho de resaltar únicamente sus defectos por encima de sus virtudes (que también las tienen) nos convierte en racistas a nosotros también.

Porque el racismo nace, precisamente, del temor y odio a los diferente. De la ignorancia. Y de ignorancia nosotros también pecamos todos los días al odiar al gringos por el simple hecho de serlo, sin saber que, si le sonreímos y comenzamos a conocerle, quizá encontremos en esa persona a un amigo verdadero, de los que duran toda la vida.

—19 de abril de 2003

El español en Estados Unidos:
¿Un idioma de viejos?

La moda en todas partes, es exaltar la presencia del español (y por consiguiente de los mexicanos y latinoamericanos) en Estados Unidos.

En la prensa, en la radio, en la televisión, todos comentamos con alegría (y un dejo de triunfo) que el español está conquistando Estados Unidos. Que la cultura latinoamericana se está imponiendo. Que dentro de diez, quince, cincuenta años, todos (o una buena cantidad de gente) van a hablar español en Estados Unidos.

Las cifras del censo parecen apoyar esto con toda su fuerza. Ejecutivos de todas las corporaciones norteamericanas han corrido a las salas de juntas para llamar a reunión de emergencia y planear qué hacer con el "asunto hispano". Se planean estrategias en español, se destinan presupuestos multimillonarios para los medios latinoamericanos, series bilingües se filman para la televisión.

Nosotros, los mexicanos o latinoamericanos que vivimos en Estados Unidos, nos sentimos como los festejados del cumpleaños. De pasar a ser nadie (una comunidad discriminada, o ignorada), de pronto todo el mundo se esmera en complacernos: Agencias de publicidad, canales de televisión, marcas de ropa, corporaciones, gobierno municipales y estatales. Todos quieren ser nuestros amigos.

Pero es interés, no amor: Ellos saben que gastamos dinero. Que compramos. Y mucho.

Estamos entre los que más gastamos en diversión, por ejemplo. A diferencia del típico gringo, que va al cine solo, o con su pareja o un hijo, nosotros llenamos las salas con tres o cuatro niños, mas la esposa, y a veces, hasta los tíos. Salimos a comer a restaurantes a veces más que los propios americanos, y de pilón cargamos con los abuelitos y hasta con el perico. No nos tiembla la mano al comprar autos último modelo (y si son *"trocas"* de cuádruple tracción y rines dorados, mejor).

DESDE LAS ENTRAÑAS DEL MONSTRUO

"A mí me gusta hacer negocios con los mexicanos", me comentaba un uruguayo, exoficial de la Fuerza Aérea Uruguaya, que llegó a instalar un negocio de venta de antenas satelitales. "No son como los otros latinoamericanos. Los mexicanos trabajan mucho, se parten la espalda, pero les gusta gastar en vivir bien. No me repelan cuando compran mis antenas satelitales".

Pero sobre todo, el nuevo chisme que más suena en el vecindario es la creciente presencia del español en todos los ámbitos de la vida americana. "Hasta George W. Bush lo habla", comentaba una participante anglosajona en un foro de internet, preguntando si ella también debía aprender el idioma. Todos mundo le recomendaba que sí, que se olvidara del francés y alemán. "En diez años, todos vamos a hablar español en este país", le decían.

Debo confesar que yo era uno de estos profetas españófilos. En un par de columnas pasadas resalté la importancia de nuestro idioma, y cómo hasta Blockbuster había creado tiendas especiales para satisfacer a los clientes que no somos muy buenos para ver películas en inglés.

La presencia del español es evidente, ni quién lo dude. Si de algo se distinguirá esta primera década del siglo 21 en Estados Unidos, será por la guerra contra el terrorismo y la presencia del idioma español.

El español llegó, sí. ¿Pero para quedarse?

A muchos mexicanos nos encanta decir que sí. Vemos la emigración a Estados Unidos como una especie de "Reconquista", una "venganza de Moctezuma" contra el país (Estados Unidos) que "nos quitó" la mitad del territorio. Y como no pudimos vencerlos con balas, los vamos a vencer con chiquillos —los cuales tenemos al por mayor— y con la fuerza de la letra Ñ.

En el futuro, pensamos, todo Texas, California, Nuevo México y Arizona volverán a ser "de la raza". Y todos hablarán español.

Cuando vivía en México, hasta yo me creía estas ideas. Pero ahora, que ya he vivido en las entrañas de este monstruo, y he visto las cosas más directamente, no estoy tan seguro.

Hace poco, vi a mis sobrinos (primera generación de méxicoamericanos) platicar entre ellos y con mi hijo de siete años, y me sorprendí.

¿Porqué no hablaban en español?

Ahí los tenía. Cinco chiquillos, de entre siete y once años, hablando inglés como cualquier típico niño "gringo". Si no cerraba los ojos, y los escuchaban, me los imaginaba anglosajones, rubios, de ojos azules y pecas. Pero abría los ojos, y ¡oh, choque! Prietitos, y de rasgos indudablemente mestizos latinoamericanos.

Sus padres (mis cuñados, mi esposa y yo) somos mexicanos por los cuatro costados. Nacimos y nos criamos en México. Emigramos ya bien entrados nuestros veintes y treintas. Hablamos un inglés que dista de ser perfecto. Vemos TV en español. Rentamos películas subtituladas. Estamos al tanto de nuestro México lindo y querido a diario, por internet, por periódicos. Defendemos el español y el catolicismo con todo nuestro ser, en un país protestante y anglosajón.

Nuestros hijos, sin embargo, son otra cosa.

Ellos no saben de tradiciones mexicanas. Las conocen porque han ido de vacaciones, y porque tienen amigos en México. De vez en cuando los obligamos a mantenerlas, pero les son tan ajenas como era para nosotros el *Thanksgiving Day* que veíamos en las caricaturas cuando niños.

Y por más que les hablamos a nuestros niños en español todo el tiempo en la casa, es imposible evitar que prefieran el inglés: El inglés, aprendido en la escuela, se ha convertido para ellos en el idioma de los amigos, "de los cuates". El español, en cambio, es una especie de jerga familiar, que se usa sólo para dirigirse a los parientes, pero en particular con los padres, los tíos y los abuelos.

Un idioma de viejos.

No, a pesar de los buenos deseos que todos tengamos, el español no va a echar raíces tan fácilmente como creemos en Estados Unidos. Aquellos "gringos" ultraderechistas que se la pasan poniendo el grito en el cielo ante la "invasión" del español están equivocados. Con el paso del tiempo, tal invasión no pasará de ser una curiosidad histórica.

Para que un idioma de vedad eche raíces en una tierra necesita algo básico: Hablantes. Pero hablantes nativos, no aprendidos. Y en esta categoría no entran nuestros hijos.

La realidad es que el español lo mantenemos vivos nosotros, los inmigrantes. Los que nacimos fuera de este país. Los que lo necesitamos para expresarnos, para hablar de cosas serias, para leer libros complicados, para desnudar nuestra alma. Forma parte de nuestro ser.

Y al ser parte de nosotros, el español (el que hablamos yo y mi familia), seguramente morirá con nosotros.

La fuerza del español en Estados Unidos se mantiene gracias a la constante llegada de latinoamericanos. Es un flujo que no ha parado. Pero el uso del idioma se diluye en la segunda generación, y se pierde totalmente en la tercera. Mi hijo, que ya habla solo en inglés con sus amigos, seguramente preferirá el inglés para dirigirse a sus hijos. Y los hijos de sus hijos ni siquiera conocerán el español.

Esta actitud de los más jóvenes hacia el castellano no es por desprecio, sino por costumbre. Lo mismo ha pasado a los hijos de inmigrantes libaneses, chinos y judíos afincados en México, para los que los idiomas nativos de sus padres son algo extraño y nunca aprendido. Ellos acabaron prefiriendo el español.

Por supuesto, si uno pregunta a "expertos" (o demagogos) sobre el futuro del español en Estados Unidos, le dirán lo contrario: "El español está más vivo que nunca", le dirán. "Conquistará este país". "Llegaremos a tener un presidente hispano" (Sí, claro. Pero ¿hablará un buen español?).

¿Quiénes son esos "expertos"? Generalmente son los comentaristas y periodistas de los canales hispanos, Univisión y Telemundo. Pero ellos no son imparciales, debido a que sus cadenas dependen de nosotros, los inmigrantes. Nosotros los mantenemos a flote, porque vemos sus programas todos los días. Nuestros hijos, no. Ellos prefieren ver canales en inglés. Si acaso ven alguna telenovela mexicana, es por costumbre, porque su mamá lo hace. Al morir la mamá, la moda se olvidará, seguramente.

Son estas cadenas de TV (y muchas de radio) las que le apuestan al crecimiento del español, porque en ello les viene su subsistencia. Los millones de dólares que les inyectan las agencias de publicidad les llegan gracias a que habemos casi 40 millones de personas que los vemos. En español.

Otros "expertos" que también se aferran al espejismo del español eterno en EE.UU, son generalmente exmilitantes de grupos furibundamente prolatinos. Son nuestra versión de los "Panteras Negras" o el *Ku-Klux-Klan*: Grupos que hacen del extremismo antigringo su razón de ser. A ellos les conviene promover el español, para ser considerados "minorías" y por lo tanto, gozar de subsidios del gobierno americano y otras prebendas. O de perdido, para alborotar incautos y salir en la televisión. Les gritan "racistas" a cualquiera que piense diferente, y en no pocas ocasiones se aprovechan de los temores de nuestra gente como trampolín político. Es gracioso ver a uno de esos "políticos" californianos o "*tejanos*" envolverse en la bandera mexicana, ponerse un sombrerote cada Cinco de Mayo, y gritar al micrófono: "¡Semos la raza, amigooouuus! ¡Y ansina mesmamente nuestra *people* va a *recover* todos los *lost territories*! ¡*Up with Mexico, cabr*nes!*"

Ellos sacan partido mientras haya idioma español en Estados Unidos. Pero nada nos asegura que esto continuará.

Si el día de mañana Estados Unidos corta de tajo la inmigración (o si la regula, como se planea hacer, con alguna legalización o con permisos de trabajos) dará un golpe mortal al español. Al cortar el enorme flujo de inmigrantes, quizá en algunas décadas disminuyan notablemente los hablantes nativos.

(Eso es imposible, dirán algunos. Estados Unidos NUNCA se atrevería a hacer eso. Bueno, yo no estaría tan seguro. Siembre un líder extremista en un campo fértil de electores temerosos y verá lo que pasa. Estados Unidos es un país muy proclive a ese tipo de extremos. Ya ha ocurrido en el pasado).

Mi esposa Esther y yo seguiremos hablando español. Como hablantes nativos, no tenemos de otra. Igual nuestros cuñados, amigos y compañeros de trabajo. Pero, eventualmente, en unos treinta o cuarenta años, moriremos.

Nuestros hijos hablarán seguramente una versión champurreada de *spanglish*. Pero nuestros nietos serán más gringos que muchos gringos de acá.

De todas formas, no hay que preocuparse tanto. En caso de que ello ocurra, el español de todas maneras seguirá como la segunda lengua de este país. Será el idioma que más se estudie, el que más se aprenda, y el más buscado por los estudiantes y profesores.

(Después del inglés, claro.)

El español seguirá siendo el idioma extranjero más solicitado por las corporaciones con negocios internacionales. Y en la frontera con México seguirá siendo tan importante (o más) que el inglés.

En ese sentido, el español sí llegó para quedarse. Aunque solo sea en las aulas universitarias, en las salas de conferencias de las multinacionales globales, o en algunas pocas casas de inmigrantes.

Pero la tan ansiada "reconquista" no va a ser tal.

Y cuando fallezcamos nosotros —las generaciones de inmigrantes originales— nuestros nietos y bisnietos nos llorarán, rezarán y recordarán... en inglés.

—Dallas, Texas, 25 de abril de 2003

Las otras bajas de la guerra de Irak

Cuando inmigramos a Estados Unidos, hace poco más de cinco años, mi familia trató de estabilizase rápidamente. Para evitar las crisis emocionales por el desarraigo del terruño natal, nos apuramos en establecer una rutina. Acostumbrarnos a nuevas caras, nuevos barrios, nueva vida.

Una de las metas principales, era "aclimatarnos" a los nuevos sitios donde compraríamos. Pronto nos adaptamos a hacer la compra de comida en un supermercado, *Winn-Dixie*, que (por fortuna) estaba frente a nuestro apartamento. El simple hecho de cruzar una callecita a pie me cayó como una bendición, en medio de la excesivamente automovilizada Dallas.

Para las compras de otros artículos no tan necesarios, nos acostumbramos a *Venture,* una cadena estilo Sears, pero más "populachera". También comprábamos en *Montgomery Ward*. Y, por nostalgia, nos gustaba comer en *Luby's*, un cafecito en la esquina de la misma área, que nos recordaba nuestros añorados *Vip's* o *Sanborn's*.

Retomamos nuestras vidas, y nos comenzaron a gustar las nuevas tiendas. Cuestión de costumbre.

Luego, un día, quebró *Venture*. Liquidó todo. Despidió personal. Desalojó sus locales. Y nos dejó lamentando su partida.

Bueno, dijimos. Nos queda *Montgomery Ward*. Es buena también.

Meses después, *Montgomery Ward* también se desplomó.

Tratamos de adaptarnos la nueva rutina, comprando en otros lados. La cadena *Kmart* nos cayó como salvación: Abrió una tienda donde había estado el *Venture*. Con alegres fiestas de aperturas (y los siempre bienvenidos descuentos) prometió llegar "para quedarse". Un rayo de esperanza.

Pero el gusto nos duró poco: Cuando pensábamos que ya habíamos enfrentado las pérdidas, nos cerraron *Winn-Dixie*. Toda la cadena de supermercados pintados de azul verdoso se vino abajo a causa de la "recesión". Eso sí me dolió, porque ahora debería ir manejando (algo que odio) hasta el otro supermercado del barrio, ubicado a dos cuadras.

Bueno, tratamos de consolarnos por la pérdida. Invité a mi esposa a tomar un café al *Luby's* y rumiar nuestra tristeza. En la puerta, nos recibió un letrero que anunciaba la próxima quiebra del *Luby's* también.

Ya entonces nos comenzamos a preocupar.

Tratamos de seguir comprando en *Kmart* como si nada, hasta que llegó el día aciago: Anunciaron bancarrota. Liquidaron todo. Despidieron empleados. Y el mismo local ocupado alguna vez por la hoy difunta *Venture*, volvió a mostrar los letreros de SE VENDE. Al parecer es ese letrero el único que sí llegó para quedarse, aunque de manera cíclica.

¿Porqué les cuento la triste historia? Hay temas más importantes, dirán. Como la guerra en Irak. Pero las pequeñas tragedias domésticas de mi barrio reflejan, como un botón, una muestra mayor, que se repite en todo Texas, y en todo el país.

Estados Unidos ya demostró que ganó ampliamente la invasión de Irak. También ha demostrado que, golpe a golpe, está destrozando el grupo terrorista de Al-Qaeda. Primero sacó a patadas a los talibán de Afganistán, luego ha ido deteniendo poco a poco a los principales cabecillas, algunos de los cuales ya están "hospedados" (todo pagado) en Guantánamo.

Es decir, Estados Unidos, indiscutiblemente, ha ido ganando las batallas militares. Pero en cambio, mientras los "halcones" del Pentágono brindan sobre las estatuas pulverizadas de Saddam, el terrorismo internacional parece que está ganando la batalla donde más duele: La economía.

Las bajas siguen dándose, al por mayor. No, no son bajas de *"marines"* muertos en Irak. Tampoco aviones de combates derribados por baterías antiaéreas. Estas "bajas" no son personas, sino empresas. Corporaciones, industrias. No se llaman John, Robert, Luis o Arturo, sino *Kmart*, *Luby's*, *Winn-Dixie*... o Delta, Continental o (quizá) American Airlines.

Como moscas, han estado cayendo una tras otra. No pasa un día sin que leamos en los periódicos sus obituarios: Que si tal o cual compañía quebró, que sí ya despidió a todos sus empleados, algunos con décadas de antigüedad. Que si ya se anuncia la quiebra de otra más, etcétera.

En ciudades como Dallas, donde la clase empresarial es el motor de la vida local, el *shock* ha sido devastador. La gente de Dallas tiene un orgullo por su rancho que me recuerda el fanatismo localista de los regiomontanos (pero a la quíntuple potencia). Sus estandartes no son el sombrero de vaquero, ni las botas, sino los trajes sastre de *Neiman Marcus* y el poderío de sus corporaciones. Por eso, las noticias de quiebras y cierre de negocios caen aquí como una tonelada de concreto sobre sus egos.

Es decir, temas como la crisis, la recesión y la economía en picada ya no son cosa de expertos con la nariz hundida en cifras y estadísticas. Son hechos que cualquier hijo de vecino ve. Yo mismo lo he estado viendo en persona, como les relaté líneas arriba, con el cierre de todas las tiendas en que compraba. No se tratan de hechos aislados, la mentada "recesión" de verdad existe.

Apenas el otro día me enteré de que otra empresa importante de Dallas, *Flemings Products*, también ya piró. Casualmente era la principal proveedora de comidas y verduras de *Kmart*.

El que las corporaciones "quiebren" puede no parecer preocupante. Después de todo, sus "dueños" (los accionistas mayoritarios) nunca pierden. Cuando mucho, se tendrán que "apretar" el cinturón (o sea, que en vez de ganar cientos de millones al año, ahora ganarán "solamente" decenas de millones). Eso, en sí no es preocupante para mí.

No, lo verdaderamente grave es todo el desastre que las quiebras causan entre los que estamos en el primer peldaño de la escalera económica: Los empleados.

Ahora me doy cuenta que los desplazados por la guerra no están solamente en Irak o Afganistán: Otros desplazados también se pasean a diario en las calles de todo Estados Unidos. Son los desempleados, esas gentes que perdieron sus chambas por las quiebras. Son la "parte más delgada" de la cuerda que se rompe, porque los accionistas y altos ejecutivos de las empresas, cuando ven crisis, nunca piensan en bajarse sus enormes salarios, sino en despedir subalternos.

Pero esos no son solo "desempleados" sin cara, cifras. Son personas que pierden no solo un trabajo, sino a veces su futuro. Porque al quedarse en la calle, también pierden sus casas, sus autos, sus ahorros. Por ejemplo, en los últimos meses he visto cómo se han multiplicado los anuncios de ventas de casas en los periódicos: Se trata de viviendas embargadas a sus atribulados propietarios, incapaces de seguir con los pagos.

Y a esa pobre gente ni siquiera les queda el consuelo de buscar otra chamba, porque ahora nadie está contratando. Un amigo lleva dos años tocando puertas, haciendo llamadas, enviando e-mails con su currículum... y nada. Todo está parado. Al menos en Texas. Recién me entero que recibió una leve esperanza de una empresa mediana de San Francisco, que tímidamente se atrevió a pedirle una entrevista. Ojalá le vaya bien, pero aún con todo, él será uno de la afortunada minoría.

Los economistas predicen que, una vez que todo el asunto de Irak se estabilice, la economía reanudará su crecimiento. Eso, siempre y cuando no se ahonde el descontento entre las naciones árabes. Y que no ocurra otro atentado terrorista, que sería como dar un tiro en la nuca a las aerolíneas.

Con todo, nos alegramos de que la guerra casi esté terminando. Fue rápida. Murió bastante gente (de ambos bandos), pero pudo morir mucha más, en caso de que se prolongara el conflicto. Aún pueden morir más soldados americanos y civiles, por la resistencia, pero lo peor parece que ya pasó. No así en la economía.

DESDE LAS ENTRAÑAS DEL MONSTRUO

Además, mientras la locomotora americana no despegue, otras economías latinoamericanas seguirán ancladas, como México. Hay mucho en juego en el asunto de Irak y la guerra contra el terrorismo, no solamente "jugar a las guerritas".

Al día siguiente de la caída de Bagdad, ví una caricatura del dibujante chicano Lalo Alcaraz. Mostraba una estatua yéndoe a pique desde su pedestal, jalada por un tanque. La estatua mostraba a un personaje con el brazo derecho alzado al frente. Pero no era Saddam Hussein, sino George W. Bush.

Para rematar la ironía, el tanque que derribaba al monumento tenía escrita la palabra "ECONOMÍA".

No es de extrañarse. En medio del escándalo y las campanas al vuelo provocadas por la caída del tiránico régimen de Saddam Hussein en Irak, pocos en Estados Unidos se atreven a mencionar lo que pasa en casa. Pero tampoco se olvidan.

Los electores, seguramente, no se olvidarán en las elecciones del año que viene. Y ahí sí que Bush deberá demostrar liderazgo para dar vuelta a la economía antes de que el electorado le pase la factura como a su padre. No habrá juez de la Suprema Corte que lo salve.

Nadie sabe qué pasará. Aún hay muchas cosas "en el aire" como para decir que la guerra de Irak ya terminó, y que en cualquier momento se reiniciará el crecimiento de la economía. Por ejemplo, no han encontrado a Saddam. No se sabe si murió. Y Osama, al parecer, sigue vivo, mientras Corea del Norte sigue poniéndonos los pelos de punta.

Hay un chiste en Estados Unidos: ¿Cuál es la diferencia entre recesión y depresión? La recesión, dicen, es cuando tu vecino pierde su trabajo. ¿Y la depresión? Cuando tú pierdes el tuyo. Sinceramente, espero no estar en posición de explicarles con detalle esta diferencia por experiencia personal, pero como dije, nadie sabe. Los mantendré informados.

—Abril de 2003

Si emigra a E.U., mejor ni se enferme

A Mayté *(no su nombre verdadero)* le duelen mucho sus dientes. Pero no se los puede curar.

Ella es una inmigrante mexicana que vive en Texas. En México, había pasado por varias intervenciones en su dentadura desde muy jovencita ("Mi dentadura es mala por herencia", dice, recordando a su padre): Puentes, endodoncias, coronas. Todo lo hacía con dentistas particulares, que se hicieron amigos de la familia, y le cobraban menos, o a plazos. Una vez hasta se pudo poner toda la dentadura de enfrente de porcelana.

Ahora, con casi ocho años en Estados Unidos, no puede más. Sus muelas le duelen demasiado, y se las aplaca con remedios caseros. Está esperando a que le lleguen sus papeles de residente para irse a México, pero, a diferencia de muchos migrantes que desean ir a ver a su familia, lo primero que Mayté hará será ir a ver a un dentista.

Intentó "calarle" en Texas. Por pura curiosidad fue a ver a una dentista para preguntarle cuánto le saldría su tratamiento. La doctora no titiubeó en darle el precio: "Siete, u ocho mil dólares", dijo. "Para empezar. Más la recuperación, medicinas y extras, serán como diez mil dólares".

En México, una hermana investigó: Dependiendo del caso, el precio oscilaba entre 10 mil a 15 mil... pesos. O sea, unos 1,500 dólares, con todo y todo.

No había trampa, la calidad del trabajo era igual o incluso hasta mejor que en Estados Unidos. Todos los utensilios, medicamentos y técnicas eran americanas. El mismo dentista había estudiado en Nueva Jersey.

"La diferencia es una exageración", comentaba Mayté, tocándose las mejillas de dolor. "Ya no veo la hora para ir a atenderme".

Una de las cosas que menos nos preocupan a los latinoamericanos cuando emigramos a Estados Unidos es enfermarnos.

De hecho, ésa es una de las cosas que menos nos preocupan en cualquier parte. En nuestros países, menos, porque sabemos cómo hacerle. Sabemos dónde están las clínicas de atención médica, sabemos cómo funciona el sistema. Sabemos cuánto nos cuesta ir con el doctor, si es que no tenemos seguro médico. O dónde está el Centro de Salud más cercano, o el hospital civil, o de perdida la farmacia de la esquina. En las zonas rurales, no son pocas las familias campesinas que pagan hasta con gallinas o cerdos los servicios del "*dotor*".

(No por nada los médicos tienen casi siempre una estatura casi mítica en los pueblecitos, al lado del cura y el maestro).

¿Pero qué ocurre cuando nuestros "paisanos" deciden venirse a Estados Unidos? Con lo del viaje, el buscar chamba y conocer un nuevo país, pocos nos acordamos de la salud. Luego, ya encarrerados en hacer dólares y batallar para que nos den papeles, en lo último en que pensamos es en ir al doctor.

Hasta que nos enfermamos. Entonces sí, que nos agarren confesados.

Porque enfermarse en Estados Unidos no es cosa de juego. Ni se resuelve con ir al doctor, como en México. Es un asunto muy delicado, donde entran en juego no solamente médicos y recetas, sino dinero. Mucho dinero.

A uno le va peor si es indocumentado.

Lo primero que aprendemos los inmigrantes es que en Estados Unidos no hay IMSS. Ese "Seguro Social" del que tanto se habla (y que es requisito hasta para sacar una tarjeta para rentar películas) no es el mismo "Seguro Social" de México. No es un edificiote enorme donde uno pierde todo el día para ir a que lo traten de un catarro. (Y gratis). No, el seguro social de Estados Unidos es una identificación, para pagar impuestos y guardar fondo de retiro.

¿Entonces, dónde está el sistema de Seguro Social médico, que cubre a todos los trabajadores?

Ahí está el problema. En Estados Unidos no existe.

Ni le intente apuntarse para recibir los beneficios, no lo hay. Cuando uno trabaja, la empresa o el patrón le quita una parte de su salario para Medicare, que es el seguro estatal (y que equivale a una cantidad de dinero irrisoria, que no compra ni un curita). Generalmente se acumula durante toda la vida laboral de una persona, y se entrega a los jubilados, no a la gente joven que apenas empezó a trabajar.

¿Entonces, si me enfermo, la empresa no me va a cubrir con un seguro? Si bien le va, sí. Pero eso es en empresas grandes, solamente, y de manera muy restringida. Se llaman HMO's (*Health Management Organization*, u Organización de Manejo de Salud). Manejo como gerencia, no como de autos. Porque, en Estados Unidos, enfermarse sale caro. (O más bien, curarse).

Los seguros médicos son todos privados. Si usted quiere tener seguro, debe contratarlo personalmente. O juntarse entre varios empleados, si la empresa no lo cubre. De todas maneras, el chistecito le saldrá carillo: desde 250 hasta miles de dólares al mes, dependiendo de su situación particular (historial de salud, número de asegurados, ingresos, etc.). Quizá la empresa le ayude en algo, pero no es mucho. La mayoría del costo lo cubre usted, descontado de su cheque semanal. Y cuando va al doctor debe pagar un "deducible" (igualito que si fuera seguro de auto), el cual puede ser hasta del doble del pago mensual.

Ah, pero eso no es todo: Los HMO's (es decir, la empresa que le vende el seguro) le va a decir a qué doctores puede ir, y cuánto es lo máximo que puede gastar en cada visita. Si su tratamiento se pasa, no lo cubren, o le recetan otra cosa más barata. Hay montones de historias de horror sobre cómo los famosos HMO's evitaron que pacientes urgidos de tratamiento fueran atendidos adecuadamente, porque no faltó algún "gerente" que rechazó las recomendaciones de los médicos.

Con todo, el tener HMO es lo mejor que le puede pasar. ¿Lo peor? No tenerlo. Andar a la buena de Dios, curándose con albahacar, o con tecitos de la abuela, y encomendándose cada vez que sale a la calle para no sufrir un accidente.

Y ese es el caso de la mayoría de nuestros paisanos en "el otro lado". (Amén de millones de norteamericanos que no tienen las toneladas de dinero para pagar un seguro médico).

¿Por qué es tan caro el tratamiento médico en Estados Unidos? Esa es la pregunta de los 64 mil millones de dólares, que se han estado haciendo políticos, organizaciones de defensa del consumidor, pacientes y hasta los propios médicos desde siempre. Y la respuesta puede ser que el sistema fue creado de tal manera (sin proponérselo nadie), que es excesivamente caro desde sus inicios. Ahora la cosa es tan complicada, que nadie sabe cómo desenredarla.

Actualmente se calcula que el habitante de Estados Unidos paga por atención médica hasta 44 por ciento más que un ciudadano de Suiza (el segundo país más caro en lo que a salud se refiere), y recibe un servicio peor, según la Organización Mundial de Salud (OMS) de la ONU.

Por principio, el mismo hecho de formar médicos es caro. Estudiar medicina es casi sólo para ricos. Igual que estudiar enfermería. Por lo tanto, los pocos afortunados que lo consiguen egresan con gigantescas deudas por financiamiento y medias becas, que deben cubrir. A eso se le añaden los costos de pagar seguros contra demandas (los doctores son los principales objetivos de acusaciones contra negligencias, reales o inventadas), los equipos médicos, oficinas y todo lo demás.

En especial los temores de demandas tienen a los médicos "ciscados": Para evitar broncas, lo primero que recetan son medicinas de patente, de esas que cualquiera consigue en el súper, sin receta. El plato, por supuesto, lo paga el paciente (o "cliente", como les llaman, quizá demasiado acertadamente, algunos sarcásticos).

Entonces, si alguien llega con el doctor quejándose de dolor de estómago, es muy probable que le den Pepto Bismol. Si trae calentura, le recetan raudos un Tylenol. Y si le duele la cabeza no hay de otra: Tómese una aspirina. Ah, y aquí está la cuenta por la consulta: 50 dólares. Mas 50 de los exámenes, 250 de las pruebas y 150 de radiografías. Total: 500 dolaritos. ¿Va a pagar de contado, con cheque o tarjeta de crédito?

No es de extrañarse que los paisanos que tienen muchos años aquí, o que tienen niños, retacan sus botiquines con medicinas que compran cada que van a México (porque muchas de ellas requieren receta en Estados Unidos. Esa es otra). Y a pesar de las advertencias de no automedicarse, las mamás hispanas ya se han convertido en expertas curanderas de todo mal, en un esfuerzo por ahorrar algunos cientos de dólares y no ir al médico.

Las medicinas son harina de otro costal. No es raro ver a gente de Estados Unidos comprando medicina en farmacias mexicanas, para tratar sus enfermedades. Y no sólo migrantes o chicanos, sino hasta jubilados gringos. A veces la diferencia de precios es hasta del 70 por ciento menos. Las empresas farmacéuticas ponen el grito en el cielo y claman por mayor control aduanal, por temor a que se importen medicamentos "peligrosos" por no seguir las normas nacionales... Pero la verdad es que a veces se trata de los mismos medicamentos, con la misma marca. Lo que buscan es seguir aumentando los precios a su antojo, a expensas del público.

Ya ha habido muchas propuestas para modificar el sistema de salud norteamericano, pero sin éxito. Hay demasiados intereses creados, y la industria de la salud es muy lucrativa (por el simple hecho de que siempre habrá enfermos). No pocos críticos resaltan que es una vergüenza que el país más poderoso y rico del mundo no tenga la capacidad de traer servicio médico gratuito o barato al menos, para sus habitantes, como lo hacen ya en todo el mundo hasta los países más atrasados. Muchos jubilados no se han esperado a que las cosas se arreglen y mejor corren a tratarse con médicos del lado mexicano de la frontera, algunos de los cuales estudiaron en Estados Unidos. La calidad es la misma, pero el precio es tremendamente inferior.

Sí hay algunos hospitales públicos, que dan servicio a bajo precio, y hasta gratuito para pacientes que califiquen (léase, que no tengan dinero para pagar).

Pero la atención es peor que la de la más amolada clínica del IMSS, y no por calidad, sino por rezago: Si uno saca una cita para un chequeo de rutina, le tardarán hasta cinco meses en atenderlo. Sólo lo reciben si llega a rastras, y eso solamente en emergencias. En las salas de espera uno se encuentra con escenas dignas de las peores clínicuchas de rancho: Gente tirada en el suelo durmiendo, niños llorando, gente pobre hacinada mientras espera recibir atención o saber de sus seres queridos, recepcionistas o empleadas de mostrador que no dan muchos datos ni se muestran cooperativas.

Los inmigrantes somos el grupo que menos atención médica recibimos: Más del 32 por ciento de los hispanos carecemos de seguro médico, contra 16.8% de los asiáticos 19.7% de negros, y apenas 11.3% de los anglosajones, según cifras del Censo. El asunto se complica porque nuestra gente se resiste siquiera a ir a pedir informes a las oficinas estatales, por temor a ser detectado como indocumentado, o simplemente por el complejo de no saber inglés. Inclusive muchas personas que pudieran calificar para atención se quedan sin recibirla, por desinformación.

¿Hay solución para todo esto? Si usted tiene alguna, dígala. Hay millones de personas enfermas en Estados Unidos ansiosas de conocerla. Mientras tanto, a ellos no les queda más que usar la táctica de Mayté: Agarrarse la parte que le duele con fuerza, y aguantar, hasta la primera oportunidad de correr a atenderse en México.

—9 de mayo de 2003

Los premios Stella: El Oscar de las demandas ridículas en EE.UU.

Stella Liebeck era una anciana de 81 años a la que se le ocurrió ir a comprar café a un restaurante McDonald's, de esos que hay en todo Estados Unidos. Eso fue en 1994, en Arizona.

Pasó en su auto por la ventanilla del restaurante, compró su café y avanzó. Pero la señora Stella no se fijó, y con el movimiento del vehículo, la tacita de cartón en que le sirvieron el líquido se tambaleó y se regó sobre ella.

El café estaba muy caliente. Casi ardiendo. En cuestión de segundos Stella sufrió quemaduras tan serias, que requirió hospitalización y una intervención quirúrgica que le dejó cicatrices permanentes.

Cualquiera diría que fue un infortunado accidente, de esos que todos tenemos siempre. Pero Stella no se quedó cruzada de brazos. De inmediato le reclamó al McDonald's por sus heridas, y exigió que le pagaran los gastos médicos. Cuando el restaurante se negó, Stella contrató un abogado y le entabló pleito a la poderosa cadena de los arcos dorados.

¿Suena ridículo? Por supuesto. Pero los que no pensaron así fueron los miembros del jurado y el juez del caso. El abogado defensor contratado por McDonald's tampoco estaba riendo, al contrario. Defendió con uñas y dientes a su cliente. Se portó como gato panza para arriba, sobre todo cuando el jurado declaró a Stella ganadora.

El caso, aunque suene ridículo para cualquier latinoamericano, resultó en que el jurado ordenó a McDonald's pagarle casi 3 millones de dólares a Stella, por gastos médicos, daños y prejuicios.

Obviamente la empresa restaurantera no se quedó conforme, y apeló la decisión. Pero antes de que el asunto pasara a mayores, ambas partes llegaron a un acuerdo, no sin antes otorgarle a Stella una suma mínima de 600 mil dólares para que dejara todo por la paz.

Aunque suene increíble, este caso fue cierto. Stella únicamente se aprovechó de estar en Estados Unidos, el país que se precia de ser una nación de leyes... pero que al mismo tiempo tiene una legislación tan extraña, que no son pocos los que se aprovechan de ellas para beneficio propio.

Hoy en día, el caso de Stella Liebeck se hizo tan famoso, que incluso una organización nacional creó, medio broma y medio en serio, los famosos Premios Stella, que se entregan cada año a los casos de demandas más ridículas y tontas que han llegado a las cortes de Estados Unidos.

Para la botana de los latinoamericanos (y la pena de muchos norteamericanos), estos casos son verdaderas joyitas de la insensatez humana. Estos son algunos de los nominados a los famosos premios Stella en su primera edición de 2002 (ya llevan varios desde entonces), según el sitio de internet stellaawards.com:

—Un abogado de Ohio, llamado Phillip Shafer, demandó a la aerolínea Delta. ¿El motivo? El tipo tuvo que compartir un asiento de avión con un hombre tan obeso, que debieron estar casi pegados hombro con hombro por todo el trayecto de Nueva Orleans a Cincinnati. En la demanda, el abogado pedía una indemnización de 9 mil 500 dólares por haber sufrido "vergüenza, incomodidad severa, angustia mental y molestia emocional severa.

—Un preso de la cárcel estatal de Utah demandó al sistema penitenciario, acusándolo de discriminarlo por sus creencias religiosas. Él alegaba en su denuncia que las autoridades de la prisión no le permitían practicar su religión, la cual describió como "Vampirismo Druida". El preso afirmaba que su religión le obligaba a tener relaciones sexuales con "vampiresas", y que la prisión debía proveerle de una dieta especial de sangre. Pese a todo el borlote armado por el abogado del preso, el jurado desecho su demanda.

—Una mujer de Pennsylvania demandó a los médicos del Centro Médico del Departamento de Asuntos Veteranos, a donde acudía. La mujer, obesa y fumadora empedernida, con alto colesterol y presión, aseguraba que los doctores eran los culpables de sus males, por "no haber hecho lo suficiente" por convencerla para mejorar su propia salud. Por todo esto sufrió un infarto. La mujer demandó a los ocho doctores del centro médico, más a su empleador (el gobierno de Estados Unidos) y exigió una indemnización de 1 millón de dólares.

—Otra de doctores: Tres hermanas de California, Janice Bird, Dayle Bird y Kim Bird Moran demandaron a los médicos de su mamá y al hospital. Las hermanas acudieron con su madre al centro médico para un asunto de menor importancia, pero algo salió mal. Hubieron complicaciones, por lo que los médicos de inmediato trasladaron a la mujer al quirófano para operarla de emergencia. Las hermanas se asustaron tanto, que decidieron demandar al hospital y los doctores por "haberles causado angustia severa" cuando vieron cómo los médicos corrían para salvar a su madre. Los argumentos de las hermanitas y sus abogados no valieron de nada, pues la Suprema Corte Estatal falló contra ellos. Si hubieran ganado la demanda, seguramente los médicos lo pensarían dos veces antes de atender a un paciente acompañado de familia.

—En enero de 2000, la señora Kathleen Robertson de Texas recibió una compensación de 780 mil dólares. ¿El motivo? La mujer demandó a una tienda de muebles donde acudió a comprar. En un momento dado, Robertson se tropezó contra un niño pequeño que corría dentro de la tienda, rompiéndose un tobillo.

Los dueños de la tienda no podían creer que Robertson los había demandado, sobre todo si se toma en cuenta que ese niño que le causó el accidente... era su propio hijo.

Por fortuna, las demandas ridículas no siempre ganan. La empresa de electrodomésticos Kenmore se sorprendió cuando una mujer los demandó. Alegaba que su perrito *"french poodle"* se había muerto por culpa del horno de microondas, fabricado por la compañía. La mujer confesó en el juicio que había metido al animalito dentro del horno para secarlo después de bañarlo, pero que nunca pensaba que iba a morir. Por ello demandó a Kenmore, aunque el juez desechó el caso por ridículo.

De todas maneras, Estados Unidos sigue siendo el paraíso de las demandas frívolas. Todos los días hay casos serios, que ameritan indemnizaciones, pero también todos los días se despierta un vivales pensando a quién demandar para sacar dinero rápido. Y los abogados, siempre listos para actuar, esperan cualquier oportunidad para sacar una tajada.

Estados Unidos no es un país perfecto (de hecho, ninguno lo es). Pero a pesar de sus defectos, los americanos defienden con orgullo su gran nación. Sin embargo, en el asunto de lo ridículo que a veces pueden ser sus leyes (y de las tontas demandas que causan), ni siquiera los propios norteamericanos pueden evitar mover la cabeza con incredulidad.

—23 de mayo de 2003

¿Le convendrá al gobierno de México tantas muertes de migrantes en la frontera?

La temporada ya inició. La temporada de calor en Texas. La más mortal para los indocumentados.

Hasta el momento de escribir esto, van una docena de inmigrantes indocumentados muertos al tratar de cruzar la frontera hacia Estados Unidos, dentro de tráileres herméticamente cerrados.

Para la gente en Estados Unidos esas historias son de horror, casi como las de las víctimas en guerras. Para los que somos inmigrantes latinoamericanos, el espanto es doble, porque en cada una de esas caras de gente asfixiada o deshidratada por el inclemente sol texano, vemos quizá a amigos, a familiares. O incluso a nosotros mismos, pues muchos llegamos así, igual, "de mojados", aunque ahora nos creamos más americanos que el pay de manzana.

No se me quita de la mente una de las víctimas del primer tráiler de este año, el de Victoria, Texas. Era un niño de apenas 6 años, que murió abrazado a su papá, un taxista del Distrito Federal. El pequeño, según sus familiares, soñaba con llegar a Estados Unidos para aprender inglés, tener dinero para ir al cine y ser médico.

Es lamentable y vergonzoso que un niño pequeño como él tenga que morir buscando aspiraciones que muchos niños de Estados Unidos (o incluso de México) dan por hecho. Cuando se supo de la tragedia, el gobierno mexicano de inmediato puso el grito en el cielo y se apresuró a exigir al gobierno norteamericano que terminaran las duras leyes antiinmigrantes, que se firmara una legalización y se permitiera que nuestros paisanos pasar con mayor facilidad al norte.

Estamos de acuerdo. Como mexicanos que vivimos acá (y que disfrutamos de lo bueno de la vida americana), nos sentimos a veces hasta mal al saber que gente como nosotros ganan cinco veces menos, tienen menos oportunidades y que sus hijos quizá nunca se superarán, por el simple hecho de que viven unos cuantos kilómetros al sur de la frontera. No son ni mejores ni peores que nosotros, ni menos inteligentes ni menos capaces. Su único "crimen" es vivir en México. Ganar en un día allá lo que pagan como salario mínimo en una hora acá.

Urge una legalización. Urge un acuerdo migratorio entre ambos países. Estados Unidos tiene empleos de sobra. México tiene trabajadores de sobra. Es una simple ecuación de mercado, que beneficiaría a ambas naciones, si se hace bien. En eso estamos de acuerdo.

Lo que me molesta es que el gobierno mexicano trate de desviar la atención del verdadero problema. ¿Porqué no asumen su responsabilidad hacia nuestros paisanos? ¿Porque en vez de exigir a Estados Unidos que "cumpla" con su "obligación" hacia los indocumentados (que tanto aportan para la economía, es cierto), también asume su propia responsabilidad hacia los mexicanos, y trata de crear más empleos, de colaborar en mejorar la economía para que menos gente se vea obligada a lanzarse al otro lado "a la brava"?

Si nos ponemos objetivos, Estados Unidos no tiene ninguna obligación hacia toda esa pobre gente que muere. Teóricamente son personas que infringen una ley del país. Sería como exigir al gobierno mexicano que se encargara de darles papeles a cuanto centroamericano cruza la frontera del Suchiate.

Es muy fácil echar la pelota del problema de los indocumentados a otro país. Es muy fácil culpar a los "inhumanos americanos" por no permitir a nuestra gente encontrar trabajo. Es muy fácil culpar a Estados Unidos de beneficiarse del trabajo de los indocumentados sin dar nada a cambio.

Pero nadie, en el gobierno de México, acepta que ellos también se benefician de esos inmigrantes, porque mandan dinero a sus familias, (dinero que de otra manera no se generaría en México). Tampoco reconocen que esa emigración es una válvula de escape social que da un respiro a las metidas de pata económicas del gobierno mexicano. Tampoco dicen que el gobierno de México no ha hecho nada concreto en favor de lograr que paren las muertes, solamente dan ruedas de prensa estrujantes, melodramáticas, pero vacías. Los consulados envían investigadores (cuando todo mundo ya murió) y se rasgan las vestiduras. Pero nunca han hecho nada en verdad para parar ese flujo de gentes (¿erá porque les conviene que siga?).

¿Por qué México no sale al paso y dice: "Lamentamos lo que ocurrió con esas personas fallecidas. Prometemos poner todo lo que está de nuestra parte para atraer más inversiones, para derribar todos los remanentes de paraestatales que hay, que dañan la economía, como la CFE, Pemex e imponerle una competencia real a Telmex. Prometemos dar mayores facilidades para estimular la pequeña empresa, no poner tantas trabas a los "changarros" para que todos puedan tener su negocito, y acabar con los líderes sindicales "charros" y flexibilizar la ley laboral que asfixia a las empresas".

DESDE LAS ENTRAÑAS DEL MONSTRUO

En países como China y Chile, en muchos sentidos históricamente más atrasados que México, los gobernantes se pusieron las pilas y se dieron cuenta que no iban a llegar a ninguna parte con políticas populacheras. Abrieron sus economías, privatizaron muchos sectores, estimularon las pequeñas empresas y se convirtieron en locomotoras de exportación. México iba bien, pero de pronto se estancó, y por ello el gobierno foxista le echa la culpa a la recesión en Estados Unidos. Nunca explican porqué, con recesión y todo, China sigue creciendo a un ritmo de siete por ciento al año, y Chile no ha sufrido los mismos estragos.

Países pequeños y sin recursos incluso están más adelantados, con un nivel de vida superior al de México. En Taiwán hay un chiste que dice que si estalla una bomba en el centro de la ciudad, 9 de cada diez muertos van a ser jefes, porque allá casi todo el mundo es dueño de sus propias microempresas.

México tiene todo para evitar las muertes, la emigración. Lo que falta es la voluntad de los políticos para cortar de tajo los intereses políticos que dejaron de herencia los gobiernos priístas. ¿Por qué si han podido avanzar otros países y no México?

Pero no, lo fácil es culpar a los gringos de nuestros problemas. Lo fácil es señalar las trabas que les ponen a nuestros paisanos en la frontera de un país que no es nuestro. Lo fácil es desviar la atención del verdadero problema de México, que es el mantener intereses privados en sectores "estratégicos", no importa que den mal servicio a los usuarios. En ese sentido, el gobierno de México es tan culpable del problema de la emigración ilegal a Estados Unidos como el peor de los "coyotes".

No somos ultraderechistas, ni totalmente proprivatizaciones. No somos dogmáticos en este asunto. Estamos en favor de analizar el problema, poner las cartas sobre la mesa y sacar una conclusión de verdad factible. Si los norteamericanos pidieron invertir en Pemex a cambio de un acuerdo migratorio, hay que analizar la propuesta, no arroparse en la bandera nacional y sentirnos ultrajados con un patriotismo barato. Hay que hacer lo que es bueno para la gente, no para los intereses de una clase gobernante y demagoga, ni para Pemex. Si después de hacer números, se concluye que no, que dar Pemex a cambio de inmigración lesiona más que beneficia, entonces a dar marcha atrás, buscar otra opción. Pero esto sólo después de hacer un verdadero examen de los pros y contras, no basándose solamente en notas de prensa, ni dar declaraciones triunfalistas como las de Vicente Fox al decir: "Pemex es nuestro" y de inmediato anunciar más inversión para las refinerías que a nadie benefician.

Pero parece que los gobiernos de México (y nos referimos al Ejecutivo y al

Legislativo), a pesar de lo que digan, son los primeros beneficiados con que tanta gente sufra en la frontera. Parece que son asociados de los "coyotes" que lucran con la necesidad de tantas familias, con el hambre de tantos niños. Pareciera que a los gobernantes (priistas y panistas) les conviene que siga el problema, para tener un foro internacional en los círculos "humanitarios", donde puedan llorar lágrimas de cocodrilo ante los micrófonos culpando al vecino "gringo feo" de un problema que ellos mismos han venido causando desde hace tanto tiempo.

Como diría Fox, asumir las culpas es de hombres. Huir y culpar a otro, no.

En vez de cacarear tanto, de culpar al vecino, de chillar acusaciones vacías, de "grillar" en el Congreso, lo que deben hacer es ponerse a trabajar en bien de los mexicanos, para evitar que más niños mueran soñando con tener dinero siquiera para ir al cine.

—6 de junio de 2003

Antes del terrorismo, EE.UU. le declaró la guerra a los taqueros

Lo vimos llegar como siempre, casi sin avisar. Sólo dio la vuelta en una esquina, y ya estaba junto a nosotros.

Era la imagen de un personaje muy conocido desde nuestra niñez. Con su gorrita de pintor manchada por el sudor, piel morena que brillaba bajo el sol y sonrisa sin dientes bajo un bigotote descuidado; era casi exactamente el mismo tipo que recordábamos.

Se trataba del paletero del barrio, de esos que aún empujan su carrito con la vendimia del día, a la que le agregan los infaltables chicharrones de harina con salsa, palomitas, semillas y dulces.

Pero algo no estaba bien. El paletero era el típico que siempre recordábamos de nuestra niñez. Claro, era otra persona, pero el atuendo, la actitud, el mismo carrito de paletas eran casi idénticos a tantos otros que siempre habíamos visto a la salida de nuestra escuela, allá por los entrañables setentas.

Lo que no cuadraba era el escenario.

Porque allí estaba el sonriente paletero, ofreciéndonos sus refrescantes productos para paliar el despiadado calor… ¿texano?

Los edificios a la espalda del paletero no mentían: Eran rascacielos de cristal, muy americanos para parecerse a México. Las autopistas interestatales 635 y 35 norte tampoco nos desorientaban. Estábamos en Texas, no en Tamaulipas. El mismo paletero estaba parado junto a un letrero que decía STOP y no ALTO, y su gorrita era de los Cowboys.

Estábamos en Estados Unidos, concretamente en Dallas, y le comprábamos un helado típicamente mexicano a un paletero típicamente mexicano.

"¿Cómo va la venta, máistro?", trabamos conversación, mientras el paletero nos devolvía el cambio (*quarters* y *dimes* americanos).

"Pos ái va, despacio", respondía, mientras se guardaba los arrugados George Washingtons en su infaltable delantal de rigor (igualito que en México). "Pero no hay de otra más que darle".

DESDE LAS ENTRAÑAS DEL MONSTRUO

La avalancha de los paleteros a Estados Unidos tomó por sorpresa a todo el mundo, incluídos los paisanos. Nada más de buenas a primeras, desde hace algunos años, tomaron sus carritos y conquistaron las calles y avenidas gringas sin alharaca. Se hicieron indispensables en cada bailongo y festejo hispano. Los zarpazos de nostalgia que aquejan a los migrantes latinoamericanos fueron su infalible estrategia de ventas, pues hacen su agosto allí donde se congrega "La Raza".

En California primero, luego Texas, Nuevo México, Arizona y hasta en Nueva York (en días de calor) se ve al sonriente paletero ofrecer su mercancía, para alegría de los que ya lo hicimos parte de nuestra vida.

Luego vinieron los taqueros.

Como hongos que aparecen tras una noche de lluvia, los puestecitos de tacos se multiplicaron en varias metrópolis norteamericanas. No, no se trataba de restaurantes, sino de puestos de tacos. Y nos referimos al concepto típico que tenemos los mexicanos de estos tendajos: Tres tablas atravesadas, sillitas desplegables (de estas que a veces dicen "Carta Blanca" o "Corona", nomás que aquí dicen *"Bud"* o *"Coors"*), y una sábana de techo para guardar el pudor. Por lo demás, eran igualitas a sus contrapartes al sur de la frontera: La señora gordita, con pelo rizado entrecano, sacando los humeantes tacos de una olla. Si acaso, lo que cambiaban eran los ingredientes: En vez de nana, memela, sesos, o buche, habían tacos de fajitas, pollo, *"bárbiquiú"* y *"beef"*.

Eso sí, los clientes los engullían casi apenas tocaban sus platos desechables.

La presencia de estos íconos de la vendimia mexicana fue recibida con brazos (y bolsillos) abiertos por los millones de inmigrantes que día a día llegamos a Estados Unidos. Debe irles bien a estos vendedores, pues los imitadores se multiplicaron sin pérdida de tiempo, al ver el potencial del mercado.

Un mercado que, huelga decir, los americanos ni siquiera saben que existe.

"Es como en mi tierra", comentaba un obrero de Michoacán que comía en uno de esos puestecitos.

Lo malo es que el gusto de los taqueros y los paleteros duró poco. No faltó alguien que pusiera una denuncia ante las autoridades municipales. En Dallas, por lo menos, los primeros en chillar fueron los dueños de restaurantes establecidos (curiosamente, también mexicanos ellos). De inmediato arguyeron supuesta "falta de higiene" en la preparación de esos alimentos, y eso bastó para que el municipio iniciara una guerra frontal contra los taqueros.

Y es que la venta callejera de comida es un negocio estrictamente regulado en Estados Unidos, para evitar epidemias y demandas multimillonarias.

Los taqueros y paleteros lucharon con dientes y uñas para mantener sus rutas, pero fue inútil. Los primeros en caer fueron los taqueros, pues el riesgo de enfermedad es algo que aterra a las autoridades municipales en Estados Unidos. Sin miramientos, barrieron con los puestecitos, y hasta patrullas hacían rondines para evitar que los infractores reincidieran.

"No era competencia justa", se quejaba un dueño de restaurantes, justificando la cacería de taqueros. "Nosotros gastamos miles de dólares al año para cumplir con los estrictos reglamentos de salud y ellos sin más vienen a robarnos clientela".

Los paleteros, sin embargo, han sobrevivido más o menos legalmente. Son varias las paleterías establecidas que existen en Texas. Ven los carritos como una extensión natural de su entrego ("como lo haría *Domino's Pizza*", se justifica uno de los paleteros, asalariado de uno de esos locales). Aún así, las autoridades no dejan de refunfuñar potenciales violaciones al código municipal cada vez que sale el tema a colación.

Quizá las autoridades tengan razón. Quizá sea muy arriesgado, en el antiséptico Estados Unidos, promover el desgarbado (e incontrolable) sistema de venta de comidas callejeras de México. El riesgo peor son las demandas, porque aunque en México esto es casi inexistente, en Estados Unidos es posible el irse a la quiebra porque algún cliente se queje de dolores en el estómago (reales o inventados) y exija un millón de dólares como indemnización.

La cosa es que los que más sufrimos con la extinción de los taqueros fuimos los clientes, quienes estabamos dispuestos a arriesgarnos a pescar una salmonella a cambio del sabor insustituíble de comer parado en la calle.

A la mejor los puestecitos no eran exitosos por el sabor de sus fajitas o su barbacoa. Seguramente lo que nos atraía a ellos era otro motivo: El sabor de la añoranza

—13 de junio de 2003

Niños rostizados: La moda del verano en Estados Unidos

Niños rostizados... ése es el nuevo delito de moda este verano en Estados Unidos.

Como el caso del pequeño Adam, que a sus dos años pereció casi calcinado días atrás en Dallas. Su cuerpecito debió haber sufrido una tortura indescriptible, sometido a altísimas temperaturas, que ni un adulto hubiera soportado.

O como tantos otros niños que año con año mueren de la misma manera en Estados Unidos.

¿Qué peor tormento se puede concebir contra un niño que no puede defenderse, que rostizarlo vivo? Y aunque suene horrendo, esto es lo que cada año les ocurre a varios infortunados menores en Estados Unidos, particularmente en Texas.

¿Suena increíble? ¿Descabellado? Lo es. Aunque no nos referimos exactamente a meter a un niño a un horno para cocinarlo: No, hablamos de esos casos que cada verano salen en las noticias, en los que un padre de familia deja "olvidado" a un bebé dentro de su vehículo por varias horas, y cuando regresa al auto el niño ya está muerto, asfixiado bajo el terrible sol texano o californiano o floridiano.

Cualquier médico o rescatista estaría de acuerdo en que esto es algo muy parecido a morir en un horno. Un automóvil cerrado, con los vidrios subidos, bajo el intenso calor, fácilmente puede llegar a temperaturas de más de 50 grados centígrados en su interior, suficientes para matar a un niño pequeño en minutos.

Los casos se repiten cada vez más, como epidemia.

Como el de una directora de guardería de Dallas quien, semanas atrás, saliendo de su camioneta *van* con todos los niños que cuidaba, dejó olvidado a un pequeño de 2 años dentro del vehículo. No fue sino hasta dos horas más tarde cuando se notó la ausencia del niño, y cuando acudieron a la camioneta lo encontraron dentro, con el cinturón sujeto, y ya inconsciente. El pequeño falleció poco después, la guardería fue clausurada y la propietaria y una asistente enfrentan ahora cargos de maltrato y muerte a un niño, por los que podrían pasar muchos años en prisión.

El 3 de junio, en Dallas, una mujer hispana, Norma Escamilla, de 36 años, fue acusada de dejar a una niña de 6 años y un bebé de 17 meses encerrados dentro de su camioneta mientras ella iba a hacer las compras a un supermercado. Los niños no murieron, pero debieron ser atendidos de emergencia por el calor excesivo y síntomas de deshidratación tras permanecer 20 minutos encerrados antes de que alguien los viera y diera la voz de alarma. La señora Escamilla ahora enfrenta dos cargos de abandonar y poner en riesgo la vida de un niño.

La mujer aseguró que creyó que había dejado la camioneta encendida con el aire acondicionado puesto.

En Azle, una comunidad rural de Texas, una conductora de un autobús escolar olvidó a un niño, Wesley Schneider, dentro del vehículo tras de que el pequeño se quedara dormido.La conductora estacionó el autobús en el garage oficial y no notó que el niño se encotraba allí.

La madre del niño dijo que Wesley se bajó del autobús dos horas después llorando, y caminó solo hasta una calle donde una mujer lo vio y alertó a las autoridades.

Ese mismo lunes, una niñera fue acusada de dejar a otro bebé encerrado en una *minivan* porque no quiso llevarlo con ella a hacer una compra a una tienda cercana. Amalia Picas, de 25 años, fue detenida en un centro comercial de Dallas.

El niño, de 1 año, fue rescatado tras permanecer 10 minutos en el sofocante calor dentro del vehículo. Una persona que pasaba por el estacionamiento del centro comercial escuchó el llanto del niño, y pudo forzar la puerta lo suficiente para sacar al menor.

Otro caso que llamó la atención de todos en el norte de Texas fue la de un bebé que murió asfixiado dentro del vehículo de sus abuelos. El niño, junto con un hermano de diez años, había quedado al cuidado de sus parientes mientras sus padres estaban de viaje. La familia salió a comer, junto con una prima y otra sobrina, y al regresar a su casa, todo mundo tomó camino: La abuela se fue a su cuarto, el abuelo al garage a trabajar en una mesa que construía, el niño a jugar con su Nintendo, la sobrina a hablar por teléfono y la prima a bañarse. Nadie se acordó del bebé. Cuando lo echaron de menos, ya habían pasado cuatro horas, y por supuesto, el pequeño hacía mucho que había fallecido. Al ser entrevistados por los medios, los abuelos reconocieron que "pensamos que alguien más había bajado al niño".

Estos son sólo algunos casos. Hay muchísimos más cada año. Y hemos visto innumerables desde hace unos cinco años, no sólo en Texas, sino en todo Estados Unidos. Cada año es lo mismo.

Las autoridades y los medios de comunicación ya se han cansado de alertar a la gente a que tenga cuidado, pero nada, las muertes siguen ocurriendo. El asunto es tan grave, que incluso los fabricantes de automóviles están pensando seriamente en incluir sistemas de seguridad electrónicos, que den la voz de alarma, abran las puertas y enciendan el clima automáticamente si se detecta la presencia de alguien dentro de un vehículo.

DESDE LAS ENTRAÑAS DEL MONSTRUO

Para muchos padres, especialmente en Latinoamérica, esta clase de errores nos suenan inconcebibles. Lo primero que escucho de parientes y amigos en México cuando comento estas noticias es: "¿Cómo es posible que se les olvide un niño dentro de un carro?".

Lo reconozco, yo tampoco puedo entenderlo. Lo primero que reviso cuando salgo del auto es si mi hijo está allí, si logró salir. Pero no todas las personas son iguales.

La gente de Estados Unidos parece más propensa a esta clase de errores. Siempre me preguntó porqué. No he sabido de casos similares en otros países, al menos no tan numerosos. ¿Será porque los americanos se pasan más tiempo en su carro? ¿Será que son más distraídos? ¿Será que las presiones de su ritmo de vida les hacen olvidarse de estar alerta ante algo tan importante? ¿O será que, simplemente, son muy descuidados?

La cosa se puso tan grave ya, que varias personas se han organizado en asociaciones para crear conciencia a los padres descuidados de que pudieran convertirse en asesinos de sus propios hijos aún sin desearlo.

Una de estas organizaciones se llama *Kids in Cars* (Niños en Carros), y realiza campañas para alertar de este problema. Hasta ahora, la agrupación ya tiene documentadas la friolera de 1,800 casos de muertes de niños dejados en automóviles (sólo en Estados Unidos). Tan sólo en el año 2002, se reportaron más de 400 incidentes de este tipo, que resultaron en la muerte de 113 niños.

En lo que va de este año 2003 ya se han reportado 188 casos, en los cuales han muerto 41 niños. Quizá la cifra aumente.

Por fortuna, a fuerza de tanto machetear en los medios, se ha conseguido algo: Concientizar a mucha gente. "Cada vez que voy en un estacionamiento, veo los autos a mi alrededor", recuerda una mujer mexicana de Fort Worth. "Es instintivo. Uno nunca sabe, quizá pueda ayudar a evitar una muerte, si veo que alguien dejó a un niño olvidado".

Aún así, los casos se siguen dando. No sólo de niños olvidados, sino de padres que dejan abiertos sus vehículos y sus hijos pequeños se suben en ellos, encerrándose o moviendo la palanca de velocidades y causando un choque.

Pero con cada persona como la mujer de Fort Worth, que se mantiene alerta, nace algo de esperanza de que este problema se reduzca, al menos. Ahora, personalmente, yo también me he convertido en una especie de "policía" de estacionamientos, buscando con la mirada niños encerrados en algún carro.

Es cierto, uno no puede arreglar todos los problemas del mundo, pero al menos sí puede hacer lo esté a su alcance ¿no cree usted?

— 19 de junio de 2003

¿Necesitará México una ley de Acción Afirmativa?

En Dallas pasaba algo muy curioso en algunas escuelas primarias de los suburbios. Uno podía ver autobuses escolares que hacían largos trayectos para traer niños a ciertos planteles, a estudiar.

¿Porqué se molestaría una escuela en gastar tiempo, gasolina y esfuerzo por traer estudiantes desde tantas millas de distancia?, nos preguntábamos. ¿No sería más fácil asignar a esos niños una escuela más cercana a su casa?

"Lo que pasa es que esos niños son hispanos y negros", nos explicaba un empleado escolar, bajo condición de anonimato. "Esta escuela está ubicada en un suburbio habitado casi por puros anglos, pero la ley los obliga a tener un mínimo de estudiantes hispanos, si no los sancionan. Por eso van a buscarlos donde estén".

En ese momento, tuve mi primer encuentro con los famosos programas antisegregacionistas que el gobierno de Estados Unidos lleva aplicando por varias décadas.

¿Cuál es el objetivo de estos programas? Evitar racismo, claro, como su nombre lo indica. Evitar que una escuela dé preferencia a niños anglosajones por encima de negros o hispanos. Evitar que se repita los horrorosos casos de los años cincuentas, donde una niñita negra debía ser escoltada por *"marshalls"* armados, mientras le lanzaban tomates y piedras a su paso. ¿El pecado de la niña? Entrar a una escuela "sólo para blancos".

Al gobierno americano le abomina siquiera pensar en volver a esos oscuros años de segregación (lo cual no es muy popular entre los votantes). Así que ha armado circo, maroma y teatro para asegurar a sus electores que está trabajando en bien de las minorías.

Por eso obligan a respetar las famosas "cuotas", para tener un número mínimo de alumnos (o empleados, si es una oficina pública) de cierta raza, dependiendo de la composición total en la comunidad. Por ejemplo, si en el condado de Dallas el número de hispanos llega oficialmente al 30% de la población total, entonces cada escuela está obligada a tener (al menos) un 30% de alumnos hispanos de su número total de estudiantes. A ver cómo le hacen.

Estas leyes se aplican a cualquier institución que reciba dinero del gobierno federal: Escuelas, oficinas públicas... y universidades. Y es allí donde entra la famosa ley de Acción Afirmativa.

La Corte Suprema de Estados Unidos falló, la semana pasada, a favor de continuar los llamados programas de Acción Afirmativa en las universidades de gobierno.

O sea, esas leyes antisegregacionistas que se aplican en escuelas primarias y secundarias también se aplican en universidades, solo que aquí se llaman "programas de Acción Afirmativa".

La Acción Afirmativa se implementó porque en el pasado hubieron denuncias de que se daba preferencia a los anglosajones por encima de los negros e hispanos a la hora de aceptar solicitudes de ingreso a universidades.

El gobierno federal decidió meter mano en el asunto, y decretó que las escuelas que recibieran dinero público, deberían ver cómo le hacían para aumentar los números de alumnos no blancos. Y ahí comenzó la Acción Afirmativa.

Desde entonces, las universidades han estado aplicando programas para alentar la entrada de estudiantes latinos y negros: Con becas, con puntos extras, con programas especiales para incluírlos en las listas de alumnos.

Todo estuvo aparentemente bien durante décadas: El problema vino cuando varios alumnos anglosajones se quejaron de que no los aceptaban en universidades por darles preferencia a hispanos y negros, a pesar de tener mejores calificaciones que éstos.

Entonces vinieron protestas públicas y demandas contra la acción afirmativa. La acusaron de ser una medida "racista al revés", es decir, "antianglosajona".

No era raro ver estudiantes (blancos) con pancartas protestando por haber sido "discriminados". Como no eran ricos, buscaban ayuda para entrar a la universidad. Pero como no eran negros ni latinos, no calificaban para ningún programa. Estaban en un limbo.

La bronca es más grande que esto, porque en un esfuerzo por acabar con el racismo en las aulas universitarias, se acusa al gobierno de promover el racismo hacia los anglosajones. Y es que es difícil tomar una postura equilibrada en un asunto tan explosivo.

¿Qué se puede hacer? Si se cancelan los programas de Acción Afirmativa, seguramente miles de estudiantes hispanos y negros nunca lograrán un título universitario. No son pocas las figuras políticas y de sociedad que declaran que, de no haber sido por la acción afirmativa, ellos nunca hubieran podido graduarse: Como el secretario de estado Colin Powell (negro, de padres inmigrantes jamaiquinos), la asesora de Seguridad de la Casa Blanca, Condoleezza Rice, o Rosario Marín, la mexicana que fungió como tesorera de Estados Unidos.

No solo políticos o funcionarios apoyan estos programas. La Suprema Corte de Justicia recibió muchas cartas recomendándole apoyar la Acción Afirmativa, de parte de corporaciones gigantes, como Microsoft, Intel, General Mills, Kellogg's, 3M, Bank One, DuPont, Kodak, Johnson & Johnson, Procter & Gamble, Texaco y muchas otras, donde se da preferencia a minorías a la hora de dar empleos por decisión propia desde hace años, y sin presión del gobierno.

Pero, ¿no es acaso injusto regalar puntos extras a alumnos por el simple hecho de ser de tal o cual raza? Esos puntos pueden ser vitales a la hora de competir con otros estudiantes, quizá más capacitados académicamente, pero sin la "ventaja" de ser "minorías étnicas". Eso, en sí, destruye el espíritu de la Acción Afirmativa, que es asegurar la igualdad.

Hay algunos críticos de estos programas que aseguran que el regalarles puntos extras solamente perjudica a los hispanos. ¿Es que piensan que no somos capaces de competir con igualdad de condiciones ante los anglosajones?, se preguntan. ¿O que no somos tan inteligentes como ellos, y por eso necesitamos "ayuda" del gobierno hasta para entrar a una escuela?

Estos críticos llaman a los estudiantes hispanos a redoblar sus esfuerzos, para ganarse el derecho de ser admitidos como alumnos plenos en cualquier universidad, sin que les den nada gratis.

Ambos puntos de vista son válidos. Pero creemos que la Acción Afirmativa debe seguir. Por una parte, no es verdad que Estados Unidos sea el campeón de la justicia social. Al menos no todavía. Hoy en día, a pesar de los enormes logros alcanzados, falta mucho camino por recorrer. Episodios como el que mencionamos, donde se apedreaba y se lanzaban tomates a una niñita negra por el simple hecho de entrar a una escuela de blancos, ya quedaron en el pasado, es cierto, y a nadie en su sano juicio se le ocurre ni siquiera pensar que pueden volver. Pero tampoco se vive en un estado de total y absoluta igualdad.

Aún hay injusticias. Aunque vedadas: Ahora se llama "cabildeo". "Influencias". ¿No fue, por cierto, el propio presidente George W. Bush uno de los beneficiados por una especie de "acción afirmativa"? Porque, seguramente (sin desmerecer sus capacidades), el joven Bush logró entrar a prestigiosas escuelas y universidades no gracias a sus logros académicos (que no los tuvo), sino a ser hijo de una familia influyente.

Y eso sigue ocurriendo día a día en escuelas como Harvard y Yale, donde se sabe que un hijo de egresados de esas mismas instituciones tiene más probabilidad de ser aceptado que cualquier hijo de vecino. Casi un 30 por ciento, según estudios publicados recientemente por la revista TIME. ¿No son, entonces, las influencias familiares (o económicas o políticas) una especie de Acción Afirmativa de hecho? Aunque nadie lo acepte.

DESDE LAS ENTRAÑAS DEL MONSTRUO

Por ello, ya que cada grupo étnico tiene sus propias preferencias a la hora de aceptar o no aspirantes (los americanos descendientes de judíos sienten, por ejemplo, más afinidad por otro judío que por un árabe. Igual ocurre con los irlandeses, los italianos, los alemanes, etcétera), ¿no es acaso hasta cierto punto justificable que el gobierno obligue a llenar cuotas, para favorecer a hispanos y negros, tradicionalmente los grupos menos encumbrados en el poder? Llegará quizá el día en que haya los suficientes negros e hispanos en el poder de Estados Unidos, como para cancelar los programas de Acción Afirmativa. Pero no aún.

Es cierto, es lamentable y hasta insultante que a uno lo acepten en una escuela por el simple hecho de tener más cromosomas de un tipo u otro. Pero esto no es lo único que cuenta a la hora de recibir un título. Hay que probar que se está a la altura de la escuela.

Porque, a fin de cuentas, la Acción Afirmativa solo es una patadita, un empuje para meterlo a uno al círculo privilegiado de los universitarios: Después de eso, todo depende de uno mismo, de su capacidad, disciplina y dedicación. Si un estudiante no da el ancho, va pa'fuera, no importa que sea negro o blanco, o morado. No hay Acción Afirmativa que ayude a ningún estudiante a pasar materias, si no estudia.

Ha habido casos extraordinarios de médicos, abogados y profesionistas que reconocen que gracias a la acción afirmativa, pudieron mejorar sus vidas y las de sus familias. Por eso, ya de entrada, los programas merecen un aplauso. Todo lo que mejore la vida de una comunidad es alabable.

¿No deberían aprender algo los países latinoamericanos respecto a la experiencia de la acción afirmativa en Estados Unidos? Porque, con todo y sus pecados de racismo en el pasado, Estados Unidos lleva años luz de distancia en cuanto a justicia social con respecto a los países hispanos. (Donde también hay racismo, a pesar de lo que digan los políticos).

Entre los países latinoamericanos, sólo Brasil tiene un programa de gobierno para promover la entrada de estudiantes negros o indígenas a sus universidades, según un reporte de la cadena británica BBC. Fuera de eso, ningún otro país latinoamericano le da importancia a esto (y no porque no haya minorías o racismo).

¿No sería justificable aplicar programas de Acción Afirmativa en, digamos, México? Para dar mayores facilidades, puntos extra y becas a, por ejemplo, estudiantes indígenas de estados como Oaxaca, Chiapas, Guerrero?

¿Cuántos médicos, abogados, políticos, ingenieros, científicos se podrían formar para esas comunidades?

¿Cuántos niños indígenas que ahora solo tienen como futuro convertise en campesinos, delincuentes o emigrantes, podrían mejorar su vida si tan solo se les da la oportunidad de un título universitario?

O lo ponemos de otra manera: ¿Cuántos potenciales médicos, abogados o ingenieros indígenas se han perdido por no tener ningún apoyo para seguir estudiando?

No hablo solamente apoyo del gobierno, sino también de universidades o becas de corporaciones privadas. O no necesariamente tendría que ser un "regalo" como acusan los críticos de los programas oficiales: Pudiera ser financiamiento especial a largo plazo, y bajo o nulo interés.

Habría que ser ingenioso a la hora de armar una propuesta, para no depender tanto del presupuesto de gobierno, ni copiar los errores de Estados Unidos.

Después de todo, ya hubo un indígena que llegó a presidente mexicano gracias a una Acción Afirmativa: Benito Juárez, ese pastor oaxaqueño que recibió ayuda de benefactores desinteresados para su educación. Sin ellos, quizá Juárez nunca hubiera llegado a ser lo que fue.

Pero lo logró, y en buena medida, se lo debemos a esos "empujoncitos" que le dieron.

Y (fuera de las politiquerías y demagogia) este es, precisamente, el espíritu de la Acción Afirmativa.

—27 de junio de 2003

Las metamorfosis que sufren
los paisanos de vacaciones en México

Llegó julio y agosto, y con ellos las vacaciones de verano para los paisanos y sus familias.

Tras los consabidos preparativos de siempre, nos dispusimos a partir de nuevo a México "Lindo y Querido".

Todo bien hasta llegar a la frontera. Como por arte de magia, a los inmigrantes que vivimos en Estados Unidos nos ocurre una metamorfosis poco agradable. Como que al cruzar la línea divisoria entre los dos países, también cruzamos la división entre las buenas costumbres y el descuido.

Ya desde la garita aduanal, vimos el cambio. Al presionar el famoso semáforo de inspección, de inmediato escuchamos quejas de paisanos que se negaban a abrir todas sus maletas.

"Por favor, abra sus maletas", pedía el agente aduanal a un sujeto más adelante que nosotros.

"Oiga, pero si yo no traigo nada, qué abuso".

"Abra sus maletas, por favor, le tocó el semáforo en rojo"

"Hey, tenga cuidado, que soy residente legal americano, ¿*okey*? Yo no vivo en México, así que respete".

"¿Qué es lo que lleva aquí?"

"Nada, nada, todo es mío. ¿Por qué? ¿Qué no puedo? Mire que usted no sabe con quién habla, lo voy acusar con su superior para que lo cese. Faltaba más. Qué groseros se portan los agentes en México. Debieran ser más como los americanos".

Y así por el estilo. Como si el hecho de vivir en Estados Unidos nos exonerara de pasar por las revisiones que todo el mundo sufre. Pero no entendemos.

(A veces, hay que reconocerlo, los propios oficiales aduanales no ponen mucho de su parte para hacer más fácil el proceso, y en cambio se empeñan en encontrar fallas aunque no las haya. Pero a fin de cuentas, son ellos —y no uno— quienes llevan siempre las de ganar.)

Ah, pero eso sí: Cuando venimos de regreso a Estados Unidos, y llegamos ante un oficial de la aduana americana, nos cuadramos. No necesita ni decirnos nada, con sólo verle la cara de fuchi tenemos para abrir todas las maletas en el instante, dar explicaciones de más y hasta pedir clemencia en caso de que nos pongan trabas. Pero en fin.

Tras el episodio con la aduana, vino el segundo paso: El Módulo de Importación de Vehículos. Otra odisea.

Ya desde que estacionamos el auto nos horrorizamos: Largas colas de gente ondulaban frente a las cajas de atención. Por descuido, olvido o desidia no tramitamos el permiso para pasar el automóvil en el consulado de Dallas, así que nos vimos obligados a hacer el proceso ya en la frontera.

Bueno, para ser sinceros, no hicimos el trámite en Dallas porque los consulados ya también están igual de saturados que las oficinas en la frontera, si no es que más. Hace unos tres años, cuando se instalaron los módulos de Banjército en los consulados, como novedad, se pensaba en desahogar la carga de trabajo en la frontera. Lo que ocurrió es que ahora los consulados están también saturados, y la frontera sigue igual.

La solución es, claro está, no abrir más módulos para trámite de permisos de importación temporal, sino acabar con ellos. Obligar a la industria automotriz mexicana a ponerse a la par que la del extranjero, para beneficiar al consumidor.

Pero no nos hacemos ilusiones: Si el gobierno de México sigue manteniendo verdaderas infamias como la tenencia (que se suponía iba a ser únicamente para financiar las Olimpiadas de 1968), ¿con qué esperanzas nos ilusionamos con que vayan a abrir la frontera para los autos "del otro lado"?

Bueno, ahí estábamos, listos para tramitar el permiso. Ya de entrada, vimos cómo "los paisanos" —esos inmigrantes mexicanos que somos un modelo de orden y civilidad en Estados Unidos— nos comenzábamos a "aclimatar" a la manera de México (por no decir a poner desorden). No eran pocos los tipos que se metían en la fila, tratando de hacer "chanchullo".

El resultado obvio fue un amontonadero. Los propios oficiales de Banjército debieron meter orden, de otra manera la ya de por sí larga fila nunca hubiera avanzado.

"A ver, a ver, por favor, señores, respeten los lugares", dijo uno de los oficiales. "Si no tienen nada qué hacer aquí, les pedimos que dejen el lugar a la gente que de verdad viene a tramitar su permiso."

"Yo estoy apartando un lugar", se justificó un joven.

"Lo siento, señor, pero necesitamos que venga el interesado. Son las reglas".

El joven se la pasó discutiendo con el oficial hasta que tuvo que salir de mala gana. No podía aceptar lo que le estaban ordenando.

Y esa es otra metamorfosis: Cuando el paisano oye la frase "son las reglas" de boca de un oficial norteamericano, no hay vuelta de hoja. Hay que seguirlas. Si no, ya sabemos cómo nos va a ir. Con un dejo de resignación (y por qué no decirlo, de derrota) acatamos la orden y no la hacemos de tos.

Ah, pero si ésas "reglas" se invocan del lado mexicano, la reacción es otra. Significa, automáticamente, que no nos incluyen a nosotros. A todos los demás, sí, pero no a nosotros. ¿Por qué? Pues porque somos inmigrantes. Somos residentes (o ciudadanos) americanos. Somo *Very Important Paisanos*, como nos decía Fox. Damos dinero a la economía mexicana, traemos divisas, traemos regalos a los parientes. Por eso, simplemente, deberíamos estar por encima de la ley.

Al final, después de que sacaron a los "cachirules", la fila avanzó bastante rápido. De hecho extremadamente rápido, tomando en cuenta que había demasiada gente y era época de vacaciones. En poco menos de una hora sacamos el permiso y salimos de allí, rumbo a nuestro destino.

Este es sólo el principio de la odisea de los paisanos al entrar a México de vacaciones. No todos nos portamos igual de soberbios, hay que decirlo. Y también hay muchos otros que, a pesar de acatar las leyes, de no causar problemas, siempre son acosados por los malos agentes y funcionarios corruptos de ambos lados de la frontera (que también los hay, por supuesto).

Todo viaje es una odisea. Pero para el típico paisano quizá lo es más. Aquí estamos, de regreso en nuestro México lindo y querido por unos días. Y los mantendremos informados.

—Tampico, Tamaulipas, 4 de julio de 2003

¿A los mexicanos sí nos gusta batallar?

La maestra Soledad es una profesora jubilada que vive en Tampico, México.

A sus 68 años, la maestra ya no tiene que lidiar con la labor diaria de acudir a las aulas, pero en cambio debe presentarse cada mes a firmar un documento a la oficina de gobierno que le emite su pensión. Esto para asegurarse de que sigue viva y que nadie más cobre su salario ilegalmente.

La maestra Soledad es mi mamá. Por ello, durante mis recientes vacaciones en México, decidí acompañarla a su ritual burocrático.

Aquello era un caos desde que llegamos. Jubilados aquí, jubilados allá se amontonaban haciendo fila afuera del pequeño edificio donde debían ir a firmar para seguir recibiendo su pensión del estado.

Algunos, como mi madre, tenían dificultades hasta para permanecer de pie. Su avanzada edad, las enfermedades y algunas operaciones no les permitían esperar una, dos, tres o hasta cuatro horas parados en una línea interminable. Y no estaban dentro de la oficina, sino afuera, bajo el candente sol tropical de julio.

"¿Y cada mes tienes que venir a hacer esto?", pregunté, incrédulo.

"Cada mes", respondió ella, con resignación.

Cada mes le preguntan lo mismo: Datos, nombre, dirección, clave de empleado, RFC, etc., etc., etc. Y por eso, el trámite tarda. Y por eso, la gente tiene que hacer una enorme fila que los agota.

Un empleado de la oficina salió a la media hora de estar haciendo cola.

"Por favor, necesitan tener su CURP para hacer este trámite", dijo en voz alta y clara. Se escucharon protestas.

"Oiga, pero yo no lo traigo. ¿Habrá problema?", preguntó un jubilado de sombrero.

"Lo siento, necesitamos que tenga el CURP a la mano, su credencial de jubilado y el último talón de su cheque. Es una regla nueva. Si no lo trae, vaya a sacarlo ahorita mismo porque no podrá hacer el trámite".

Protestas. Lamentos. Resignación. Varias personas abandonaron la fila, moviendo la cabeza con incredulidad. A pesar de haber estado mucho tiempo esperando.

DESDE LAS ENTRAÑAS DEL MONSTRUO

Para aquellos paisanos que emigramos hace años de México, el mentado CURP nos parece algo raro y extraño. ¿Qué es eso? Suena a eructo. Pero averiguamos que se trata de la nueva cédula de identificación del Registro de Población del gobierno de México. Para muchos mexicanos ya es algo normal, pero para los paisanos es un descubrimiento.

(Sobre todo porque recordamos que, cuando todavía vivíamos en México, hace años el gobierno anunció con bombo y platillo que el Registro Federal de Causantes, o RFC, iba a ser la última novedad en identificación. Que ya no íbamos a necesitar nada más, que todo trámite se haría con eso, únicamente. Luego, pocos años después nos salieron con que siempre no, con que el RFC no iba a ser, sino que todo se haría con la credencial de elector. Sacamos nuestra credencial. Ahora nos vienen con que siempre no: Ni el RFC, ni la credencial van a servir. Pero, ¡oh,sorpresa! No tenemos que preocuparnos por eso, porque para esto está el CURP. Este sí, va a ser EL documento "definitivo". Ajá. Yo ni CURP tengo. A ver qué se le ocurre al sucesor de Vicente Fox. Seguramente una tarjeta del Seguro Social, como en Estados Unidos. O una Tarjeta Universal de Bautismo, TUB. O vaya usted a saber. Y el CURP quedará relegado a un cajón, echando telarañas junto a la credencial de elector y el RFC.)

"¡Este pinche gobierno! El chiste es fregar gente", comentaba otro jubilado, quejándose de que tampoco tenía el CURP.

Es en estos momentos de laberintos kafkianos de la burocracia mexicana, cuando me arropo con un arranque de malinchismo, y me pregunto cómo es que los gringos no se andan con tanto embrollo. Sin tanto borlote burocrático, siguen teniendo un sistema de trámites muchas veces más efectivo, rápido y eficiente que en México. Guardadas las proporciones, claro.

A veces, por supuesto, en Estados Unidos los trámites son demasiado ampulosos. El burocratismo existe, aún al norte de la frontera, y cuando nos atrapa entre sus garras la experiencia puede ser incluso más espantosa que en México.

Pero hay que ser sinceros, los gringos nunca van a ser tan burocráticos como en México. Por una simple razón: A ellos no les gusta batallar.

Escenas como la de la oficina de jubilación serían muy difíciles que ocurrieran en Estados Unidos, pensé para mis adentros mientras lidiaba con el calor, el sol, la interminable línea y trataba de sostener a mi madre para que no se cayera del cansancio.

Ocurren, sí, en oficinas como el Servicio de Inmigración, donde el trabajo es devastador. Pero cada vez menos.

"A los gringos no les gusta batallar", repetía entre dientes.

Y siempre ha sido así en la historia de Estados Unidos. Por ejemplo, en siglos pasados las oficinas de gobierno e incluso las corporaciones privadas americanas echaron mano de una novedosa forma de comunicación: El correo. Era una novedad entonces, pero facilitaba todo. Millones de cartas, peticiones, solicitudes y documentos importantes usan desde entonces el correo como medio de enlance de manera cotidiana. La gente no necesita trasladarse de un lado a otro. Todo mundo hace sus pagos de servicios de luz, agua, teléfono y hasta de tarjetas de crédito por correo: Simplemente meten un cheque en un sobre, le ponen el timbre y lo envían.

Esa fue mi primer gran sorpresa cuando llegué a Estados Unidos.

Yo, acostumbrado a ir personalmente a entregar el dinero al cajero, no pude menos que preguntar inocentemente: "¿Y no tienen miedo de que por correo no se reciba el pago? Que se roben el cheque en el correo, que lo reciban pero no lo adjudiquen a la cuenta... No sé. Tantas cosas que pueden pasar", preguntaba incrédulo, tras haber sufrido experiencias terribles con el correo en México.

Todo el mundo me veía como si acabara de salir de una cueva.

"Claro que no", me respondían. "El correo envía el sobre. La empresa recibe el cheque. Lo cobran y me adjudican el pago a mi cuenta, así de sencillo. Y me ahorro el ir hasta el banco a pagar".

Más ojo cuadrado.

Recordé entonces con tristeza los inumerables problemas que tuve en México para recibir libros por correspondencia. Cómo se "perdían" en el correo, cómo los pagos "nunca llegaban", cómo era imposible confiar en el Serpomex.

¡Y en Estados Unidos mandaban cheques por correo así como así!

A los gringos no les gusta batallar.

El correo en Estados Unidos agarró fuerza en el siglo XIX. Luego, a medidados del siglo XX los pagos y trámites progresaron aún más: Se pudieron hacer ¡por teléfono! Ya no necesitabas ni siquiera una estampilla. A partir de entonces, sólo marcas un número telefónico, dices tu cuenta, solicitas hacer un pago, das el número de cheque, te descuentan la cantidad y ya. Así como así.

Elvira, la secretaria de una oficina donde trabajaba, me lo enseñó un día cuando llegó la fecha límite para el pago de su tarjeta de una tienda. Se le olvidó enviar el cheque por correo. No quería pagar tarde (porque le iban a cobrar 30 dólares de recargos). Así que tomó su teléfono, marcó el número de servicio al cliente de la tienda, y pagó su cuenta. Así de sencillo.

"El teléfono es una maravilla", sonreía Elvira, a sus ocho meses de embarazo.

"A los gringos no les gusta batallar", pensé. Ni a Elvira.

Luego, vino internet. Como por arte de magia, uno entra en la página de la tienda donde debe aquella prenda, o del banco que le expidió su tarjeta de crédito. Hace el pago por computadora y listo. Se pueden comprar un mundo de cosas, cargarlos a la tarjeta y llegan como si nada, hasta la puerta de la casa, como si yo hubiera estado allí mismo en la tienda con el dependiente, escogiendo el libro deseado, el disco compacto que tanto buscaba o el juguete de moda que mi hijo añoraba para Navidad y que no encontraba en ninguna juguetería de la ciudad. Click, click, pum, zas. En cinco minutos termina el proceso, con unos cuantos clicks del ratón me quitaban la cantidad de mi cuenta y enviaban el producto. Hasta ahora, todo lo que he comprado por internet me ha llegado tal y como lo pedí, al precio convenido (¡o hasta con descuento por usar el internet!) y llega de manera rápida y bien. Toco madera.

Claro, a las empresas les conviene. En lugar de tener empleados pagados por hora, y construir o mantener costosas tiendas de ladrillo, es mucho más económico tener una computadora encendida las 24 horas, sólo recibiendo pedidos de todo el mundo.

Ahora manejo casi todo por computadora. Ya no uso timbres. Sólo hago los pagos por internet o teléfono. Desde mi casa, sin ir a ver caras de empleados municipales, y sin ir a la tienda. Hasta sábados o domingos, a las 3 de la madrugada puedo hacer mis trámites.

A mí tampoco me gusta batallar ya...

Mi amigo Armando me visitó en Texas hace algún tiempo. Le pedí un día que me acompañara a cambiar mi cheque de pago. Fuimos en mi carro al banco. Armando se imaginaba la escena típica de un banco de México: Colas y más colas, empleados que ponen trabas, perder media mañana.

Llegamos al banco. Ni nos bajamos. Pasamos por el autocajero. Firmé mi cheque, lo metí en uno de esos tubos neumáticos, lo mandé hasta un cajero humano que nunca ví y me regresaron dinerito contante y sonante. En un total de cinco minutos.

"¿Ya? ¿Es todo?", se sorprendió Armando.

"Sí, claro. Así se hace aquí. Rápido, fácil y práctico. Sin bajarnos del carro", comenté, alegre también de no haber perdido el tiempo. "Ya sabes, a los gringos no les gusta batallar".

Pero llego a México de vacaciones y la cultura cambia. Para pagar algo uno tiene que ir hasta la ventanilla del banco o de la tienda. Hacer cola. Pelearse con un empleado que anda de malas. Para cobrar un cheque uno debe presentar hasta la carta a Santa Claus (por triplicado, y a ver si te lo pagan). Para hacer un trámite en la oficina de jubilados uno debe tener hasta el CURP, y de pilón hacer cola por tres horas bajo el inclemente sol tamaulipeco.

A los mexicanos sí nos gusta batallar.

A mucha gente le encanta recordarme que Estados Unidos no es la octava maravilla del mundo. Lo sé. Es un país con muchísimos defectos, algunos terribles, que ojalá nunca le ocurran a México.

Pero hay que reconocerles que, en su afán por simplificar los horrendos trámites burocráticos, los americanos le hacen la vida más feliz a todos. Hasta a los propios burócratas.

¿No podremos imitar, de perdido, algo bueno de los gringos? Por ejemplo, podemos comenzar trasquilando los horripilantes trámites. ¿Qué nos falta, si toda la tecnología ya está ahí, y es accesible? Teléfono hay. El Servicio Postal Mexicano puede ser mejorado. Hay muchos cibercafés con computadoras al alcance de todos, con rentas baratas.

Quizá nos falta voluntad, pensé mientras llegaba a mi tercera hora haciendo cola en la oficina de jubilados. Quizá los mexicanos necesitamos ser complicados, ponerle trabas a todo, hacer colas, batallar, pelearnos con los empleados o si somos empleados, pelearnos con los clientes.

En síntesis, joder al prójimo. ¿En verdad así nos gusta vivir? ¿Es parte de nuestra "idiosincracia"? ¿De nuestros "usos y costumbres"?, pensé con tristeza.

Volvió el empleado de la oficina. Habló de nuevo a todos:

"Perdón por la tardanza. Hacemos lo posible. Todos estos problemas van a ser sólo hoy. Les pedimos el CURP porque vamos a vaciar toda esa información en la computadora, y les vamos a sacar una foto digital, para una nueva credencial de jubilados que van a recibir en este mismo momento."

"¿Y para qué?", me ganó otra persona la pregunta.

"De ahora en adelante, no van a necesitar hacer esta cola. Con la nueva tarjeta digital, solo van a pasarla por un escáner y automáticamente van a detectar sus datos. Ya no tendrán que tardarse tanto, ni hacer tanta cola. Y van a agilizar mucho el trámite para ustedes y nosotros", explicó.

De pronto, retiré todo lo que había pensado mal de México.

Quizá sea verdad, pensé. Por fin. Hay esperanza.

A los mexicanos ya no nos está gustando batallar.

—*Tampico, Tamaulipas, 11 de julio de 2003.*

Paisanos: La añoranza
idealizada por México

Regresamos de vacaciones. Unos diez días no fueron suficientes para llenarnos de México, de la gente, de los lugares, de los recuerdos.

Como siempre, la urgencia de volver al trabajo predominó. La preocupación por las deudas que se apilan en Estados Unidos mientras uno trata de voltear para otro lado.

Pero sobre todo, no pudimos evitar que la horrorosa pregunta de siempre asomara su fea cabeza: ¿A qué horas se le ocurrirá a otro loco terrorista un nuevo ataque? ¿Y si me agarra de este lado, qué? ¿Y si de nuevo cierran la frontera y yo me quedo acá?

Y eso es lo que siempre nos preguntamos los paisanos de visita en México.

Los emigrantes nos pasamos todo un año esperando la fecha mágica para empacar maletas e irnos de pachanga con la familia al sur de la frontera. Muchos de nosotros prácticamente sólo trabajamos para esas dos o tres semanas... no le hace que luego nos pasemos endeudados los otros 11 meses.

Pero por mucho que amemos México, siempre nos queda ese sabor agridulce: A los pocos días o semanas de estar allí, nos llenamos. Nos atiborramos de los olores, los sabores, el gusto de México... Y poco a poco, aunque no querramos aceptarlo, nos comenzamos a incomodar.

¿Qué nos ocurre?, nos preguntamos. ¿No anduvimos todo el año esperando estos momentos?

Sin admitirlo, aceptamos a regañadientes la verdad: Extrañamos Estados Unidos.

¿Cómo que extrañas Estados Unidos?, preguntan incrédulos en México. ¿Pero qué vas a extrañar, compadre, si allá no saben vivir? ¿Extrañas su malsano ritmo de vida? ¿Vivir endeudado? ¿A los gringos?

No queremos admitirlo, pero es cierto. Extrañamos la vida "gringa", que ya es "nuestra" vida acá.

Apenas regresamos a Texas, nos revolotearon paisanos alrededor, interrogándonos ansiosos sobre cómo nos había ido "por allá".

"Bien, muy bien", respondíamos. "La pasamos a todo dar, con la familia, con los cuates".

Luego, de sopetón la pregunta: "Yo hace mucho que no voy... ¿Vale la pena que me arriesgue a ir, sin papeles?"

No falta quien lo pregunte: Emigrantes que llevan cinco, ocho, diez años sin atreverse a ir a sus lugares de origen, por no tener los papeles "en orden". Hay otros, más afortunados, que ya tienen sus trámites en proceso, pero a quienes el Servicio de Inmigración les advirtió que no podían salir del país todavía, so pena de no volver ser readmitidos.

Aún así, esta gente se arriesga a perderlo todo en aras de volver al terruño.

Es en estos momentos en los que uno debe ser muy cuidadoso sobre qué responder. Lo que uno diga puede ser determinante en la vida de quienes lo escuchan.

Optamos por decir la verdad.

"México está muy bien, la gente mejor que nunca. Los olores, los sabores... la vida, sigue intacta como la recordamos. Pero ya saben, México sigue teniendo problemas".

Como no queriendo entusiasmar a un moribundo con falsas esperanzas, les soltamos la neta: "No hay chamba, mejor ni le muevas. La gente de allá batalla con lo poco que gana, y eso cuando tiene trabajo".

Luego seguimos con los relatos tristes —increíbles para muchos paisanos— pero verdaderos: "Fíjate, una cuñada mía, con título universitario, trabajaba en un banco. Horario corrido. ¿Saben cuánto ganaba? 1,500 pesos".

Murmullos de incredulidad.

"...A la quincena", rematamos la estocada final.

Exclamaciones de sorpresa. Uno que otro movía la cabeza incrédulo. De tanto ganar en dólares, ya se les habían olvidado los salarios de México.

"Y digo que mi cuñada 'trabajaba', porque ya la corrieron. Por estar embarazada. Ahora anda buscando chamba".

Los paisanos no lo podían creer. Se han acostumbrado tanto a los salarios de 6, 7, 8, y hasta 15 dólares la hora, que se les hace un crimen que alguien ose siquiera pagar tal miseria a un empleado. Mucho menos a una profesional. Y mucho menos que se atrevan a correrla embarazada. Pero es verdad, eso pasa en México todos los días.

Muchos inmigrantes, a pesar de los pesares, se aferran a la imagen idealizada de México. No importa que uno les recuerde los motivos por los que emigraron, para ellos México siempre será un lugar idílico. Muy distinto a Estados Unidos.

Algunos de ellos se la pasan ahorrando toda una vida, y cuando juntan lo suficiente se lanzan a la aventura: Queman sus puentes, y se regresan a México, "de donde nunca debimos haber salido".

El gusto les dura poco. Al año ya andan desesperados, buscando un "coyote" que los pase de nuevo a Estados Unidos. Los pocos afortunados que logran llegar (vivos) se enfrentan a un comienzo más duro que años atrás, debido a la edad y la frustración de haberlo perdido todo.

"No se puede vivir en México", se justificaba don Arturo, quien vivió la experiencia y ahora reconstruye su vida desde cero en Estados Unidos. "Uno piensa que todo es como lo recuerda, pero no. Todo está más caro que acá, pero con el agravante de que la gente gana seis veces menos".

Otros, más aventureros (algunos dicen, más tontos) se regresan a México sin planes, sin importar las consecuencias. Como aquél hombre de 35 años, al que llamaremos Rogelio, quien después de mucho batallar como ilegal por años, logró levantar de la nada un negocio de jardinería en California. Le iba tan bien, que ya había comprado su casa, tenía empleados que le trabajaban para su empresa, una esposa y tres hijos pequeños.

Cuando su padre murió repentinamente (tratando de cruzar la frontera ilegalmente), Rogelio no lo pensó dos veces: Salió de inmediato a Cuernavaca, para estar con su familia, a la que no había visto en quince años, en el entierro.

"Era lo que debía hacer", recuerda, justificando la medida. "Actué con el corazón, no con la cabeza".

No le importó pensar que no tenía papeles.

Tras el entierro de su padre, y de pasar unos días con su madre y hermanos, los problemas comenzaron a aflorar: Su esposa le llamaba desde California, dándole malas noticias: Los trabajadores desertaban. No había quién les consiguiera chambas, y ellos necesitaban comer. La pequeña empresa quebró. Las deudas se amontonaban. El dinero que habían ahorrado se acababa.

Los niños pequeños preguntaban por papá. Y éste no encontraba la manera de regresar.

Rogelio intentó cruzar de "mojado" como la primera vez, pero se dio cuenta que ya no era lo mismo. Seis veces trató y seis veces lo regresaron. Mientras, debía permanecer en la frontera, pagando hotel y comida con dinero que le regalaban, hasta que el "coyote" les dijera cuándo pasar.

La última noticia que tuvo de su familia fue cuando le avisaron que les habían quitado la casa por no pagar. Su esposa se metió a trabajar de lo que fuera, y aún así no le alcanzaba el dinero. La empresa ya no existía, pues la mujer había vendido todo en un afán por sobrevivir.

"No sé si hice lo correcto", se cuestionaba Rogelio tristemente. "Pensé en mi papá, en estar con él en su entierro, pero a fin de cuentas, ya estaba muerto. Debí pensar un poco más en mi familia, en su futuro".

(Su triste historia la relató el diario *Dallas Morning News.)*

Y ese es el cuestionamiento que se hacen miles de paisanos en su deseo por volver a México. Y este es el consejo que les damos los que somos afortunados en poder ir y venir: piénsenlo dos veces. No es lo mismo idealizar un país, que arriesgar el futuro de su familia.

A fin de cuentas, muchos prefieren quedarse con la imagen idealizada de México, en vez de arriesgarse a perder todo lo ganado en Estados Unidos.

Quizá esa imagen sea la de un México que ya no existe, el de su niñez. O que nunca existió. Pero a veces es mejor enajenarnos que enfrentarnos a una realidad que quizá no nos guste.

Como quiera, esa imagen de México la llevarán siempre en sus corazones.

—Dallas, Texas, 18 de julio de 2003

Con estos "líderes" hispanos para qué queremos enemigos...

En Estados Unidos, los hispanos parecemos hambrientos de liderazgo.

Quizá es porque ya han sido décadas en los que nos han repetido que somos (o nos hemos sentido) inferiores a los gringos. Por poquito y nos la creímos.

Quizá por eso nos aferramos a cualquier potencial dirigente que destaca. Como que eso nos refuerza la convicción de que, después de todo, nosotros también podemos triunfar.

Lo malo es que a veces, algunos de esos dirigentes no han sabido estar a la altura de las circunstancias. O más bien resultan francamente pésimos.

Desde hace años, cuando surge alguna figura destacada entre la comunidad hispana de Texas, los inmigrantes y méxicoamericanos la apoyamos a morir. Nos congregamos a su alrededor, vamos a sus mítines, los festejamos con porras y chiflidos. Como para que los gringos se enteren.

Pero no nos ha ido tan bien con ellos. Recuerdo, por ejemplo, a Henry Cisneros. De ser el hijo de una familia méxicoamericana pobre, se convirtió en profesionista y llegó a alcalde de San Antonio. Era la figura política más popular de todo Texas.

Tan popular de hecho, que el ex presidente Bill Clinton se lo llevó a Washington, como secretario de Vivienda, donde su popularidad brilló aún más. Todo mundo estaba seguro de que muy pronto sería vicepresidente.

Luego, su buena estrella tronó. Hubo un escándalo: Se le descubrió una "amiguita", a la que mantenía. Lo malo es que no reportó ingresos a la Oficina de Impuestos, y por allí lo agarraron. Algunos dicen que fue una movida política de sus adversarios, el caso es que la popularidad del Sr. Cisneros se desplomó de porrazo, y lo hundió.

No fue a prisión. Se declaró culpable del delito, pagó una multa de 10 mil dólares y salió libre. Pero su carrera política estaba hecha cachitos, su prestigio por los suelos, y las esperanzas de los hispanos de tener a alguien en la Casa Blanca se esfumaron.

Ni como presidente de Univisión, ni como constructor ahora, Henry Cisneros ha recuperado esa popularidad. Quizá en algunos años. Quizá nunca.

Por un simple error...

La historia se repite. En Dallas, hace como seis años, lanzamos las campanas a vuelo porque habían elegido a una hispana (¡y mujer!) como máxima autoridad del sistema escolar público. Yvonne González se levantó de entre un mar de críticas y desafió todos los pronósticos para convertirse en una verdadera lideresa, admirada por todos.

Prometió reformar el vapuleado sistema escolar. Prometió purgar de *"grillos"* las altas esferas. Prometió mejorar la educación. Y prometió no defraudarnos como comunidad.

Rubia de ojos azules, bajita, rechonchita, parecía un tanque de batalla. Su ímpetu lo dejó claro al hacer una impactante entrada en la inauguración del año escolar en Dallas montada en un *bulldozer*, como diciendo: "Voy a barrer con todo lo malo".

Pero el gusto duró poco. Unos pocos meses después de tomar posesión, salieron los trapos sucios a relucir: Cuentas que no cuadraban. Gastos excesivos en frivolidades. Acusaciones de malversación.

Maniobras de rivales políticos, explicaba Yvonne González. Me quieren tumbar. He dañado muchos intereses creados.

Pero el tiro de gracia lo dieron los fiscales mostrando evidencia: Recibos y documentos autorizados por González para amueblarse una lujosa vivienda que había comprado. Gasto total: Más de 60 mil dólares. Gasto liquidado, por cierto, con fondos del Distrito Escolar. Su propia asistente declaró en contra de González. Y la hundió.

Yvonne González salió del Distrito Escolar de Dallas casi como si hubiera sido barrida por el *bulldozer* que ella misma manejó. Ni siquiera logró salvarse de la prisión: Fue a dar con todos sus huesitos, en medio del llanto, a una cárcel estatal para mujeres, donde estuvo meses purgando condena por malversación.

Cuando salió de prisión, su prestigio y carrera estaban pulverizados, como los sueños de los hispanos de Texas de tener (¡ahora sí!) a alguien que nos representara dignamente como comunidad.

Lo último que se supo de ella es que sobrevivía como costurera en una fábrica de ropa cerca de la frontera. Muy, muy alejada de las cámaras de TV, de las juntas escolares de alto nivel, y del aplauso de nuestra gente.

Igual le pasó a su sucesor, Waldemar Rojas. Un eminente educador puertorriqueño, el Sr. Rojas (al que le gustaba que le dijeran "Bill") prometió componer los desastres de Yvonne González, tanto como funcionaria como ejemplo de la comunidad hispana.

Pero la papa le quemó las manos: Muy pronto enseñó el cobre, se peleó con todos, y dio un millonario contrato a una empresa privada, Edison Schools, para que regenteara varias escuelas de Dallas, a pesar de la oposición de todo mundo.

Rojas se salió con la suya. Pero el chiste costó millones al presupuesto, y le valió el cargo. "Bill" (ahora ya Waldemar de nuevo, después de agotada su Luna de Miel) salió de Dallas por la puerta de atrás, aunque ahora ocupa algún puesto educativo muy bien pagado en otra ciudad. Nos quedó mal a todos.

Igual pasó a Dan Morales. También méxicoamericano, de joven era el orgullo de su familia, de su cuadra, y de su comunidad: Graduado con honores de Harvard, era un abogado que tuvo una meteórica carrera. Llegó hasta ser procurador de de Justicia en Texas, y un fuerte candidato a gobernador.

Pero su partido, el Demócrata, no lo parecía favorecer, y prefirió nomar como precandidato a otro hispano, Tony Sánchez (un multimillonario de Laredo), Morales hizo pataleta. Mostró claras actitudes antihispanas en todos los debates que sostuvo contra Sánchez, quizá para ganarse el favor de los anglos y negros, y dando la espalda a la comunidad.

En varias ocasiones se negó a un debate político televisado en español, a pesar de las presiones de la comunidad hispana. Al final, tuvo que ceder, y al momento del programa, sorprendió a todos... hablando en inglés. Se negó rotundamente a usar el español como se había acordado, lo que terminó dándole el tiro de gracia a su vapuleada imagen entre los hispanos.

Cuando al final, el Partido Demócrata se inclinó por elegir a Tony Sánchez como su candidato a gobernador, todos estuvieron seguros que había sido porque los hispanos le pagaron a Morales con la misma moneda: El desprecio. Ni tardo ni perezoso, Morales volvió a defraudar al electorado, y se "volteó" por despecho apoyando abiertamente la candidatura del republicano Rick Perry.

Tony Sánchez perdió la elección, y Perry se convirtió en el gobernador de Texas. Pero a Morales no le ganó mucho el gusto: Hace semanas fue encarcelado por apropiarse indebidamente de millones de dólares de una demanda judicial contra las empresas tabacaleras, y mentir al fisco sobre sus ingresos.

Como tantos otros hispanos destacados, Dan Morales terminó en la desgracia. Igual ha pasado con tantos otros hispanos, en quienes depositamos nuestra fe. Será por cuestiones políticas. Por zancadillas de rivales. Por "mala leche". O por corrupción e ineptitud. Pero siempre acaban mal. Quizá ya vaya siendo hora de ser más cuidadosos a la hora de elegir a nuestros modelos de líderes. Y no apoyar a cualquiera nada más porque se apellida Morales o González.

Quién sabe. Puede que nos vaya mejor si apoyamos a alguien que se apellide Smith o Jones.

— 1 de agosto de 2003

"Porque usted se lo ha ganado..."; Endeudándose en Estados Unidos

La primera carta me llegó meses después de haber emigrado a Estados Unidos.

Era como cualquiera, como tantos otros millones de cartas que día a día surcan las líneas del correo de Estados Unidos. Una carta más.

Pero para mí era una celebración.

Era un ofrecimiento de tarjeta de crédito.

Para mí era un descubrimiento, una reafirmación de que existía. Para alguien que no tenía nada en el mundo (y que había sido rechazado en repetidas ocasiones por los departamentos de crédito de bancos en México durante años), el recibir esa cartita significaba un avance. "Ya de perdido se han dado cuenta que existo", pensé.

Además, para los inmigrantes en Estados Unidos, el que una empresa te ofrezca crédito es como si alguien te invitara a pasar a una casa elegante a la que creías que nunca tendrías acceso. Ahora sí, uno se podía sentir parte (aunque sea un poco) de la vida en este país.

Sin pensarlo dos veces, llené la solicitud (*aplicación*, dicen los paisanos) y la envié hasta con timbres de más para evitar que se perdiera en el correo.

Y esperé. Con ansias, eso sí.

Pocas semanas después, ¡*voilá*! Llegó otro sobre (¡con mi nombre y todo!) que se sentía más gordito. Al tacto, adiviné un plástico dentro y, sin esperar más, hice cachitos el sobre.

Allí estaba, brillando a la luz de la lámpara: Mi primera tarjeta de crédito. No tan sólo de Estados Unidos, sino de toda mi vida. Me quedé mirándola orgulloso: azul limpia e, incrustadas en su superficie las letras doradas que gritaban al mundo el nombre de su dueño: CESAR F. ZAPATA. ¡Yo!

Estaba alegre. Al fin ya era "alguien" en este país. Iba a poder hacer crédito. Iba a poder pertenecer "al sistema".

DESDE LAS ENTRAÑAS DEL MONSTRUO

¡Qué equivocado estaba! Hoy, a seis años de distancia, ya no pido más que me den esquina. Las deudas se apiñan una a una. Ya ni mandando 150, 200 ó 300 dólares sacian las hambrientas fauces de esos monstruos en que se convirtieron aquellos elegantes pedacitos de plástico.

Como yo, hay millones de personas en igual o peor situación. La recesión (que en realidad es una crisis) disparó a muchos a la calle, sin trabajo, sin oportunidad de volverse a emplear en mucho tiempo debido al exceso de solicitantes, pero con miles de dólares en deuda imposible de pagar.

El crédito en Estados Unidos es como un idioma universal: Si no lo hablas te mueres de hambre. Es un país donde todo mundo vive de prestado. El sistema está diseñado así, y el que no acepta sus reglas, queda fuera de la jugada.

Nosotros los hispanos, tan acostumbrados a abrirnos brecha por el mundo a machetazos de efectivo (que tanto nos cuesta guardar en el colchón) nos damos cuenta que en Estados Unidos eso puede ser más un problema que una ventaja. Si ninguna empresa puede encontrar su nombre en alguna base de datos de computadora, nadie le va a prestar nada. No va a poder comprar carro, ni nada. O si lo compra, deberá ser a un interés altísimo y le ponen más trabas que si buscara postularse para Presidente de la República.

Por eso, poco a poco, los paisanos entendemos que debemos sacar una tarjeta. Algún crédito pequeño. Podemos comenzar rentando muebles, una sala o un ventilador en empresas chicas. Luego de allí ya comenzamos a recibir ofertas (generalmente a tasas estratosféricas), pero es un empiezo. Si alguien cumple religiosamente con los pagos, no se sobregira y mantiene las riendas del gasto, el premio no tarda en llegar. Le aumentan la línea de crédito. Le dan mejores tasas de interés. Recibe mejores ofertas.

Hacer crédito en Estados Unidos no es un lujo, es una necesidad. Es el son al que todo mundo debe bailar.

Pero es un arma de dos filos. Sobre todo para los que no pagan a tiempo.

Yo no soy perfecto. Si uno no recuerda hacer el pago mensual, la sanción se multiplicará muchas veces en el futuro.

Luego viene la comezón en las manos. Antes, si uno no tenía dinero, simplemente no sale a pasear. Se queda en casa. Si se le antoja un refresco y no tiene en su bolsa más que hoyos, bueno, se conforma con tomar agua en su casa. Si le encanta irse al cine o con los cuates y no tiene dinero, bueno, se queda en su casa viendo el futbol. O conviviendo con la familia.

Ah, pero si tiene una tarjeta, la cosa cambia. Entonces sí, cuidado mundo, que nadie nos va a detener.

Nos agarramos a dar "tarjetazos" a diestra y siniestra. Hasta para echarle gasolina a la "troca" hacemos el famoso *"swap"*. El plástico huele a quemado. Y no perdemos oportunidad para "casualmente" sacar la cartera frente a los cuates y dejar que "accidentalmente" se asome el logo orgulloso de VISA o Mastercard.

Hasta que llega el cobro mensual. Entonces sí sufrimos nuestros excesos.

"No importa", decimos. "No tengo ahorita para pagar los mil quinientos dólares que ya gasté, pero me piden solamente un pago mínimo de 20 dólares. Voy a mandar eso nada más y luego pago el resto."

Ese "luego" nunca llega. Los billetitos de a veinte se siguen acumulando (nadie nos dijo que sólo paga los intereses, no la deuda), ah, pero eso sí, mientras tanto seguimos dándole vuelo al tarjetazo. Cuando menos nos damos cuenta, esa "cuentita" ya asciende a 4 mil dólares, con pagos mínimos de ¡120 dólares!

Claro, después de eso ya ni lo pagos mínimos podemos hacer. Vemos con horror cómo los cientos (¡o miles!) de dólares se apilan uno sobre otro despiadadamente, hasta que nos hundimos sin remedio.

Para muchos (acostumbrados al hasta hace poco caótico sistema de créditos mexicano, con Barzones y Fobaproas) la solución es simple: No pago y punto. Total, arguyen, en Estados Unidos no es ilegal deber. Ni tampoco lo pueden meter a la cárcel ni embargarlo. Me declaro en quiebra y háganle como quieran.

Lo malo es que la solución no es tan sencilla como uno piensa. Si uno no paga las deudas, la venganza de los bancos es perversa: Una marcotota en su reporte de crédito.

Es el equivalente a ser un apestado. Donde quiera que vaya le van a cerrar la puerta. No va a poder ni comprar un chicle a crédito, mucho menos una tele, un mueble ni (¡jamás!) un auto o una casa. Por lo menos durante dos años, y eso si acepta su culpa y acude a pedir clemencia y establece un sistema de pagos.

Lo he visto a últimas fechas en carne propia. Al ir a pedir un préstamo para comprar una casita, comenzaron las trabas. Que si no tiene esto, no se puede. Que si no tiene aquello, tampoco. Que si no tiene buen crédito, menos. ¿Que no lo tiene? Pues ni modo. Búsquele por otro lado. Buen día.

Con todo, yo estoy en la gloria comparado con otros. Hay quienes se han pasado hasta 7 años trabajando duramente para pagar deudas de más de 10 mil dólares que se gastaron en quién sabe qué. Ya ni siquiera se acuerdan en qué se fue el dinero, porque se lo echaron en puras mugres.

Si tan sólo nos hubiéramos sentado con una calculadora o un lápiz y un papel a hacer números antes de embarcarnos. Si tan sólo hubiéramos leído la letra pequeña (ni por no saber inglés nos podemos quejar, porque todas las solicitudes ya hasta vienen en español). Si tan sólo hubiéramos entendido que un APR significa Tasa Anual de Interés, y que 24.99% es en realidad un 25% por ciento disfrazado, que significa que cada cosa de 10 dólares que compremos con la tarjeta en realidad nos está costando $12.50... o más, si no pagamos todo a tiempo.

Eso no enseñan en la escuela. Hasta ahora, ciertas preparatorias americanas ya tienen clases de economía y crédito, para enseñarles a los jovencitos cómo manejar con cuidado y domar ese animalón que es el crédito.

Esa es la triste historia del crédito en Estados Unidos. Mientras muchos inmigrantes y ciudadanos americanos se la pasan con insomnio pensando cómo le van a hacer para pagar sus deudas, esa misma noche le llegará a otro inmigrante un sobrecito de invitación que lo pondrá feliz.

La carta casi siempre comienza diciendo: "Porque usted se lo ha ganado..."

El inmigrante bailará de alegría. Llenará la solicitud y esperará con ansias la llegada del plastiquito.

Meses después, se pasará años trabajando de sol a sol (en la jardinería, en los techos, en los restaurantes, o donde sea) pagando las deudotas.

Y la historia se repetirá de nuevo...

— 8 de agosto de 2003

Lo que los "coyotes" nunca le dicen a los migrantes

Por más que se alerta a los mexicanos, parece que nadie hace caso respecto a los peligros de venirse "de mojado" a Estados Unidos.

A pesar de las campañas de la Patrulla Fronteriza, a pesar de los avisos del gobierno americano, a pesar de los carteles y consejos del gobierno mexicano, la migración indocumentada a Estados Unidos continúa más fuerte que nunca.

También continúan, por consiguiente, las muertes en la frontera. Se calcula que un promedio de dos mexicanos muere en la frontera. Cada día.

Los horrorosos relatos de los asaltos, el desierto, la insolación y tantos otros peligros que enfrentan los emigrantes no parecen que les hacen mella en su ánimo. Todo mundo se avienta pensando: "Sí, pero a mí no me va a pasar eso".

No es si le pasa o no. Es que cruzar la frontera (a nado, por el río Bravo, o peor, por el desierto) es un peligro real. Gente muere. Mujeres son asaltadas, violadas. Hombres son atracados (a veces hasta por los mismos "polleros") o asesinados. A toda esta pobre gente lo mejor que les puede pasar es que los agarre "La Migra".

Si usted tiene un amigo, un pariente, un compadre que esté pensando lanzarse a la aventura, por favor hágalo entrar en razón. Que tenga mucho cuidado. De ser posible, mejor que ni se venga de indocumentado.

Oiga, eso está muy bien, me dirán muchos, pero qué hago, si no tengo chamba. Si no me la juego, me muero de hambre.

Lo entendemos. Para muchos mexicanos y centroamericanos la situación es desesperante. La única válvula de escape que existe (lo quiera uno o no) es emigrar a Estados Unidos.

"Además, yo conozco a un cuate que pasa gente. Me asegura que él me pasa fácil, sin bronca", me dirán. "Ya lo ha hecho muchas veces".

Sin ánimo de destrozar sueños y aspiraciones, hay que ponerse a pensar en muchas cosas antes de emigrar. Los "coyotes" nunca cuentan la otra parte de la historia: Pasar no es el trofeo final para el emigrante. Es, apenas, el primer paso.

Una vez que uno cruza a Estados Unidos, hay que sortear muchos, pero muchos otros obstáculos antes de poder trabajar y ganar en dólares. Y eso no se lo cuentan los "coyotes".

De hecho, en la práctica cruzarse la frontera es lo más "sencillo", relativamente hablando. Es peligroso, sí. Mucho, pero bastantes lo logran. Alrededor de 400 mil al año, según las estadísticas más difundidas.

Y aunque lo agarre "La Migra" y lo devuelva, no son pocos los que lo intentan de nuevo una y otra vez. Al usar la táctica de "la ametralladora", la probabilidad se pone de parte de uno: Entre más dispares, más chance tienes de atinarle.

Pero no se trata de pasar solamente la frontera. Para nada: Existen muchos otros retenes de Inmigración más adentro, que se tienen que sortear. Y revisiones y rondines al azar por todas las carreteras y hasta en el monte. No cualquier "coyote "es tan "picudo" como para leerle la mente a los agentes de Inmigración.

Pero como dijimos, eso quizá sea lo de menos. La bronca principal para el inmigrante es que, una vez a salvo en suelo de Estados Unidos, ¿qué van a hacer?

Para trabajar se necesitan contactos, gente que ya esté allá y que quiera darle la mano. Para trabajar se necesita tener papeles.

"Los compro falsos", me dirán. "Mi amigo 'el coyote' me los vende baratos". No lo dudo. Pero nada más hay que ver esos supuestos "papeles" para darse cuenta que son más chafones que nada. Cualquiera los va a detectar cuando vaya a pedir chamba.

(Además de que, si lo agarra la policía, ya se puede ir encomendando al santo de su devoción: El portar documentos falsos es un delito federal, y le puede acarrear años de cárcel).

Otra bronca de los papeles falsos es que casi siempre tienen la identidad de personas problemáticas: No son pocos los paisanos que se han metido en broncotas porque andan con los papeles de tipos a los que busca la policía por "transas", por robo o incluso por delitos graves como homicidio y hasta narcotráfico. Para asegurarse de que los papeles son "limpios" uno tendría que hacer un chequeo de los antecedentes criminales... en bases de datos sólo al alcance de la policía o detectives. No de los "coyotes".

Luego está el problema de las licencias de conducir. Si usted no tiene papeles legales, no le van a dar licencia en ninguna parte de Estados Unidos.

"No es problema", me dirán. "Yo no manejo".

No importa. En Estados Unidos la licencia se usa como la identificación universal: Se la piden para todo.

Por ejemplo, ¿cómo piensa cambiar el cheque de pago, en caso de que encuentre trabajo? El banco pide una identificación para hacerlo (que generalmente es la licencia de manejo).

¿Cómo piensa abrir una cuenta de banco, por ejemplo, para pagar sus deudas (que las va a tener) o para enviar dinero a su familia?

Claro que hay otras opciones. Por ejemplo, enviar dinero lo puede hacer por empresas de transferencia de dinero, que se dedican a eso. Pero le cobran. Poco, pero le cobran. Para cambiar cheque lo puede hacer en los minisúperes de la esquina. Pero le cobran. Para identificarse puede sacar la matrícula que expiden los consulados. Pero no todos los bancos la aceptan como documento oficial.

Además, quiéralo o no, uno está forzado a manejar en Estados Unidos. Fuera de ciudades que tienen metro o buenos sistemas de autobuses, como Nueva York, Chicago o San Francisco, el resto de la gente se traslada en auto. A todos lados. Las distancias son tan enormes, que es indispensable manejar. Para ir al trabajo. Para ir a hacer la compra de la semana. Para ir al médico. Para todo.

Y si un oficial de la policía lo detiene por cometer una infracción, adivine cual es el primer documento que le va a pedir. Exacto: La licencia de conducir. (No la matrícula.) Y si no tiene la licencia, multota que se va a llevar (mínimo como 200 dólares) Si lo vuelven a agarrar sin licencia hasta el carro le pueden quitar, o mandarlo al bote.

Eso, sin mencionar las dificultades obvias con que se encuentran los inmigrantes ya en Estados Unidos, como el no hablar inglés. Aunque se rodee de paisanos, siempre la sombra del inglés estará rondándole sobre la cabeza. Hasta para hablar por teléfono necesitará de perdido masticar el idioma.

A pesar de todos estos enormes obstáculos, es cierto, son muchos los que se avientan a emigrar. Muchos lo consiguen, pero otros muchos fracasan. Aunque llegan sanos y salvos a Estados Unidos, y comienzan a trabajar, muy pronto se dan cuenta que no "barren" con los dólares como les prometieron. Se dan cuenta que los trabajos son escasos (hay recesión, ¿recuerdan?), muy peleados y no muy bien pagados. Si bien le va, puede comenzar a ganar el salario mínimo, que son como 5.50 dólares la hora, que serían como 220 dólares a la semana (menos impuestos, lo que daría como 180 dólares a la semana, neto).

O sea, como 720 dólares al mes.

Claro, me dirá, pocos en México ganan eso. Sí, pero hay que considerar que tiene que pagar renta. Si vive arrimado, calculo que le cobrarán entre 150 y 200 dólares al mes por el cuarto (o la cama, el catre o la cobija en el piso) donde se duerma. Eso si es una persona sola.

Si se quiere independizar, y rentar un departamento, calculo que se gastará como 400 a 500 dólares por un lugar de una recámara (y eso el mínimo, si tiene suerte). Más la luz que consuma (lo que puede ir desde 50 hasta 200 dólares mensuales).

Luego viene el asunto de la comida.

Una comida básica en McDonald's o Burger King le cuesta como 5 dólares. Esos restaurantes son lo más barato que hay, son como los puestos de tacos en

DESDE LAS ENTRAÑAS DEL MONSTRUO

México.

Si usted come en la calle diariamente (calculemos que dos veces al día, comida y cena, sin desayuno) serían como 10 dólares diarios, mínimo. En una semana, se habría gastado como 50 dólares (5 días). Al mes, serían como 200 dólares (o sea cuatro semanas).

Ahora, si hace la compra cada semana en el supermercado, podría ahorrar. Una persona se gastaría un promedio de 30 a 40 dólares a la semana, si compra lo indispensable (huevos, leche, tortillas, frijoles, aceite, etc.). Eso sin contar el gas o la electricidad que gasta en la cocina.

Hay un ahorro, cierto, pero pocos paisanos van de compra al súper. La mayoría son hombres de rancho, que vienen a trabajar en la construcción, como techeros, albañiles o jardineros. Pocos tienen el gusto (o conocimiento) de andar cocinando.

Eso sin contar gasolina (unos 20 a 30 dólares a la semana), ropa (uno no va a andar encuerado), zapatos, y todos los etcéteras que se imagine.

Y eso si consideramos que no tiene que pagarle ninguna deuda pendiente al "coyote" por pasarlo. Muchos inmigrantes llegan debiendo la "pasada", y si son disciplinados (y tienen chamba constante) quizá la liquiden en un año.

Si bien les va.

Y eso que todavía no hemos sumado lo que tiene que enviar a la familia. Mínimo 200 dólares al mes (y ya es una cantidad muy amolada).

Con todo, dejamos fuera los gastos "extra" en que los hombres solos siempre incurren: Ya saben, alguna cervecita, alguna salidita a un baile, algún cigarrito. Uno tiene sus tentaciones, pues.

¿Ya sumó? ¿Ya se dio cuenta que los números no cuadran?

Pasar la frontera no es el mayor éxito de un inmigrante. Es conseguir chamba. Mantenerla, Sobrevivir. Competir con otros 5 millones de inmigrantes que están esperando que lo corran a uno para ocupar su puesto. Comer poco. Gastar poco. Ahorrar mucho. Trabajar mucho. No irse de parranda. No malgastar. No tener "casa chica" (porque es un caminito seguro a la quiebra). En síntesis, casi casi como vivir como un monje. Viene a trabajar, a sufrir, no de vacaciones.

Todos esos son los retos que los paisanos deben superar antes de lograr el éxito en Estados Unidos.

Y eso nunca nos lo platican los "coyotes".

—15 de agosto de 2003

El sueño (¿guajiro?) de muchos profesionales mexicanos: Ejercer en Estados Unidos

Francisco (no su nombre verdadero) estudió odontología en México. Y es muy buen dentista. De los mejores.

Logró el título profesional. Comenzó a ejercer su carrera con cierto éxito en su ciudad natal, durante algunos años, antes de que se le metiera la inquietud de irse a Estados Unidos.

"Ya había estado en Tennessee un tiempo cuando tenía como dieciocho años", recuerda. "Me gustó, y me dije, bueno, ya me titulé de dentista, a la mejor la podría hacer por allá".

No le iba tan mal en su pequeño consultorio, pero no ajustaba para el gasto. Con una esposa y dos hijos pequeños, Francisco siempre se las veía apretadas a fin de mes.

Un día decidió a lanzarse a la aventura. Empacó y arregló sus asuntos. Cerró su práctica, y, armado con una visa de turista por diez años con la que había ido a Texas de vacaciones una vez, emigró.

Con suerte, pudiera encontrar una chamba en mi área, pensó. La perspectiva de ganar en dólares lo alentó, sobre todo cuando vio que un dentista americano ganaba más de diez veces lo que él, por hacer el mismo trabajo, las mismas horas.

La familia llegó a instalarse con parientes de segundo y tercer grados, en una casita de dos cuartos. Con esfuerzo, y mucho entusiasmo, Francisco y su esposa comenzaron a planear el futuro para sus hijos.

Pero las cosas no salieron como pensaban. El trabajo que consiguieron (después de mucho batallar) fue limpiando baños, en una empresa de empleos temporales. Luego, se les acabó.

Haciendo malabares con el dinero, consiguieron alguna que otra chambita: Francisco, de limpiapisos. Luego, lavaplatos. Pilar entró a una tintorería de chinos, y después a una bodega donde se distribuían flores artificiales.

Mientras, Francisco iba cuando podía a hacer llamadas, a presentarse en consultorios médicos, mostrando sus credenciales, su título, y fotos de algunos trabajos dentales hechos en México. Por poco y lo corren a patadas.

A la mala entendió que la profesión médica (como la de abogado) es muy delicada en Estados Unidos. No cualquiera entra, y no porque sea una mafia, sino que el riesgo de demandas y mala práctica hace muy restringidas las oportunidades. Si uno quiere ejercer, debe pasar montones de exámenes, cursos y (de ser posible) volver a estudiar la universidad si desea ser autorizado para trabajar en lo que sabe.

"Los 'gringos' son muy especiales en estas cosas", se lamentaba Francisco.

De todas maneras, aceptó hacerles trabajitos a parientes y amigos cercanos, por debajo del agua: Que si un empaste. Que si una muela picada. Que si pegarle un diente.

Trabajos ilegales. Bajo la mesa. Francisco se arriesgó mucho, y por poco lo agarran por ejercer la medicina sin licencia.

A sus pacientes no les importaba: Casi todos ellos inmigrantes indocumentados como Francisco, agradecían tener a un doctor titulado en México que los atendiera, y que les cobrara "lo justo", no los cinco mil o diez mil dólares que les cobraría un dentista norteamericano. Ninguno se le enfermó, ninguno se le murió, al contrario: Le agradecían sus atenciones, y hasta volvían. Muchos le traían amigos y parientes al consultorio improvisado que Francisco preparó en una recámara del departamentito que (con el fruto de la lavada de pisos) pudo rentar.

Pese a los sinsabores, su familia creció. Dos bebés nacieron (ya ciudadanos americanos) y los hijos grandes se criaron como típicos chiquillos americanos. Eso sí, hablando inglés en la escuela y español en la casa. Con altibajos, la familia prosperó.

Pese a todo, nunca pudo ejercer su profesión como soñaba. El "consultorio" lo cerró, temeroso luego que supo de un "colega" al que lo agarraron igual que él y le echaron varios años de cárcel por ejercer sin licencia. (Aunque había sido un dentista titulado en México).

Tras cambiarse de distintos empleos, Francisco terminó como asistente de una bodega. Su esposa lo ayuda con trabajos que encuentra, aunque ninguna fijo.

Hoy, tras doce años de haber emigrado, Francisco se siente frustrado al no vivir su sueño, de no ganar en dólares haciendo lo que le gusta. "Es más difícil de lo que creía", reconoce. Desde hace ocho años tiró la toalla y mejor se dedica a trabajar. De lo que caiga.

Pese a todo, su esposa le da ánimos: "Dentro de lo que cabe, estamos bien", dice la esposa. "Tenemos trabajo, aunque solo ganemos el mínimo. Nuestros hijos están bien, sanos, estudiando. Seguimos aquí. No nos podemos quejar".

Los sueños de Francisco, sin embargo, hace mucho que se fueron por los suelos. Y como él, cada día miles de inmigrantes profesionales se desencantan con la realidad de vivir en Estados Unidos.

Y a pesar de esto, cada día también son miles los que llegan con esperanzas de "hacerla" en Estados Unidos. Llegan sin nada, pero eso sí, bajo el brazo traen esperanzados sus títulos profesionales: De médicos, abogados, dentistas, arquitectos, ingenieros... Sin saber que, aquí, valen tanto como el papel en que usted está leyendo esto.

Traen con ellos currícula impresionante. Premios, reconocimientos, cartas de recomendación. Con ellos esperan lograr algo... sin darse cuenta que compiten con profesionales norteamericanos, que también la ven muy difícil.

Hay que decir que algunos sí logran hacer realidad su sueño. Pero son muy, pero muy pocos. Poquísimos. Qué será, uno entre quinientos, entre mil. Y eso poniéndonos optimistas.

Esos son los afortunados: Los que lograr "amarrar" una visa de trabajo antes de venirse. Los que llegan como turistas, no a trabajar de lavaplatos, sino a tocar puertas, a mandar currícula. A hacer llamadas telefónicas, a enviar emails. Y se regresan a México, para no quedarse de ilegales, a seguir intentando conseguir ese ansiado empleo.

Pero son minoría. Cuando consiguen su sueño, ni se imaginan que afuera de su elegante oficina en Estados Unidos, millones de colegas (quizá mejores que ellos, más preparados y capaces) todos los días doblan la espalda a la intemperie, como jardineros, albañiles o pintores, soñando con una oportunidad que nunca les va a llegar. A pesar de todas las maravillas que soñaron (y les contaron) de Estados Unidos.

—22 de agosto de 2003

Doña Emma: Una agradable abuelita que trabajaba ... de "coyote"

La imagen que nos han dado los medios de estas personas es siempre la misma: Un hombre, de mediana edad, quizás sombrerudo. Con botas, pantalón de mezclilla y anteojos oscuros. Bigotón, para más señas. A la mejor un diente de oro que cuando ríe se ve brillando, como se cantaba en *"Pedro Navajas"*.

Pero, sobre todo, lo distinguía su avaricia: Cobrar mil, mil quinientos, dos mil o hasta cinco mil dólares por "el trabajo".

Se trata del "pollero" o "coyote", esa figura tan controvertida en la cultura fronteriza, que para muchos ya hasta alcanza dimensiones míticas a la altura del "Coco" o el "Chupacabras".

Los medios (particularmente los de Estados Unidos) han retratado al "coyote" de esta manera desde siempre. Los gobiernos americano y mexicano se han encargado de ponerle condimento, y el resultado es que tenemos una figura que rivaliza en maldad con gánsters del calibre de Al Capone o narcos como "El Señor de los Cielos".

Muchas veces la mala famita no es gratuita, al contrario: Estas personas se la han ganado a pulso. Porque han sido "coyotes" los que dejan abandonados a los inmigrantes en el desierto. Son los "polleros" los que los encierran en tráilers, sin ventilación, sin agua, sin alimento, hasta causarles la muerte. Son los "coyotes" los que les quitan a los indocumentados todo su dinero, los secuestran, los golpean, violan a las mujeres, roban a sus niños y los matan de un balazo en la nuca en despoblado.

Con tal reputación, lo que nos extraña es que los "coyotes" sigan siendo tan o más populares que nunca entre los mexicanos pobres: En esos círculos, el "pollero" no es más que la salvación a una crónica freguez cuya única válvula de escape parece estar al norte.

¿Son ciertas tantas acusaciones de perversidad contra los "coyotes"? Muchas de ellas, sí. Los "coyotes" no son santos. Son delincuentes, si uno usa la ley a rajatabla. Muchos de ellos son asesinos, son violadores. A bastantes de ellos les importa un comino mejorar la vida de sus semejantes, y ven en la tragedia económica de México un botín por el cual sacar la mayor ventaja, a costa de millones de familias desesperadas.

Pero, para ser justos, hay que reconocer que no todos los "polleros" entran en esta clasificación. ¿Qué es un "pollero", si no un producto que resulta de un problema mayor?

Como los narcotraficantes, los "coyotes" existen porque cumplen con una función: Satisfacer una demanda. La necesidad existe, y como el gobierno (o los gobiernos) no permiten que se satisfaga de manera legal, estos "prestadores de servicio" surgen de manera espotánea. Y no es por castigo divino, ni por designio del Malévolo: es por pura realidad económica.

Está bien alertar a los migrantes potenciales sobre los peligros que les depara el confiarle la vida a un perfecto desconocido (que, de paso, seguramente tiene un largo historial delictivo). Pero en sus esfuerzos por detener un fenómeno social, tanto México como Estados Unidos han rayado en la paranoia y a veces en el histerismo. Un "coyote" puede ser un criminal, pero decir que todos lo son, es como aceptar la acusación de los americanos de ultraderecha que ven en todo inmigrante un terrorista.

"Coyote" es el hombre a quien apodan "El Vecino". En su larga trayectoria polleril, ha recaudado arrestos, persecuciones y hasta balazos. Se ha tenido que "fajar" más de una vez a punta de pistola para mantener su "territorio". Y su rostro se encuentra fichado entre "Los Más Buscados". En síntesis, su pedigrí se puede comparar con el de los Álvarez Félix o el de el gángster John Dillinger.

Pero también calificarían como "polleros" personas como la amable mujer de sesenta y pico de años a quien llamaremos Doña Emma. Ella, una viejecita, no tiene empacho en "ayudar" (por una corta feria, claro) a quien desee iniciar su vida en Estados Unidos. La amable abuelita (de esas que imaginamos en una salita cursimente tapizada, sirviéndonos chocolate con galletitas mientras espera que comience el programa de Don Francisco) se ha aventado a pasar por la frontera a varios indocumentados mexicanos, en su mayoría mujeres y niños. Ahora, ya retirada, piensa seriamente en regresar a las andadas ante las penurias de la actual recesión.

Doña Emma no usaba pistola, ni metía a la gente en tráilers a morir de sed. No, ella era más fina: Conseguía actas de nacimiento de parientes o amigos americanos, y con ellas metía a sus clientes en su auto, y cruzaban la frontera como cualquier familia méxicoamericana que "regresaba" de vacaciones de México.

Nunca la agarraron. Pero corrió con suerte.

"Pollero" también era "Don Jacinto", el dueño de un changarrito en la frontera (del lado mexicano), quien "prestaba" su pasaporte con visado americano a quien le llegara al precio. Usando una técnica secreta (que nunca divulgó), lograba acomodar la foto del cliente de tal manera sobre el pasaporte verdadero, que el cambio era prácticamente inadvertido. Por lo menos dos clientes hicieron realidad su "Sueño Americano", gracias a este sistema.

Estas personas no son héroes. Nadie los está alabando por quebrantar las leyes migratorias norteamericanas. Tampoco incitamos a nadie a lanzarse a esta empresa. Pero ni de Doña Emma ni de Jacinto se puede decir que sean los asesinos, delincuentes, gánsters y representantes del Diablo en la Tierra con que los medios describen a los "coyotes". Y sin embargo, "pasaban" gente.

Ni doña Emma ni don Jacinto ejercen ya. Pero como ellos, miles de otros "coyotes" disfrazados operan al margen de sus colegas tradicionales: Nunca llevan gente por el desierto. Los pasan en autos con placas americanas. No se valen de pistolas ni camiones, sino de actas de nacimiento y pasaportes. Tampoco se reúnen en cantinas de mala muerte a cerrar sus tratos: Al contrario, basta una llamada (generalmente del amigo del hermano del primo del compadre de un conocido) para contratarlos.

Eso sí, cobran. Y cobran bien. Y seguirán con su negocio porque es lucrativo. Porque existe la necesidad. Porque hay quién está dispuesto a pagar hasta diez mil dólares por persona (los chinos y árabes) para llegar a Estados Unidos. Y porque mientras los gobiernos de Estados Unidos y México no se pongan de acuerdo en un firmar un convenio migratorio real, que reconozca la necesidad de satisfacer la demanda de trabajadores con inmigrantes, los "polleros" siempre van a existir y a hacer su agosto.

¿Será que los "polleros" están coludidos con la ultraderecha antiinmigrante norteamericana? Porque, ¿a quién le beneficiará cerrar la frontera, no dar legalización ni papeles a los indocumentados, y en fin, poner todas las trabas habidas y por haber a los mexicanos para entrar a Estados Unidos? ¿Será porque si hay legalización o acuerdo migratorio, se les acaba la minita de oro a los "coyotes"? ¿Tendrán los "coyotes" contratadas firmas de cabilderos en Washington y en Los Ángeles, que operan en coordinación con antiinmigrantes como el es gobernador de California Pete Wilson y el ex candidato presidencial y furibundo antiinmigrante Pat Buchannan para bloquear cualquier iniciativa proinmigración?

Parece mentira, pero los antiinmigrantes son los mejores aliados de los "polleros", de la misma manera que los cubanos furiosamente anticastristas son los que mejor han ayudado a Fidel Castro. ¿no cree usted?

Mientras haya un Pat Buchannan, un Tom Tancredo, un Pete Wilson, habrá muchas "Emmas", muchos "Vecinos" y "Jacintos" dispuestos a satisfacer la demanda de migrantes, lo querramos o no.

—29 de agosto de 2003

¿Paisano come paisano?

Cristina y Amado (no sus verdaderos nombres) andaban felices buscando casa.

La joven pareja, de origen mexicano, había logrado el primer paso de su "sueño americano".

De hecho, a pesar de todos los problemas que trae consigo el ajuste a una vida nueva en Estados Unidos, a los dos esposos les había ido bien: Tienen papeles, trabajan en su profesión. Les pagan en dólares, tienen título universitario. No son "mojados".

Sólo les faltaba la casita para redondear su situación.

Fueron a ver muchas casas. No se decidían. Había tantas y tan bonitas.

Una cosa estaba claro: Querían su casa de tres cuartos. Cochera, y, especialmente, con chimenea.

Ah, y otra cosa más: En un barrio donde no hubiera mexicanos...

"No es que seamos sangrones", se justificaba Amado, originario de Guadalajara. "Lo que pasa es que queremos un barrio tranquilo, familiar, donde podamos criar a nuestros hijos".

"Sobre todo, que sea seguro", acotaba Cristina.

(??????)

Es decir, daban a entender que en un barrio con inmigrantes mexicanos, la seguridad familiar no estaba garantizada.

No es de extrañarse. Amado y Cristina forman una clase diferente entre los inmigrantes latinoamericanos en Estados Unidos: Llegan legalmente (usualmente con visa de turista), son jóvenes y tienen estudios. Muchos hablan un inglés suficiente.

Por lo mismo, no les apetece mucho juntarse con los otros inmigrantes mexicanos, los que llegan "mojados", los que usan sombrero y botas hasta para ir a misa. Los que oyen música grupera dentro de sus *"trocas"* de llantas anchas, y tienen a sus familias (esposa e hijos) al sur de la frontera.

Son dos tipos de inmigrantes mexicanos muy, pero muy lejos entre sí. A pesar de las similitudes.

DESDE LAS ENTRAÑAS DEL MONSTRUO

"Luego luego se nota cuando el barrio se va llenando de 'macuarros'", explica Ricardo, otro mexicano en busca de vivienda. "Nada más fíjate en las calles, en las cocheras. Cuando hay dos o tres carros, es que vive más de una familia allí. Y más si son camionetas *vans* o de trabajo".

Yo, personalmente, no me había fijado en la diferencia, pero si uno pone atención se da cuenta que sí, se nota: Las zonas donde hay más "gringos" se ven más cuidadas. Se ven niños jugando en la calle. Los autos son uno o dos, en la cochera.

En los barrios de inmigrantes, en cambio, la música es a todo volumen. Y las cocheras no bajan de tener de tres a siete automóviles, generalmente desvencijados y con la manchota de aceite sobre el pavimento. No se ven casas muy familiares que digamos.

Si uno se pone a pensar, es comprensible: Los inmigrantes mexicanos procedentes de pueblos y zonas pobres, llegan solos. Se juntan en grupos para rentar una casa o un departamento. Todos trabajan, por lo que deben tener su propio carro (generalmente barato). Y no les interesa mucho darle aspecto hogareño a sus viviendas. (¿Qué haría por ejemplo yo, de vivir con cuatro o cinco pelaos? No creo que ninguno de nosotros sepa cómo mantener una casa limpia y arreglada. Cuando mucho, nos haríamos *sandwiches*, supongo).

Entonces entendimos la postura de Amado y Cristina y de Ricardo.

¿Es que los inmigrantes mexicanos nos estamos volviendo racistas con nosotros mismos? ¿Clasistas? ¿Qué se puede esperar cuando todos nos discriminan, si nosotros también comenzamos a hacerlo? ¿Cuál unión como comunidad podemos esperar así?

Pero no nos engañemos. Esta situación no solamente ocurre entre Amado y Cristina, ni en Estados Unidos: Pasa todos los días incluso dentro del mismo México. ¿Cuántas personas de clase media o media alta, desprecian a las clases más bajas? ¿Cuántas personas "fresas" están dispuestas a comprar una vivienda en un barrio popular? ¿Cuántos de nosotros, mexicanos que tuvimos la suerte de lograr una cierta educación les hacíamos el fuchi a la música grupera, antes de que estuviera de moda? Porque ahora todos los artistas quieren grabar un disco grupero, cuando hace apenas diez años esa música estaba reservada para la gente "raspa".

Estos inmigrantes mexicanos de clase media, profesionistas, generalmente se juntan más con amigos sudamericanos (colombianos, venezolanos, chilenos y argentinos), u otros mexicanos que tienen un nivel educativo similar a ellos. Porque sienten que es difícil encontrar profesionales entre los paisanos.

Elia, una joven americana hija de padres mexicanos, contaba su experiencia con los paisanos: "Yo iba manejando tranquila al trabajo, cuando me chocaron el carro por detrás."

El automóvil lo acababan de comprar la semana anterior, nuevo, de agencia. Y quedó como *sandwich*.

El auto responsable fue una camioneta tipo *van*, de trabajo. De unos migrantes mexicanos que regresaban de trabajar en una construcción.

Elvia llevó también su parte: El impacto la azotó contra el tablero. La bolsa de aire se abrió, pero la fuerza del impacto la hizo sangrar de la cara y la desorientó.

"Lo único que recuerdo es que veía a esos tipos de la camioneta que me chocó mirándome, como tontos", se acuerda con enojo. "¡Pinch...s 'mojados!' Yo estaba gritando y llorando de dolor, y ellos no fueron ni para levantarse y ayudarme. De perdido me hubieran hablado. Pero no, solo se me quedaban mirando como estúpidos sentadotes en su carro".

Resultó que los tipos no sabían manejar. El conductor tenía poco en Estados Unidos, no conocía la ciudad y ese era su primer auto. Acababa de llegar de una zona rural de Veracruz. Por supuesto, no tenía licencia, y cada vez que manejaba era una odisea.

Incidentes como éste se repiten cada vez más. Sobre todo debido a que aumenta el número de migrantes mexicanos más preparados que buscan suerte en Estados Unidos, y no se sienten identificados como el "traidiconal migrante".

¿Será que la brecha entre los propios mexicanos se va ensanchando? ¿Será que el profesional mexicano que emigra se vuelve racista y clasista con sus compatriotas una vez que "la hace"?

Pero hay que reconocer que, en muchas ocasiones, los propios migrantes humildes tienen buena culpa de los santitos que les cuelgan: Por ejemplo, cada fin de año la Policía aquí en Dallas prepara un operativo de vigilancia especial en los barrios mexicanos de Oak Cliff, East Dallas y West Dallas. Saben que, al dar la última campanada de cada 31 de diciembre, a los mexicanos nos brota lo "paisano", y (azuzados, claro, por las infaltables copitas entre pecho y espalda) no somos pocos los que sacamos a la "tartamuda" de debajo de la cama y nos damos vuelo tirando balazos al aire. Cada año se han dado heridos y hasta varios niños muertos por balas perdidas. Pero a pesar de los rondines especiales, a pesar de las advertencias, los mexicanos seguimos haciendo lo mismo. Como si estuviésemos en la fiesta patronal del pueblo.

No es de extrañarse que haya mexicanos que no quieran vivir cerca de otros mexicanos. Dicen que no es por racismo, ni clasismo, sino por pura salud propia,

—*5 de septiembre de 2003*

Chicanos: Ni mexicanos ni gringos, sino todo lo contrario...

¿Qué es lo más parecido, y a la vez lo más diferente a un mexicano en Estados Unidos?

No hay que devanarse los sesos demasiado para encontrar la respuesta.

No, no es un gringo. Bueno, sí y no.

¿Se dan?

Un chicano.

O un méxicano-americano, o "pocho", o "*Mexican-American*" o como le quiera llamar.

Los chicanos han avanzado un largo camino en su historia, y hoy en día, es justo reconocerlo, han logrado enormes conquistas para su gente en Estados Unidos.

Pero al mismo tiempo que los chicanos han sido reconocidos en su país por los gringos (a quienes desde siempre vieron como enemigos), en cambio en México los mexicanosamericanos gozan de una popularidad terrible. No entiendo cómo un grupo de gentes puede ser tan malentendido, incomprendido, criticado y atacado por otro grupo con el que comparte tantas cosas.

El sentimiento, vale decirlo, va tanto de aquí pa'llá como de allá pa'cá.

Hay tantas ideas equivocadas en México sobre los chicanos que hasta da miedo conocer a uno. Igual, hay muchos chicanos que tienen en tan baja estima al país de sus ancestros, que hasta se avergüenzan de los mexicanos e incluso se convierten en sus peores enemigos (caso típico: Algunos agentes de la Patrulla Fronteriza o de la Policía demasiado "celosos de su deber", que agarran de "*sparrings*" a cuanto "paisano" se encuentran).

De no ser tan trágica esta relación amor-odio, sería de risa: Ahí nos tienen a ambos grupos, igual de prietos, igual de feos, igual de traumados históricamente y con mil complejos y problemas similares... Y aún así, echandonos miradas de "¿Y tú, qué? ¡Respeta, que no somos iguales!"

Porque hay tantos chicanos racistas contra los mexicanos, como mexicanos que nada más ven a un chicano y le recuerdan hasta el 10 de mayo. ¿No es ridículo?

A fin de cuentas, ¿qué es un chicano, sino un mexicano que por suerte (buena o mala) nació en el otro lado de la línea? Un mexicano que se educó en inglés, con una cultura anglosajona dominante con la que intenta acoplarse, y que a veces odia al mismo tiempo que intenta imitar.

(No muy diferente a México, ¿verdad?)

Un chicano es una persona como cualquiera. Como un mexicano. Puede ser buena gente o mala, alegre, triste, proyanqui y antimexicana, o al revés. Puede aborrecer a México con toda su alma, o al contrario, puede ser un tipo que no se quita el sombrerote de mariachi ni el bigotote zapatista aún cuando ande por *Wall Street*. Los hay de tantos colores y sabores, que dudo que sean reconocidos como una comunidad compacta.

Para bien o para mal, he tratado con chicanos desde hace años, y todavía no sé qué pensar. ¿En verdad los mexicanos que los odian tienen razón? Bueno, he visto chicanos detestables. Muchos mexicanos que cruzan ilegalmente la frontera, prefieren mil veces ser detenidos por agentes de inmigración "gringos", a que les toque un chicano.

"Son los más cabron...s", se quejaba un inmigrante ya curtido en tales lides. "Si hasta parece que nos traen ganas".

Por allí, el odio de los mexicanos hacia los chicanos sí estaría bien fundado. Pero también he conocido bastantes chicanos que son todo lo contrario: Ellos se dicen más mexicanos que los mexicanos, y no pasa momento sin que enaltezcan a "La Raza". Generalmente tienen banderitas tricolores con el águila y la serpiente en sus carros, y hasta en la sala de su casa. Y de cada cinco palabras que dicen tres son en español (o al menos en lo que ellos creen que es español), y no dejan su música de mariachi ni sus chiles jalapeños ni para dormir.

Por eso los mexicanos nos confundimos. A veces, vemos a un chicano y nos ciscamos. "Ái viene este hijo de su...", pensamos. Cuando esperamos que nos caiga el insulto, nos sorprenden abrazándonos, palmeándonos la espalda y haciendo esfuerzos sobrehumanos por hablarnos en español. Al rato terminamos échandonos una "chelas" y concluímos la velada con la infaltable conversación despreciando a "los gringos".

Estas experiencias, claro, nos hacen entrar en confianza, y cuando conocemos a otro chicano, lo recibimos con los brazos abiertos, esperando la misma reacción. Pero, oh sorpresa, en cambio recibimos un cachiporrazo que nos devuelve a la realidad, y de pilón el insulto que ya parece grito de guerra: "*¡F*cking mojado!"*). Entonces es cuando nos acordamos que, después de todo, estamos tratando con chicanos.

¿Qué debemos tener en cuenta los mexicanos al tratar con chicanos? Algo muy simple: Los chicanos NO son mexicanos. Son ciudadanos americanos. Allí estriba la pequeña y enorme diferencia, por todo lo que ello implica. Si aceptamos esa premisa, todo lo demás tiene sentido.

Porque no importa lo que nos digan, o lo que pensemos, o cómo se vean: Los chicanos no son mexicanos. No importa lo mucho que ellos se lo crean. Tampoco son "paisanos". Por mucho que les encante México, hay que aceptar que se sienten más a gusto en San Luis Missouri, que en San Luis Potosí.

No son "iguales a nosotros", como algunos se esfuerzan en ver (incluso algunos chicanos). Vaya, si ni siquiera los mexicanos de Yucatán son iguales a los de Baja California, ¿cómo podemos esperar tener mucho en común con una persona que quizá sólo ha visto México en postales?

Ante todo, debemos entender una verdad fundamental. El chicano no es chicano porque quiera ser "gringo". Como nostros no elegimos hablar español, al chicano nunca le preguntaron si quería aprender inglés: Se lo metieron con calzador desde niño, quizá porque entonces era vergonzoso hablar español.

"Fue muy duro, 'muncho'" , me relataba un viejito, voluntario en el IRS (la oficina de impuestos de EE.UU.) mientras me ayudaba a llenar mis formas de declaración. "Mis 'apás' eran mexicanos, y tenían un ranchito, y los 'bolíios' (anglosajones) les quitaron todo... Se cometieron 'munchos' abusos a contra nuestra gente", recordaba tristemente.

Si un chicano no habla español, por favor no se burle. No sabe lo que su familia tuvo que haber sufrido. Seguramente fueron discriminados u obligados a habalr inglés si querían sobrevivir en el racista Estados Unidos del pasado.

Hoy los chicanos tienen más poder que nunca. Y en el futuro, es casi seguro que el hombre más poderoso del mundo, el Presidente de Estados Unidos, llegue a ser un chicano. Pero no nos engañemos: Por mucho que lo quieran, sus intereses no son necesariamente los intereses de los inmigrantes latinoamericanos. Pero hay esperanza de un mejor entendimiento con los países del sur.

Esa esperanza la veo todos los días, entre los nuevos chicanos: Esos hijos de nosotros los mexicanos (y latinoamericanos en general) que hacen de éste su país. Esa esperanza está en esas parejas jóvenes de chicanos de quinta o sexta generación, que tratan a toda costa de que sus hijos sean bilingües a pesar de que a ellos nunca les hablaron en español. Personas como usted y como yo, que trabajan, tienen sueños, esperanzas, que quizá también pueden vivir tranquilamente en inglés y en español y se ríen tanto de las bobadas de *"Friends"* como de Adal Ramones. Que buscan que sus hijos se identifiquen con México y Latinoamérica, las patrias de sus ancestros, y abrazan estas tradiciones pero sin renunciar nunca a su verdad: Que siempre serán orgullosos ciudadanos americanos.

—12 de septiembre de 2003

¿Y quién se acuerda de "las paisanas"?

Bueno, en esta columna siempre hablamos de los migrantes de México en Estados Unidos.

Que si el migrante éste hizo esto, que si el migrante aquél hizo aquello... Igual en casi todos los periódicos.

Lo que pocos o casi nadie mencionan es que no solamente existen LOS migrantes, sino que también hay LAS migrantes.

Cada vez más y más mujeres mexicanas y latinoamericanas "se la juegan" para pasar a Estados Unidos y trabajar acá. No importa los peligros que significa el viaje, los riesgos que implica contratar un "pollero" o lo despiadado del desierto o el río Bravo.

"Me vine porque no tenía de otra", recuerda una señora que solo quiere que la identifiquemos con el apodo de Charo. "Mi esposo perdió el trabajo, y no tiene profesión. Nos endrogamos con el entierro de mi papá, y no había de otra. Por suerte conocía gente acá en Texas, y me dieron chance de venirme, pero sola".

Recuerda que por poco "se raja" al cruzar la frontera, de noche, en medio del monte: Allí, sola, con un montón de pelados que quién sabe si eran maleantes, o si la iban a querer violar o matar. "Pero la necesidad es canija", recuerda. Además, su familia había batallado mucho para juntar los mil dólares que pedía el "pollero".

Charo no es una mujer joven, ni particularmente ágil. A sus cuarenta y tantos años, es chaparrita y un tanto pasadita de peso. Su físico no sirve precisamente para saltar, correr o nadar, pero aún así no tuvo de otra mas que juntar fuerza y hacer de tripas corazón para llegar hasta Dallas.

"Y rezar para que no me violaran o me mataran en el camino", rememora moviendo la cabeza. "No dejaba de pensar en mis hijos..."

La imagen tradicional del paisano migrante ya no es tal. Personas como Charo nos recuerdan que ahora tenemos que tomar en cuenta también la imagen de las paisanas.

DESDE LAS ENTRAÑAS DEL MONSTRUO

Hace poco, se dieron a conocer estudios que advertían que la migración femenina a Estados Unidos ha ido en aumento desde México. Algunos calculan que hasta la mitad de los 400 mil inmigrantes que cada año cruzan la frontera ilegalmente desde México, son mujeres.

De ellas, unas 500 nunca llegarán vivas a su destino.

La mayoría de las mujeres que emigran son casadas, que se lanzan a venirse de migrantes para reunirse con sus maridos ya aquí, y criar o comenzar una familia en Estados Unidos.

A estas damas generalmente son sus esposos los que envían por ellas. Primero llega el hombre. Una vez que se establece, y junta dinero, contrata un "pollero" para traer a su mujer, y los hijos de la pareja, si los hay. O a veces primero llega la mujer, y luego ambos piden a los hijos.

Pero esto no siempre es así. De hecho, la imagen del migrante que trae a su esposa y juntos se reúnen después de muchos años de separación, es muy romántica, pero a veces no coincide con la realidad. Como en el caso de Charo.

Muchas otras veces, las migrantes que llegan son solas. Son las que se avientan al peligroso trayecto no para reunirse con maridos o hijos, sino precisamente, porque no tienen un hombre que las apoye. Muchas de ellas, quizá la mayoría, son madres solteras, que buscan un mejor futuro para sus hijos (a quienes generalmente dejan en México).

A los políticos como el presidente de México Vicente Fox les encanta llenarse la boca alabando y reconociendo la valentía y el esfuerzo de "estos migrantes". Se les acaba la saliva de tanto pronunciar adjetivos halagüeños, que casi casi enaltecen la figura de los "paisanos" a proporciones míticas.

Pero estas "paisanas" no son nada de eso. Como la mayoría de los que venimos a Estados Unidos desde Latinoamérica, no son personas osadas. No son personas temerarias, que busquen vanagloriarse de sus logros al burlar a la Patrulla Fronteriza. Simplemente son personas, punto. Mujeres, jóvenes, señoras, madres de familia, como las de cualquiera, que llegan con miedo, mucho miedo. Pero no tienen de otra: Se ven acorraladas ante la falta de oportunidades laborales en sus países de origen.

"Yo era maestra, en México", recordaba "Ana", una señora de edad que entró a trabajar de sirvienta a la casa de un amigo mexicano. "Jubilada. Por eso no me alcanzaba el dinero. Se presentó la oportunidad, y me vine. Por unos meses, hasta que junte el dinero para la boda de mi hija, usted sabe. Es que es muy caro..."

La señora Ana no sobrellevaba muy bien su condición de paisana. Se la pasaba llorando todas las noches, abrazando las fotos de sus hijas. Por fortuna, en seis meses juntó la cantidad que necesitaba —"Y un poquito más, mire, a la mejor pongo una tiendita"— y se regresó a México.

No se necesita ser un Premio Nóbel para ver que la propia sociedad mexicana orilla a las mujeres a buscarle por donde sea. Uno nada más tiene que abrir las páginas de anuncios clasificados de cualquier periódico para ver las ofertas de empleo: La mayoría son para hombres. Y las que son para mujeres (o para sexo "indistinto"), ponen sus condiciones claramente desde el principio: Si son mujeres, que sean solteras, no mayores a 25 años de edad, sin hijos y sin compromisos.

Ah, y si se casan mientras están empleadas, lo más seguro es que las corran.

¿Y aún así nos "sorpendemos" de que las mujeres quieran emigrar? Al contrario: Lo que debería sorprendernos es precisamente porqué ellas no fueron la primeras en salirse de México, después de tantas trabas que les ponen para aspirar a uno de los derechos tan básicos como es el del trabajo.

Y si para un hombre es duro emigrar, para una mujer la tarea puede ser peor. Tan solo los riesgos de cruzar "de mojado" ya implica doble peligro para una joven o una señora.

Son tantos los casos de mujeres violadas, atacadas, y hasta asesinadas en la frontera, que cualquiera pensaría que los relatos las desalentarían de venir. Pero no. Cada día son más y más las que llegan.

Llegan a trabajar de sirvientas. O cuidando niños. O de meseras, cocineras o limpiando cuartos de hotel.

Si acaso, lo que podemos decir respecto a las mujeres migrantes que ellas sí demuestran un verdadero deseo de ayudar a sus familias. Muchos hombres "se olvidan" de que tienen hijos o esposa en México o América Latina. Algunos dejan de enviar dinero, o nunca vuelven a escribir. Después se sabe que se casaron por acá, olvidándose de su familia original.

Pero las migrantes siempre tienen en cuenta a sus hijos. Ahorran como pueden (hasta dejando de comer), juntan los dolaritos y los envían religiosamente a casa, donde su mamá o una hermana cuidan a sus hijos. No faltan los regalitos en Navidad, la ropa de los niños, zapatos, y hasta útiles escolares, que los envían por paquetería o mandan el dinero para que los compren allá.

Se pasan los días pensando en sus hijos, y desde el primer día en que llegan se ocupan en maquinar mil y un maneras de traerse a sus "bebés". Muchas de ellas lo consiguen.

Por ejemplo, "Marcia" (no su nombre verdadero) es hondureña. Era secretaria en Tegucigalpa, pero la empresa la corrió cuando se embarazó. El padre de su hijo (por supuesto) nunca se hizo cargo del niño, y desapareció de su vida antes de que éste naciera. Así que Marcia se vio en la necesidad de buscar trabajo a como diera lugar.

"Pero no hay, no hay", se frustra al platicar. "Donde quiera que usted vaya es igual, no hay dinero".

Al fin, se vino para Estados Unidos. Por suerte, comenzó a trabajar de ayudante de la ayudante de la ayudante de una secretaria en una empresa hipotecaria. Lista y con la experiencia en oficinas, no tardó en convertirse en agente de préstamos.

Se compró un carrito que casi se caía de viejo, pero ahorró. Compartió la renta con una amiga del trabajo, y al año, Marcia envió no solo por su hijo de tres años, sino hasta por su mamá quien cuidaba de él. Ahora, la familia de tres ya está reunida en Estados Unidos.

Las historias de las paisanas son a veces felices, como la de Marcia. O trágicas, como las de las mujeres que mueren en el desierto cada año, y dejan atrás no tan solo sueños e ilusiones, sino hijos, madres, hermanos que se quedan esperando por saber de ellas.

La verdadera tragedia de sus muertes no es que fallezca una mujer en el desierto ("otra migrante más", dirían los cínicos), sino que en cada una de esas muertes, la que se va es una madre, a la que un niño o una familia necesitan.

Una madre que no tuvo más remedio que "jugársela" por su familia, y perdió. Y al perder ella, perdimos, en buena medida, todos los demás.

—26 de septiembre de 2003

Los hijos indocumentados:
Ni son 'de aquí' ni se sienten 'de allá'

Fernando es un muchacho como cualquiera en Estados Unidos.

Tiene 17 años, viste de jeans y camiseta, y le encantan los videojuegos.

Recién está "descubriendo" a las muchachas, y ya se pasa horas al teléfono, para molestia de sus padres, de origen mexicano.

Pero además de las mencionadas, Fernando tiene una pasión que recién encontró: El francés.

No el pan, claro, sino el idioma. Fernando es bilingüe casi desde bebé, como todos los hijos de inmigrantes en Estados Unidos. Para él, el inglés y el español no tienen secretos, y pasa de uno a otro como si cambiara de canales en la tele.

Pero el francés es distinto. Algo totalmente nuevo. Lo descubrió como una clase optativa en la *High School* y quedó prendado. Se gasta casi todo el dinero que le dan en cassettes, libros y todo lo que suene francés.

Como es el primero en la clase de idiomas, Fernando tomó con entusiasmo el proyecto de fin de año: Un viaje a París. Todos sus compañeros hicieron actividades durante el año para ahorrar dinero para el pasaje. Una semana en París, practicando el idioma que le encantaba, era demasiado bueno para ser verdad.

Pero Fernando no pudo ir al ansiado viaje. Su madre con todo el dolor de su corazón, debió ir a hablar con el maestro para explicar su "predicamento":

"Lo que pasa es que Fernando no tiene papeles" le explicó a un boquiabierto profesor. "Si sale del país no lo van a dejar entrar de nuevo".

"Pero yo creí que era ciudadano americano", expresó el maestro.

"No, él nació en México. Lo trajimos cuando tenía un año"

Los padres de Fernando son indocumentados mexicanos. Ambos han vivido más de una década casi "a salto de mata", buscando empleos que los acepten sin documentos, y escapándose por un pelito de alguna que otra redada que "La Migra" ha hecho en las fábricas donde trabajaban.

Para millones de indocumentados mexicanos, y de otras nacionalidades, ese riesgo constante forma parte de la vida. Es comprensible, pues todos saben que no tienen papeles, y que hay que andarse con cuidado, porque en cualquier momento podrían deportarlos.

Pero esta realidad es casi inconcebible para sus hijos que ahora son adolescentes y que, como Fernando, no nacieron en Estados Unidos.

"Yo me siento americano", comenta Fernando con un español tropezado, aunque sin remordimiento ni dolor. "No conozco México, aunque me gustaría ir. Pero me da pavor saber que el gobierno de Estados Unidos me quiera sacar de aquí".

Para muchos de nosotros, los indocumentados siempre son personas adultas, que llegan a Estados Unidos por su propio pie, en busca de trabajo. Saben a lo que se atienen.

Pero frecuentemente nos olvidamos que también hay otro tipo de indocumentados: Los niños. Los hijos de esos inmigrantes que entraron al país en brazos, mientras sus padres vadeaban el río Bravo, o cruzaban el desierto.

Una vez pasado el trauma del viaje, las familias se establecen: Los padres encuentran trabajo, rentan un departamento, y hacen sus vidas normalmente. A los niños los meten a la escuela, y en poco tiempo estos pequeños se adaptan a su nueva vida.

Conforme pasa el tiempo, Estados Unidos se convierte en su única vida, pues pierden el recuerdo de que México alguna vez existió para ellos.

Pero la realidad de su situación les llega tarde o temprano. Generalmente en la preparatoria (o *High School*). Y a veces les cae como un *shock*.

"Nadie me había dicho nada, yo pensaba que era como mis amigos", comentaba Anabel, otra hija de indocumentados. "En la casa mis papás nunca hablaron de eso, yo creí que era ciudadana".

No fue sino al acabar la preparatoria, cuando Anabel fue a pedir informes para obtener una beca para una universidad, cuando se enteró de su situación.

"Ahora no sé qué hacer", explica, mientras piensa que quizá sus sueños de convertirse en enfermera se han ido a pique. "Voy a tener que encontrar trabajo. Aunque sin papeles...".

El impacto que sufren estos muchachos al saberse no americanos puede ser devastador. No tanto porque resientan el no ser ciudadanos norteamericanos (después de años en que se la pasaron cantando el himno de Estados Unidos y recitando la famosa "*Pledge of Allegiance*"), sino porque ven que sus sueños de seguir estudiando se cortan de tajo por faltarles un documento.

La mayoría, sin embargo, no lo aceptan. Conscientemente quizás entiendan su situación, una vez que hablan con sus padres. Pero en su interior ellos no se sienten tan diferentes a sus amigos de toda la vida, quienes han nacido acá: Hablan inglés, como ellos. Les gustan los mismos programas de TV, comen las mismas pizzas y hamburguesas, y visten con las mismas marcas de ropa *"cool"* que ven en sus escapadas al *"mall"*.

Pero sus padres se preocupan, porque saben que, aunque no lo mencionen, que sobre sus hijos pende el riesgo de deportación. Quizá no ahora, cuando son menores de edad y están estudiando, pero seguramente tendrán problemas una vez que se conviertan en adultos, totalmente integrados y con sus vidas dependientes a este país, al cual oficialmente nunca pertenecieron.

A lo mejor que podrían aspirar sería a seguir en las sombras, como sus padres: Encontrar un empleo, de lo que fuera (donde no se requieran papeles). O comprar documentos falsos.

Pero aunque quizá les vaya mejor que a sus padres (después de todo hablan inglés como nativos, y terminaron la preparatoria) las perspectivas nunca serán muy buenas para ellos.

En el peor de los casos, si cometen un delito, les puede caer "La Migra" y la deportación será automática. Allí no valdrá hablar un excelente inglés o haberse criado en los mismos suburbios que los agentes de Inmigración: Hasta México van a dar.

"Imagínate, como le pasó al hijo de un compadre", comentaba nuestro cuate Gustavo, un fotógrafo capitalino convertido en restaurantero en Dallas. "Su hijo de 19 años andaba en malos pasos, lo agarraron con 'mota' y lo metieron a la cárcel. Cuando fue a la corte, ¡sópatelas!, que se descubre que no tenía papeles. Y pos pa' llá vas, chiquito, que lo echan en una "perrera" y hasta Matamoros fue a dar."

"No, si ya andaba hasta chillando", continuaba Gustavo, con su particular acento para platicar las cosas: "'¡Buuuu, buuuu! Qué voy a hacer en México, si no conozco a nadie, toda mi gente está acá', decía. Y pos ni modo. Allá se quedó".

Claro, por fortuna, no todos los jovencitos indocumentados caen en ese nivel. La inmensa mayoría son personas normales, con vidas normales. No se meten en más problemas que usted o yo, y tratan de hacer sus vidas, pero eso no disminuye la gravedad de su situación: En un santiamén pueden perder todo lo que conocen en la vida y podrían ser deportados a un país que oficialmente es el "suyo", pero del que no conocen absolutamente nada.

Es como si a usted o a mí, de buenas a primeras, nos dijeran que somos ciudadanos de China y nos deportaran para allá, perdiendo trabajos, posesiones, amigos y todo. Así, sin más.

"Ojalá pase la famosa ley esa", comenta Francisco, el papá de dos adolescentes nacidas en Nayarit, que llegaron sin papeles a Texas cuando apenas comenzaban a caminar. "Por el bien de nuestros hijos".

Francisco se refiere a una iniciativa de ley presentada al Congreso en

DESDE LAS ENTRAÑAS DEL MONSTRUO

Washington (llamada Acta de Ajuste a Estudiantes, o *Dream Act*) que les otorgaría la residencia permanente a los jovencitos indocumentados menores de 21 años que hayan concluido la *"High School"* y estén en proceso de entrar en la universidad.

La propuesta busca que esa inversión hecha por las escuelas públicas no se pierda, y que esos cerebros (algunos de ellos verdaderamente brillantes) se desperdicien en trabajos menores.

Pero la ley aún no es tal. Apenas una simple propuesta. "Murió" en el Congreso, debido a debates entre ambos partidos, y al 11 de septiembre, y ahora parece que la están reviviendo. Pero aún no la aprueban.

Si la ley pasa o no pasa, queda en manos del gobierno. Mientras eso sucede, Fernando se tiene que contentar con ver París en fotos o películas.

"No importa, está bien", se conforta. "Algún día podré ir a conocerlo".

Sus padres sonríen y lo abrazan. Pero sus ojos declaran lo que no quieren decir: Que ir a París es lo de menos. El verdadero problema para Fernando (y millones como él) vendrá cuando terminen la escuela, y deban salir a la calle a buscar trabajo al no encontrar posibilidades de estudiar en una universidad.

Porque allá afuera, éstos jovencitos que no son "de allá", pero se sienten "de aquí", no se diferencian legalmente en nada al inmigrante que acaba de llegar ayer cruzando el desierto: Sin papeles y sin el más mínimo derecho a sentirse parte de Estados Unidos.

— 3 de octubre de 2003

El niño hispano que quería ir al espacio

Franklin era un niño como cualquier otro, en cualquier país de Latinoamérica. Su mamá era ama de casa. Su papá, capataz de obra en construcciones. La familia vivió un tiempo en Venezuela, y después se trasladó a Costa Rica, donde el niño nació.

Cuando cumplió siete años, Franklin se maravilló al escuchar una noticia increíble: En el cielo había una nueva estrella.

Su mamá, con entusiasmo, le relató que los rusos habían puesto en el espacio un aparato, una cosa que se llamaba satélite y que daba vueltas a la Tierra como si fuera una luna. Se llamaba *Sputnik*.

Desde entonces, Franklin quedó impactado. Decidió que algún día él mismo iba a viajar al espacio, a ver todas esas maravillas que su mamá le contaba.

En vez de jugar a la pelota, Franklin agarraba cualquier caja de cartón y "construía" naves espaciales con ellas. Su pasión por el espacio fue creciendo, y no se perdía exhibición científica ni libros sobre el tema. Estaba totalmente embelesado.

Franklin creció. Dejó de ser niño, y se convirtió en adolescente. Una vez vio un folleto de la NASA, la Administración del Espacio de los Estados Unidos de América, que invitaba a estudiantes a prepararse para convertirse en *"rocket scientists"* (científicos de cohetes). Franklin no tardó en escribir una carta a la NASA, para pedir una oportunidad, pero la respuesta fue negativa y tajante: Las carreras en la NASA sólo eran para ciudadanos americanos, punto.

Allí, en mitad de un país subdesarrollado de Centroamérica, pudo haber terminado el sueño del joven Franklin, golpeado por la realidad. Pero este incidente lo único que logró fue enojarlo. ¿Porqué el espacio estaba reservado exclusivamente para ciudadanos americanos? ¿Porqué un niño de Costa Rica, de Latinoamérica, no podía ser astronauta?

Entonces Franklin se hizo una promesa: Si para viajar al espacio necesitaba estar en Estados Unidos, hasta allá es hacia donde iba a ir.

Cuando acabó la preparatoria, el joven comenzó a trabajar por su cuenta en un banco. Pero las cosas de la vida diaria no le hicieron olvidar ni por un instante su objetivo. Comenzó a ahorrar lo más que pudo y a todo el mundo le contaba que el dinero lo usaría para viajar a Estados Unidos, donde se convertiría en astronauta.

Por supuesto, todos se reían de él.

Sus padres no lo desanimaron en su extraña afición, al contrario: Lo incitaban a seguir adelante, a perseguir sus sueños, a tal grado que su papá le compró un boleto de avión para que viajara a casa de unos parientes en Connecticut.

Hasta allá viajó Franklin, como cualquier inmigrante, a perseguir su sueño. Por suerte logró ser aceptado en una *High School* y pronto aprendió el idioma inglés. Lo hizo tan bien, que sus calificaciones fueron de las mejores, al grado de conseguir una beca universitaria.

Cuando fue a llenar los formularios de inscripción, lo volvieron a rechazar. "Usted no es ciudadano americano", le dijeron una y otra vez.

De nuevo, cualquier otro se hubiera desanimado allí mismo. Franklin, en cambio, convenció a la universidad para que le permitiera cursar un año becado. Al término de ese año, los funcionarios escolares se convencieron de permitirle cursar toda la carrera sin costo.

Mientras estudiaba, Franklin trabajaba de ayudante en un laboratorio de física de la escuela.

Cuando la NASA abrió la convocatoria para aspirantes a astronautas, Franklin era el primero en la fila. Pero nuevamente se encontró con el mismo problema: Era inmigrante. Era extranjero. No era ciudadano americano.

Esto tampoco lo desalentó. Siguió esforzándose, preparándose.

Por fin, tras años de batallar y estudiar, el joven centroamericano se convirtió en ciudadano de Estados Unidos a los 27 años. Trabajó como físico de fusión en un laboratorio del Instituto Tecnológico de Massachussetts (MIT), donde obtuvo su doctorado en ciencias.

Por enésima vez Franklin llenó su solicitud para ser astronauta en la NASA. Esta vez, al fin, no lo rechazaron, al contrario: Lo sometieron a entrevistas y pruebas físicas en Houston, al igual que a miles de aspirantes.

Pero él era diferente: Fue el primer inmigrante aspirante a astronauta. Y el primer hispano.

Pese a su entusiasmo, no pasó nada. Transcurrieron meses sin saber nada de los resultados de las pruebas de la NASA. Franklin regresó a su trabajo, como siempre.

DESDE LAS ENTRAÑAS DEL MONSTRUO

Por fin, en 1980, recibió una llamada. La persona al otro lado de la línea, un funcionario de la NASA, le hizo al fin la pregunta que Franklin había deseado escuchar desde su niñez: "Doctor ¿estaría usted interesado en convertirse en astronauta?

En 1986, tres décadas después de aquél día en Costa Rica en que soñó con ser astronauta, el niño Franklin por fin lo logró: Viajó al espacio durante seis días en el transborador espacial *Columbia*, formó parte de la tripulación que puso en órbita un satélite, y se encargó de realizar experimentos de astrofísica.

Franklin fue el primer hispano enviado al espacio por la NASA, pero la cosa no paró allí. Viajó al espacio seis veces más. Es, aún hoy, el astronauta que más veces ha viajado al espacio en los transbordadores, después de Jerry Ross.

La última misión de Franklin al espacio fue en 2002, en la nave *Endeavour*, en la que estuvo en órbita durante 13 días.

A pesar de que ya no viaja al espacio, hoy este inmigrante hispano divide su tiempo en dar cátedra universitaria a futuros científicos y en diseñar motores para impulsar futuras misiones espaciales. La NASA usará uno de sus diseños para lanzar la Estación Espacial Internacional, en 2006.

Hoy Franklin ya no es aquél niño costarricense ilusionado. Ahora es el Dr. Franklin Chang-Díaz, uno de los astronautas más admirados de la historia. En su país de origen, Costa Rica, es héroe nacional, y hasta estampillas de correo se han impreso con su retrato.

Pero él no descansa. Recuerda bien su niñez, como la de cualquier chiquillo latinoamericano, persiguiendo un sueño que parecía inalcanzable.

"Si trabajas duro, obtienes lo que quieres", expresó con entusiasmo el Dr. Chang-Díaz en una entrevista reciente.

Pero su entusiasmo no se limita a palabras: Chang-Díaz apoya incansablemente numerosos programas para reclutar jóvenes científicos de todo el mundo para trabajar en su laboratorio. Busca darle una oportunidad a todos aquellos chiquillos que como él una vez, sueñan con ir al espacio.

¿Cuántos Franklins hay en nuestros países latinoamericanos, soñando ahora ser astronautas o manejar naves espaciales? Quizá el niño de la calle al que usted ve por la ventana todos los días sea el próximo astronauta en Marte. Quizá aquél chiquillo que va a la escuela, con zapatos viejos y ropa remendada, sea el científico que diseñe la mejor nave espacial de la historia. Quizá aquella niñita callada sea la primera colonizadora hispana en la luna.

El Dr. Chang-Díaz también se pregunta eso. Por ello apoya a los jóvenes. Hasta su mamá, la Sra. María Eugenia Díaz, hoy en día da pláticas en escuelas a niños que, como Franklin, buscan hacer realidad sus sueños, sin importar si son pobres, si son latinoamericanos o si no son "ciudadanos americanos".

Este mes la revista *Discover* (de donde obtuvimos los datos para este artículo) le dio al Dr. Chang-Díaz el premio a la Innovación en Ciencia Espacial y Tecnología, y lo reconoció como uno de los "Seis Revolucionarios que han Cambiado al Mundo".

Junto a él, la lista de revolucionarios la integran científicos especialistas en comunicaciones, en el espacio y en tecnología.

Pero al Dr. Chang-Díaz, en cambio, los editores de *Discover* le tenían reservado una categoría especial: "Explorador del Espacio".

Este título es seguramente el mejor premio que pudo haber recibido aquél chiquillo que jugaba con naves espaciales hechas de cartón, allá en la Costa Rica de la década de los 1950s.

—17 de octubre de 2003

Los "cangrejitos" ayudadores mexicanos

Yo creo que todos hemos escuchado la famosa historia del cangrejito mexicano que quería salir de la cubeta, ¿verdad?

Por si no la conocen, es la de ese pescador que estaba agarrando cangrejos en un río. Tenía dos cubetas llenas de su pesca, pero una estaba tapada y la otra no.

Cuando alguien preguntó al pescador por qué tenía una cubeta destapada, respondió: "La cubeta tapada tiene cangrejos normales, que se salen si los dejo. La cubeta destapada, en cambio, tiene cangrejos mexicanos. No necesito ponerle tapa".

Lo que pasaba es que cuando un cangrejito mexicano quería salir de la cubeta, los demás, aparentemente, lo jalaban hacia abajo.

Claro, la anécdota tiene su moraleja: Los mexicanos no aguantamos que otros sobresalgan. Cuando podemos, los jalamos hacia el piso para que se queden a nuestro nivel. Por eso "no progresamos", por eso siempre "vamos a estar fregados", por eso siempre vamos a ser "subdesarrollados", etcétera, etcétera...

Bueno, esa historia la he escuchado montones de veces desde que vivo en Estados Unidos. Sobre todo cuando llegué por primera vez acá, y vi la enorme diferencia entre la manera en que viven los inmigrantes mexicanos con respecto a los de otras nacionalidades.

Si uno va a un barrio donde viven, por decir, inmigrantes chinos o vietnamitas, ve casas bonitas, arregladas. Barrios buenos. Casi todos tienen su negocio propio.

Algo muy similar ocurre con los que vienen de la India.

En general, estos inmigrantes tienen un nivel de vida muy superior a los mexicanos.

¿Por qué? Hay una explicación que sale fácil de los labios: "Es que los chinos y los indios se apoyan entre ellos", me explicaba un "experto" todólogo que para cualquier tema tiene una teoría. "Cuando alguien viene de China, la comunidad hace una 'tanda' o colecta para ayudarlo a establecer su negocito, y luego el recién llegado debe devolver lo prestado, a plazos. Igual pasa con otros migrantes, como los hindúes o árabes".

"¿Te has fijado, por ejemplo, que todos los árabes son dueños de un Seven-Eleven?", me preguntaba.

Por supuesto, esto no pasa con los mexicanos, continuó. Al contrario: Los mexicanos recién llegados siempre son vistos como carne fresca para aquellos transas con más tiempo en Estados Unidos que buscan abusar de él (o ella).

Confieso que me creí la historia. Y más de una vez la "comprobé" al ver lo mal que se portaba ciertas personas con su propia gente.

Pero ahora me convencí que no siempre es así.

Me di cuenta después de que compramos nuestra casa. Es nuestra primera casa en Estados Unidos. Ya saben, el "sueño americano" y todo lo demás.

(Un sueño que nos costó años de trámites y otro año en broncas con el crédito, con conseguir una hipotecaria buena, un interés decente, etcétera).

Pero bueno, por fin compramos la casita. No es la más bonita que encontramos. Tampoco la más barata, pero por lo menos, es lo que pudimos encontrar basados en nuestros ingresos.

Cuando acudimos a tomar posesión, los defectos comenzaron a salir a flote: La alfombra estaba asquerosa. La cerca del patio trasero estaba prácticamente tirada en el piso, de tan vieja y podrida. Y las paredes del interior brillaban, pero de mugre.

Cuando Arnulfo (o "Arnold"), mi cuñado, la visitó, notó algo raro en una pared. Le comenzó a dar pequeñas patadas con la punta del pie en la base de la pared.

Su pie hizo un hoyo sin esfuerzo. Más bien fue un agujerote, de lo podrido que estaba la madera.

Confieso que la casa se veía muy diferente cuando la visitamos por primera vez. Quizá fue porque estaba habitada y amueblada. O quizá fue porque el inspector que la revisó nos vio la cara y nos dijo que todo estaba perfecto.

Ante tal situación, nos dimos cuenta que teníamos dos opciones. O nos peleábamos con la hipotecaria y los antiguos dueños para que arreglaran los desperfectos (lo que implicaría semanas o meses de desgastantes broncas) o pagábamos nosotros mismos los arreglos. Lo que, por supuesto, implicaba desembolsar miles y miles de dólares (la mano de obra es carísima en Estados Unidos).

Nunca nos imaginábamos que la solución estaba frente a nuestros ojos.

Arnold dijo: "No se preocupen. Yo les puedo ayudar a pintarla. Y de paso, les arreglo esa pared".

En un dos por tres reclutó a amigos, compadres y familiares. Todos expertos en construcción, pintura, carpintería. Todos de confianza. Todos mexicanos.

Sin cobrar nada (sólo las tortas, los refrescos y pa'la gasolina), todos ayudaron en la casa: Cambiaron la pared que estaba cayéndose de podrida. Pintaron toda la casa por dentro, los tres cuartos, mas la cocina, comedor, sala y baño.

"Mira, esta pintura es barata, pero no es buena. Si compras de esta otra, sale cinco dólares más cara, pero te dura más, y es de lujo", me explicaba Arnold en la tienda de pinturas, exponiendo sus secretos profesionales a mi beneficio."Déjame te doy el número de mi cuenta de pintor para que te hagan un descuento".

La pintura me salió más barata que cualquiera que hubiera podido encontrar en cualquier tienda.

Pero eso no fue todo. Haciendo gala de talento, Arnold y asociados hasta se dieron tiempo para darle unos efectos artísticos a los cuartos, "de ésos que sólo hay en casas ricas".

En el patio, nuestro sobrino Jonathan y el tío abuelo tumbaron a patadas la cerca del patio. Veinte años de podredumbre y humedad. Apenas terminó con la pintura, Arnold dirigió sus baterías hacia el patio.

"Hay una madera muy buena, a buen precio", explicó. "95 centavos por tabla. Puedes comprarla, y yo te instalo una cerca nueva, con puertas y todo. De paso compramos una pintura para que dé el efecto de cedro, y te va a quedar como si fuera una cerca de casa residencial".

La cerca dio más batalla, pero al final, en menos de una semana, estaba levantada. De inmediato el vecino de al lado, un inmigrante chino, comenzó a regatear con Arnold los pormenores de un trabajo similar en su patio.

"Por lo menos te van a caer chambas aquí", le dije.

De pilón, arreglaron los desperfectos menores que había, como cerraduras y apagadores de luz. En menos de un mes, la casa estuvo mejor que antes, sin desembolsar gran cosa, sólo para el material usado (pintura y madera).

"Oye, no tenemos para pagarles", le advertimos a Arnold, señalando a sus ayudantes.

"No se preocupen, ellos me ayudaron hoy. Cuando ellos tienen algún pariente que necesita ayuda, yo voy y no les cobro. Todo queda en familia", respondió.

Por supuesto, estas actitudes dan al traste con la infame teoría de los cangrejitos. Arnold, quizá por ser familia, estaba hasta cierto punto comprometido a darnos una mano, pero igual no era su problema. Podría haber hecho el esfuerzo mínimo para no quedar mal, "y háganle como quieran".

Pero no, le echó todas las ganas. Y sus amigos también. Sin ser familia. Por pura solidaridad.

Lo curioso es que, a pesar de lo que se diga de los inmigrantes mexicanos en Estados Unidos, esta actitud es común: Somos tantos, que siempre tenemos alguien, un Arnold, que nos ayude con una bronca.

En otras comunidades quizá a los recién llegados les ayuden instalándoles un negocio, como con los asiáticos. Quizá entre los hindúes es común tener familiares abogados (que les ayuden con cuestiones legales) o médicos (que les ayuden con su salud).

Nosotros los hispanos siempre tenemos a alguien que sabe de carpintería. O de construcción, o de plomería, o de jardinería. O de mecánica.

Tal vez estas personas no tengan profesiones con el *"glamour"* de las familias asiáticas, pero igual siempre están dispuestos a ayudar a parientes o amigos que tienen un problema… sin cobrar.

Cuando vimos que había una gotera en el techo de la casa (¡otra bronca!), supimos que podría convertirse en un problema serio a la larga. Mi esposa de inmediato lo comentó a un conocido de la iglesia, quien casualmente es techero. Llegó en su motocicleta y revisó el problema sin cobrar.

"No se preocupe", explicó. "Nosotros le podemos ayudar, le podemos poner un parche en la teja o cambiarla. Yo tengo tejas que me han sobrado, eso lo hacemos rápido".

Mientras se subía a su *Harley-Davidson*, y encendía el motor, agregó: "Y si tiene problemas con la plomería u otra cosa le puedo llamar a mi hermano, sabe de eso".

Luego, vimos la alfombra. Era un asco. Le comentamos eso a unos compadres. "Oiga, nosotros conocemos a un amigo de un compadre que pinta alfombras. Le puede cobrar barato, si yo lo recomiendo", nos dijeron.

Luego, Lupe, nuestra otra cuñada, nos recomendó a una persona, un jardinero, que ayudaría al mantenimiento del jardín y el pasto. Cobrando poco, claro. Por ser amigo.

Así, haciendo uso de la red de ayuda de la familia, hemos estado saliendo poco a poco de las broncas. "Gracias, Arnold", le dijimos al salir.

"No hay tos. Oye, por cierto, tengo algunas broncas con la traducción de un contrato. ¿Me puedes echar la mano para pasarlo al inglés?"

Nosotros no sabemos nada de albañilería. Somos unos inútiles a la hora de arreglar el sistema eléctrico de una casa y estamos perdidos en cuanto a plomería. Pero, como parte de la red "de cangrejitos", estamos dispuestos a ayudar en lo que sabemos. Ahora nos toca a nosotros dar algo de lo recibido.

Así que claro, le ayudamos con lo poco o mucho que sabemos de inglés para traducirle el contrato a Arnold. Y algunos otros trabajitos de computadora y diseño para un negocio que tiene de comidas para fiestas.

Yo sé que cada cual cuenta cómo le fue en la feria. Y sé que más de un inmigrante se las ha visto amargas por culpa de otros inmigrantes abusivos. Allá afuera, es cierto, hay muchos cangrejitos que buscan a otro para hundirlo más adentro de la cubeta.

Pero en lo que a nosotros respecta, comprobamos que la teoría no siempre corresponde con la realidad. Y como nosotros, hay muchas otras familias de inmigrantes latinoamericanos con parientes "cangrejitos", cuya ayuda desinteresada siempre los saca de cualquier cubeta donde se hunden para hacer realidad su "sueño americano".

—24 octubre de 2003

Las ventas de garaje en EE.UU.: Tentación y perdición

Es increíble cómo se llena uno de chácharas viviendo en Estados Unidos.

Esto lo pudimos comprobar en carne propia con la pasada mudanza: Del pequeño departamento de una recámara que hasta entonces ocupábamos, salían cajas, cajas y más cajas llenas de cosas.

"Y pensar que llegamos a este país sólo con una maleta de ropa", pensé mientras mi espalda sufría cargando.

En un abrir y cerrar de ojos la casa nueva, de tres recámaras, se llenó con montones de cosas. Y pensar que todo estuvo antes amontonado en un departamentito...

Cualquier dirá, bueno, de qué se quejan. Vivir en Estados Unidos les da la facilidad de comprar lo que nunca pudieron (o podrían jamás) adquirir en México. Los aparatos electrónicos, enseres, ropa, son más baratos aquí que en América Latina. Más accesibles, claro.

La cosa es que no hablo de eso. Por supuesto, poder comprar un refrigerador, una tele, una cama a precio razonable siempre es bienvenido.

Pero el problema es que la mayoría de las casas en este país están llenas de cosas superfluas. Mugre y media que nunca sabemos por qué compramos, ni de dónde salió: Juguetes, prendas, adornitos, libros... El consumismo.

Me corrijo: Sí sabemos de dónde salieron todas estas cosas. La mayoría las compramos en las ventas de garaje.

Es una tentación irresistible, lo reconozco. Cada fin de semana, uno solamente debe salir a la calle, a cualquier vecindario, para encontrarse con los letreritos hechos de cartón que invitan a comprar: *"GARAGE SALE"* (y una flechita hacia la casa en cuestión).

Uno va manejando, o caminando. Va a algún mandado, a ver a la familia, a hacer la compra de la semana. Pero vemos el letrerito que parecería que nos atrae como el canto de una sirena, nos volteamos a ver y decimos, "bueno, ¿por qué no vamos a ver? Total, un ratito, no nos tomará mucho tiempo. De todas maneras, ya andamos por aquí, en el vecindario."

DESDE LAS ENTRAÑAS DEL MONSTRUO

Y así comienza. Nos desviamos un poquito y llegamos al lugar, el cual se ve a lo lejos porque ya hay varios carros estacionados hasta en doble fila.

Entramos en otro mundo. La gente de camiseta, pantalones cortos y tenis se desvía un momento. Los días son soleados, invitan a salir. ¿Y qué mejor lugar para socializar y pasar el fin de semana que una venta de garaje? Quién sabe, a la mejor uno termina comprando algo verdaderamente útil.

Hay de todo: Ropa, juguetes, aparatos, chuchería y media y hasta muebles o estufas. Nos hemos encontrado hasta con equipos de gimnasio, herramientas y colecciones de estampillas.

Claro, uno no puede resistir a la tentación. Y si se pone abusado, puede obtener hasta una ganga.

Bueno, con decirles que la primera sala que nos compramos, la hallamos, precisamente, en una venta de garaje. Y eran muebles muy buenos, que aguantaban bastante. Por una fracción de lo que costaban en la tienda.

"A ver, métete por allí a ver si encontramos una Estate Sale", me dice mi esposa. Esas son mejores: Son las ventas en casas en las que los dueños han fallecido, o se mudan. Los familiares no quieren encargarse de todo el triquerío que los abuelos han acumulado durante décadas de vivir en Estados Unidos (y, claro, visitando ventas de garaje) y deciden venderlo todo. Absolutamente todo lo que está en las casas, desde los muebles, computadoras (de los ochenta), juegos de atari, juguetes, ropa (corbatas, pantalones, zapatos, calcetines), libros y hasta los cuadros de las paredes y las fotos familiares. Huelga decir que estas ventas siempre están atestadas. La gente hasta llega con camionetas para cargar los objetos pesados que compra.

Claro, no son cosas nuevas. Ni perfectas. Pero uno siempre puede encontrar algo en buen estado o con pequeños defectos, por un diez por ciento del precio de tienda.

Incluso hay objetos que se encuentran en su envoltura original, que nunca fue abierta.

Veo a la gente que sale satisfecha, cargando mugre y media y atiborra sus carros. Esta señora compró rollos de papel tapiz nuevecito, nunca usado. Aquél hombre se lleva una sierra eléctrica de los noventa, pero todavía funcionando. Esa niña encontró una muñeca viejita, pero que todavía sonríe, y su hermanito un juego de mesa Scrabble al que le faltan dos piezas. Total de la venta: 10 dólares.

A mi mente me llegan las estrofas del inmortal Cri-Cri: "El señor tlacuache / carga cachivaches..."

Como digo, esto puede ser el paraíso para los chachareros como nosotros. Pero también puede ser la perdición, porque aunque muchas cosas están marcadas con precios de 1 ó 3 dólares, uno se agarra a comprar y comprar y termina gastando mucho más de lo que tiene. De dólar en dólar.

Las ventas de garaje en Estados Unidos: Tentación y perdiciónUn individuo mira a mi esposa y ve la cajota del tren, con visible envidia y decepción. Si tan sólo hubiera llegado dos segundos antes que ella. Pero ni hablar.

"¿Y esas lamparitas japonesas?", vuelvo a preguntar.

"Están bien bonitas", me dice mi esposa, malabareando con las lamparitas y la cajota del tren.

"Ya tenemos lámparas en la casa. No necesitamos lámparas", le recuerdo.

"Pero están bien baratas. Un dólar cada una. En ningún lugar encuentras lamparitas tan bonitas a un dólar". Es el veredicto final.

Seguramente las lamparitas pasarán el resto de sus días arrumbadas en un rincón de nuestro garaje. Hasta el día en que a nosotros se nos ocurra hacer nuestra propia venta de garaje y encuentren otros padres adoptivos. Claro, corta feria de por medio.

Pero eso no importa ahora. Eso está lejos en el futuro. Ahora sólo importa encontrar una ganga.

"Cómprame esto, papá", me dice Cesarito, mostrándome una bolsita llena de juguetillos de ésos que salen en McDonald's. Los robots se mezclan con las princesas de Walt Disney, o un carrito de *Hot Wheels* y un avión caza bombardero.

"Cada bolsita le cuesta veinticinco centavos", me recuerda la dueña de la casa, en un arranque inspirado de mercadotecnia. Lo dice en inglés, idioma que Cesarito entiende mejor que el español.

Cesarito agarró dos bolsas más.

(Claro, al rato esos juguetitos no van a ser mas que pedazos. Descabezados, sin brazos, olvidados en un rincón abajo de la cama. No importa cuántas veces le pongamos la película de *Toy Story*, Cesarito es irreductible en sus principios respecto al trato inmisericorde hacia los juguetes. Anoche se le cayó el brazo de un *Gundam Wing* a la taza del baño).

Debo confesar que yo mismo he caído más de una vez en las tentaciones de los *"garage sales"*, y en un arranque de frenesí, me he llenado de libros, plumas y hasta ropa que quizá nunca quise en verdad. Esos libros nunca los leí (para ser sincero, nunca me interesó en realidad la metafísica china medieval, por ejemplo), las plumas nunca las usé, las camisetas me la puse una o dos veces, y eso para cortar el pasto.

¡Pero fueron verdaderas gangas!

Saliendo de esas ventas, ya andamos encarrerados. No podemos resistir la tentación:

"Mira, vete a la vuelta a ver si encuentras otro".

Yo callo y acato. Se nos está haciendo tarde para lo que íbamos a hacer, pero a quién le importa si podemos encontrar una ganga.

Gringos, negros, mexicanos, chinos se mezclan democráticamente. Mucho paisano, que llega en familia, en una camioneta *Van* o una *Pick Up*. Pagan sin rechistar, compran para todos. Es día de asueto de los compradores de chácharas.

Los economistas oficiales ni siquiera se dignan en mirar de arriba a abajo a estos emprendedores en ciernes. Los gobiernos municipales limitan las ventas de garaje a uno cada seis meses, so pena de recibir una fuerte multa. Pero seguramente estas ventas son un signo empresarial inequívoco.

Hay quienes tienen la teoría que el único objetivo de las ventas de garaje es cambiar la mercancía de manos. Un tipo llega, compra una cháchara a una familia. La arrumba por tres años en su casa, y luego la saca a vender en su propia venta de garaje. Millones y millones de dólares se intercambian cada semana en todo Estados Unidos gracias a estas chácharas. Y todo mundo contento.

Precisamente uno de los sitios más visitados de internet es la mencionada eBay, que es la venta de garaje más grande del mundo. Allí uno puede encontrar desde autos hasta una oscura estampilla de colección para conocedores. Yo mismo he comprado montones de cosas en las subastas de eBay y hasta ahora me considero un cliente satisfecho.

Hay que aclarar que la mayoría de la gente no hace estas ventas de garaje para sacar ganancias, sino para deshacerse de todas las porquerías que tiene. Aún así, el dinerillo recaudado sí nos saca de un apuro, y hasta puede ser una actividad bastante redituable.

"Hicimos una venta de garaje nosotros con una vecina el otro día", contaba la Sra. Maggi, mamá de un amiguito de Cesarín. "Juntamos de todo, y nos fue muy bien. Yo vendí cuatrocientos dólares en dos días".

¡Cuatrocientos dólares! ¡Por vender las chácharas que de todas maneras uno ya no quiere! Nos pusimos a pensar, y nos dimos cuenta que estamos sentados sobre una mina de oro, y no nos habíamos dado cuenta.

Ahora estamos planeando nuestra propia venta de garaje. Será el próximo sábado, en el jardín de nuestra casa nueva. La mercancía consiste en todo lo pacientemente recaudado durante seis años de chacharear por los vecindarios suburbanos de Dallas (o sea, media casa).

Cierto, la mayor parte son cosas superfluas. Podríamos decir que basura. Pero por favor, ¿dónde podría encontrar usted un patinador portátil clásico de los ochenta por cinco dólares? Y si compra un juego de vasitos conmemorativos del año 2000 a tres dólares, le "regalamos" una gorrita por cincuenta centavos. Una verdadera ganga.

—31 de octubre de 2003

'¿En qué se parece un mexicano a un zorrillo?'

Dicen que uno debe saber reírse de sí mismo. De sus defectos. Quesque es un signo de madurez.

Yo reconozco que tengo defectos. Enormes. Antes, me horrorizaba que alguien los notara. Luego, cuando se fueron acrecentando (sobre todo la gordura y la calvicie) no me quedó de otra mas que abrazarlos y usarlos como tema de conversación. Y chistes.

(La estrategia aquí es, por supuesto, decir chistes sobre mis defectos ANTES de que a otra persona se le ocurran).

Esta actitud trae signos de aprobación. "Mira, al menos reconoce que está feo", supongo que piensa la gente al escucharme. Y claro, espero que este pensamiento detone una actitud de autocrítica en ellos. Porque todos tenemos defectos.

Eso cuenta tanto para las personas como para los pueblos, los países. Y aquí es donde la burra torció el rabo, como decía mi abuelito.

Lo que pasa es que a pesar de que a mí me encanta hacer chistes sobre mis defectos, no me ha caído aún el veinte de reirme de los defectos (que son muchos) que tenemos los mexicanos como pueblo.

Y es que desde que llegué a Estados Unidos, descubrí que existe todo un universo de bromas racistas entre los gringos contra todo lo que no sea *WASP* (blanco anglosajón protestante). A los norteamericanos les encanta hacer chistes de los chinos, de los polacos, de los rusos. Y, claro, de los negros (históricamente sus principales *"sparrings"*).

Los chistes no son los que uno escucha en la escuela primaria, o en un programa cómico de Jorge Ortiz de Pinedo. Son chistes racistas. Despiadados. Despectivos. Totalmente destructivos.

Lo que me sorprendió es lo florido que está el jardín de chistes contra los mexicanos. Contra nosotros, como pueblo, como gente.

Yo no sé, pero esta clase de crítica aún no la alcanzo a digerir.

Y no, no es porque sea dogmático, ni me falte autocrítica como mexicano. En muchas ocasiones, en esta columna, hemos discutido abiertamente esos temas. Muchos lectores me han escrito para acusarme de malinchista, antimexicano y vendido al imperialismo. No: Hablo de que estos chistes son verdaderamente crueles.

Como por ejemplo, este botoncito de muestra: "¿Cómo se llama un grupo de mexicanos corriendo desde una loma? Respuesta: Una fuga de reos".

(O sea, para el americano común, todos los mexicanos somos delincuentes).

Otro, con tema navideño: "¿Porqué los mexicanos ponen tamales debajo del pino de Navidad en Nochebuena? Respuesta: Para poder tener algo que desenvolver al día siguiente."

Uno nada más tiene que entrar a internet, hacer una búsqueda sencilla, y ¡pum! Le salen montones de sitios donde se recopilan todos los chistes que circulan contra los mexicanos.

"¿En qué se parece un mexicano a un zorrillo? Respuesta: Ambos son mitad blancos, mitad negros, y apestan".

No son el gran descubrimiento. Nada del otro mundo, todos los gringos conocen estos chistes desde la escuela. Circulan en el aire.

"¿Cómo se llama un edificio lleno de mexicanos? Respuesta: Una prisión".

Muchos latinoamericanos a veces equiparan racismo en Estados Unidos con los negros. Claro, han sido las principales víctimas de racismo en la historia de este país. Pero lo que no saben es que en Estados Unidos hay toda una tradición cultural de mofarse de todos, sobre todo de los recién inmigrados.

En su tiempo, los blancos (válgame la expresión) de estas burlas eran los chinos. Luego, los polacos, los judíos, los italianos. Hoy en día, esas comunidades ya se integraron al crisol que es Estados Unidos. Están posicionados. Muchos de ellos son de clase media, y algunos cuantos forman parte de la estructura del poder económico y político de esta nación. Ni judíos ni italianos, ni irlandeses ocupan los estratos más bajos de la sociedad americana. Ese lugar está destinado , precisamente, para los mexicanos y los negros, casualmente los protagonistas de la mayoría de estos chistes racistas actualmente.

¿Se estarán ahora desquitando los inmigrantes del siglo pasado de lo que les hicieron a ellos cuando llegaron?

"¿Cómo logras que se suicide un mexicano? Respuesta: Avienta una moneda de veinticinco centavos a un precipicio".

Los chistes contra los negros se distinguen por su crueldad. El mensaje que llevan implícito es que los negros son inferiores. Que son tontos. Que son delincuentes. Que son incapaces de civilizarse. En fin, que no alcanzan la categoría de seres humanos.

En ese sentido, los chistes contra negros (que no trataremos ahora en este espacio, porque nos llevaríamos todas las páginas del periódico) son peores que los de mexicanos.

"Un negro y un mexicano se avientan del *Empire State Building*. ¿Cuál de los dos llegará primero al suelo? Respuesta: ¿A quién le importa?".

Sin embargo, si en algo se distinguen los chistes americanos contra los mexicanos, es que siempre tratan al inmigrante de flojo, muerto de hambre y oportunista.

"¿Qué es lo que se obtiene si cruzas a un negro con una mexicana? Respuesta: Un ladrón demasiado flojo para robar."

"Van un negro y un mexicano dentro de un auto. ¿Quién maneja? Respuesta: El policía".

Los chistes están creados por la ignorancia, claro. Abundan los estereotipos, quizá porque están diseñados para contarse en las cantinas, entre traileros o *"rednecks"* (los rancheros gringos incultos). Tanto la clase media como los intelectuales los atacan y desdeñan. Los políticos se horrorizan de escucharlos (quizá por sinceridad, quizá por pose para agarrar más votos). No son políticamente correctos.

"¿Cuál es el juego favorito de los niños mexicanos? Respuesta: Las escondidas de la Migra."

Es más, si hay algún valiente que se atreva a decir uno de estos chistes en público, ya se puede ir buscando un abogado porque le van a llover demandas por discriminación. Son tabú para los norteamericano.

"¿Cómo se llaman los miembros de un equipo mexicano de futbol? Respuesta: José, José y José."

Pero estos chistes existen. La gente los crea. Los oye, los repite y hasta los envía por internet en la privacidad de su casa. Son *vox pópuli*.

"¿Por qué no hay mexicanos en *Star Trek* (Viaje a las Estrellas)? Respuesta: Porque tampoco trabajan en el futuro."

Hay algunos estudiosos que afirman que un pueblo se conoce por sus chistes. Quizá.

"¿Por qué México nunca gana en las Olimpiadas? Respuesta: Porque todos los mexicanos que pueden saltar, correr y nadar ya cruzaron el Río Bravo".-

Yo sé que es sano saber reírse de uno. Pero a pesar de que llevo años viviendo en Estados Unidos, y he aprendido a apreciar a su gente y al país, aún no me acostumbro a escuchar estos chistes contra nuestra gente. Los considero tontos, despreciables y abusivos. Desconsiderados.

"¿Cómo llamas a un mexicano que no tiene una podadora de césped? Respuesta: Un desempleado."-

¿Habría que inventar chistes contra gringos? Para ellos eso sería impensable (ya saben, los gringos se llaman a sí mismos *"White People"*, es decir, gente blanca. Léase "normal". No étnicos. Son la yarda con la que se mide el resto del mundo).

Eso pensó un amigo que se me acercó una vez para contarme: "¿Sabes por qué los gringos tienen sus refrigeradores llenos de comida? Respuesta: Porque ellos no comen sus alimentos. Se los fuman".

No creo que soltar una contraofensiva de chistes racistas contra los norteamericanos sea sano. Sería una invitación al odio. Aunque ya hay quienes están dedicando neuronas a esta (para mí, inútil) tarea. Caeríamos en el mismo defecto, creo yo.

Un lector que leyó esta columna comentó que los mexicanos no debemos sorprendernos, si nosotros siempre hemos inventado chistes contra los gallegos, los cubanos, los argentinos y hasta contra los negros.

Y "el que se lleva, se aguanta".

—7 de noviembre de 2003.

Misas en inglés, sí. En español: ¡No , por favor!

Desde que vivo en Estados Unidos, prefiero ir a las misas en inglés. No en español.

No me tomen a mal. No soy tan malinchista como para pensar que el Padre Nuestro gabacho suene mejor. De hecho, confieso que no soy muy religioso. Voy a misa, eso sí, pero por solidaridad familiar. Y para evitar cansadas discusiones que —de todas maneras— acabarán haciendo que al fin vaya igual a la iglesia.

Pero desde que llegamos a Estados Unidos, mi esposa hizo de ir a misa una regla ineludible. Cada domingo. Como en México. Como Dios manda.

Pero a lo que voy, decía que cuando llega el inevitable momento de vestirnos para ir a misa, veo el reloj. Las 10:30. ¿Misa en inglés? ¡Vamos!, digo. Me encanta.

¿Por qué? Porque llegamos sin correr. No es ni muy tarde ni muy temprano. La calle no está tan congestionada. Y lo increíble: ¡Sí encuentro lugar en el estacionamiento!

Y enfrentito, a la mera entrada de la iglesia de Garland, el suburbio texano donde vivo.

Cuando entramos a la misa, hay asientos disponibles. Bastantes, de hecho. Nos podemos dar el lujo de elegir. Hasta ganas me dan de sentar a mi esposa en un extremo de una banca (ya saben, de esas de madera largototas, donde caben diez cristianos hombro con hombro) y yo en otro, nomás para darnos el gusto a nnuestras anchas. Tan sobrado me siento.

Mucha gente de todo tipo. Claro, "gringos". Casi todos ancianos (¿un arranque de premonición del futuro?). Pero también muchos asiáticos, y africanos (de África. No me pregunten cómo, pero después de cierto tiempo aquí, uno aprende a diferenciar a un negro americano y uno que acaba de llegar de África). Y algunos hispanos, "chicanos" en su mayoría.

Salgo de la misa hasta feliz. Podríamos decir incluso que en un estado beatífico. Como, supongo, uno debe siempre salir de una ceremonia religiosa.

Pero, oh suerte. Hay veces que no hay tiempo. Hay veces que no llegamos a las 10:00, por una u otra razón. Y entonces, mi esposa decide: "No importa, vamos a tener que ir a la misa de la 1:30."

No necesito decir nada. Mi expresión cambia por completo.

La misa de 1:30 en la iglesia de Garland es en español. Y no me gusta. De hecho, la evito cuando puedo. Ya me cambia el humor desde que me meto al carro.

¿Porqué? Para empezar, nunca hay lugar en el estacionamiento. Siempre tengo que andar como media hora dando vueltas por todo el terreno de la iglesia. "Mejor nos bajamos y tú estacionas", es siempre mi dictamen final.

Por fin, un lugarcito. Chiquitito. Claro, las sobras que dejaron las dos "trocotas" de cuádruple rodada y llantotas anchas que —por lo general— siempre flanquean mi carrito coreano de juguete.

Luego, al entrar a la iglesia... Bueno, corrijo. Al INTENTAR entrar a la iglesia otra sorpresa: No puedo entrar. Aquello está lleno. No, qué lleno: Llenísimo. Atestado. Atiborrado.

"A ver, por favor", habla un acomodador de la iglesia, con tono amable pero urgente. "Si quieren, pueden traer sillas de la cafetería para que no estén parados".

Buena idea, pienso. El problema es que ni siquiera puedo ver hacia dónde está la cafetería. El mar de cuerpos me bloquea. Mucho menos siquiera pensar dónde quedó mi familia.

"¡Aquí estamos!", me grita mi esposa para que los vea. Claro, están allí, rodeados de feligreses que también están parados. Allí, en la puerta, casi con la espalda en la calle. Los pasillos, y hasta el cuarto lateral están llenos de familias, de niños, adultos, viejecitas, ancianos, hombres...

Todos hispanos. La inmensa mayoría mexicanos.

"Creo que debimos mejor venir a la misa de la noche, la de las 7:15", comenta alguien. ¡N'ombre!, pienso. Seguro estas personas son recién llegadas. Si piensan que esto está atestado, es porque no han visto la misa de la noche. Hasta vendimia hay en el estacionamiento.

No me malinterpreten. Trato de no ser sarcástico con algo tan sagrado para nuestra gente. Pero es que tampoco es un secreto el que las misas en español en las iglesias católicas de Estados Unidos han experimentado un *"boom"* desde que comenzamos a caerles paisanos en ristra. De pronto esas iglesias católicas que en las décadas de 1950 y 1960 habían sido construidas, queridas y visitadas semanalmente por los descendientes de irlandeses e italianos, se comenzaron a quedar solas. Las familias morían. Los padres y las madres envejecían, se iban a asilos, o fallecían. Los hijos se iban a otras ciudades, pero casi siempre se olvidaban de ir a misa ("ya sabes, el trabajo, la vida, las presiones"). O de plano, se volvían agnósticos, luego de vivir el desenfreno de los sesentas. La siguiente generación de niños americanos ya no tenía tan segura su identidad de católicos, inmersos en un país donde la mayoría o era protestante o judío o ateo.

Las iglesias católicas comenzaban a morir. A reducirse. Luego vino lo que parecía el tiro de gracia: Los tele-predicadores. ¿Qué padrecito educado en Roma puede competir con uno de esos predicadores simpáticos, vestidos de impecable blanco, que micrófono en mano cantaban como estrellas de rock y rogaban a Dios por la salvación? (Y de paso, rogaban a la gente por sus chequeras).

Casi fue una masacre mística. Hasta que llegamos nosotros...

No sé cómo fueron los primeros hispanos que llegamos a darles vida de nuevo a estas iglesias. Supongo que fue un paisano que llegó solo, a trabajar, y que en un momento de desesperación (quizá no tenía trabajo. Quizá algún hijo estaba enfermo en México y él aquí, sin poder ir a verlo) acudió a misa. Luego fue otro, y después otro. Los hombres hispanos no somos muy dados a ir a misa, pero cuando a uno le llega el agua al cuello entonces sí nos acordamos que somos católicos.

Luego, quizá vino alguien con su esposa, o sus hijos (ya los había traído de México, seguramente vía "coyote"). Y al final, cuando uno menos lo pensó, la iglesia de nuevo estaba llena de feligreses. Todos morenitos. Todos humildes, trabajadores. Pero creyentes.

Más tiempo tardaron las misas en español. Y era lógico. ¿Cómo esperaban que la gente les entendiese, si daban la misa en inglés y todos los feligreses eran inmigrantes? Las diócesis tuvieron que acomodar más horarios para misas. Ahora, las misas más concurridas son en español. Y siempre están atiborradas.

En Garland sólo tenían una misa en español y como cuatro en inglés. Casi vacías. Tardaron en convencer a la autoridad católica (todos "gringos") que necesitaban abrir más horarios. A regañadientes lo hicieron. Una misa más, y ya. "No va a venir gente", quizá pensaron. Pero se equivocaron. La nueva misa se llenó.

Entonces abrieron otro horario más. Se llenó. Luego otro. No cabía un alfiler.

Ahora, cuando vamos a la iglesia (a la que le caben entre 400 y 500 personas sentadas) siempre tenemos que buscar sillas de la cafetería. Ya hasta fiestas guadalupanas hay.

Los gringos siguen con sus misas. Apacibles. Casi santas. Con coros de personas mayores, vestidas con túnicas blancas, cantando en un inglés melodioso (algo difícil de lograr). Y un piano. Gente vestida de traje y corbata. Muy solemnes.

Las misas en español, en cambio, vibran. Hacen retumbar la iglesia. No hay coros angelicales de ancianos: Todos son muchachitos de quince, dieciséis, veinte años cantando como estudiantinas. No hay piano, son guitarras, flautas, bajos. A veces hasta mariachis.

No hay túnicas, ni trajes ni corbatas, sino pantalones de mezclilla, botas y chamarras. Casi se podría pensar que son dos religiones distintas.

Ahora, hasta los padrecitos gringos se unieron a los policías, a los banqueros, a los médicos, en los cursos de español. El obispo de Dallas, Charles Grahmann, cuando da una misa solemne por alguna fecha especial, la dice una frase en inglés y otra en español. No cabe duda que la Iglesia en Estados Unidos está cambiando.

Si, claro, claro, están los escándalos sexuales. Están los padres pedófilos. Está el complot de las altas esferas católicas por cubrir todo, por acallar demandas con dinero, por silenciar testigos.

Pero ellos no son la iglesia. El obispo no es la iglesia. El Papa no es la Iglesia, y corro riesgo de que me excomulguen. La iglesia es aquel viejecito irlandés que desde hace treinta y cinco años no ha faltado a misa. O aquella mujer gorda de Nigeria que trata de ser buena cristiana. O aquella familia vietnamita que se reúne cada semana a estudiar la Biblia en un lenguaje que se ve chistoso.

Y sobre todo, la Iglesia son aquellos sombrerudos que bajan de su *"trocota"* en cantidades. Botudos, "picudos", machotes... pero que se dan la vuelta a la otra portezuela para ayudar a bajar delicadamente a su mujer, a sus hijos, y se quita humildemente el sombrero para entrar a misa, como en sus pueblos de México.

De esos, que toda la semana se la pasan en "el jale" piscando tomates en los campos de California, o construyendo casas de ricos en Texas, o limpiando cuartos de hotel en Disneyworld. Que tienen callos en las manos y pies de tanto trabajar por la economía de Estados Unidos y México y a quienes el cambio de país no significó cambiar de religión.

—14 de noviembre de 2003.

Estados Unidos: ¿Patio trasero de México?

¿Metería la pata el ex embajador mexicano en la ONU, Adolfo Aguilar Zínser, al decir que "México es el patio trasero de Estados Unidos"?

Muchos lo defienden. Dicen que sólo dijo la verdad. Quizá.

(La bronca es que esa opinión no fue muy diplomática que digamos... y eso es precisamente para lo que se suponía que el gobierno mexicano lo había contratado: Ser "diplomático".)

Yo creo que se equivocó. Muchos mexicanos no estarán de acuerdo conmigo. Aguilar Zínser no dijo la verdad: Dijo sólo UNA verdad. Y como en todo tema complejo, este asunto tiene muchas "verdades", dependiendo de cuántos datos ofrezca uno para basar sus opiniones. O cuántos datos esconda.

Si no, pregúntenle a un norteamericano cualquiera.

No, no me refiero a los políticos. Los políticos americanos, al igual que los mexicanos, son otra casta. Están alejados de la gente. Ya ven: Oficialmente, los políticos en Washington censuraron la declaración, al igual los políticos en México. El secretario de Estado de Estados Unidos, Colin Powell, dijo que todo era mentira. El presidente de México Vicente Fox censuró igual. Y todos amigos como siempre.

Pero todos sabemos que la gente, la común y corriente como usted y yo, piensa otra cosa.

En México, si alguien le pregunta a una persona en la calle qué piensa del asunto, no lo dudará: "Aguilar Zínser estuvo en lo cierto: México sí es el patio trasero de Estados Unidos".

Ajá. ¿Caso cerrado? Nop.

Lo más chistoso de todo este embrollo, es que si repetimos el experimento, pero en una calle de Estados Unidos, la respuesta será al revés: "No, México no es el patio trasero de Estados Unidos. NOSOTROS somos el patio trasero de México".

Aunque suene increíble, el norteamericano promedio tiene ese concepto de la relación de su país con México. Basta darse una vueltecita por un barrio de trabajadores (donde muchos han sido despedidos porque la planta donde laboraban se mudó a México). O por cualquier foros de internet en Yahoo, MSN o Google, donde se discuten temas de inmigración: "*Fox debe ponerse a trabajar para sacar a su país de la pobreza, y dejar de enviarnos a sus campesinos*", exigía, palabras más, palabras menos, un gringo. "*Ya estamos hartos de que los mexicanos nos envíen a sus pobres para que les resolvamos su vida*", se quejaba una mujer. "*Ese #@**^& país (México) nunca ha podido salir del *&@%$ hoyo en que se encuentra. Ahora tratan de hacerlo a expensas de nosotros, los contribuyentes americanos*", denunciaba otra persona.

(Todo traducido a la carrera y con mis no tan completos conocimientos del inglés, conste).

Porque, ¿qué es un patio trasero, sino donde aventamos los cachivaches que no queremos? Lo que nos sobra. Para lo que no tenemos sitio en la casa. Lo que no queremos que las visitas vean.

Muchos inmigrantes mexicanos se sienten exactamente así: Como los "cachivaches" que México expulsó. La mayoría no emigraron por gusto, para "ver mundo"... No, salieron como tapón de sidra, expulsados por una situación insostenible. Porque necesitaban ganar más. O de perdido, hallar una chamba mas o menos decente.

Y sí, durante muchos años, los gobiernos del PRI trataban de tapar el asunto. No aceptarlo. Negarlo. Como si no existieran esos "cachivaches". (A menos que se tratara de recibir las remesas, claro).

Los norteamericanos ya se dieron cuenta de esto. Y no les gusta.

No es por casualidad que las organizaciones antiinmigrantes han florecido como hongos en Estados Unidos. La inmigración masiva de mexicanos está poniendo los pelos de punta a muchos norteamericanos. Y aunque en público no lo acepten (no es "políticamente correcto"), en privado sí les horroriza ver tanto paisano en la calle, en su cuadra, en sus barrios.

En realidad la gente en Estados Unidos tiene una doble moral: Por un lado les encanta pagar poco a los jardineros y a las niñeras. O comprar frutas y verduras baratas (gracias al trabajo de los inmigrantes). Pero cuando se dan cuenta que esto lo reciben a cambio de la inmigración, pegan el brinco. No conciben que la "América" de sus padres y sus abuelos —blanca, anglosajona y protestante— vaya a dejar de existir, para volverse un "sucio país tercermundista igual que México", como lo escribió otro forista en internet.

"Lo único que (los mexicanos) hacen es tener hijos, recibir prestaciones sociales gratis, no pagar impuestos y quitarle el trabajo a un ciudadano americano", comentaba Bill, un anciano jubilado al que conocimos el otro día. "Y todo con la complicidad del gobierno de Estados Unidos que se hace de la vista gorda porque le conviene. ¡Ya basta!".

"Lo que debemos hacer es invadir México y deportarlos a todos (los inmigrantes). Derrocar su corrupto gobierno y administrarlo", sugería otro forista (anónimo, como casi todos).

Otro fue más directo: *"Nuke Mexico!"* (*Nuke*, como en Bomba Nuclear. O sea, "bombardeemos México con bombas nucleares").

??????

(Repito, todos estos comentarios los puede encontrar en cualquier foro de internet. No me los inventé. Sólo los "traduje" a mi leal y saber entender).

O sea, por un lado, tenemos a los mexicanos diciendo que Estados Unidos es el origen, causa y circunstancia de todos los males del país ("Es que parece que no entiendes", me criticaba un amigo por no creer sus argumentos: "Estamos jodidos por culpa de los 'gringos', porque nos quitaron la mitad del territorio, porque controlan la economía. Si no fuera por ellos quizá seríamos potencia mundial", etcétera, etcétera.).

Pero al mismo tiempo, hay muchos americanos que se la pasan culpando a México de la recesión, de la falta de empleos, de la seguridad, del terrorismo, de la quiebra de los hospitales, de la sobrepoblación en las autopistas, de la delincuencia, de lo pésimo que está la educación en las escuelas, y en fin, de todos y cada uno de los pecados que puso Dios en la Tierra y que aquejan a su país.

No lo han dicho con esas palabras, pero una gran parte de la población norteamericana sí piensa que México considera a Estados Unidos su "patio trasero".

"Es muy fácil para el gobierno mexicano usar a Estados Unidos como válvula de escape a su olla de presión social", explicaba otro forista de internet, que parecía ser experto en temas sociales. "En vez de crear empleos, permiten que los pobres salgan y no se conviertan en un fardo social. Y además de todo (los inmigrantes) sacan su dinero de Estados Unidos al enviar dólares a casa".

Y por supuesto, eran muchos los escritos que se quejaban de que las empresas despedían a trabajadores y preferían cambiar sus operaciones a México (por los salarios más bajos). Acusan al Tratado de Libre Comercio de aniquilar los empleos de la clase trabajadora norteamericana.

(Lo más gracioso es que de eso mismo se quejan los grupos mexicanos de globalifóbicos —¿así se escribe? Sepa— que a cada momento protestan contra el TLC y el posible ALCA. Para ellos, son los "gringos" los que acaban con la industria mexicana... para beneficiar —¡claro!— a los trabajadores norteamericanos).

Yo no soy ningún experto en temas económicos. Sólo se me hace gracioso que las mismas preocupaciones ocurran a ambos lados de la frontera. Ambos países tenemos los mismos temores (perder empleos, la crisis económica), pero lo que cambian son los culpables. Y nos la pasamos apuntándonos con el dedo acusador entre nosotros.

A la mejor, si Aguilar Zínser hubiera ido a un barrio de trabajadores en cualquier ciudad norteamericana, a hablar con esas familias y pedirles su opinión sobre México, quizá no se hubiera ido de lengua.

"¿Qué pasará si deportamos a todos los inmigrantes y México deja de recibir el dinero de las remesas?" , sugería otro internauta. "La economía de México se derrumbaría".

Humildemente, yo respondería a esa pregunta con otra: "¿Y qué pasaría si todos los mexicanos salieran de Estados Unidos y dejaran tirados los trabajos en la jardinería, en la construcción, en los hoteles?"

Como se ve, hay de patios traseros a patios traseros, ¿no cree usted?

—21 de noviembre de 2003

El inmigrante mexicano que levantó un imperio pachanguero

Las típicas bodas gringas son muy distintas al concepto que tenemos los hispanos de estos festejos.

Las misas comienzan temprano. Son solemnes y espirituales. La gente sale de la iglesia y acude a la recepción, la cual generalmente es en jardines que asemejan un campo de golf, o un patio. Al aire libre.

Allí los invitados se sirven bocadillos (alguna cosa untada sobre galletitas). Y vino, o refresco.

Una dulce y amable musica (por alguna orquesta de cuerdas) ameniza el ambiente de fondo.

La gente conversa, ríe, convive. Les desean todos los parabienes al nuevo matrimonio. Entregan discretos regalos.

Y se despiden. Dos o tres horas después, ya están todos en casa. La pareja ya estará abordando el avión rumbo a su luna de miel. La boda, olvidada en el pasado.

No es de extrañarse que para esa hora aún haya luz del día.

Las bodas hispanas, en cambio, son muy distintas.

Comienzan a mediodía. Con la misa. Toda la raza va en bola, dentro de sus camionetotas. No importa lo especial o solemne de la celebración, las botas, el sombrero y el cinto "piteado" son de rigor. El traje y la corbata, no tanto. Quien vista así corre el riesgo de atraer miradas de "¿y este en qué funeraria trabaja?"

La misa es lo de menos. Un trámite que acaba en una hora. Para la una de la tarde, los novios ya se están tomando fotos en la entrada de la iglesia con todo el mundo. (Ritual ineludible, que generalmente tarda más que la propia misa.)

Entonces viene lo bueno: La pachanga.

Se renta un salón de fiestas. Entre más grande, mejor.

También música: Un *DJ* con temas grabados, para amenizar mientras llega el plato fuerte: Un grupo norteño o de banda, con instrumentos de viento, cuerdas y tambora. Eso es para ya más nochecita, y entrados en copas.

Y claro, mucha comida. ¿Indeciso si a los invitados les gusta el pollo, o la fajita, o la barbacoa? No hay tos, hay que tener viandas con todo eso. Y más. Y que sea *buffet*, para no andar con la lata de ir sirviendo.

Huelga decir, que habrá cerveza. De todas las marcas. Vino y refrescos.

El baile se prolonga hasta las cuatro o cinco de la madrugada. Los taconazos son ineludibles.

Cualquier inmigrante mexicano en Estados Unidos que se precie, debe seguir estos puntos rigurosamente si quiere quedar bien con la comunidad. Si tiene una hija quinceañera, o un hijo a punto de casarse, no hay de otra: Romper el cochinito, o pedir prestado, para hacer el festejo "como debe ser".

Jorge, mi cuate, sabía de esto. De hecho, a sus veinticinco años, llevaba algún tiempo trabajando como *DJ* (o *díyey*, como se pronuncia). Ya sabe, de esos tipos que rentan su equipo de sonido para fiestas, con música grabada.

Jorge había llegado a Estados Unidos de "mojado" un par de años atrás. Comenzó trabajando en la construcción (como casi todos). Pero no aguantó mucho.

"Mucha chinga. Poca lana", fue el veredicto final. No, tenía que buscarle por otro lado.

Como pudo, se consiguió un equipo de sonido de quinta mano. Le pidió a un hermano que le mandara algo de equipo musical de México. Compró y grabó música "acá" y se lanzó a ofrecer sus servicios.

Los comienzos fueron duros. Mucha competencia. Poca promoción. Pero con esfuerzo, se fue dando a conocer en el ambiente pachanguero hispano de Texas.

Poco a poco comenzó a mejorar su equipo. A comprar más. Luego, cuando menos lo pensó, ya tenía la agenda llena de compromisos.

"Había semanas flojas, pero en general me iba bien", recuerda. Invertía casi todo lo que ganaba en su equipo musical, y en una camionetita que pudo sacar a plazos para trasladarlo de pachanga en pachanga.

Luego, un día, un cliente con el que se había apalabrado para amenizar una boda, le preguntó si no conocía alguien que tomara video. Jorge se acordó de un cuate que tenía una cámara, y enganchó al cliente. Se fueron a mitades.

Pero el cliente, un zacatecano dueño de un negocito, necesitaba más cosas. Necesitaba un pastel.

"¿No conocen alguien que haga pasteles?", preguntó. Jorge se acordó de otro cuate que conocía a una señora, que era tía de una cocinera. Le dijo que sí, que él le podía conseguir un pastel bueno, bonito y barato.

Se coordinó con sus conocidos, y convino un precio. Jorge sacó una tajada por "comisión". Y se dio cuenta de que se había topado con un filón.

Porque para muchos, una fiesta es un lujo. Pero para los inmigrantes mexicanos en Estados Unidos, las fiestas son compromisos ineludibles. Nunca gastos.

Si tiene hijas, es normal que ahorren para sus Quince Años. Y echan la casa por la ventana. Sin escatimar. Y si no tienen lana, pos pa'eso están los padrinos.

"Me di cuenta que la gente necesitaba de todo, no solo música, o un DJ, sino un grupo, pastel, comida, salón... Y la mayoría de la gente no tiene tiempo de andar buscando precios, ni sabe a dónde preguntar", recuerda Jorge. "Me dije, bueno, ¿porqué no ofrecer todo el paquete junto?"

Comenzó ofreciendo música y video. Luego, agregó pasteles. Después conoció a un tipo que tomaba fotos y se asociaron. Más tarde, ofreció renta y venta de vestidos de quince años y bodas. Y esmóquins.

La última vez que yo lo fui a visitar, ya tenía un local propio. Parecía que uno entraba a una tienda de fiestas: Vestidos de novia aquí, álbumes de Quince Años allá. Un muestrario enorme de invitaciones y pasteles. Fotos de niñas sonrientes, en el "día más feliz de su vida", enmarcadas con motivos dorados.

"Ahora les damos a los clientes todo el paquete completo", me comentaba, mientras editaba un video en una computadora que acababa de comprar. "Hacemos las fotos, el video, la música. Si la niña quiere un video musical con ella como cantante, se lo hacemos".

También ofrecían el pastel, la comida y el salón para rentar. El cliente que anduviera apurado podía encontrar todo bajo un mismo precio, y dejar de preocuparse.

"Nos ha ido muy bien, mucha lana", reía Jorge. "Aunque no ha sido fácil".

Yo escuchaba sorprendido. Fotos, música, video, comida, pasteles, salón, renta de trajes, invitaciones... Todo un paquete completo de fiestas.

¿Qué más podía faltar?

Entonces entró un muchachito joven. Unos quince, dieciséis años. Hijo de mexicanos. Saludó a Jorge y se sentó por allá.

Luego llegaron dos más, juntos. Y luego tres, y otros más. En total, como quince muchachos llenaban la sala del negocio.

"¿Y ellos de qué la giran?", le pregunté con un susurro a Jorge, temiendo que se hubiera convertido en un Michael Jackson hispano o en otro Sergio Andrade.

"Son mis cadetes", respondió sonriendo. "Vienen a ensayar".

¿Cadetes?

"Tú no sabes, porque no tienes hijas quinceañeras", me explicó. "¿Te has puesto a pensar la bronca que es conseguir chambelanes?"

No lo podía creer.

Jorge continuaba explicando: "Hay que buscar conocidos, gente. Y luego hacerse tiempo para ensayar, buscar trajes... Nadie en este país tiene tiempo para eso. Por eso se nos ocurrió contratar a estos muchachitos, busqué a alguien que les enseñara varias coreografías diferentes y les compré trajes de cadetes navales, o militares. Con gorra, galones, cinturón y espada.".

Me quedé pasmado.

"Así, el cliente solo escoge la coreografía que quiera, y los cadetes llegan el día de la quinceañera ya listos. La muchacha solo tiene que aprenderse unos pasos sencillos y listo. Ya tienen sus chambelanes. Y son bien profesionales".

Todo por una feria extra, claro. "Hay que pagarles a los cadetes", dijo Jorge. "Y yo tengo que llevarme mi tajada".

Jorge llegó a Estados Unidos con una mano adelante y otra detrás. No tenía muchos estudios (solo había terminado la prepa en México). Pero vio una oportunidad de negocio y se aventó.

Hoy en día, gracias a su imperio quinceañerístico, varias familias hispanas pueden respirar tranquilas de que su festejo les saldrá de lo mejor posible. No importa que tengan que pagar por el servicio.

"Los paisanos significan un mercado enorme", sonreía Jorge mientras me despedía. "Hay mucha lana en esto. Y para mí, lo mejor es que los gringos ni se han dado cuenta."

—28 de noviembre de 2003

Manuel, el de la basura

Lo conocí hará cosa de dos años. También en diciembre. También con un frío espantoso. Típico invierno texano. La piel de la cara quemaba y lo único en que pensaba era en quedarme en mi casa.

Vivíamos en un departamento, en el primer nivel. Ese día se habían amontonado varias bolsas de basura en la cocina, y salí un momento al frío a sacarlas. Debía caminar hasta el contenedor comunitario de los departamentos, que estaba a unos doscientos metros de mi puerta.

Como pude, balanceé las tres bolsotas negras de plástico en mis dos manos, y comencé a caminar a brinquitos para espantar las temperaturas bajo cero.

"¡Oiga, señor!", me llamó una voz.

Volteé distraídamente y lo ví por primera vez: Era un hombre de unos treinta y ocho años. Vestía un sencillo suéter, unos desgastados pantalones de mezclilla y ténis. Unos bigotitos y una rala barba era lo único que definía su rostro.

Un inmigrante mexicano indudablemente.

"¿Sí?" pregunté. "¿Qué se le ofrece?"

El hombre se acercó a mí, encorvado como para mantener el poco calor en su cuerpo. "Ya me imagino qué se le ofrece", pensé. "De seguro algún dinero. Me va a salir con algún cuento de que iba a México, que su camión lo dejó, que va a ver a su abuelita enferma... En fin".

"Buenas, mi nombre es Manuel", se presentó el individuo. Como si adivinase mis pensamientos, me explicó: "No, no le vengo a pedir nada. En cambio, vengo yo a ofrecerle algo".

Ahora sí había picado mi curiosidad.

Prosiguió: "Verá usted, resulta que yo vivo en estos mismos departamentos, por allá. Y veo que usted tiene que caminar todos los días hasta el contenedor de basura para tirar sus bolsas.

Hasta ahí, todo era obvio. En medio de los malabares que trataba de hacer con las tres bolsotas, asentí.

"Bueno, pues yo le estoy ofreciendo a la gente que vive por aquí mis servicios para encargarme de tirar las bolsas de basura", declaró Manuel.

No, no sonaba a cotorreo, lo dijo muy en serio. Muy profesional.

"¿Usted quiere tirar mi basura?", pregunté casi sin pensar.

"Bueno, sí. Por un pequeño cobro, claro", explicó Manuel. "Mire, por cuatro dólares a la semana, yo puedo pasar por su puerta todos los días, e ir a tirar las bolsas de basura que usted me deje la noche anterior. Así usted no tiene que salir al frío ni arriesgarse".

Me quedé pensando. Ya ni sentía las bolsas.

"Si usted lo prefiere, puedo pasar una vez a la semana, o cobrarle por bolsa. Entonces la tarifa sería $1.50", detalló.

Debo confesar que Manuel me sacó de onda. Yo, de malpensado, estaba seguro de que este mexicano (inmigrante como yo), humilde me iba a pedir dinero. Una limosna. En cambio, Manuel —con toda la dignidad de un ser humano trabajador— me había ofrecido un servicio. Satisfacer una necesidad.

Una mujer negra, bien vestida y esbelta, bajó entonces por las escaleras desde el segundo piso del edificio de enfrente. Mientras se subía a un auto Honda, se tomó un momento para voltear, ver a Manuel, y saludarlo con un ademán y una sonrisa antes de partir.

"Ella es una de mis clientas", explicó Manuel sonriente, mientras le devolvía el saludo.

No contraté los servicios de Manuel en ese momento. Le dije que en ese rato no tenía dinero, que lo iba a pensar. Entendió perfectamente. Garrapateó su teléfono en un papelito arrugado que me entregó, a manera de *"business card"* y se despidió.

Manuel me dejó pensando. ¿Quién era? Me ofreció un servicio sencillo, ir a tirarme la basura. Parecería hasta algo prosaico e incluso ridículo.

Pero su actitud me encantó.

Me imaginé que Manuel había venido a Texas desde México a trabajar. Como tantos inmigrantes latinoamericanos. Quizá la suerte no le sonrió. Quizá no pudo comprar papeles "chuecos" (cuestan caros). Quizá nadie le tendió la mano, ni lo recomendó en una chamba.

O quizá sí tuvo trabajo, pero a la mejor lo despidieron. O era empleado temporal. O a la mejor sí tenía empleo, pero no le alcanzaba. Necesitaba pagar cuentas. Comprar el mandado.

El caso es que me imaginé a Manuel despertándose un día y encontrándose con el dilema de que necesitaba dinero.

Muchos de nosotros hubiéramos pasado ese día lamentándonos. Y el siguiente. Y toda la semana. Maquinando maneras de pedir prestado a los cuates. O maldiciendo a Estados Unidos por no ser el paraíso donde se barren los dólares, como pensábamos.

Manuel pudo no haber hecho nada, quedarse cruzado de brazos, en espera de que le mejorara la suerte.

O peor, irse a robar, a matar. A sacar dinero fácil.

Pero no. Manuel no hizo eso. En cambio, pensó en qué podía hacer para juntar dinero. No tenía trabajo. No hablaba inglés. Pero tenía dos brazos, dos piernas y un cerebro.

Se le ocurrió cobrar a sus vecinos por irles a tirar la basura.

Es cierto, caminar hasta el contenedor de basura puede ser una latita. Sobre todo para quienes viven lejos del tiradero, o para quienes no tienen tiempo (en este país todo mundo anda a las carreras). Hay quien lo olvida. Hay muchas mujeres viviendo solas. O su marido trabaja. No falta qué ocurra.

Manuel quizá vió una oportunidad de negocio, un nicho como dicen los entendidos. "Quizá", pensó, "haya quien esté dispuesto a pagar por ese servicio".

Y se lanzó a su empresa.

Cuatro dólares a la semana es muy poco para este país. Es lo que les sobra a muchos de cambio en la bolsa. Haciendo cálculos, pensé que si Manuel tenía diez personas a quienes les tirara la basura a la semana, ya se estaría ganando unos cuarenta dólares cada siete días, libres de polvo y paja.

No es un salario, claro, pero al menos sirven para comprar lo básico. Pan, tortillas, huevos, leche. A la mejor Manuel tiene familia, aquí o en México. Para un padre, cuarenta dólares muchas veces significa la diferencia entre que sus hijos se vayan a la cama con hambre, o que tengan algo para cenar.

Manuel para mí es un símbolo de los inmigrantes mexicanos y latinoamericanos que vienen a este país. No es el mejor. No es el más famoso, ni el más exitoso. Es, en cambio, uno más entre millones de inmigrantes que día a día se abren camino a brazo partido, inventando, creando, ingeniándoselas para encontrar cómo ganar el dólar de mañana. Ya sea pintando un cuadro hermoso, dirigiendo una corporación, escribiendo una canción, construyendo una carretera... o tirando la basura a sus vecinos.

Es la misma iniciativa que nuestra gente muestra en todos lados, fuera o dentro de sus países. Es gente que en un arranque de crisis, agarra unas tortillas, les unta frijoles, queso y chile y se lanza a vender tacos a la calle para salir adelante. Pero de hambre no se mueren.

Esta es, precisamente, el tipo de actitudes que Estados Unidos premia con el éxito a quien se avienta a trabajar a diario, sin importar de qué país venga, ni si es blanco, morenito, rubio, "indito", bonito o feo.

Cada día, más y más Manueles salen adelante en este país, a pesar de las críticas y ataques de los que, todavía, no nos quieren.

—5 de diciembre de 2003

Manifestaciones de hispanos:
¿Qué, sin baile nadie va?

Antes que nada, debo confesar que no soy muy amigo de las marchas, de las protestas, ni de las manifestaciones.

Siempre que alguien organiza una protesta para buscar una legalización para los indocumentados en Estados Unidos, por ejemplo, yo comento que sería más útil "protestar" ante el Congreso. Pero con votos, no pancartas.

Pero hay que reconocer que a veces, para demostrar la fuerza de un grupo o la legitimidad de una petición, no hay nada como una buena marcha ("En este país, si te preparas, y nunca te callas la boca llegarás muy lejos", me decía sabiamente un activista "chicano" de Dallas).

Y ese fue precisamente el problema de la marcha organizada este pasado domingo 7 por grupos hispanos, para protestar contra el caso de las drogas falsas.

El escándalo que propició esta protesta fue enorme: Por lo menos una veintena de inmigrantes mexicanos (algunos indocumentados, algunos residentes y hasta ciudadanos americanos) fueron detenidos por oficiales antinarcóticos de la Policía de Dallas, en 2001.

Los inmigrantes fueron acusados de narcotráfico. Se presentaron bolsitas de cocaína incautada en sus casas y en sus negocios, como evidencia.

El jefe de la Policía de Dallas, Terrell Bolton, hizo una rueda de prensa con bombo y platillo, aplaudiendo a sus agentes.

El gusto les duró poco: Semanas después, se descubrió que la tal droga incautada no era más que polvo de yeso. La cual los policías la habían "sembrado" a propósito para detener a los inmigrantes.

Ante tal escándalo, se tuvieron que desechar 80 casos de narcotráfico y los acusados salieron libres (después de meses y hasta un año de cárcel).

La cosa es que sólo un policía, Mark De la Paz, fue juzgado por este incidente, que destruyó muchas vidas de gente trabajadora e inocente. Peor aún, tras varias semanas de juicio, De la Paz fue exonerado de cualquier responsabilidad y salió libre. Recuperó su puesto como oficial de la policía.

Una bofetada en la cara de los inmigrantes hubiera sido más benévola que esto.

Ante ello, por vez primera, todas las organizaciones defensoras de inmigrantes de Dallas se unieron para protestar. Exigieron una investigación independiente. Exigieron que se castigara a los responsables. Y llamaron a una marcha de protesta frente a la alcaldía de Dallas, este pasado domingo 7 de diciembre de 2003.

La marcha se anunció con mucha anticipación, dos semanas antes, por todos los medios: Prensa, radio y televisión. Los más de diez periódicos en español de Dallas lo anunciaron, al igual que los dos canales de TV y todas las estaciones de radio.

Ese día, todos esperábamos una protesta monumental. Algo que hiciera ver la fuerza de la comunidad inmigrante. Un grito descomunal en favor de la justicia.

Bueno, pues la protesta en sí estuvo bien. Hubo organizaciones hispanas, como LULAC (Liga de Ciudadanos Latino Americanos Unidos), CIME (Coalición Internacional de Mexicanos en el Exterior) además de organizaciones de zacatecanos, coahuilenses, chihuahuenses, jaliscienses, hidalguenses y más.

Estuvieron también sus líderes. Hubo pancartas. Hubo gritos. Hubo un podio. Hubo oradores.

También se hizo la tradicional "vuelta olímpica" con gente marchando, puño en alto y pancartas al aire. A pesar del frío. A pesar de que era domingo.

No, todo eso estuvo bien. En cambio, lo que de verdad nos incomodó no fue la protesta en sí, sino la falta de gente.

Ya desde el momento de llegar caminando a cubrir el acto, se nos hizo muy poquita gente. Poquísima. Dije, "bueno, a la mejor se ven pocos porque se ven chiquitos, al lado del animalón que es el edificio de la alcaldía. Quizá al acercarnos, la cosa cambie".

Nos acercamos. La imagen no cambió: Seguía viendo poquita gente.

Mientras los oradores lanzaban condenas contra el sistema, contra la injusticia cometida contra la comunidad hispana, comencé a contar a los asistentes. Fui de diez en diez.

Total: 120.

No, me dije. No puede estar bien. Me equivoqué. Necesito anteojos.

Va de nuez. De a uno por uno.

Uno, dos, tres, comencé. Cuatro, cinco, seis... Donde había una bolita de gente amontonada, que no me dejaba contarlos bien, le calculé. Allí deben haber como cinco. Allá, otras tantas.

Total, 130. Máximo, 150, y muy a duras penas. Chiquillos incluidos (y esos, técnicamente, no cuentan, porque no fueron por voluntad propia. Los llevaron).

"Oye, ¿como cuánta gente calculas?", le pregunté a un cuate de otro medio que andaba por allí. Aún tenía la esperanza de que mis matemáticas estuvieran cuatrapeadas. O que necesitara lentes.

"Son como trescientos, o cuatrocientos", me dijo, muy serio.

"¿Cuatrocientos? Por favor. Si a duras penas conté 150."

"No, no", insistió. "Hay que decir que son cuatrocientos".

Acto seguido soltó una carcajada, divertida. Como riéndose de su puntada. Con ello, me confirmó lo que temía: Yo no andaba muy errado.

Los dos diarios en español, *Al Día* de Dallas y *La Estrella* de Fort Worth se pusieron de acuerdo en que fueron 200 los asistentes. Quizá contaron a los organizadores, a los que tomaron la palabra y hasta uno que otro tipo que manejaba el equipo de sonido. Incluidos los reporteros. Aún así era un número bajísimo, considerando el motivo de la protesta.

¿Qué pasó? ¿Por qué tan poquísima gente?

Alguien culpó al frío de la enclenque participación de la comunidad. Otros dijeron quesque fue en domingo, y la familia andaba en "compromisos sociales".

Yo no sé, pero esto es decepcionante. Terrible. ¿Cómo que sólo poco más de cien personas acudieron al llamado a pedir justicia por un caso tan horrendo como el de las drogas falsas?

¡Vaya, si hasta a la quinceañera de mi compadre fue más gente!

Y lo malo es que lo que la desidia de la comunidad inmigrante en Dallas es típica de otras partes de Estados Unidos.

¿Qué pasa con los hispanos? Acepto que quizá no acudamos a cualquier llamado, pero esto era importante. A cualquiera le puede pasar. Cualquiera puede ser víctima de la policía, si no se cambian las cosas.

No es un asunto sólo de "inmigrantes", sólo de "ilegales", sólo de "mexicanos". Todos podemos ser víctimas de un caso así. A todos nos debería interesar.

Pero no. Parece que si no se anuncia con bailongo, cualquier manifestación está destinada al fracaso. Porque no vamos a ir. Porque no nos interesa.

Algo curioso es que vimos centroamericanos. Y hasta a algunos negros. Pero ningún sudamericano, que yo sepa.

Ni puertorriqueños ni cubanos. ¿Dónde están esas organizaciones sudamericanas de Dallas que siempre les gusta salir en los periódicos, con las fotos de sus orgullosos dirigentes? ¿Colombianos? ¿Peruanos? ¿Venezolanos? ¿Argentinos? ¿Uruguayos?

Bueno, ya no digamos sus líderes, de perdido alguno que otro miembro de esa comunidad que se haya dado la vuelta el domingo, aunque sea por despistado, en el *City Hall* de Dallas. No hubieron.

Pero bueno, creo que ya sería mucho pedir, ¿no? Si ni siquiera los mexicanos se dignaron en aparecerse por allí, ¿cómo podemos exigir a otros que se preocupen?

DESDE LAS ENTRAÑAS DEL MONSTRUO

Quizá ya va siendo hora que a los hispanos (e inmigrantes en general) nos preocupe un poco más lo que nos pasa a todos, como comunidad. Si los mexicanos buscamos licencias de manejo, que también nos apoyen los sudamericanos, y hasta los puertorriqueños, y los cubanos.

Si los colombianos quieren TPS (estatus de proteccion temporal), que los mexicanos los apoyemos en sus marchas. Si los cubanos protestan contra el barbón, que los mexicanos y los sudamericanos vayamos a sus marchas a apoyar, o de perdis a hacer bola. Para que se vea más gente. Si los puertorriqueños protestan por Vieques, o piden ser el estado 51, vamos todos en marabunta para hacer presión, porque ello nos beneficiaría a todos indirectamente.

Es triste lo que pasó este domingo, pero desafortunadamente siempre ocurre. Desde que llegamos a esta ciudad, hace casi siete años, siempre es la misma historia.

¿Será que las organizaciones hispanas están perdiendo poder de convocatoria? ¿Será que nuestros dirigentes hispanos ya no tienen tanto carisma?

(Sí, ya sé, ya sé: No faltará el sarcástico que pregunte: "¿Ah, es que alguna vez la tuvieron?" Pero esa es otra historia.)

Quién sabe. Aunque tengo la esperanza de que no todo esté perdido.

Por ejemplo, se me ocurre que para la próxima protesta que haya (ya sea por las licencias, por la amnistía, por las drogas falsas... No falta motivo, hay tantas cosas pendientes) quizá se deba cambiar la estrategia.

¿Por qué no, por ejemplo, organizar un bailongo con Los Tiranos o Los Tigres del Norte, al mismo tiempo de la manifestación? ¿Y de paso protestar contra algo? Aunque sea en el intermedio.

A la mejor esta es la única manera en que podamos incitar a la comunidad hispana, ¿no cree usted?

—12 de diciembre de 2003

La noche en que los radares militares de EE.UU. detectaron el trineo de Santa Claus

Fue la noche antes de Navidad...

Había una vez un coronel del ejército norteamericano. Se llamaba Harry Shoup y estaba a cargo del CONAD, una sistema de radares militares con sede en Colorado Springs, Colorado, Estados Unidos.

Era el año 1955. En plena "Guerra Fría".

El CONAD tenía como objetivo vigilar los cielos de Canadá y Estados Unidos para detectar (y neutralizar) cualquier posible ataque de misiles nucleares soviéticos que pudiera venir por el Polo Norte. Día y noche, 47 radares y estaciones de rastreo "peinaban" el espacio aéreo desde Alaska hasta el río Bravo.

El coronel Shoup tenía un teléfono "rojo", una línea directa de emergencia, para dar la alarma en caso de que los soviéticos lanzaran un ataque nuclear masivo contra Estados Unidos. Sólo dos personas tenían el número de ese teléfono: El presidente de Estados Unidos y el secretario de Defensa.

Ese teléfono "rojo" no debería de sonar. Si sonaba, era porque la Tercera Guerra Mundial había estallado.

En la Nochebuena de ese 1955, el coronel Shoup se encontraba de guardia supervisando los técnicos y militares a cargo de los radares que rastreaban el Polo Norte, como siempre.

Entonces, por primera vez en su historia... el teléfono rojo sonó.

Por supuesto, el coronel Shoup se temió lo peor. Pero como militar, hizo lo que tenía que hacer: Levantó la bocina.

Esperaba escuchar al presidente. O al secretario de Defensa. Esperaba escuchar la orden de desplegar aviones, de contraatacar. De iniciar la Tercera Guerra Mundial.

Pero no, lo que oyó fue una vocecita. Era un niño. Y llamaba porque quería hablar con Santa Claus.

El Coronel Shoup se quedó mudo.

"Tengo mi lista de juguetes aquí, y he sido un niño bueno todo el año", habría dicho la vocecita al otro lado de la línea.

El coronel pensó que le estaban jugando una broma. Si era así, era bastante pesada. Preguntó quién hablaba.

El niño estaba más confundido que él. "Tú no eres Santa Claus ¿Quién eres?" Shoup se dio cuenta de que no era una broma. En verdad, había UN NIÑO del otro lado de la línea, y captó su voz de desilusión al saber que no hablaba con Santa Claus.

El Coronel Shoup pudo haber regañado al niño. O haber colgado. En cambio, sin perder la compostura, pensó rápido y respondió: "No, no soy Santa Claus. Pero soy uno de sus ayudantes. Dime, ¿puedes pasarme a tu mamá?"

Una vez que el confundido niño entregó la bocina a su mamá, el coronel habló con ella, identificándose.

"Señora, su hijo acaba de llamar a una instalación militar del gobierno de Estados Unidos ¿De dónde sacó este número?"

La mujer sonaba más extrañada aún.

"¿Cómo que de dónde? Del periódico, claro" —respondió.

"¿Del periódico?"

"Sí, claro. Salió publicado en el periódico de hoy".

El coronel tardó un poco de tiempo en entender lo que había ocurrido. Buscó una copia del periódico y sí, efectivamente: Allí estaba el número telefónico ultrasecreto, impreso en tipo grueso, para que todo el mundo lo viera. (Y de pilón, junto a un dibujo de Santa Claus). ¿Qué había pasado?

Resulta que una tienda local de la cadena Sears, en Colorado Springs, había anunciado en el periódico que tenía una "Línea Directa" telefónica para que los niños hablaran con Santa Claus. Era una promoción navideña que la tienda hacía cada año.

El problema es que el periódico se equivocó. Cometió un error en uno de los números, y en cambio publicó el teléfono de la Línea Directa de Emergencia Nuclear del CONAD.

Por un numerito de diferencia...

Cuando el coronel Shoup se cansó de responder llamadas de niños, pidió relevo a sus subalternos. Toda esa noche, los militares del CONAD se la pasaron tomando llamadas de niños que recitaban listas de juguetes y pedían hablar con Santa Claus.

Algunos de éstos incluso se debieron "identificar" como duendes que estaban ayudando a Santa Claus a responder llamadas, para mantener viva la ilusión infantil.

"¿Qué hacen ustedes allí?" —preguntó uno de los niños a un oficial.

"Somos una instalación de radares" , respondió el militar-duende, sin dar detalles. "¡Radares! Entonces pueden ver por dónde viene el trineo de Santa Claus", declaró el niño.

El oficial siguió el hilo del tema sin perder un segundo: "Sí, claro. Precisamente aquí estamos captando una señal. Sí, ya vemos el trineo de Santa por el radar".

Así comenzó una tradición. Cada año, en época de Navidad, niños de todo Estados Unidos llamaban al centro del CONAD (el cual después fue rebautizado como NORAD) para saber la posición del trineo de Santa Claus, en su recorrido por el mundo.

Pasaron los años. Llegaron y pasaron la década de los sesentas, los setentas y los ochentas. En los noventas, desapareció la Unión Soviética y con ello la "Guerra Fría". Los rusos se volvieron capitalistas y el peligro de un misil atómico que llegara por el Polo Norte se redujo, por no decir que se esfumó.

Lo que nunca cambió fue la tradición de rastrear el trineo de Santa Claus.

Pero ahora NORAD se modernizó. Con el tiempo, pasaron de la línea telefónica al Internet. En 1997, se puso en operación el sitio www.noradsanta.org, en el cual niños de todo el mundo pueden acceder directamente desde su casa los radares para ver dónde está el trineo de Santa Claus durante Nochebuena.

Esta Navidad de 2003, el NORAD sigue "peinando" del Polo Norte para informar dónde se encuentra el trineo mágico, casi cincuenta años después de aquella primera llamada de un despistado niñito que pidió hablar con el viejo gordo y barbón.

El sitio de internet también enseña video "en tiempo real" del recorrido del trineo, y ofrece una sección de información ultrasecreta "desclasificada", donde científicos del NORAD explican misterios de Santa Claus. Por ejemplo, cómo puede repartir millones de juguetes alrededor del mundo en una sola noche. (Una pista: Santa Claus se mueve en un continuo espacio-tiempo distinto al tiempo del resto de la Tierra. Hasta el mismísimo Einstein hubiera aceptado la explicación como factible).

El sitio incluso tiene versiones en varios idiomas: Inglés, español, japonés, francés, portugués e italiano.

Desde que inició su rastreo de Santa Claus, NORAD ha recibido más de cuarenta premios internacionales por su labor, la cual la llevan a cabo cada año unos 80 voluntarios quienes toman el papel de "ayudantes de Santa Claus" y responden llamadas y correos electrónicos en seis idiomas. Más de 7 mil llamadas se reciben de todo el mundo durante la Navidad, además de que el sitio web recibe un promedio de 28 millones de visitas. Varias empresas y organizaciones patrocinan el esfuerzo sin que le cueste un centavo de las arcas al siempre refunfuñante contribuyente norteamericano.

Los periodistas y reporteros metemos la pata muy seguido. La mayoría de las veces, nuestros errores se pueden corregir antes de salir impresos. Pero muchas otras, no. Y hay colegas a los que estas metidas de pata les ha costado la chamba.

Pero hay errores que, como los de los inventores, se cometen y de chiripada sale algo bueno de ello. Esto es precisamente lo que ocurrió con el caso del NORAD. El error de ese periódico de Colorado Springs pudo desatar un conflicto nuclear, pero en cambio acabó originando una bonita tradición navideña.

Seguramente algunos lectores, a estas alturas, ya estarán aburridísimos. Si no es que ya dejaron de leer este artículo desde hace mucho rato. Dirán que es un desperdicio de espacio. Una frivolidad. ¿Por qué hablar de este tema, habiendo asuntos mucho más "serios" e "importantes", que valen más la pena tratar?

Bueno, quizá sea porque este tema no es para ellos. Quizá no tienen hijos o no celebran la Navidad con pinito y regalos. O simplemente no creen en Santa Claus. Y están en su derecho.

En cambio, si usted tiene hijos, entenderá perfectamente el circo, maroma y teatro que uno como padre hace cada Navidad para explicar el fenómeno de Santa Claus a los niños. Y para escribir las cartas, enviarlas por correo, y asegurarse de que esos regalos estén en el pinito en la mágica madrugada del día 25. Para mantener viva la ilusión infantil.

Acorde con este espíritu navideño, es reconfortante saber que un sistema militar como el NORAD, por lo menos durante una época del año se olvida de misiles y ataques, y se da un tiempecito para mantener viva esta ilusión infantil. Y, para los padres (y los niños) de todo el mundo, esto es un asunto tan serio y aplaudible, como la lucha contra el terrorismo.

Feliz Navidad.

—19 de diciembre de 2003

Los inmigrantes en México:
El otro lado de la moneda

A veces se nos olvida que todo asunto tiene varios lados, varios ángulos, desde los cuales se puede ver.

Los que saben dicen que eso se llama "perspectiva".

Por ejemplo, damos por hecho que los mexicanos somos una nación de emigrantes. Es natural: los 18 millones de compatriotas que viven fuera del país —en Estados Unidos— nos lo recuerdan. Y nos lo refuerzan a cada rato los medios, los políticos, las noticias.

Vaya, si hasta los mismos parientes que tenemos en Estados Unidos nos lo reafirman.

Se nos olvida que migrantes podemos ser todos. Cualquier ser humano. Y que, igual, cualquier país puede ser su destino.

Incluso México.

¿Quién se acuerda, por ejemplo, de los inmigrantes que viven en México? Los que eligieron nuestro país como destino, a veces después de muchas dificultades y sinsabores.

A veces nosotros nos portamos un poco como los norteamericanos: Damos por hecho ser ciudadanos, con plenos derechos. Tener derecho a votar. Tener licencia de manejo. Número de causante. CURP. Derecho a trabajar (si encontramos, claro).

Todas las broncas que pasan los "paisanos" en Estados Unidos para arreglar papeles se nos antojan como cosas extrañas, lejanas. Eso no pasa en nuestro vecindario, en nuestra ciudad, en México.

¿O sí?

Las broncas con Inmigración son cosa de Estados Unidos, pensamos. Ni siquiera nos acordamos que México también tiene agentes de inmigración.

Muchos de ellos se portan hasta peor que los gringos.

Cuando un paisano cae en las manos de la Migra gringa, y ya estamos todos los mexicanos protestando: Que si por abuso, que si por crueldad, que si por fascismo de los agentes.

Pero hay que preguntarles a los centroamericanos cómo los trata "nuestra" Migra.

"Ya los soñaba, cada vez que me agarraban", contaba un centroamericano que vivió (de "mojado") en México, acerca de los oficiales de Inmigración en Veracruz. "Me quitaban todo el dinero, se burlaban de mí, y me echaban para Guatemala. Como despedida me decían: 'Cuando nos juntes más dinero, regresas'".

"¿Qué prefieres", le preguntamos, "ser detenidos por la Migra gringa o la mexicana?"

Sin titubear respondió: "Por los gringos, claro. Nos tratan mejor".

(No sé si es de alegrarse saber que al menos en algo les ganamos a los gringos.)

Pero fuera de esos lamentables sucesos, hay otras opiniones que los extranjeros tienen de México. Como inmigrantes. Como seres humanos. Algunos deprimentes. Otros, bastante buenos.

En internet hay foros y foros públicos donde varios inmigrantes que viven en México relatan sus experiencias, y opiniones sobre el país. Los que relatan sus historias son en su mayoría centro y sudamericanos, pero también hay europeos y hasta "gringos".

(Por ejemplo, ¿a que no sabía que hay hasta un millón de norteamericanos viviendo de manera constante en México? Las cifras varían, pero se calcula que es un número aproximado, según publicaciones de los propios expatriados.)

(Emigrar a México) "me ha permitido tener mi casa toda amueblada, y tener cosas que en mi país no hubiéramos podido tener", relataba una joven sudamericana en uno de esos sitios.

"Es caro, pero se vive bien", es otra de las opiniones más repetidas por muchos argentinos y uruguayos. Lo de caro, lo sabíamos. Lo de bien... a veces lo dudamos. Pero es bueno que nos lo recuerden.

¿Será que somos muy roñosos?

"Acá me puedo dar lujos que no podía", relata otro joven. "Como tomar coca-cola todos los días, tener el refrigerador lleno, pensar en comprarme un auto, pensar en abrir un negocio. Tener vida propia, poder salir a divertirme. Darme gustos. Vivir".

Una uruguaya era hasta optimista: "Ya no estoy todo el tiempo pensando qué va a pasar si me despiden. Siento que aquí tengo un futuro muy bueno. Ya no tengo miedo de quedarme en la calle, ni de que un día me quede sin dinero para comprar comida. (...) Puedo mirar vidrieras sabiendo que puedo comprarme algo cuando quiera".

Una argentina (refugiada durante la dictadura de los setenta) hasta se sorprendió cuando una vez, recién llegada, vio al entonces presidente José López

Portillo salir al Zócalo y saludar a la gente de mano. "Para mí, eso era la verdadera democracia", recuerda, un tanto inocentemente. "Muy diferente a (el presidente argentino entonces) Jorge Videla, que salía a la calle rodeado de un erizo de ametralladoras".

Otro refugiado, un profesor universitario, recordó cómo se quedó "alelado" al ver las vidrieras de una librería en el DF, con textos de Marx, Engels, Lenin... Libros todos prohibidos en el Cono Sur.

"Al principio me llamaron la atención todo del país" cuenta otro emigrante uruguayo. "El empuje, las ganas de remar de los mexicanos, pese a todo".

Otro fue más directo: "De México, me encanta la gente amable, el buen nivel económico que puedes conseguir con un trabajo mediocre, la cantidad infinita de oportunidades de hacer tu propia empresa con nada y poder vivir como un rey si la querés pelear y trabajar duro".

(Me gusta de México) Que hay trabajo para todos digan lo que digan, aquí hacés sandwiches y sales a la calle y los vendes todos rapidito", detallaba una mujer argentina.

Y así por el estilo. Para muchos inmigrantes, México es el país de las oportunidades. Como lo es Estados Unidos para los mexicanos.

Si, claro, habrá quienes digan que a los sudamericanos los tratamos mejor. ¿Pero qué tal a los indígenas centroamericanos?

Una mujer centroamericana estaba alegre porque le habían dado (por fin) sus papeles de residente mexicana. Pensaba hacerse ciudadana.

"¿Cómo puede estar alegre si en México le pagan 2 dólares diarios?", le preguntó atónito un reportero norteamericano.

"Dos dólares es mucho mejor que lo que ganaba en mi país: Nada", respondió la mujer. Sin queja, sin ironía. De verdad feliz.

Pero no todo son porras. Los extranjeros son críticos de México, a pesar de su amor por el país. Y no dudan en dejar claro lo que no les gusta del país.

"La gente, no es tan comunicativa como en Uruguay. Me costaba un poco relacionarme con los mexicanos, sobre todo en Cancún que son yucatecos, creo que es la gente más cerrada de México", relataba un uruguayo en el sitio www. redota.com.

Otro forista del mismo sitio no dejó títere con cabeza al criticar a los mexicanos: "La gente es muy floja, no les gusta trabajar. También son muy mentirosos, nunca les podés creer, son irresponsables y sumamente impuntuales. También son demasiado religiosos, me he tenido que comer muchas charlas religiosas muy tediosas, y además muy cerrados, hay muy poca gente con la cual conversar abiertamente. Y además hay muy bajo nivel cultural. (Añoro) nuestra ciudad tan bien arreglada (aquí las calles son muy toscas y mal terminadas) Las casas con su estilo europeo (aquí las casas son bien feas y toscas)",comentaba.

Otros son más moderados:

"Me va bien con los mexicanos, en general son superamables, el problema es que nunca sabés qué es cierto y qué no, no ten dicen nunca que no, pero a la hora de la verdad... Pero básicamente les caes bien", explicaba otra joven sudamericana.

Claro, la cuestión del racismo no queda de lado en las opiniones de estos inmigrantes en México, y lo expresan en sus opiniones. Y aunque la mayoría de la gente dice nunca haber sido discriminado en México, hay algunas opiniones sorprendentes, como ésta:

"(Cuando llegué) Todos me miraban como no sé... a veces bien, a veces no tengo idea.. Acá ser alto, blanco y lindo automáticamente te hacen notar que sos diferente, hay como una especie de distancia, y al mismo tiempo admiración por ser blanco", relataba un joven uruguayo que vive en Monterrey.

"Es muy extraño, (los mexicanos) son racistas con ellos mismos", concluyó.

A veces es sano darse una vueltecita por otros barrios. Ver lo que opina otra gente sobre la vida, y sobre nosotros mismos. Y es entonces cuando, en "perspectiva", aprendemos más, hasta de nosotros mismos, ¿no cree usted?

—9 de enero de 2004

'¿Pues quién te tiene en Estados Unidos?'

Hace unos días, estaba pensando sobre qué escribir un artículo.

Hay tantos temas: La nueva propuesta migratoria, por ejemplo (con las iracundas protestas que ha causado entre los americanos). O la lectura del informe del presidente Bush al país. O a la mejor la sorpresiva derrota del candidato demócrata favorito en las elecciones primarias.

Luego, escuché una noticia en la TV: Habían matado a cuchilladas a un niño mexicano en Dallas.

El asesinato es de por sí, algo impactante. Noticia. Pero en esta ciudad, como en muchos barrios de Estados Unidos, se está convirtiendo en algo cotidiano.

Eso fue lo que nos horrorizó.

El niño asesinado tenía catorce años, y se llamaba José. No era miembro de pandillas. Tampoco vendía droga, ni parecía que tuviera problemas con familiares o amigos, según cuenta su mamá.

Lo más espantoso es que a José lo mató otro niño. Frente a su escuela.

Claro, el incidente provocó sorpresa, dolor e indignación, no solamente entre los hispanos, sino en toda la gente de Dallas. Las fotos de José se veían por todas partes: Un niño sonriente, aparentemente tranquilo y sin problemas. Como cualquier niño que nosotros conocemos. Quizá como cualquier hijo, sobrino o nieto de cualquiera de nosotros.

Pero el homicidio de José no fue lo que me impactó más, a pesar de ser de por sí un hecho lamentable. Sino que me acordé que no era el único asesinato del que se hablaba recientemente en Dallas.

Volteé a ver a Luis, mi compañero de trabajo y le pregunté: "Oye, ¿no te has dado cuenta de que a cada rato asesinan gente en Dallas?"

Días atrás había escuchado la noticia de un hombre de edad, mexicano, al que acribillaron en la puerta de su casa, cuando se preparaba para salir a trabajar. Y pocos días antes recordaba la historia de una familia asesinada por su padrastro dentro de su casa.

Como estas noticias, uno puede repasar la memoria y encontrar muchas más, apenas semanas o meses atrás. Y aunque los casos son distintos, predomina un patrón: Se trata de gente "normal", como cualquier vecino o amigo. Como nosotros, vaya. Usted y yo. Una vida tranquila, familiar. Y de pronto, algo pasa y los matan. Así, nomás. Sin deberla ni temerla.

No andaban metidos en la mafia, no andaban dando "el rol" en un barrio de mala muerte. No andaban desafiando a pandilleros. No, estas personas mueren frente a su casa. Frente a su escuela. O hasta dentro de sus mismas casas.

Otra coincidencia: Casi todos son hispanos, inmigrantes. O negros.

Y siempre ocurre en los mismos barrios: Oak Cliff, East Dallas, West Dallas, Pleasant Grove. Casualmente, las zonas con más concentración de "paisanos".

Cualquiera dirá, "¡Yaaa! ¿A poco los gringos son muy santos? ¿A poco entre ellos no hay asesinos?". Claro que sí. Los gringos también mueren asesinados. Pero la cuestión está en que los asesinatos más bestiales pasan entre hispanos y negros. O al menos los que me acuerdo.

El típico homicidio entre gringos pasa, generalmente, cuando un padre de familia desquiciado agarra a balazos a sus compañeros de trabajo. O a su familia. Son arranques mortales, que nadie espera. O masacres como la de la escuela Columbine, en Colorado, que causan encabezados a ocho columnas aquí y en China.

Pero en el caso de los hispanos la cosa es, a mi parecer, peor, porque nadie hace escándalo. Nadie dice nada. Ni siquiera nosotros mismos. ¿Mataron a un niño mexicano? Otro mas... ¿Asesinaron a una jovencita hispana? Terrible, pero así pasa.

Sí. Nuestras tragedias quizá no sean de la envergadura de la escuela Columbine, o los "Davidianos" de Waco, Texas (¿se acuerdan?). Pero ocurren muy seguido, a cada rato. Y a la larga causan tantas o más muertes que las matanzas entre anglosajones.

¿Qué pasa? Las estadísticas del FBI dicen que Dallas es una de las ciudades con más asesinatos de todo el país, pero el problema es que este patrón se repite en muchas otras ciudades: Los Ángeles, Houston, Chicago, Detroit... Las ciudades norteamericanas son cada vez más inseguras.

Y a diferencia de los asaltos en ciudades como México o Río de Janeiro, el móvil no es el robo, ni el hambre, ni la necesidad (como quizá pudieran justificarlo —incorrectamente los "mochaorejas"). No, los asesinatos en ciudades americanas son... pues, nomás, porque sí. Por gusto. Porque alguien le cayó mal a un matón. Porque alguien le gritó al conductor de adelante porque iba muy lento, y éste sacó la pistola y se la vació en la cabeza. O porque pasan locos en un carro, dando tiros sin ton ni son, como ese que le atravesó el cráneo a una madre que ponía el pinito de Navidad en la sala de su casa. O como aquella niñita de siete años que jugaba en el patio de su casa y le cayó del cielo una bala "perdida" y la mató.

Toda esta situación horroriza a cualquiera. No es por nada que uno se vuelve medio paranoico.

Cuando le cuento esto a amigos y familiares en México, la invariable respuesta es: "¿Pues quién te tiene allá?"

(Como si en México no hubieran problemas, ni delincuencia).

Claro, a veces me hago la misma pregunta. Pero luego caigo en cuenta que acá, Estados Unidos, es mi hogar. Como el de otros 37 millones de hispanos. El de 250 millones de personas que viven en este país. Para bien o para mal.

¿Y a fin de cuentas, quién es el culpable de tanta violencia? Nosotros, claro. No sólo los gringos, ni los defensores de las armas, ni George W. Bush. Sino nosotros, los padres de familia por no educar a nuestros hijos, porque estamos muy ocupados trabajando día y noche. Nosotros, los emigrantes mexicanos o latinoamericanos que no hemos podido asumir el papel de padres, y dejamos (la mayoría de las veces sin querer) a nuestros hijos valerse por sí mismos sin orientación.

Antes de quejarnos ante el FBI, el Departamento de Policía, Inmigración o el Capitolio, quizá debiéramos comenzar por corregir nuestra conducta, y asumir nuestra responsabilidad como habitantes de este país. Hacer nuestra parte.

Porque, aunque digan que este país es "de los gringos", no podemos dejar de colaborar por hacerlo cada vez mejor. A fin de cuentas, aquí estamos. Aquí vivimos. Y, quizá, aquí vamos a morir.

—23 de enero de 2004

187

Aquellos inmigrantes que no han conseguido el sueño americano

Gustavo es una persona muy inteligente. Muy capaz. Es un experto en su pasión: Los deportes. Desde niño, ya mostraba interés en todo lo relacionado con los deportes.

"Mi mamá me contaba que desde los cinco o seis años yo me sentaba frente a la televisión, con un cuaderno y un lápiz en la mano, a ver los partidos de futbol", cuenta sonriendo.

Ni siquiera sabía escribir bien (cometía un montón de faltas de ortografía, pues escribía los nombres como los oía), pero anotaba los resultados de los partidos que veía: Nombres de jugadores, equipos, minutos de los goles, acción y detalles.

Su pasión lo llevó a emplearse (qué mas) como cronista deportivo en varios medios locales de su provincia natal en Argentina, donde destacó desde que era adolescente. Pasó por redacciones de periódicos, revistas y estaciones de radio.

Fue gracias a uno de esos medios por los que pudo llegar a Estados Unidos, a cubrir uno de los juegos en los que la selección argentina de basquetbol ganó al equipo norteamericano.

Viendo la oportunidad de estar en la meca de los deportes del mundo, Gustavo buscó algún empleo. Parecía fácil. Y aparentemente Gustavo lo tenía todo: Una carrera destacada. Un conocimiento profundo de su profesión. Era solo, sin esposa o hijos, por lo que no tenía la presión de mantener una familia.

Pero sobre todo tenía entusiasmo, ganas de hacer algo. "Yo vine a trabajar a Estados Unidos, no como muchos otros argentinos", relata. "Los argentinos no se distinguen por querer venir a trabajar: El argentino promedio quiere venir a un puesto ejecutivo. No les gusta ensuciarse las manos".

Al principio logró colaborar con varios medios hispanos de distintas ciudades: Radio, prensa, revistas. Pero nada estable, nada concreto. Solo proyectos, que de la noche a la mañana desaparecían.

El mayor problema: Su falta de documentos. "Donde quiera se te cierran las puertas, las empresas de medios no quieren contratarte", recuerda. "Como que tienen terror a que se sepa que contratan indocumentados".

Irónico en un país donde los medios se la pasan del lado de los inmigrantes, y cubren con mucho detalle sus vidas, aspiraciones y sueños. Pero no dan chamba.

Gustavo comenzó con mucho entusiasmo. Llegó a este país con la idea de doblar el lomo, para trabajar, hacer algo. "Está muy difícil en Argentina".

La misma historia de casi toda Latinoamérica.

Pero ahora, a más de dos años de haber llegado, Gustavo aún no ve la luz al final del tunel. Y es que, para su desgracia, como a muchos otros inmigrantes que llegaron recientemente, le tocó lo más difícil de la recesión.

Luego se atravesó el 11 de septiembre, la guerra de Afganistán, la de Irak, y el sentimiento antiinmigrante.

"No es nada fácil", comenta un poco desesperado por no encontrar empleo. "La gente piensa que es muy fácil venir a trabajar acá, pero nada qué ver".

A él quizá le ayude su imagen: Descendiente de europeos alemanes que emigraron a Argentina en el siglo 19, Gustavo tiene todo el tipo ario. Mide más de dos metros, tiene los ojos azules, y la piel blanca. Su pelo tira a rojizo. Podría pasar por gringo aquí y en China.

La bronca es que no habla inglés. Muy poco. Poquísimo. Su fuerte acento argentino tampoco le ha granjeado muchas simpatías entre los mexicanos y "chicanos".

Gustavo ha hecho de todo: Su sueño de hacer crónicas deportivas internacionales desde Estados Unidos debió dejar paso a la urgencia de encontrar un empleo. Cualquiera. Comenzó de lavaplatos en un restaurante mexicano, de donde lo corrió un cocinero porque le cayó mal. Luego fue a una fuente de sodas, estuvo de mesero, y hasta se la ha pasado vendiendo lo poco que tiene para sobrevivir.

Como vivía junto con un compatriota, compartiendo un apartamento, su apuración es conseguir dinero cada mes de perdido para pagar la renta.

A diario checa los periódicos para saber dónde hay alguna inauguración, alguna feria comunitaria, para ir. "Por lo menos dan comida gratis, o un refresco. Con eso resuelvo lo de la comida".

Ahora anda tratando de vender una chamarra (o "campera", como le dice él) por lo que sea. Por lo menos para poder pagar la renta. "No me importa que me la pase sin comer toda la semana".

Como él, millones de inmigrantes latinoamericanos que llegaron apenas hace algunos meses, dos años a lo sumo, se la ven muy duras. Y la noticia de la posible legalización de indocumentados, anunciada por el Presidente George W. Bush y los líderes del Senado, no le hacen mucha diferencia. "Dicen que van a legalizar solamente a los que tengan un mínimo de cinco años viviendo en el país", comenta tristemente por su parte Víctor, un inmigrante peruano. "Con eso nos dejan fuera a mí y a mi familia".

"Luego, piden comprobar que uno ha pagado impuestos por lo menos por cuatro años", se queja Gustavo. "Yo a duras penas puedo mantenerme".

Por lo pronto, ya se informó que tras el anuncio de la posible regularización migratoria en Estados Unidos, aumentó sensiblemente la inmigración ilegal. Cientos de personas más se animaron a pasar para acá, en espera de poder estar presentes para cuando se anuncie la legalización.

Algunos arriesgan todo: Pagar al "coyote", hacer la peligrosa travesía por el desierto o por el río Bravo, aún a costa de su vida. En pos de una esperanza.

Pocos saben que, de darse, la regularización migratoria tendría reglas muy estrictas: La mayoría de ellos quizá ni siquiera calificaría, por haber llegado recientemente.

Eso si no se mueren o los agarran antes en la frontera.

"Luego viene el problema del empleo", explica Víctor. "Ni siquiera a gente como nosotros, que tenemos ya tiempo aca, conocemos amigos y hemos hecho una vida más o menos normal, nos ha ido tan bien como esperábamos. No nos quejamos, pero no es nada fácil".

Víctor ha mostrado entusiasmo. Descendiente de una familia de panaderos y pasteleros, ni tardo ni perezoso, apenas desempacó en este país se puso a trabajar. Rentó un departamento y comenzó a hornear sus pasteles, panes, empanadas con sabor peruano, y los ofreció de puerta en puerta a sus compatriotas.

"Era muy difícil al principio, porque tenía que trabajar los cinco días de la semana, desde la madrugada", recuerda. "Y luego los sábados y domingos me la pasaba visitando gente, ofreciendo el producto. Terminaba muerto el domingo por la noche, y la mañana del lunes otra vez lo mismo".

Por fortuna, no le ha ido tan mal, y ahora espera pronto asociarse con un amigo para quizá abrir una panadería. Pero, eso sí, que sea peruana.

"De esas casi no hay en Texas. Hay muchos negocios mexicanos, centroamericanos, pero creo que falta una panadería que ofrezca el sabor peruano. Estoy seguro de que hay suficiente mercado", declara confiado.

Las odiseas de estos inmigrantes sudamericanos (como los de otros muchos inmigrantes mexicanos) nos deja pensando. Y no es por desalentar a los inmigrantes potenciales, pero la cosa "está caraja", como dice Víctor.

Cualquiera que opine que es hora de venirse corriendo a Estados Unidos para calificar de inmediato a un permiso de trabajo o una residencia, quizá sueñe sobre una nube. Corre el riesgo de golpearse de frente contra una dura pared de realidad.

Pero más peligroso, es que quizá ni siquiera lleguen a Estados Unidos, y dejen sus esperanzas y las de sus familias en la frontera. O su vida.

—*30 de enero de 2004*

Discriminación: ¿El juego que todos jugamos?

Hace tiempo, un diario en Texas recibió una solicitud para publicar un anuncio clasificado.

Quien contrataba el aviso era una mujer que buscaba una persona para compartir los gastos de un departamento: Una *"roomate"*, como se dice en inglés.

Como para la mujer sus creencias religiosas eran muy importantes, incluyó sólo un requisito para el solicitante: Tenía que ser "cristiano".

El periódico no se percató del detalle y publicó el anuncio.

Cuál fue la sorpresa del Departamento Legal del diario cuando recibieron una demanda judicial por parte de una lectora, la cual se había sentido "discriminada" por la dueña del departamento.

En la demanda, la mujer aseguró sentirse "discriminada", porque el hecho de no ser "cristiana" le cerró cualquier posibilidad de co-alquilar ese departamento.

Pero aquí viene lo bueno: De acuerdo con las leyes vigentes, la demanda también le tocaba al periódico que publicó el aviso. Según, por promover "discriminación".

Por supuesto, seguramente por la cabeza de la demandante nunca pasó ningún sentimiento de "discriminación": Quizá el ser o no "cristiana" le importaba un comino. Lo que quería era dinero, y punto. Y como conocía la ley, únicamente tuvo que encontrar a un abogado lo suficientemente ambicioso como ella para entablar pleito, ganara o no.

Tanto el periódico como la demandada llevaban las de perder, claro. Y seguramente lo sabían. Si sus abogados eran lo suficientemente "picudos", podrían haberle dado vuelta a la tortilla y salir airosos (¿se acuerdan del caso de O.J. Simpson, por ejemplo?). Pero sería un juicio largo, caro y no valía la pena. En cambio, se "arreglaron" con la demandante y su abogado afuera del Tribunal (léase, se "mocharon", aunque a muchos gringos les horroriza siquiera la posibilidad de que "esas" cosas también ocurran en Estados Unidos), y asunto arreglado.

Eso sí, seguramente los ejecutivos del periódico le dieron un cese relámpago al empleado que autorizó ese anuncio, y en adelante se cuidaron de no aceptar otros avisos con tintes "discriminatorios". Se curan en salud.

DESDE LAS ENTRAÑAS DEL MONSTRUO

Las leyes en Estados Unidos se cuidan mucho de prohibir cualquier tipo de discriminación, ya sea por sexo, edad, creencias religiosas, origen y, claro, por raza.

Por ejemplo, la ley laboral establece claramente que es totalmente ilegal que una empresa o patrón discrimine a empleados (o solicitantes de empleo) por ser mujeres, ancianos o musulmanes o de otra religión. Si alguno de ellos sospecha que no le dieron la chamba por cualquiera de estos aspectos, muy bien puede entablar demanda y tendrá a la empresa ante los tribunales "pariendo chayotes" por un buen tiempo. Hay que decirlo, algunas veces las demandas son infundadas, producto de la ambición de uno que otro vivales que busca dinero fácil.

Por eso, los periódicos también se cuidan a la hora de publicar anuncios de empleos. Hay que fijarse bien que no se soliciten "Señoritas", no "Hombres" ni "Jóvenes" o "Hispanos". Esos anuncios que uno ve rutinariamente en México — donde se solicita "secretaria, no mayor de 26 años, soltera, buena presentación y sin hijos"— equivaldrían, en Estados Unidos, a publicar las instrucciones sobre cómo fabricar una bomba terrorista. Apenas se estaría secando la tinta del periódico cuando ya caerían demandas como una tonelada de tabique sobre quien resulte responsable.

Los inmigrantes hispanos, claro, nos sentimos aliviados. Es cierto que muchos de nosotros somos víctimas de discriminación laboral (y de muchos otros tipos) de manera rutinaria, pero el hecho de que por lo menos la ley lo prohíba, ya es alentador.

Pero también hay que reconocer que hay muchos otros hispanos que nunca han sido discriminados en Estados Unidos. Bastantes más. Aunque no lo publiquen los periódicos.

Tampoco mencionamos las veces en que nosotros, como hispanos, como mexicanos, como inmigrantes, hemos discriminado. Aunque no lo queramos aceptar.

Hasta yo mismo me he sacado de onda.

Desde hace unos cuantos meses, el Departamento de Vivienda de Estados Unidos ha estado difundiendo comerciales contra la discriminación en la vivienda, en canales de TV en español. Uno de esos comerciales es excelente: Muestra a un hombre (joven, bien vestido, blanco, delgado y sonriente. Una persona decente. Con acento caribeño) sentado de frente a la cámara. Atrás de él se ve el interior de lo que parece ser un departamento o una casa vacía. Como de renta.

El actor avisa al televidente que el Departamento de Vivienda trata de erradicar la discriminación que se comete contra solicitantes de alquileres. Porque la discriminación ocurre en todas partes, de maneras que quizá no reconocemos.

"Hagamos un experimento", pide el actor al televidente. "Imagínese que usted tiene una casa de renta, y yo soy un solicitante. ¿Me rentaría la casa?".

Yo, inconscientemente, pensé. "Claro que sí, ¿porqué no?, se ve decente. Siempre y cuando tenga el dinero del depósito y la renta".

O sea, dentro de nosotros estamos seguros de que no somos discriminadores. Que, como hispanos, somos más "abiertos" que cualquier gringo *"redneck"* o derechista pro-nazi, de esos que "cazan" mexicanos en la frontera. No, no, cuándo vamos a ser nosotros así, no inventes.

Pero entonces, gracias a la magia del video digital, ese actor del comercial de pronto cambia en un microsegundo. Se convierte ya no en un "decente y bien vestido" hispano (que es la imagen que tenemos de nosotros mismos), sino en un hombre de unos 20 años... Negro. Y no sólo negro, sino vestido de manera bastante, digamos, "casual". Casi como pandillero.

Su voz, la misma de antes, nos desafía tranquilamente: "¿Y qué tal ahora? ¿Me rentarías la casa si fuera negro?".

Nosotros estábamos tomando un refresco en ese momento, y el cambiazo casi nos hace atragantarnos.

Antes de que pudiésemos digerir la metamorfosis, el comercial continuó:

"¿Y qué tal si tengo acento?", pregunta la misma voz, pero esta vez dentro del cuerpo de un asiático (y digo, de verdad asiático. Chino totalmente, hasta vestido de Mao. Calvo y gordo).

No nos pudimos detener para pensar. La cosa siguió:

El actor vuelve a cambiar de aspecto. Se convierte en un árabe: Moreno, cejón, con un rizado cabello café oscuro revuelto sobre su cabeza. "¿Y si soy diferente?", es la pregunta esta vez.

Luego, vuelve a cambiar. Pero esta vez no es un hombre, sino una mujer hispana. Parece caribeña: Morena, pelo negro, largo, ondulado. No fea, pero tampoco atractiva, debido a que trae ropa vieja, mal arreglada, con una bolsota al hombro y un bebé cargando: "¿Y qué tal si soy mujer? ¿Y si tengo niños?".

"¿Me aceptarías o me rechazarías?", pregunta al final la voz.

Para concluir (y cuando ya hemos derramado la mitad del refresco en atragantamientos consecutivos, el actor vuelve de nuevo a su imagen original: Amable, joven, bien vestido. Una persona decente).

"¿Lo harías?", es la estocada final.

Yo no sé, el asunto me puso a pensar. No me considero particularmente cerrado de mente, al contrario. Me gusta pensar que soy bastante tolerante y abierto con la gente. De racismo, claro, nada.

Pero los distintos aspectos del actor en el comercial me derribaron los paradigmas que de mí tenía.

Más aún, mucha gente a la que le he preguntado (amigos, familiares, compañeros de trabajo. Hispanos, mexicanos, latinoamericanos, que se consideran amables, buenas gentes, compasivos y nada racistas) coinciden en lo mismo: "A ésos nunca les rentaría nada", determinan.

"No por odio racial, sino por temor", me explica otra persona, tratando de aminorar su sentimiento. "Es que no me gustaría tener problemas".

Ajá. Lo malo es que eso es lo mismo que piensan muchos norteamericanos que les niegan servicios, renta o trabajo a nosotros los hispanos: No es porque sean malos, pero no confían en nosotros. "No quieren problemas".

Pero para la ley es igual. Eso es discriminación y punto.

"Todos somos racistas", es la máxima de Marcos, mi jefe, el cubano. "Como seres humanos, todos lo somos", repite. Debo confesar que ahora pienso que quizá no ande tan errado.

Como hispanos, como mexicanos, como inmigrantes, ¿cuántas veces no hemos juzgado a la gente por su aspecto? Incluso dentro de nuestra propia comunidad. Conocemos personas, por ejemplo, que les sacan la vuelta a los centroamericanos por considerarlos "transas".

Claro, muchos dirán: "Pues racista lo será usted. Ya enseñó el cobre. Porque yo, por lo menos no lo soy".

Pero qué pasaría si yo me cambiara de aspecto, me pusiera dentro del cuerpo de un negro, vestido estilo *hip-hop* o un árabe musulmán, como el del comercial, y le preguntase: "¿Me rentaría usted un cuarto? ¿Lo haría?".

—6 de febrero de 2004

La historia de Jaime

De haber sido norteamericano o europeo, Jaime Huerta sería ahora rico.

Como tantos otros jóvenes, Jaime fue víctima de abuso sexual por parte de una de las personas en las que él más confiaba: Un sacerdote católico.

Igual que las demás víctimas, Jaime calló su tragedia por mucho tiempo. Nueve años. Y es que el incidente ocurrió cuando tenía apenas 14 años, en su natal ciudad de Chihuahua, México.

Un caso más, creeríamos. Otra víctima de los sacerdotes pedófilos. Seguramente terminará en juicio.

Pero no es así.

Jaime Huerta nunca tuvo la fortuna de recibir un juicio ni el apoyo de las autoridades. Mucho menos una jugosa indemnización, como ha estado ocurriendo con los jovencitos violados en Estados Unidos.

Vaya, ni siquiera se ha enjuiciado al sacerdote responsable.

No, Jaime debió enfrentarse al escarnio público, a ataques, amenazas de muerte y hasta golpizas por haber denunciado al sacerdote que abusó de él. Incluso fue encarcelado durante varios meses, aparentemente sin cargos fundamentados, y ahora debió huir de su casa, de su ciudad, para evitar el hostigamiento de las autoridades municipales, policiacas y hasta eclesiásticas de su ciudad.

Jaime se encuentra ahora en Dallas, pensando cuál será el siguiente paso que deberá tomar en su vida, pero no es tan sencillo: Meses atrás, Jaime fue diagnosticado con SIDA.

La tragedia de Jaime Huerta se inició en 1990, cuando él tenía apenas 14 años. Por aquellos tiempos, relata, le encantaba jugar básquetbol con unos amigos en una cancha cercana a su casa, en Chihuahua.

Fue en una de esas canchas donde conoció a Fernando Moriel. Trabó amistad con él, y poco después el hombre invitó a Jaime y sus amigos a un torneo cerca de la Sierra Tarahumara. Pero sólo Jaime acudió.

En vez de acudir al torneo, sin embargo, Moriel llevó a Jaime a una apartada vivienda donde abusó de él.

"Al regresar a mi casa no le dije nada a mi mamá, me sentía culpable de lo que había ocurrido", recuerda. En cambio, intentó suicidarse ingiriendo veneno.

No murió, pero estuvo hospitalizado varias semanas. Tras recuperarse, un día al visitar una iglesia, se dio cuenta que el hombre que lo ultrajó oficiaba misa. Moriel era sacerdote.

Allí comenzó una relación entre el jovencito y el padre católico, la cual, según Jaime, se prolongó por nueve años.

"Yo necesitaba justificar mis ausencias ante mi familia", explica. "Mi mamá aprobó que yo pasara tanto tiempo con el padre, no hubo problema".

A fin de cuentas, ¿qué madre de familia sospecharía de un sacerdote?

Sin embargo, nunca contó la verdadera naturaleza de la relación que llevaba con el padre Moriel.

Las cosas comenzaron a ir mal cuando Jaime sintió que la relación que sostenía con el padre Moriel era casi de prostitución: Él le daba dinero, lo ayudaba con los gastos de su casa, pues su familia era humilde. "Pero también 'me prestaba' a algunos amigos, con los que cuales también tuve relaciones", recuerda.

El sentimiento de culpa y una crisis personal llevó a Jaime a terminar su "relación" con el padre y huir a Dallas, Texas, donde permaneció algún tiempo.

Ahí fue cuando su salud comenzó a fallarle.

A principios de 2003, Jaime comenzó a decaer. Se sentía muy mal, con fiebre, cansancio, dolores de cabeza. Al principio pensó que era un catarro.

Llegó el momento en que la propia madre de Jaime debió venir por él a Dallas, para llevárselo de regreso a Chihuahua, pues él estaba muy débil para irse sólo.

En Chihuahua, Jaime fue internado en un hospital donde le diagnosticaron SIDA. Al enterarse su madre de la enfermedad, Jaime no tuvo más remedio que contarle que era homosexual.

El padre Moriel se enteró que Jaime estaba en Chihuahua, hospitalizado, y le llamó. No sabía que tenía SIDA. "Yo no quería hablar con él. Mi hermana me dijo que me estaba llamado, pero lo pensé bien. Contesté el teléfono y le expliqué a Fernando lo que pasaba. Entonces cambió radicalmente su tono hacia mí, se volvió frío y ya no quiso hablar conmigo".

Su madre le preguntaba por qué tanta insistencia del padre Moriel por llamarle, ante lo cual debió explicarle todo lo que ocurría: "Le tuve que decir a mi mamá que Fernando me había violado, y que fue por andar con él por lo que seguramente me contagié de SIDA".

Pero allí no terminaron los problemas para Jaime. De hecho, apenas iniciaban.

Antes de dejar el hospital para ir a su casa a recuperarse, lo visitó una abogada —que representaba a Moriel— para intimidarlo. Le quería obligar a firmar papeles, lo acusó de querer extorsionar al sacerdote. "Cada día me visitaban varios abogados al hospital, nos amenazaban a mi mamá y a mí, nos querían meter miedo".

DESDE LAS ENTRAÑAS DEL MONSTRUO

El hostigamiento no terminó, continuó en su domicilio. Las llamadas, las visitas de abogados, de representantes de la iglesia que lo amenazaban.

Ante tales presiones, decidió contactar a los medios de comunicación de Chihuahua para contarles toda su historia, lo cual desató un escándalo en la iglesia local.

La Arquidiócesis de Chihuahua debió intervenir, acusando a Jaime de querer extorsionar a la iglesia, lo cual él niega completamente.

"Días después el arzobispo José Fernández Arteaga me llamó a mi casa, me dijo que fuera al Arzobispado para arreglar el asunto", recuerda.

A mediados de junio acudió a la cita al Arzobispado, donde le recibieron varias personas vestidas de sacerdote, quienes le ofrecieron 50 mil pesos (unos cinco mil dólares) para comprar su silencio.

"Yo acepté, no quería seguir con este problema", confesó. "Pero yo jamás les pedí el dinero, ellos me lo ofrecieron".

Lo obligaron a firmar una carta donde exculpaba a la iglesia y al padre Moriel de todas las acusaciones, a manera de "recibo" por la transacción.

Pero al momento de recibir el dinero, los sujetos vestidos de sacerdote se identificaron como agentes de la Policía Judicial, quienes lo arrestaron por el delito de intento de extorsión.

Después descubrió que había cámaras grabándolo al momento de recibir la oferta.

Esposado, Jaime fue trasladado al penal local de Chihuahua, donde permaneció un mes sin recibir atención médica.

"Ahí me hubiera quedado, si no hubiera sido por mis amigos y familia, y la gente que comenzó a protestar, a pedir justicia", explica.

Hubo bloqueos, marchas, protestas, se distribuyeron volantes y carteles exigiendo su liberación.

Los medios de comunicación también hicieron presión, con lo cual consiguieron que el arzobispo Fernández Arteaga retirara los cargos el 10 de julio.

Tras lo ocurrido, Jaime no volvió a saber del arzobispo ni del padre Moriel, quien fue retirado de su parroquia y de Chihuahua, y enviado a un sitio no identificado. La Arquidiócesis de Chihuahua jamás ha aceptado culpa alguna del asunto.

El problema llegó a tal grado que los Tribunales Eclesiásticos del Vaticano ordenaron una investigación del caso, la cual, según Jaime, sigue su curso.

Por su parte, el sacerdote Agustín Samaero, vicario general de la Diócesis de Chihuahua, entrevistado vía telefónica, aseguró que el caso de Jaime Huerta "lo tenemos olvidado ya".

"Aunque él sigue insistiendo, para nosotros es un asunto olvidado", afirmó.

Rechazó cualquier acusación de violación o abuso de parte de sacerdotes: "A

Jaime se le detuvo por tratar de extorsionar, por eso fue encarcelado", explica.

—¿Cuál es el paradero del padre Moriel? —le cuestionamos.

"Ya no está en la Diócesis de Chihuahua. No sé dónde está".

Luego, para explicar mejor, agrega: "Soy el vicario general, es cierto, pero me tienen sin informar de muchas cosas... A la mejor para que no me preocupe".

—¿Conoció usted del caso?

"Lo que todo mundo. Ni siquiera conocí a Jaime, sólo a su mamá. Así que no puedo opinar".

—Jaime habla de una investigación que hace El Vaticano sobre el caso.

"No sé. Nosotros no la interpusimos. No sé si alguna otra persona lo haya hecho", respondió el vicario Samaero.

A principios de este año, Jaime volvió a Dallas para alejarse de todo el escándalo.

Aquí, en el apartamento de un amigo con el que se está quedando, lo entrevistamos semanas atrás.

Solo, contando sólo con el apoyo de poca gente, Jaime sigue el tratamiento contra el SIDA a medias. Está delgado, débil y sus ojos hundidos, quizá por la enfermedad, quizá por tanto llorar. Le deprime no saber a dónde va a terminar su odisea.

"Me robaron mi ropa, mis maletas, de un hotel cuando llegué", se lamenta. "Solo me quedé con lo puesto, pero sobre todo, me robaron los papeles y documentos de mi caso".

Sin trabajo, dinero ni apoyo, Jaime se deprime durante la entrevista.

"Me odio, no me perdono haber cambiado mi vida de esa manera", se lamenta.

Para ser una persona que ha sufrido tanto a manos de religiosos, Jaime muestra, sin embargo, una fe muy firme: "Creo en Dios, mi fe no fue afectada por el actuar de Fernando. Mi fe sigue fuerte".

Reconoce que no ha seguido el tratamiento contra el Sida.

—¿Qué vas a hacer, si no sigues el tratamiento?

"No sé. A veces sólo quiero dejarme morir".

Luego, aclara: "No sé a dónde va a ir mi vida ahora. Quiero comenzar de nuevo. Dios me guiará".

—23 de febrero de 2004

La obesidad y los paisanos:
Un problema 'gordo'

Tom es un amigo gringo con el que una vez yo iba saliendo del aeropuerto de la Ciudad de México.

Acabábamos de llegar de Estados Unidos con la intención de hacer algunas tomas en video del Día de Muertos, y nos paramos a las afueras del aeropuerto para recoger un auto rentado.

Allí, en medio del bullicio de la calle, entre gente que entraba y salía de la terminal, Tom se paró de pronto. Volteó a un lado y a otro, y me miró sorprendido con sus ojillos azul-verdosos.

"There is no fat people!" (¡No hay gente gorda!), declaró impactado.

Yo me paré. Lo miré y de inmediato voltee a un lado de la calle: Vi gente caminando. Hombres, mujeres, niños. Ocupados en sus asuntos. Voltee para el otro lado, y vi algo similar. "Chilangos" por todos lados. Caminando. Ocupados.

Y delgados.

Debo confesar que tardé unos momentos en entender la intención de Tom. Y cuando me "cayó el veinte", no pude menos que entender su sorpresa: Yo tampoco podía encontrar gente gorda (o pasada de peso). Claro, supongo que si le preguntábamos a alguna de esas personas, más de una nos diría que no, cómo creen, si estoy un poco pasado de peso, es más, ya me voy a poner a dieta, claro.

Pero la cuestión es que ninguna de esas personas (cientos, quizá miles) que pasaban caminando en ese momento por la calle donde estábamos era verdaderamente gorda. Al menos no como los gordos que vemos todos los días en Estados Unidos.

En México no hay gente gorda. O casi no.

No como en Texas, definitivamente. Caí en cuenta que por costumbre, tras varios años de vivir en Dallas, me había adaptado a ver personas gordas por todos lados. Y cuando digo gordas, me refiero a verdaderamente obesas.

No tengo nada contra la gente obesa (o "gruesa" como dicen delicadamente por acá). De hecho, puedo decir hasta con cierta pena que yo he pasado a "engrosar" (valga la expresión) las filas de estas huestes, luego de casi ocho años de la vida de hamburguesas, *hot-dogs* y cocina *tex-mex* que he llevado en Estados Unidos.

Por eso, no me sorprendió la reciente lista de una revista para hombres, que declaraba que Dallas era la tercera ciudad más gorda de Estados Unidos, apenas atrasito de Detroit y Houston (también en Texas).

Para colmo, otras dos ciudades texanas más, San Antonio, Fort Worth y Arlington, se habían colado entre los *"Top Ten"* de esta no tan orgullosa lista.

Los texanos son gordos. Más bien, no gordos: Gordotes. Excesivamente pasados de kilos. O libras.

Podría parecer un tema gracioso y hasta superficial para muchos. Pero no lo es. Estados Unidos se está convirtiendo en una nación de obesos. Y los texanos van ganando holgadamente, más que por una nariz por una panza.

Y así como Tom se sorprendió ante la presencia de tanto mexicano delgado, es fácil ver la sorpresa de muchos paisanos cuando llegan por primera vez a Estados Unidos: "¡Pero que gente tan gorda hay aquí!", es la expresión más común.

Y es que no se trata de personas "chonchitas" como estamos acostumbrados a ver en México. No, los americanos obesos susan tallas enormes que dan varias vueltas de grasa a sus cuerpos. Es fácil ver que estas pobres personas son miserables, no porque se sientan "feos" o aspiren sin fortuna a ser el prototipo de la belleza, sino porque en verdad se ve que sufren hasta para caminar. Resoplan, se mueven lento, se cansan.

Cuando llegan a una tienda, es un suplicio. Tienen que echar mano de los carritos eléctricos que se proveen para los ancianos. Y aún así batallan para entrar en los asientos: Sus costados se desparraman por los lados, añadiendo pena psicológica al suplicio físico que de por sí ya sufren.

Lo lamentable es que muchas de estas personas son jóvenes: Cuarentones, treintones, y hasta veinteañeros. La inmensa mayoría son mujeres, quienes sufren más que los hombres, por cuestiones de auto-imagen.

Hay que aclarar que algunas personas son gordas por mal funcionamiento de sus cuerpos, no porque les encante comer. Pero los más son el resultado de años y años de vivir el *"American way of life"*: Comer grasa, comida chatarra, vida sedentaria y uso excesivo de automóviles.

En síntesis, vivir en Texas.

¿Por qué los texanos son más gordos, en comparación a gente de ciudades más grandes que Houston y Dallas, como Los Angeles y Nueva York? Supongo que tiene que ver con el estilo de vida. En Texas todo mundo come grasoso. Los platillos tex-mex son incluso más engordantes que la comida mexicana: Mucha tortilla de harina, mucho queso y carne procesada. Mucho refresco. Muchas hamburguesas y carnes rojas como el *"barbecue"* y fajitas.

Pero sobre todo, mucha autopista, mucho *"freeway"*, mucho automóvil. Y poco ejercicio.

Y es que es imposible la vida de otra manera en estas ciudades tan bastamente extendidas. La zona metropolitana de Dallas-Fort Worth, por ejemplo, es más grande que todo el estado de Rhode Island. Tan sólo el puro aeropuerto internacional D-FW es más grande que la isla de Manhattan, completita.

¿Cómo va a vivir la gente en una ciudad con proporciones tan monstruosas? Trepada en su carro, claro. Y si se puede, comiendo en ellos.

Un joven visitante español contaba una vez que su primera impresión al visitar Arlington (la ciudad sede del equipo de béisbol Texas Rangers, ubicada en medio de Dallas y Fort Worth) fue decepcionante: "Puras autopistas, y autos... Mi padre y yo decidimos salir del hotel y tratar de conocer la ciudad a pie, pero fue imposible. No avanzamos mucho. A los pocos minutos se paró un conductor para preguntarnos si estábamos bien, cuál era nuestro problema. Pensaba que se nos había averiado el auto, o algo así. No podía creer que estábamos caminando por simple gusto."

Y es que en Texas nadie camina por gusto. No hay gente en la calle: Solo autos, autos y más autos. A diferencia del resto del mundo, donde una ciudad se distingue por su movimiento de gente en las calles.

Es tal el *shock* de los visitantes con el estilo de vivir en Texas, que una vez la primera pregunta que hizo una turista rusa al llegar fue: "¿Dónde está toda la gente?". Apuntó a la calle y no vio a nadie en las aceras. La guía del *tour*, al escuchar su pregunta, se echó a reír y le respondió: "¿Que dónde está la gente? Adentro de sus autos, claro. Y de sus casas."

(O de restaurantes. Comiendo y engordando, claro).

"La comida en Estados Unidos es barata y fácil de conseguir. Por eso hay tanto gordo", declaraba un vendedor de hornos para hamburguesas (que promocionaba como "saludables"). No es raro: cuando voy a un restaurante en México me cuesta acostumbrarme a las raciones que me sirven. Se me hacen minúsculas. Y el refresco es a cuenta gotas (¡y no hay rellenado de vasos gratis!), en esos vasitos que parecen de mole Doña María. Debo admitir que cuando regreso a Texas, lo primero que hago es suspirar con alivio al ir a un restaurante *Denny's* o *IHOP*. Me alegra ver el gargantuesco platote que me ponen delante: Por sólo $4.99, un desayuno de cuatro huevos revueltos, jamón, tocino y papa rayada, con pan tostado con mantequilla, espolvoreado con azúcar glass.

Ah, y claro, una coca en un vasote de medio litro, que la sonriente mesera rellena solícita a cada sorbo que le doy.

"Lo malo es que a mí me acostumbraron a nunca dejar nada en el plato", se lamenta mi cuate Chuy, cuando recuerda las bestiales comilonas a las que la gente de Texas se somete. De ahí la gordura.

Los hispanos (y en particular los inmigrantes mexicanos) tenemos un triste papel protagónico en esta tendencia. Según la Encuesta Nacional de Salud y Nutrición de Estados Unidos (NHANES), casi dos de cada tres adultos de este país (el 64.5%) tienen sobrepeso o son francamente obesos. Pero entre los hispanos el índice es de 73%.

Lo peor es que estos números tienden a "engordar" en el futuro, pues las generaciones jóvenes vienen peor: 23% de los adolescentes hispanos entre 6 y 19 años están pasados de peso, en comparación con el 15% de los niños no hispanos.

La cuestión es más de salud que de estética o de relajo. La gordura de nuestros "paisanos" es factor que determina la salud en general. Como muestra, el Centro para el Control de Enfermedades declaró en 2000 que los hispanos tenemos una incidencia de diabetes del 10.2%, comparado con apenas el 6.2% de la población total. Casi el doble.

Muchos factores han influido para que estos números "se inflen": Los niños ya no salen a jugar tanto como antes. Por ejemplo, a los chiquillos de nuestra generación (de los años setenta pa' atrás) nos encantaba jugar en el patio, en el parque o de plano en la calle: Deportes, correr o simplemente andar por ahí, brinque y brinque. Hoy en día, cuando mi hijo se reúne con sus amiguitos, lo primero que hacen es correr a aplastarse frente al *Gamecube* por horas. Si de repente se cansan los pulgares de tanto aniquilar robots y naves, salen a jugar unos cinco o diez minutos, antes de regresar de nuevo a pegar la nariz a la pantalla.

Por más que uno trata, no puede erradicar totalmente la tendencia. La presión de los medios, de la publicidad y de los amigos arrastra a cualquier chiquillo a los videojuegos, a la vida sedentaria. Y como siempre, uno como inmigrante "ni tiempo tiene para andar llevando a los chiquillos a prácticas de futbol o natación".

(Dice la Academia Nacional de Ciencias que el 50% de los niños hispanos pasan 3 horas o más frente a la TV, comparado con el 37% de los niños "gringos".)

En síntesis, es un problema "gordo" el que tenemos los inmigrantes en Texas. Lo sabemos. Lo lamentamos. Sobre todo cada vez que vamos de vacaciones a México y vemos con horror y pena que lo primero que ven los viejos amigos y familiares en nosotros no es nuestra ropa "americana" (hecha en China, claro) ni los regalos que llevamos. Tampoco nos rinden la pleitesía que muchos esperan, por haber emigrado y "ganar en dólares".

No, la primera expresión que recibimos es: "Pero que gordote estás! ¿Qué te pasó? ¡Te hinchaste o qué!"

Claro, con nuestro orgullo de *"Very Important Paisanos"* hecho añicos, pulverizado en el piso, nosotros preferimos tapar el sol con nuestra voluminuosidad, y sin hacer comentario alguno, respondemos como amerita:

"Yo bien, ¿y tú cómo has estado?"

—20 de febrero de 2004

Los gringos quieren de presidente a López Portillo

"Protejamos nuestra economía nacional de la invasión extranjera".
"Primero nuestros conciudadanos, después los demás".
 "Defendamos nuestro patrimonio nacional".
"Nuestra cultura y costumbres deberán prevalecer por sobre intromisiones ajenas a nuestra idiosincrasia…".

Estas frasecitas como que nos suenan familiares. Suenan a proteccionismo. A ultranacionalismo. A demagogia. A priísmo rancio.

A la "Docena Trágica", la época en que gobernaron México los presidentes Luis Echeverría y José López Portillo.

Pues no, no son frases sacadas del manual priísta de los años 1970's. Al contrario, uno fácilmente pudiera encontrarlas (en inglés) en cualquier foro de discusiones políticas preelectorales de Estados Unidos, hoy mismo.

Son los gritos, las exigencias de los norteamericanos a sus gobernantes.

Ahora, en este año de elecciones, los votantes les exigen a los aspirantes a suceder a George W. Bush, que definan sus posturas respecto a (para ellos) tragedias como el libre comercio, la salida de trabajos a otros países y la inmigración.

El votante norteamericano está muy enojado con la economía. Y le echa la culpa no a Rusia, no al comunismo, no al terrorismo... Sino al mundo entero.

Increíblemente, ahora son los norteamericanos los que agarran de piñata ideológica al capitalismo global y han llegado a pedir al gobierno que adopte medidas proteccionistas, que dé subsidios a todas las industrias locales y de plano que cierre las fronteras no sólo a los inmigrantes, sino a todo lo que huela a extranjero.

El pueblo norteamericano se está volviendo globalifóbico.

Y para agradarles, los candidatos no escatiman cualquier recurso que les garantice hasta el último de los votos, lo cual podría significar una enorme diferencia en una elección cerrada.

Todo se vale. Incluso recurrir al populismo.

DESDE LAS ENTRAÑAS DEL MONSTRUO

Mientras en México acaban de enterrar a José López Portillo, el último símbolo del presidente revolucionario y demagogo, al norte de la frontera parece que cualquiera que use su retórica tiene garantizado de perdido que los electores le aplaudan... Y quizá hasta lo elijan. Sobre todo entre las clases trabajadoras de los estados industriales, los más golpeados por la globalización y la recesión.

Cada día, más y más empleos son trasladados a otras partes del mundo. Las empresas están enfrascadas en una batalla a muerte por ser más competitivas, lo que las lleva a cortar gastos de donde se pueda. Una de las opciones más socorridas es el *"outsourcing"*, que significa simplemente subcontratar a otras empresas para que hagan trabajos en la India, China o México. Con esto, muchos empleados norteamericanos que ganan en dólares y por horas son despedidos.

Otras empresas, como las armadoras de automóviles, de plano corren a todo el mundo porque cambian plantas a México, donde les salen más baratos los salarios. Y claro, a los trabajadores americanos esto no les gusta.

Es evidente que los gringos también son víctimas de la globalización. Sobre todo las clases media y baja.

Por eso no es extraño ver cómo pueblos enteros del cinturón industrial en el centro de Estados Unidos condicionan sus votos al candidato que les diga lo que ellos quieren escuchar: No al Tratado de Libre Comercio. No a la exportación de empleos. Primero los americanos, después el resto del mundo.

Es muy comprensible esta situación. En la mayoría de los casos, los afectados son familias que no tienen otra manera de buscar sustento. Un obrero soldador que gana 15 ó 20 dólares la hora difícilmente podrá encontrar otra chamba a los 45 años de edad, con tres hijos que alimentar, deudas y una hipoteca.

Y no es simplemente de irse a buscar empleo de soldador a otra empresa: La bronca es cuando ninguna empresa contrata soldadores. ¿Para qué hacerlo si los mexicanos o chinos hacen el mismo trabajo por menos dinero?

La crisis también golpea a los profesionales. Hay miles y miles de técnicos, ingenieros y ejecutivos sin chamba, luego de que se desinflara la burbuja del *"boom"* de los 1990's. Muchos de esos empleos que antes pagaban sueldazos de hasta 200 mil dólares al año, ahora ya no están en Estados Unidos: Se mudaron a Asia, donde un ingeniero indio hace lo mismo por la mitad del salario.

Los americanos están enojados, muy enojados. Y buscan a quién echarle la culpa.

Lo malo es que no se la echan a los presidentes de las corporaciones ni a la competencia de un capitalismo que siempre han defendido. No, buscan culpables y los hallan en los inmigrantes. Sobre todo ingenieros indios o chinos. Pero también culpan a los obreros mexicanos de las plantas armadoras de autos, o a las madres, empleadas mexicanas de las maquiladoras de Chihuahua.

Y hasta a los inmigrantes que les cortan el césped en la casa de sus jefes.

Seguramente, si muchos de estos trabajadores norteamericanos descontentos pudieran viajar atrás en el tiempo, y volver a las elecciones presidenciales del año 1994, votarían gustosos por Ross Perot y no por Bill Clinton. Perot, ese texano que se opuso al Tratado de Libre Comercio con México advirtiendo que sería una "aspiradora" de empleos hacia afuera, tiene muchos seguidores últimamente.

(Lo que muchos no saben es que hoy en día, las propias empresas de Perot, ahora ya también se subieron al vagón del *"outsourcing"* y están subcontratando compañías de Asia para recortar presupuesto. Y de paso correr a esos trabajadores a quienes él buscaba convencer de las maldades de la globalización. Imagínese).

Nada puede parar la globalización, por muchas marchas y protestas que se hagan en las cumbres internacionales. Si un país se cierra al mundo, puede terminar como Corea del Norte, sin dinero ni para alimentar a su población. Ninguna nación es autosuficiente, no cuando hay mil millones de chinos trabajando como locos por un salario ínfimo y atrayendo capitales de todos lados.

Es casi imposible que un presidente norteamericano acceda a las peticiones de sus electores. Sería un suicidio económico y político para el país. Pero no es imposible: Si la cosa se pone peor, todo puede pasar, hasta que surja un populista.

Lo más probable, sin embargo, es que aparezcan cada vez más y más candidatos que exploten ese terror de los trabajadores, y que se aprovechen de ellos con demagogia. Y claro, en la lista de "enemigos de América" que estos populistas se sacarán de la manga, seguramente México y los inmigrantes estarán a la cabeza.

Y lo malo es que la gente, el obrero norteamericano de clase media o baja, se la cree. Y son ellos los que votan.

Si López Portillo se levantara de la tumba, y se apareciera en alguna de las elecciones primarias con sus frasecitas de "No nos humillarán... Nos levantaremos de nuevo... Nuestro país es grande... ¡Lo defenderé como perro!" Entonces George W. Bush ya podría comenzar a despedirse de la Casa Blanca, porque segurito que pierde las elecciones.

Y por paliza.

—27 de febrero de 2004

Cuando Estados Unidos
deportó a Speedy González

¿Se acuerda usted de Speedy González? Aquel ratoncito mexicano, de caricatura, que se hacía llamar "El más veloz de todo México".

Pues sólo estará en sus recuerdos. En Estados Unidos fie prohibido. Sus caricaturas (que hicieron las delicias de más de uno por aquí durante su niñez) no se transmiten más en el país donde fueron producidas, desde hace algunos años.

Irónicamente, parecería que Speedy González, con sus "¡Yepa, yepa!", y "¡Ándele, arriba, arriba!" ya es persona non-grata en Estados Unidos.

Si Speedy fuera un mexicano real, seguramente le habrían negado la visa.

La pregunta obligada es, por supuesto, ¿por qué? Es la que todos nos hacemos cuando nos enteramos de la noticia. ¿Qué hizo el ratoncito del sombrerote como para cerrarle las puertas de Hollywood y ser "deportado" a su natal Guadalajara?

¿Sería porque siempre le hacía la vida de cuadritos al gato Silvestre? ¿O al pato Lucas? (Ambos, casualmente, gringos).

Pues no, irónicamente no fueron el gato "gringo" ni el pato ídem los causantes del destierro de Speedy González. Nunca lo denunciaron a "La Migra", ni lo mandaron detener.

No, los verdaderos responsables del exilio del ratón (que no le envidia nada al otro ratón famoso que andaba por allí), fueron los ejecutivos de la televisión, particularmente del canal de cable *Cartoon Network*, quien tiene los derechos del personaje.

¿Por qué? No lo va a creer, pero es por miedo. En serio. Los ejecutivos de Hollywood le tienen un pavor, no a Speedy González, quien parece muy amable, sino a la reacción negativa que pueda causar.

¿Reacción negativa, dirán? ¿De quién? No creerá esto tampoco, pero es verdad: De nosotros. Los mexicanos.

¿Qué mexicanos, dirán? Organizaciones hispanas. Líderes comunitarios. Defensores de los derechos de los inmigrantes.

DESDE LAS ENTRAÑAS DEL MONSTRUO

La bronca es que los ejecutivos de caricaturas temen a las organizaciones defensoras de inmigrantes, de méxico-americanos, y en general cualquiera que tenga un micrófono enfrente para atraer la atención de los medios. Les pueden caer como una tonelada de denuncias y demandas por racismo, por estereotipos, por "denigrar" la imagen de los mexicanos.

Sí, no se ría. Aunque se le esté cayendo la quijada hasta el piso de la sorpresa, esto es verdad: Speedy González, según algunos, perpetuaba una imagen negativa de la comunidad hispana.

¿Por qué, nos preguntamos? ¿Sería porque era chaparro, prieto y sombrerudo? Bueno, sólo tenemos que vernos en un espejo... Así somos.

Para evitar más escándalo, la corporación Time-Warner, "madre" del *Cartoon Network*, decidió enlatar al ratoncito y nunca más transmitir las controvertidas caricaturas, por lo menos en Estados Unidos.

Hay reportes de que Speedy Gonzalez se sigue transmitiendo en algunos canales de paga, pero de manera muy restringida. Creo que incluso ha salido en alguna película de dibujos animados reciente. Pero nunca con la gloria de antes.

Aunque suene ridículo, entendemos la postura de los estudios de la Warner En estos tiempos, en Estados Unidos, es imposible decir o hacer algo sin herir los sentimientos de algún grupo en especial. Y basta un lidercillo con labia para crear un escándalo, que atraiga a los medios, y dé mala publicidad a cualquier negocio.

Lo cierto es que en Estados Unidos, con todo y su libertad de expresión, usted no puede decir lo que le dé la gana.

No. Se expondría, de perdido, a una demanda, si no es que lo llevan al bote.

En ese sentido, en México hay más libertad que en su vecino del norte. (Algunos dicen " libertinaje", pero bueno).

Si usted viene a Estados Unidos, por ejemplo, ni se le ocurra decirle "Negro" a una persona "de color". Sería peor que si le escupiera en la cara: Se ofenden, montan en cólera, y capaz que lo mandan ante la Policía, la cual seguramente lo multará por insultos o quebrantar el orden. Mínimo. Si mal le va, hasta de racismo lo pueden acusar.

No, los negros (la gente de raza negra, me refiero), se llaman ahora "Afro-Americanos". O *Blacks*. Pero si les dice *Negro* (así, en español), pueden pensar que les dice *"Nigger"*, el cual es el peor insulto racista que un afro-americano puede recibir. Es tan infame, que no se dice completa, y en cambio se menciona a medias como la "Palabra N".

Igual, trate de decirle a un mexicano o un chicano "Mojado" o "Espalda Mojada" (*Wetback*). Si no lo linchan, se puede dar cuenta que es una palabra muy sensible por estos lares. (A pesar, claro, de que la mayoría de los que emigran para aca sí vienen de "mojados".)

DESDE LAS ENTRAÑAS DEL MONSTRUO

Tampoco puede decirle "gordo" a un gordo, ni "flaco" a un flaco, y mucho menos "chaparro" a un enano. No, en Estados Unidos, tiene que cuidar mucho sus palabras, sus opiniones y hasta sus actitudes, porque siempre habrá alguien que se ofenda de algo.

Y los abogados están frotándose las manos, nada más esperando uno de estos casos para meter una demandota por varios millones de dólares (ellos se llevan el 33% de la lana resultante).

Por ejemplo, nuestra amiga Lupita nos contó el otro día que estaba en una reunión de padres de familia de la escuela a donde acuden sus hijos, en Carrollton, Texas. Una de esas madres —anglosajona— llegó mostrando una tarjeta de felicitaciones que le habían enviado a su e-mail. De esas con dibujitos chistosos.

" ¡Miren qué bonito!" , decía la mujer con tono chillón. Todas las gringas se arremolinaron a ver qué había en el dibujito.

Era una caricatura de un hipopótamo feliz. Vestido de bailarina, creo. Gracioso.

Todos rieron por lo chistoso del dibujito. Todos, excepto una mujer, que se soltó a llorar.

Cuando le preguntaron qué le pasaba, dijo entre sollozos que todos ellos eran muy crueles, que se había sentido muy ofendida y estaba muy herida.

¿Por qué, le preguntaron. Y luego notaron: La mujer era gorda. Gordísima. Y al ver el hipopótamo sintió que el asunto se refería a ella.

Nadie lo podía creer. Era una estupidez, claro, pero de inmediato la tarjeta desapareció. La tiraron a la basura y la mujer que la trajo se disculpó por su "insensibilidad".

Para nosotros, latinoamericanos, el episodio suena ridículo, cierto. Pero es real. Y evidencia algo peor: La actitud que muchos norteamericanos tienen hacia cualquier opinión que remotamente parezca una crítica.

Ellos, que se precian de ser el país con la "mayor libertad de expresión en el mundo", no pueden siquiera ver una tarjeta de cumpleaños en público.

Esto, claro, es propiciado por el mismo sistema legal del país: Siempre habrá un grupo, una organización o un líder dispuesto a darle cuerda a cualquier persona que se sienta insultada. Porque los pueden demandar, con la resultante (y jugosa) indemnización.

Por eso los gringos andan con pies de plomo. En los periódicos, la TV y la radio los reporteros son extremadamente cuidadosos al manejar sus palabras, so pena de herir a alguien.

Es lo que popularmente se conoce como ser "políticamente correcto": Nunca digas lo que piensas. Usa sólo palabras inocuas, que no ofendan a nadie.

Y consíguete un buen abogado, por si las moscas.

DESDE LAS ENTRAÑAS DEL MONSTRUO

Una de las víctimas más visibles de esta "corrección política" fue, como dijimos, Speedy González, al igual que un montón de otras caricaturas viejas donde se mostraban a los negros con unos labiotes gigantescos, y vestidos de salvajes. Todas esas cintas se fueron al paredón.

Recientemente, hay organizaciones que han salido al auxilio de Speedy, reuniendo firmas y enviando cartas en masa a *Cartoon Network* para pedir su regreso a la pantalla.

¿Quiénes son estas organizaciones? Increíblemente... hispanas. Chicanas. Mexicanas.

Sí. Porque, irónicamente, a los hispanos en general siempre nos ha gustado Speedy González.

Los norteamericanos se sorprenden. ¿Porqué les gusta a los mexicanos ese personaje? Se supone que los denigra, dirán. Pero si uno se fija, a pesar de los estereotipos que muestra (siempre un México desértico, con edificios en ruinas, y la gente tirada en la calle, en permanente siesta) Speedy siempre ganaba. Era muy inteligente, muy vivo. Tenía mucho sentido del humor. Era simpático (mucho más que Mickey Mouse), y además ¡era "carita"! Tenía éxito con las muchachas.

Y siempre le ganaba al gato gringo. En síntesis, era todo un héroe, un ganador, nunca un villano o un perdedor.

(Además es el ratón más rápido de todo México, por Dios. Quizá el mejor atleta que hemos tenido. Además de Ana Guevara, claro.)

Pero como dijimos Speedy no era "políticamente correcto". Y por eso ya no le quisieron renovar la visa para Estados Unidos.

—12 de marzo de 2004

¿Quiénes tienen los puentes más largos del mundo? ¡Los gringos!

Los niños regresaron a clases (¡por fin!) después del mentado *"Spring Break"*, o vacaciones de primavera. La verdad, ya ni me acordaba de esas fechas (hace ya bastantito tiempo que no me tocan a mí, para ser sinceros).

No tengo nada contra las vacaciones. Ni contra el hecho de que sean otros los que las disfruten, y no yo. Ni en México ni en Estados Unidos.

Pero lo que sí me sorprendió al llegar a este país, fue descubrir que, a pesar de lo que se diga, en Estados Unidos son más "puenteros" que en México.

Recuerdo que todos los mexicanos nos hacemos bromas unos a otros respecto a los días festivos, y los famosos puentes vacacionales: Que si somos un país de flojos, que si nos encanta tomarnos demasiados días (semanas) libres, que si primero las vacaciones, luego Semana Santa, y luego fin de año, posadas, etcétera.

Creo que hasta hay un chiste muy famoso, que va descontando uno por uno los días festivos del calendario, y al final se da cuenta de que totalizan 364. "Pero como ese día que queda es el Día del Trabajo, pues ya tampoco cuenta", termina el chiste.

Conclusión obvia: En realidad los mexicanos no trabajamos en todo el año.

¡Mentira vil! No tengo aquí los datos exactos, pero facilito, a "ojo de buen cubero", los "gringos" nos dicen a los mexicanos "quítate que ái te voy" en eso de los puentes. Nomás que en Estados Unidos, para que no suene tan feo (ni tan tercermundista) los llaman, elegantemente, *"long weekends"* (Fines de semana "largos").

¿Qué es eso, se preguntarán? Nada, simples puentes vacacionales. No puentecitos, como en México, de dos o tres días, sino puentezones, como el de Brooklyn.

Al "gringo" le fascinan los puentes y los días festivos, y las vacaciones. Más que al mexicano.

Sí, ya sé que por costumbre, por cultura, se nos machaca desde chiquillos que los mexicanos somos los campeones absolutos a nivel mundial de las vacaciones, de los puentes y de los permisos de trabajo. Pero desafortunadamente, no es así. Este es otra competencia más en la que nuestro vecino del norte nos gana, como mencionamos.

Nada más hay que sacar un calendario y hacer cuentas.

Por principio, y para ser justos, hay que reconocer que Latinoamérica y Estados Unidos comparten ciertos días festivos que son comunes a todos, como el 1 de enero, Navidad y el Día del Trabajo (que se festeja no el 1 de mayo, sino en septiembre, y cual debe ser, SIN trabajar. Pone a pensar cómo festejaríamos el Día del Descanso. ¿Trabajando? Ja. Ya parece. Pero bueno...).

Además, casi todos los países tenemos un Día de la Independencia (o Nacional). En México es el 16 de septiembre. En Estados Unidos, claro, el 4 de julio. Ese día nadie trabaja tampoco, claro.

Estos son los descansos "oficiales" de ambos países. O sea, los de "a chaleco", donde ni oficinas de gobierno, ni escuelas, ni bancos laboran. E incluso muchas empresas tampoco.

Hasta allí bien. Empate técnico.

Pero luego, en México comienzan a escasear los días festivos. Hay Semana Santa, que son quince días, claro. En Estados Unidos es el famoso *"Spring Break"*, el cual dura sólo una semana. Ahí ya les vamos ganando con una semana de ventaja, pero antes de que adelantemos conclusiones, hay que seguir viendo el calendario.

México tiene otros días festivos, como el 5 de febrero (Día de la Constitución). Luego el 21 de marzo, día de Benito Juárez. Jueves y Viernes Santos (que son de la mencionada Semana Santa), y el famosísimo mundialmente 5 de mayo. También el 12 de octubre (Día de la Raza, que en Estados Unidos se festeja en otra fecha y se llama *Columbus' Day* o Día de Cristobal Colón), el 2 de noviembre (el Día de los Muertos) y 20 de noviembre (Día de la Revolución). Luego viene el guadalupano 12 de diciembre y cierra con los ya citados Navidad y Año Nuevo.

Son 13 en total. Pero hay que aclarar, que en muchos de estos días en México sí se trabaja. Sí hay escuela. Sí abren los bancos. Fuera de algún festejo escolar o ceremonia oficial, las cosas siguen igual.

Pero en Estados Unidos, no.

Por principio, hay varios festejos que en México ni en cuenta: 19 de febrero es el Día de Martin Luther King, el líder asesinado de la comunidad negra. Ahí, la gente NO trabaja. Si por obra y gracia de San Martín de Porres la fecha cae en miércoles o jueves, mucho mejor: Puentezote a la vista.

Luego viene el 16 de febrero que es ni más ni menos que el cumpleaños de George Washington, el primer presidente de Estados Unidos. De nuez, es descanso "oficial": No escuela. No bancos. No trabajo.

DESDE LAS ENTRAÑAS DEL MONSTRUO

(¿Cuándo se imagina usted que los mexicanos celebremos por ejemplo el nacimiento de Guadalupe Victoria igual, con tanta faramalla? Jamás.)

El festivo, claro, es sólo un día, pero si cae la fecha a principio o fin de semana, puente seguro.

Bueno, cuando pasa, y apenas ya vamos agarrando vuelo al calendario, ¡zácatelas! Nos cae el ya multicitado *"Spring Break"*. Aunque no es "oficial" para el gobierno, muchos padres lo usan para irse de "vacas" con los chiquillos.

Luego viene el 31 de mayo, que es el famoso *"Memorial Day"* o Día de la Recordación de los Soldados Caídos en Combate. De nuevo, fin de semana largo. Es cuando muchos estudios de cine estrenan películas taquilleras, aprovechando que la familia está descansando.

Luego, entran las vacaciones de verano de las escuelas: Ni más ni menos que dos meses y medio de jolgorio. Ya los quisieran los alumnos de México. (Y sus maestros.)

Claro, después viene el 4 de julio. Flojera obligada.

Luego, el Día del Trabajo ya mencionado, en septiembre. Igual, no chamba.

Ah, pero luego viene el Día de Colón (o Columbus, como dicen por acá). Cae en el segundo lunes de octubre. Si se puede, nadie trabaja. Por lo menos oficinas de gobierno y bancos, nanay. (Y eso que los gringos no son de "la raza").

El mes siguiente, es el Día de los Veteranos. Con tantas guerras en que se meten, los norteamericanos le dedican dos celebraciones distintas a sus soldados. El *"Memorial Day"*, es en honor a los militares muertos, pero el Día de los Veteranos honra a los militares que no murieron con las botas puestas, y que siguen "dando guerra".

De todas maneras, ni quien se acuerde de los militares, porque ese día es simple excusa para que todos se vayan de pachanga.

Menos de dos semanas después, y cuando apenas nos reponemos de los Veteranos, viene el festejo más importante de Estados Unidos: El Día de Acción de Gracias, o *"Thanksgiving Day"* (El Día del Guajolote, dicen los paisanos). Todo se detiene. Nadie trabaja. es un *"holiday"* sagradísimo. Mucho más que Navidad o Año Nuevo. Aquí sí que amerita puentezote. Con tirantes de acero reforzado y toda la cosa.

Ah, pero *"Thanksgiving"* es sólo el principio. Oficialmente este día da inicio a los festejos navideños. Aunque la gente vuelve al trabajo, ya nada es igual: De ahí en adelante, hasta enero, todo es manejar en neutral. Total, ya se va a acabar el año. Los proyectos importantes se dejan para el año que viene, "con más calma".

Luego vienen Navidad y Año Nuevo. Ni hablar. Y ya se acaba el calendario.

Pero esto no es todo. Hay que agregar los inumerables días que tienen funcionarios y maestros de escuelas para "preparación" y "capacitación". Además de los días festivos de cada nacionalidad y raza del *"melting pot"* o crisol de razas: Los judíos, los afroamericanos, los italianos, los irlandeses, todos tienen sus *"holidays"* particulares, que mucha gente de otras razas ya sigue como propios (no por solidaridad racial, sino por puro relajo).

Vaya, si hasta George Bush festeja el Cinco de Mayo en la Casa Blanca, con mariachis, tacos y sombrerote.

¿Demasiados festejos? Para nada. Se habla incluso de AGREGAR más al calendario: El 11 de septiembre. "Día de la Unificación Nacional". Y al paso que va, segurito que se aprueba.

Los hispanos no se quieren quedar cortos, y están cabildeando con toda su fuerza para hacer del nacimiento del líder agrícola César Chávez un día festivo, a la par de Martin Luther King. En California y en muchas partes de Texas, Nuevo México y Arizona, de hecho, ya se celebra extraoficialmente. (Excusas no faltan.)

La gente en México dirá: "¡Estos gringos son más pachangueros que uno!" Y sí, quizá. Si se toma en cuenta sobre todo, que estos días festivos no son únicos: Generalmente se toman en racimo, junto a otros, para hacer "puentes". Al final, el famoso día festivo termina siendo dos o tres o hasta cuatro.

Pero para ser justos, hay que tomar en cuenta un dato: La mayoría de la gente de Estados Unidos vive lejos de su ciudad natal. Es muy común que los hijos, una vez que se independizan, generalmente encuentran empleo en otra ciudad, o en otro estado. A veces se mudan desde Nueva York hasta Los Ángeles, y ven poco a sus familias.

En un país tan extenso y vasto, donde hasta un viaje en avión tarda 10 horas, se entiende que los *"Holidays"* deban ser, de perdido, de dos o tres días. Para dar chance a la gente a que viaje a su casa, con sus padres, su familia que dejaron en el otro lado de la nación.

Con todo, nosotros los inmigrantes siempre somos los más amolados. Como la mayoría de nosotros generalmente trabajamos más que todos (porque en los restaurantes, hoteles y jardinerías siempre se trabaja), ni lo gozamos. Y como tampoco podemos viajar tan fácil para ver a la familia, pues ni nos saben esos fines de semana "largos".

La bronca es cuando uno va al banco, y despistado, trata de cambiar su cheque. Entonces, ¡oh, sorpresa! Se da cuenta de que el banco cerró porque era Día de... No sé qué. Y ya se amoló uno, porque al día siguiente es puente, y luego viene sábado y domingo. Si bien le va hasta el lunes tendrá dinero.

Gracias a Dios que existen las tiendas de los chinos, donde por una "módica" suma, le cambian el cheque a uno. Ni modo. ¡Feliz Día de la Marmota!

—19 de marzo de 2004

La República del Norte:
¿Un nuevo país en Norteamérica?

Al mismo tiempo que crece la población hispana en Estados Unidos, crecen también los grupos que ven en cada inmigrante a un terrorista potencial.

No son pocas las organizaciones que prevén una futura "balcanización" de Estados Unidos. Según ellos, por culpa de nosotros, los inmigrantes. Sobre todo los mexicanos.

Para ellos, los inmigrantes somos más un peligro que un beneficio para Estados Unidos. Peor, nos ven como "cabezas de playa", soldados de la avanzada de una invasión a su país por una potencia extranjera.

(Aquí sí se aplica, según ellos, la estrofa del Himno Nacional Mexicano, "un soldado en cada hijo te dio").

La opinión de estos grupos es que el gobierno norteamericano debe tomar medidas estrictas y graves ya, para evitar esta "invasión". O sea, poner militares armados con metralletas y morteros en la frontera. Cerrar los puntos de acceso al país ("¡Ni un mexicano más!"). Y sobre todo, correr a todo el que sea (o parezca) "paisano". Y a sus hijos, aunque hayan nacido ciudadanos americanos, aventarlos al otro lado de la frontera y quitarles su ciudadanía.

Todas estas medidas, dicen, son en prevención, a una futura guerra civil, donde anglos e hispanos se matarán unos a otros por el control de estas tierras.

Estas ideas nos sonarán extremistas. Para muchos hispanos, mexicanos e inmigrantes, están totalmente fuera de lógica: La mayoría de los que llegamos acá lo que buscamos es, si no integrarnos totalmente (nunca seremos "gringos", no importa cuánto tratemos), por lo menos sí adaptarnos al país. Por eso muchos de nosotros atiborramos las clases de inglés, y tratamos de no meternos en problemas con la ley.

Cuando tenemos hijos, tratamos de enseñarles los valores de ser ciudadano norteamericano y querer a su país, pero sin olvidar sus raíces: Los llevamos de vacaciones a México, les enseñamos nuestras fiestas, nuestras costumbres, y a la parentela que dejamos allá. Y sobre todo, les hablamos en español, para que no lo pierdan. Pero al mismo tiempo los empujamos a aprender inglés como cualquier otro americano, para que no sufra lo que nosotros.

En una palabra, buscamos ser parte. Quizá no tan rápido como muchos (o nosotros mismos) quisieran, pero ahí la llevamos.

¿Guerra civil? ¿Balcanización? ¿Matar gringos? Nunca. Jamás lo pensamos, al menos no la inmensa mayoría de nosotros. Al contrario: Casi todos los inmigrantes somos gente pacífica, que queremos tranquilidad, un lugar donde criar nuestra familia sin sobresaltos. Muchos latinoamericanos venimos precisamente de sitios donde la guerra nos ha dejado traumas, como en Centroamérica o en Colombia.

Aún más, nos reímos de esos profetas del desastre, que vaticinan el Apocalipsis hispano. "Gringos" locos, decimos.

Por eso nos sorprendió ver que un profesor universitario (chicano, o méxico-americano) anda diciendo a todo el mundo que es cuestión de tiempo para que los estados del sur de Estados Unidos se separen, y junto con los estados del norte de México, formen un nuevo país: La llamada "República del Norte".

El profesor en cuestión trabaja en una universidad en Nuevo México, y se llama Charles Truxillo. Aparentemente es respetado y muy conocido, e incluso tiene algunos escritos sobre el tema.

Esa teoría separacionista ya la habíamos conocido. Hay organizaciones extremistas de jóvenes hispanos, antinorteamericanos, que promueven el enfrentamiento directo contra Washington, para separar Texas, Arizona, Nuevo México, California, Nevada y Utah del control anglosajón, y formar su propio país (al que llamarían Aztlán, como el mítico sitio donde nació la raza azteca). Estos grupos —como el Movimiento Estudiantil Chicano de Aztlan (MECHA), Aztlán y varios, nacidos en los 1970's— tienen mucho éxito en algunas universidades, donde los jovencitos "chicanos" buscan algo en qué creer, y se les unen.

Pero fuera de estos círculos radicaloides poca gente "los pela". Ni siquiera los propios mexicanos o inmigrantes saben de su existencia, mucho menos los "gringos". Y la mayoría de los "chicanos" que estudiaron conocen a estas organizaciones, pero pocos les siguen la corriente.

Por eso nos sorprendió que el Dr. Truxillo fuera entrevistado por periódicos grandes y hasta por la agencia Associated Press, que difundió sus teorías a todo el mundo.

¿Qué dice Truxillo? Casi nada nuevo: Que todo el sur de Estados Unidos ya tiene una enorme mayoría de población hispana (de origen mexicano casi todos). Y que eventualmente, cuando estos hispanos tomen el poder político y económico de la zona, querrán separarse de Estados Unidos, al sentirse como "extranjeros en su propia casa", y formar su propia nación, independiente del resto de la Unión Americana. (Un poco como la historia de Texas, pero al revés).

Pero eso no es todo. Truxillo asegura que la dirigencia del nuevo país, la República del Norte (con capital en Los Ángeles), invitaría a unirse a los estados mexicanos de Tamaulipas, Nuevo León, Coahuila, Chihuahua, Sonora y las bajacalifornias. Según dice, debido a que la gente de estos lugares tienen más afinidad cultural, política, económica y hasta racial, con los *"Mexican-Americans"* que los mexicanos de más al sur.

Esto ocurrirá, según su Truxillo, para el año 2080. Y nadie podrá hacer nada para evitarlo, pues es un proceso normal y paulatino que lleva siglos concinándose (desde la guerra México-Estados Unidos, para ser exactos), afirma.

¿Por qué la nueva república no se anexará todo México, se preguntarán muchos? ¿O por qué no "devolverá" los estados perdidos con el Tratado Guadalupe Hidalgo a sus antiguos "dueños"? Porque, según el profesor universitario, los estados del norte de México tienen más en común con los chicanos. O sea, se identifican más con ellos que con un chiapaneco o un "chilango".

Todo suena muy fantasioso, pero el Dr. Truxillo es una persona estudiada y con credenciales: Actualmente es profesor adjunto de Estudios Chicanos de la Universidad de Nuevo México, y es muy respetado entre esos círculos.

Pero eso no es todo. En su tratado, el profesor vaticina que México no solamente perderá sus estados del norte, sino que, por esas mismas fechas del 2080, los yucatecos verán realizado por fin su sueño de formar una república independiente, y le mocharán otro pedazote de tierra a la nación azteca. Esta nueva República Maya incluirá no sólo Yucatán, sino Quintana Roo, Campeche, Tabasco, Chiapas y Guatemala y Belice. Su capital será Mérida, claro (¿O Cancún?)

Uno puede ver este nuevo mapa del año 2080 en el sitio de Internet del Dr. Truxillo, en http://www.unm.edu/~ecdn/map2080ad.htm.

(Por cierto, el mapita es una vacilada deliciosa. El Dr. Truxillo, en un arranque de "Venganza de Moctezuma", rebautizó ciudades texanas de Austin y Houston como "Santa Ana" y "San Jacinto", como para enterrar los nombres de los infames "gringos" que colaboraron en la independencia texana. Entendemos que sea un militante radical... Pero, ¿Santa Ana? Por dios.)

Pero aunque toda esta secesión parezca una catástrofe para México, para el Dr. Truxillo no lo es. Según él, un México georgráficamente más pequeño (del tamaño de Francia) podrá progresar mejor. Seguirá teniendo ciudades importantes, como Guadalajara, Veracruz, Puebla, Toluca, y el propio DF, además de la mayoría de la costa del Golfo, y la costa del Pacífico.

(Claro, no tendrá el poderío económico de la República del Norte, y apostamos a que tampoco tendrá igual fuerza militar. Me pregunto si seguirá habiendo agentes de "La Migra" —por ejemplo en la supuesta frontera de Tampico con Veracruz— deteniendo *"Mexican Mojaos"* a garrotazos.)

DESDE LAS ENTRAÑAS DEL MONSTRUO

Aunque no lo diga abiertamente, pienso que las opiniones del Dr. Truxillo están basadas en un racismo sutil. Primero, su teoría lo que dice es que los méxico-americanos no quieren a los gringos. Entendemos que tras tantos años de discriminación y abuso, hay mucho resentimiento.

Pero tampoco quiere a los mexicanos, y me refiero a los mexicanos indígenas. Excluye claramente a la gente de Veracruz para abajo, porque su ascendencia indígena les da una cultura "distinta" a la gente del norte, casi toda "caucásica", blanca y descendiente de europeos (según él. Como si entre los chicanos no hubieran bastantes indígenas).

Además, explica que esta división geográfica ya se da de hecho en México, con los estados del norte más ricos, avanzados, y procapitalistas (y panistas), mientras que en el centro sigue dominando el progobiernismo y el priismo (con el DF como cabecera, aunque apoyen al PRD y a "André Manué"). Los estados del sur, por su parte, tienen tendencias izquierdistas, según él, lo que se evidencia con la presencia de guerrillas.

Estas teorías levantaron ámpula entre muchos norteamericanos, que de inmediato llamaron a la Guardia Nacional y a los Marines a tomar medidas extremas para evitar que la "Reconquista" se llevara a cabo. Pero cualquiera que lea los postulados de Truxillo se dará cuenta de que el señor es todo, menos escandaloso: La futura (y posible) separación de la República del Norte la relata como una transición normal, y hasta pacífica. Nunca llama a las armas ni se burla de los "gringos", o los mexicanos del sur, al contrario: Espera que todo se resolverá pacíficamente, y que al final los nuevos países tomen su curso.

¿Tendrá razón el Dr. Truxillo? ¿Será éste un nuevo país, metido como sandwich entre dos naciones "extrañas"?

Lo cierto es que cada vez más chicanos educados en universidades se están radicalizando: Parece que después de siglos de sojuzgamiento, de olvidar sus costumbres y su idioma español a punta de palos (literalmente: En muchas escuelas castigaban a los niños mexicanos a golpes por hablar español, allá por las décadas de 1950 y 1960), los *"Mexican-Americans"* están "liberándose". Muchos están reaprendiendo español, toman clases de "Estudios Chicanos" en universidades (¡Por los que pagan!) y hasta se ponen nombres aztecas y mayas. Se vuelven más mexicanos que los mexicanos... sin serlo totalmente.

Esto ocurre sobre todo entre la juventud universitaria, que es, casualmente, de donde saldrán los líderes y políticos méxico-americanos del futuro.

(¿Estará ahora mismo estudiando ya en una de esas universidades el que será el primer presidente hispano del país más poderoso del planeta? ¿Se apellidará López, Gómez o Villanueva? ¿Será morenito y bigotón? Y más importante: ¿Será alumno del Dr. Truxillo?)

Quién sabe. Nuestra opinión es ésta: No habrá un nuevo país "chicano" en el futuro. Ya existe ahora. Basta venir a visitar Texas o California para darse cuenta de que donde quiera se habla español, se escucha música mexicana y se comen más tortillas que pan, y más salsa que catsup.

Y aunque seamos todos "mexicanos", aparentemente, uno sólo tiene que sentarse en una plática de amigos en cualquier reunión para darse cuenta de lo mucho que diferimos (ideológicamente) de los demás "mexicanos" que se quedaron al sur de la frontera.

Por ejemplo, nunca falta un "experto" que opina que "si en México se hiciera tal o cual cosa, todo mejoraría", ni falta el interlocutor que le responda: "Sí, pero cómo crees que los políticos van a permitir que eso ocurra. ¡Nunca! Y hasta la gente se opondría". Aborrecen la "mordida" y el "mañana" mexicanos, como si nunca los hubieran padecido en carne propia, y confían en que llegará el día en que México se parezca un poquito más a Estados Unidos... por lo menos en lo bueno.

La República del Norte ya está aquí, y uno no tiene que esperar al 2080 para verla. ¿O qué piensa usted?

—27 de marzo de 2004

Ni modo: A pagarle al Tío Sam

Llegó abril. La primavera. El calorcito. Los árboles reverdecen. Los campos florecen. Los pajaritos...

Y los impuestos...

Abril es uno de los meses traumáticos en Estados Unidos. No sólo para el norteamericano "común", sino para todos, inmigrantes hispanos incluídos. ¿Por qué? Porque hay que ir a rendirle cuentas al Tío Sam.

Hay que declarar los impuestos.

Como cada año, casi a rastras, todos los que vivimos en este país vamos a hacer números con el gobierno, y ver qué pagamos (y qué quedamos a deber) con el *Internal Revenue Service*, el famoso IRS (la oficina recaudadora).

Lo dejamos para el último momento. Desde enero, todos pueden ir a hacerlo, pero como siempre, es algo que se pospone, y se pospone... Como la visita al dentista. Hasta que llega el fatídico 15 de abril. La fecha límite.

Entonces todo mundo se mete en la pelotera de tratar de enviar (antes de la campanada de las 12 de la noche) su declaración.

A nadie le gusta pagar impuestos. Todo mundo lo odia, lo teme. Hay gente que basta con que se mencione la palabra "impuestos" o IRS, para que se le retuerzan las tripas.

Pero todos, o casi todos, pagamos. Todos en Estados Unidos religiosamente responden al llamado del Tío Sam quien, chicotito en mano, nos advierte "amablemente" que ya llegó la hora de soltar la lana.

Aclaro: No porque queramos. No porque tengamos una alta "conciencia ciudadana". No. La gente paga impuestos porque la ley los obliga. Pero lo hacen.

En Estados Unidos, todos deben pagar impuestos. Todos. Al menos en teoría. Eso dice la ley.

Y nadie queda exento. Desde el presidente de Microsoft, o los herederos de Sam Walton, el fundador de Wal-Mart, hasta el más pobre de los obreros mexicanos que acaban de emigrar de "mojados", deben pagar impuestos.

Claro, no faltará alguien que me diga: "¡Eso no es cierto! Los 'gringos' son buenos para defraudar al fisco. Sobre todo los ricos".

Quizá. No lo dudo. No meto las manos a la lumbre por nadie, mucho menos por altos ejecutivos como los de Enron (siempre son los más "transas").

Pero al menos, por ley, en eso sí son equitativos por acá. Todos deben pagar. Punto. Vives en este país, "cáete con la lana". (El que lo hagas o no, o inventes mil y un artimañas para zafarte, es otro asunto).

Uno, acostumbrado al sistema mexicano y latinoamericano, siempre se enfrenta con este *shock* "primermundista" cuando emigra, lo confesamos. La primera vez fue una sorpresa desagradable.

"¿Qué es esto?", preguntamos inocentemente a la secretaria que nos entregó el papelito blanco, aquel primer enero que pasamos acá.

"Es tu forma", fue la respuesta.

"¿Forma? ¿De qué?"

"¿Cómo que de qué? Para pagar impuestos".

Entonces viene una autonegación. "Pero si yo no debo pagar impuestos. Nunca me preocupé de eso en México, la empresa lo hacía. Además gano muy poco como para pagar, al contrario, chance y hasta me den, etc., etc., etc."

La cara de mi esposa estuvo peor: "¡¿Que qué?! ¿Que tienes que pagar impuestos? ¡¿Cómo! ¡Dónde?! ¡¿Por qué?!"

Luego, vino la consabida catarata de adjetivos: "'Gringos' transas, desconsiderados, abusivos, la agarran con los más amolados, los mexicanos..." Etcétera, etcétera...

Claro, después del *shock* bastó una pequeña investigación para descubrir que esto no es un tema nuevo. Todos pagan impuestos. Hasta los más pobres. Y todos deben hacer su declaración a fin de año, a más tardar en abril.

"Oiga, pero yo conocí a un cuñado de un amigo de un compadre, al que el gobierno le pagó dinero. ¿Por qué usted va a pagar? ", me comentó un conocido. Es otro de los "sabios" consejos de los mexicanos despistados cuando se trata de lidiar con este tema. Como que se les quedó grabada la imagen de un Estado paternalista latinoamericano, donde el gobierno es el Santa Clos de todos.

Primera aclaración: El gobierno de Estados Unidos NO le paga a nadie en cuestión de impuestos. Nada. Ni a los pobres. Descubrí con pesar que ese dinero que el famoso "cuñado de un amigo de un compadre" había recibido del IRS, era un ajuste. Se llama devolución, o *"Tax Return"* para los entendidos. Simplemente es la diferencia que uno pagó de más durante todo el año, que el gobierno americano reconoce que debe devolver.

O sea, es dinero de uno, que el IRS tuvo a bien guardarse en sus arcas, y luego, al año, devuelve. Pero no es un ahorro: Nunca pagan intereses por ese dinero "jineteado" por ellos.

DESDE LAS ENTRAÑAS DEL MONSTRUO

Como todo buen "paisano" me costó trabajo entender este tema tan escabroso de los impuestos. Y es que los latinoamericanos tenemos la costumbre de pensar que la suma de las palabras "dinero" más "gobierno" siempre equivale a "transa". A robo. A corrupción. Para nosotros, el único dinero "bueno" que el gobierno maneja, es el que nos tienen que dar o subsidiar. Por ser pobres. Por ser "pueblo".

Nunca se nos ocurre que en esta ecuación también debemos ir nosotros. No como "pueblo". No como "sociedad civil". Sino como "contribuyentes".

"Oiga, pero ¿qué está haciendo usted", me decía otro "sabio" paisano, con muchos años de residir acá, al verme llenar mis formas de impuestos. "No sea tonto. No haga eso, porque el gobierno lo va a 'transar'."

Y luego remata con orgullo: "Yo, desde que estoy aquí, NUNCA he pagado impuestos. Esos papelitos que me mandan, na'más los rompo y ya".

Confieso que me entró la duda. ¿Estaré haciendo mal? ¿Pecaré de "buen ciudadano"? (Lo que equivale, para muchos "paisanos", que le vean a uno la cara).

Decidí ir a la fuente. Me metí en la boca del lobo. En la misma caverna de las tinieblas: Fui al IRS.

Allí, Alberto, un simpático funcionario, chaparrito, nieto de mexicanos, accedió a despejar mis dudas.

Sin perder su sonrisa y amabilidad (supongo que es requisito indispensable para esta clase de empleos tan desprestigiados) me soltó la verdad de sopetón: "Todos deben pagar impuestos en Estados Unidos. Es la ley."

"¿Aún los inmigrantes?"

"Aún los inmigrantes".

"¿Aún los ilegales?", insistí, esperanzado en una respuesta positiva para los millones de "sabios paisanos" que rompen sus "papelitos".

"SOBRE TODO los ilegales", fue la jovial respuesta de Alberto.

Es muy sencillo, explicó. Si uno anda "chueco", y luego tiene chance de arreglar sus papeles, ¿qué cree usted que es lo primero que el gobierno de Estados Unidos le va a pedir antes de darle la residencia?

Adivinó: Sus comprobantes de impuestos.

"A la mejor esas personas piensan que no los van a agarrar. Que son más listos que el gobierno. Y a la mejor sí se salen con la suya por muchos años", reconoció Alberto. Pero sentenció con igual sonrisa: "Sin embargo, tarde o temprano, los detectaremos. Y les va a ir muy, pero muy mal".

Y es que el IRS cobra intereses sobre los intereses, sobre los intereses, de impuestos atrasados. Y la tasa es altísima. A eso sumen multas y todo eso, y al rato uno queda con una deudota monumental. Si uno no hace un *mea culpa*, y acude al IRS para informarles y crear un plan de pagos (¡y paga!), al rato le quitan todo. Y de pilón, lo mandan al bote.

En Estados Unidos, sólo hay dos crímenes capitales: El homicidio en primer grado... Y la evasión de impuestos. Son los que peores penas conllevan.

Este año, parece que las cosas están cambiando entre los inmigrantes.

"Últimamente he visto muchos ilegales que están arreglando cuentas pasadas con el IRS", nos explicó un preparador de impuestos en Dallas. ¿El motivo? El anuncio de una posible legalización, propuesta por el presidente Bush meses atrás.

¿Cuáles fueron los requisitos que esta legalización exigiría a los indocumentados, para calificar? Muy sencillo: Tener un empleo. No antecedentes criminales... Y haber pagado todos sus impuestos.

Aclaración: No creamos que todos los inmigrantes son evasores fiscales. La mayoría de ellos sí pagan impuestos, aunque no quieran. Y es que los descuentos ya vienen en sus cheques de salario (no a todos les pagan "por debajo de la mesa, en efectivo", como claman muchos antiinmigrantes). Además, cuando uno compra cualquier cosa —desde gasolina hasta ropa y comida— ya está pagando impuestos. Inclusive los inmigrantes.

Tras haber pagado mis impuestos, tuve una "revelación", creo en mi humilde opinión, una de las más importantes que he tenido del "Primer Mundo": Que en todos los países "avanzados", toda la gente paga impuestos. No es de que quieran o no.

Y todo ese dinero se usa (al menos en teoría) para el bien público (y de paso, para financiar guerras innecesarias, y un nivel de vida tipo realeza, de muchos senadores, es cierto, pero esa es otra historia).

¿De dónde sale la "lana" para los *freeways,* las autopistas, las calles tan limpiecitas que los latinoamericanos siempre admiramos de los "gringos"? Pues de los impuestos. ¿Por qué los salones de clases de una primaria texana tienen de todo, libros de cuentos, computadoras, televisión, videocassetera, y montones de cosas que casi nunca vemos en escuelas latinoamericanas? Porque la gente los paga. Con sus impuestos.

¿Por qué los países latinoamericanos, en cambio, siempre estamos amolados? Bueno, muchos factores, claro. Pero uno de los fundamentales es que nadie nos enseñó a que todos debemos pagar impuestos.

Unos dirán que pagar impuestos no es la panacea. Que eso no sacará a Latinoamérica del subdesarrollo automáticamente. Claro, es cierto. Hay muchos problemas en juego, sobre todo la corrupción. (¿Qué caso tiene que pague impuestos si los funcionarios se los van a robar? me preguntaba, quizá sabiamente, un familiar en México), la ineficiencia, la mala administración. Primero, quizá, se deba cambiar la mentalidad de muchos funcionarios, y hacerles entender que el dinero de los contribuyentes es sagrado.

(Por cierto, contra lo que se pueda pensar, sí hay antídotos "mágicos" para hacerles entender a los funcionarios que no deben robar: Se llaman cárceles.)

Pero pagar impuestos es el primer paso, si de verdad uno quiere aspirar a que el país tenga lana para escuelas, para hospitales, y para calles limpias. Si no, ¿de dónde?

A nadie le va a gustar pagar impuestos, cierto. Ni a los mexicanos, ni a los centroamericanos, ni a los sudamericanos. Al "gringo" no le gusta nadita pagar impuestos, al contrario: Lo odia. Una de las frases más efectivas para cualquier político que aspire a un puesto es: *"No Taxes"*. Y todos le aplauden. (¿Cómo decía Bush padre? "Lean mis labios: No más impuestos" Y nunca cumplió, por cierto).

Pero los "gringos" pagan sus impuestos. Ni modo. No hay de otra. Es eso, o el "bote". Y la ley se los cumplen. Así está diseñada.

Si esto se aplicara en Latinoamérica, entonces sí, el ciudadano común tendrá todo el derecho de exigirle al gobierno que rinda cuentas, y todo el derecho de quejarse y sacar del puesto a los funcionarios que no lo hagan.

Como se hace en Estados Unidos. Como se hace en Europa, en Canadá y en todos esos lugares "injustos" donde la gente no tiene de otra, más que pagar impuestos.

Y ya me voy, porque tengo que enviar mi declaración (este año me duele el codo, porque me tocó pagar 400 dólares). Ni modo: si no, me meten al "tambo".

—1 de abril de 2004

El profesor de Harvard que le tiene pavor a los mexicanos

Hay un viejito "gringo" por allí que le tiene pavor a los mexicanos.

Bueno, son muchos los que nos tienen pavor. Y no sólo viejitos, también hay mujeres, hombres y hasta niños, quizá. Varias organizaciones antiinmigrantes se han encargado de lavarles el cerebro y alertarles de la "amenaza café". O sea, de los hispanos, que llegamos en masa a Estados Unidos. No a comernos a los niños "gringos", como se decía de los inmigrantes chinos allá en el siglo 19, pero sí a comernos todo lo demás: Trabajos, servicios de salud, "*welfare*", etc.

Pero volvamos al viejito ése que nos tiene tanto miedo. Se llama Samuel P. Huntington, y es ni más ni menos que un destacado profesor de la que es, quizá, la universidad más prestigiosa del mundo, Harvard.

Huntington acaba de publicar un ensayo en la revista *Foreign Policy* (www.foreignpolicy.com), titulado *"The Hispanic Challenge"* ("El Desafío Hispano"). Es un adelanto a su nuevo libro *"Who we are"* ("Quiénes somos"). En él, el profesor alerta que los hispanos somos un peligro para Estados Unidos. Un peligro cultural, económico, social y hasta político. Sobre todo, y especialmente, los mexicanos.

¿Por qué? Echando mano a estadísticas y estudios (parciales), el profesor Huntington, quien es director del Centro de Estudios Exteriores de Harvard, declara que con nuestras costumbres, nuestro idioma español, nuestro gusto por los chiles y los tacos, los mexicanos vamos a acabar barriendo con todo lo bonito que es el *"American way of life"*.

Dice Huntington, a grandes rasgos, que Estados Unidos es grande debido a que fue colonizado por anglosajones protestantes, especialmente británicos. Y en esas costumbres, credo y religión estriba la esencia del país. "Si Estados Unidos hubiera sido colonizado por católicos portugueses o españoles, no seríamos Estados Unidos, sino Brasil o México", explica, según el artículo de *Foreign Policy*.

Luego se queja del inmenso flujo de inmigrantes mexicanos, que estamos amenazando con cambiar la esencia del país. Porque no somos "blancos". Porque no somos protestantes. Porque no somos anglosajones. Porque no hablamos inglés (o si lo hablamos, es con acento).

El problema no es que vengamos a Estados Unidos, según dice Huntington. El problema es que no nos "adaptamos" al crisol de razas (el famoso *"melting pot"*), como otros inmigrantes italianos, polacos y alemanes hicieron en su tiempo. Nosotros seguimos apegados al español, al catolicismo, y muchos hasta a nuestra bandera de origen, aun cuando nos hagamos ciudadanos americanos.

Pero sobre todo, lo que al viejito éste le molesta en particular, es que sigamos tercos en hablar español: En nuestras casas, con nuestros familiares y amigos. Y en especial, con nuestros hijos.

Su temor es sencillo. Él dice que si les hablamos en español a nuestros niños (la mayoría nacidos aquí), nunca perderán el idioma de sus padres, como hicieron otros inmigrantes del pasado. Peor: Para él es malísimo que "para la segunda o tercera generación", los hispanos no hablen sólo inglés, sino que sean... ¡Bilingües! (Horror de horrores.)

Este es uno de los temores más socorridos de los antiinmigrantes: Que convirtamos a este país en hispano. Que el español le haga sombra al inglés. Que se vean de pronto en un país donde la mayoría de la gente no se pueda comunicar con ellos.

"Me molesta cuando llamo a una empresa o al banco, y el sistema me pregunta si quiero inglés o español", se quejaba recientemente un lector a un periódico de Dallas. "Estoy en América (sic), en mi país. Lo más patriota que espero es que me atiendan en mi idioma".

Ojo: El principal temor de los antiinmigrantes es no poderse hacer entender con los hispanos. Pero nunca se les prende el coco un poquito y piensan "Bueno, ¿no me convendría aprender un segundo idioma?". No, en vez de eso, optan por atacar a todos los que no hablan inglés y acusarlos de antiamericanos, antipatriotas o invasores. Que para el caso es lo mismo.

Igualito el viejito Huntington. E igualito el viejito Pat Buchanan, un ex candidato presidencial, de ultraderecha, que ha sido comentarista en la cadena CNN, y quien se pasa la vida quejándose de los mexicanos. En un reciente artículo, añoró casi con lágrimas en los ojos aquél "entrañable Estados Unidos de los años cincuenta", donde todo el mundo era blanco y hablaba inglés. Dio a entender que entonces no había crimen, que todo era limpio y bonito... Hasta que aparecimos nosotros, los inmigrantes y lo echamos todo a perder.

"¡Nos quieren meter el español a fuerza por la garganta!", se quejaba un admirador de Buchanan en un foro de internet. Y luego atacaba a todos los mexicanos por no querer aprender inglés.

Yo respeto las opiniones de todos. De este tipo. Del Sr. Buchanan. Del Sr. Huntington. Lo que pasa es que ellos siguen metidos dentro de su mundo de cristal, viendo Estados Unidos como desde una torre, alejados de la realidad.

En muchos sentidos, ellos siguen viviendo en aquel país que tanto añoran, y no quieren aceptar que ya murió. Que ya no es el mismo. Que ya cambió, para bien o para mal. Como muchos países cambian y seguirán cambiando.

Vaya, ya ni siquiera México es el mismo país de 1950. Y dentro de 50 años, no será el mismo país de 2004, como tampoco lo será Estados Unidos.

Anteayer, sentado en una banca de la cafetería "gringa", dentro de una escuela primaria "gringa", en el suburbio "gringo" de Garland, Texas, se me ocurrió que estos viejitos y sus secuaces andan bien despistados. En una nube intelectual. Estoy seguro de que esas personas que echan pestes de los inmigrantes mexicanos, por querer "imponer" el español, nunca se han parado en una clase de inglés. En todo lo largo y ancho del país, las clases de inglés como segundo idioma están creciendo como hongos. Y en escuelas de todo tipo: En iglesias, en primarias, secundarias, organizaciones no lucrativas, y dónde no.

¿Y quiénes creen ustedes que componen la inmensa mayoría del estudiantado de estas clases? Adivinó: Los hispanos. Los mexicanos, sobre todo.

Esto pensé cuando estaba sentado en esa cafetería que les cuento. Asistí porque era la fiesta de graduación de una de estas clases de inglés. Las escuelas públicas municipales de Garland destinaron un presupuesto a ofrecer clases gratis de inglés a los padres de familia que quisieran.

Las clases se dan por la tarde, tres veces a la semana, en una de las mismas escuelas a las que los hijos de estos inmigrantes acuden. Los que imparten las clases de inglés son los mismos maestros profesionales y titulados que trabajan por las mañanas, dando clases a los niños.

Y, como mencionamos, las clases son gratis. Totalmente gratis. Para el que quiera.

¿Hay madres o padres que no tienen con quién dejar a sus hijos para acudir a las clases? No hay problema: Las clases se imparten al mismo tiempo que clases extras para los niños de todos los grados, en salones contiguos. Allí, un maestro certificado y con título profesional, se encarga de ayudarles a los niños a hacer la tarea o repasar lecciones, mientras sus papás estudian inglés.

¿Mencioné ya que todo esto es totalmente gratis?

DESDE LAS ENTRAÑAS DEL MONSTRUO

La fiesta de fin de curso estuvo abarrotada. Los padres de familia contribuyeron con comida, refrescos, y postres. Era un buffet. Maestros y alumnos convivieron agradablemente. Hubo incluso una entrega de reconocimientos para los alumnos que habían mostrado asistencia perfecta en todo el semestre.

"Pero esto es sólo el inicio", recordaba la maestra Shannon Terry, directora del Programa Bilingüe, que tomó la palabra ante el micrófono para agradecer el apoyo de la comunidad hispana. "Ustedes están dando el ejemplo a sus hijos de seguir estudiando."

Minutos antes, esta "gringa" alta, rubia y de ojos azules, se había disculpado porque iba a hablar en español al público, e iba a cometer muchos errores. "Como ustedes los van a cometer al hablar inglés, pero es importante que lo hagan con entusiasmo. Para que nuestra comunidad sea totalmente bilingüe".

Había de todo. Hombres solos. Mujeres solas. Pero también matrimonios, parejas. Grupos de amigos que iban juntos a estudiar. Mexicanos, centroamericanos, sudamericanos. Pero más mexicanos. En *jeans* deslavados, en tenis, en zapatos de pintor. Acabados de salir de la obra, o de limpiar oficinas, o de cuidar niños, estos hombres y mujeres dedicaron dos horas, cada tercer día, a aprender inglés. Muchos ni siquiera tenían estudios de secundaria o preparatoria en México, y se les dificultaba más encarrerarse en la vida académica.

Pero todos iban. Todos acudían. Incluso hubo muchos que se quedaron fuera de los cursos, porque el cupo era limitado. La demanda excedió la oferta.

En todo Estados Unidos estas escenas se repiten. Gringos hablando español e hispanos poniendo todo el esfuerzo de su parte por aprender inglés. Por ser parte de la sociedad de este país.

"Hay que aprender inglés, para mejorar", explicaba uno de los asistentes. "Uno vive en Estados Unidos. Y el idioma de este país es el inglés".

No pude evitar sonreír mientras comía un flan, y recordaba las profecías apocalípticas de Samuel Huntington y Pat Buchanan. Ciertamente, nosotros no seremos el típico norteamericano, gringo, güero, protestante y pecoso de 1950. Pero tampoco somos ya tan "extranjeros": Muchas de nuestras familias llevan aquí más tiempo que la mayoría de las familias anglosajonas.

Y éstos somos nosotros, Sr. Huntington. Los inmigrantes que nunca vivimos ese paraíso de los cincuenta del Sr. Buchanan, pero cuyos hijos y nietos heredarán el Estados Unidos del siglo 21. Y lo harán hablando dos idiomas. O quizá hasta más. Y no por eso dejarán de ser menos americanos... o mexicanos.

DESCANSE EN PAZ ROBERTO MORA

Aunque un poco tarde, quisiéramos dedicar unas cuantas líneas para enviar nuestro pésame a los amigos y familiares de Roberto Mora, director editorial del diario El Mañana de Nuevo Laredo, Tamaulipas, asesinado el mes pasado. Roberto y un servidor trabajamos para Multimedios Estrellas de Oro en los noventa. Él desde el DF y yo en Tampico, por lo que sólo nos conocimos por teléfono. ¿Por qué mencionarlo? Casualmente, cuando iniciamos esta columna y la ofrecimos a diarios en México, fue precisamente Roberto el primer editor que nos dio la primera oportunidad (Eso sin acordarse de nosotros). Gracias a sus palabras de aliento nos aventamos a enviar la columna a más diarios, y hoy se publica en casi todo el país. Quizá si no hubiera habido un Roberto Mora, no estaríamos escribiendo esto, ni usted leyéndolo. Son periodistas como él los que nos hacen falta, a ambos lados de la frontera.

Descanse en paz.

—9 de abril de 2004

Inmigrantes mexicanos:
¿Los más ''cochinones" de EE.UU.?

La señora Gloria Cervantes, inmigrante que vive en Dallas, estaba una vez en México, de vacaciones, cuando se dio cuenta de una agradable sorpresa.

No había basura.

"Todo estaba muy limpio", comenta jovial la Sra. Cervantes, mientras recuerda la anécdota.

Como broma, agregó: "Se nos ocurrió que México ahora está muy limpio, porque casi todos los mexicanos estamos en Estados Unidos".

Broma cruel, pero tiene algo de cierto. Como lo comprueba la Sra. Cervantes, cuando visita un barrio "hispano" de "este lado".

Lo que reluce de inmediato no es la música (grupera) a todo volumen. Ni las "trocotas".

No, tristemente lo que más resalta es la basura. El descuido de las viviendas. El desaseo.

La gota que derramó el vaso de la paciencia de la Sra. Cervantes ocurrió en septiembre pasado, cuando participaba en una marcha en pro de dar amnistía migratoria a los indocumentados. Allí, un grupo de norteamericanos insultaron a los participantes, acusándolos de ser "mexicanos cochinos".

"Eso me dio mucho coraje", recuerda Cervantes. Y decidió hacer algo al respecto.

Juntó a amigos y vecinos. Pidió ayuda a negocios de su barrio. Y echó a andar su organización, la Unión por la Dignidad Latina.

A pesar del rimbombante nombre, el objetivo principal de este grupo no es hacer "grilla", ni invadir predios. No, la misión es sencilla: Mantener limpios los barrios mexicanos de Dallas.

O convencer a la gente que no los ensucie.

Casi nada.

¿El nombre de la campaña? "No Manches".

"O sea, que no se manche la ciudad. Y de paso, que no se manche la fama de todos nosotros como comunidad", explicó la Sra. Cervantes.

Aunque suene sencillo, quizá sea una labor titánica.

Lo primero que ha hecho la Sra. Cervantes, es convencer a una imprenta para que imprima 2 mil folletos trípticos, donde informa a la gente (en español, y con caricaturas) que no debe tirar la basura en la calle. Que mantenga limpio el jardín de su casa. Que dé mantenimiento a su vivienda, a su patio.

Esos folletos los va a repartir en barrios como Oak Cliff, East Dallas y West Dallas, donde se congregan la mayoría de los "paisanos"... Y casualmente los barrios donde más suciedad se ve.

¿Somos cochinos los mexicanos? Yo creo que no. O al menos no todos.

La bronca es que uno se lleva otra impresión cuando visita los barrios "latinos" en las ciudades de Estados Unidos: Latas, botes, botellas rotas, ropa sucia... Porquería y media.

Y a nadie parece importarle.

"No creo que la limpieza sea una virtud genética de tal o cual pueblo. No hay razas más limpias que otras", comentaba el cónsul de México en Dallas, Carlos García de Alba, durante la reciente ceremonia en la que la Sra. Cervantes dio a conocer su proyecto al público. "Es cuestión de cultura, de educación, de principios... Los hijos de padres 'cochinones' seguirán siendo 'cochinones'".

¿A qué se debe que haya mexicanos 'cochinones'? Según el cónsul, la culpa la pueden tener los programas de estudio de las escuelas mexicanas, que eliminaron la materia de civismo años atrás.

"Como que perdimos algo en el camino. Nos 'desconchinflamos' ", resaltó.

Sin embargo, insistió que los mexicanos le ponemos más atención a la limpieza personal. A diferencia de los anglosajones, quienes se esfuerzan más por la limpieza de su entorno.

La labor de "No Manches" es muy buena. Es excelente. Es un buen programa, que ya hacía falta, y aplaudimos la iniciativa y el apoyo que ha mostrado la Sra. Cervantes. Debería haber más personas como ella en otras ciudades de Estados Unidos con gran población mexicana.

PERO...

Por otro lado, y ya poniéndonos quisquillosos, no podemos más que decir una cosa:

¡QUE VERGÜENZA!

¿A qué grado hemos llegado los mexicanos inmigrantes, para que nos tengan que decir con folletos que sigamos reglas TAN SENCILLAS como no tirar basura?

Pero el asunto no termina aquí.

DESDE LAS ENTRAÑAS DEL MONSTRUO

La campaña "No Manches" no solamente intenta inculcarnos mantener limpia nuestras comunidades (algo que deberíamos haber traído desde niños), sino que nos da otros consejos, como :

• No tires balazos al aire.

• No tomes cerveza en la vía pública (sobre todo en los parques públicos, ni enfrente de niños y familias).

• No pongas tu estéreo a todo volumen, porque molestas al vecino.

Y así, por el estilo.

Y esto sí que es lamentable.

"Siempre lo repito, y lo voy a reiterar:", dijo por su parte la Dra. Elba García, una inmigrante mexicana del Distrito Federal que ahora es concejal municipal del Distrito I en Dallas, compuesto en su mayoría por población inmigrante "Las quejas que recibimos todos los días en estos barrios siempre son las mismas: Basura, ruido, beber en vía pública, animales sueltos sin correa, balazos al aire... Y creo que hay que cambiar. Es algo que todos podemos hacer".

Reiteramos, esto ocurre no sólo en Dallas, sino en muchas ciudades de Estados Unidos con gran población mexicana: Los mismos problemas, las mismas broncas. Parece crónico.

¿Tan mal andamos los inmigrantes mexicanos?

Por supuesto, también hay "gringos" cochinos. Y negros, asiáticos y de todos.

Claro, no todos los inmigrantes somos así. Hay muchos de nosotros que tratamos de cuidar el ambiente, de no ensuciarlo. Hombres, mujeres, niños y familias inmigrantes, día a día, ponen un enorme esfuerzo, tiempo y trabajo en mantener limpias sus casas, sus patios, sus calles. Respetan la ley, y cuidan su comunidad. Esto también es cierto.

Pero, como maldición gitana, lo que siempre resalta son los "prietitos" del arroz: La gente a la que le "vale" cortar su pasto o tirar la basura en el bote. La que deja botellas rotas de cerveza en la calle. La que no le importa hacer sus escandalosos pachangones (pistola incluida) frente a niños.

Lo curioso es que mientras, andamos exigiendo a los cuatro vientos que nos den reconocimiento como una comunidad valiosa. Queremos que los norteamericanos nos tomen en serio, que no nos vean como una raza de segunda categoría, sino que nos reconozcan nuestra contribución a la riqueza de este país.

Pero todo esto lo echa por tierra una minoría que ni siquiera se esfuerza por tirar la basura donde se debe.

No es cosa de leyes locales. No es cosa de costumbres gringas. No es cosa de ser pobres, o ricos. Es simple sentido común. De ser gente limpia o no serlo.

Vamos, ya no digamos que lo hacemos por cumplir con la ley, ultimadamente, eso sería hasta secundario. Al menos hagámoslo por dignidad propia, por educar a nuestros hijos con costumbres sanas y valores.

"Al final, este problema es una autoagresión", comentaba el cónsul García de Alba. "Contra nosotros, y contra el ambiente en que estamos".

Por supuesto.

Lo irónico de todo, es que somos nosotros los mexicanos e hispanos, los que mantenemos limpias y bonitas muchas de las casas y los barrios de este país: En las colonias más cuidadas, los jardineros son inmigrantes, al igual que los barrenderos, los pintores, y los que remozan y dan mantenimiento a los edificios, para que estén presentables y bonitos.

¿Y cómo tenemos nuestras casas? Nada más imagínese.

Ojalá esto cambie. Pero por lo pronto, agradecemos el esfuerzo de personas como la Sra. Cervantes, que dan mucho de su tiempo en favor de mejorar el aspecto de nuestras comunidades inmigrantes. O de perdido, de hacerlas presentables.

Esperamos que los inmigrantes sucios logremos cambiar. Porque si no, el siguiente paso sería que los gringos, los negros o los asiáticos tengan que iniciar una campaña para hacernos "comprender" la importancia de la limpieza. Que nos impriman folletitos donde los digan "Sé limpio. Pórtate bien. Suénate la nariz".

En una palabra: "Civilízate".

Y eso sí que sería en verdad vergonzoso.

—16 de abril de 2004

"¿Qué, la gente de Estados Unidos siempre anda así de fachosa?"

Ayer me compré unos huaraches, como decimos a las sandalias en México. Mis primeros huaraches en Estados Unidos.

De hecho, son los primeros huaraches que jamás me he comprado en mi vida.

Aunque suene ridículo, para mí, como mexicano de clase media, inmigrante, esto es un enorme acontecimiento. ¿Por qué? Implica, de alguna manera, una integración más a la vida de Estados Unidos.

"¡Ridículo!", dirán algunos. "Andar en huaraches es para indios". Costumbres de "nacos".

Así pensaba yo también, antes de venir a este país. Por eso, el comprarme mis primeros huaraches son un hito más, un gran acontecimiento en mi vida "agringada".

Porque, más que andar "como indio" —como piensan muchos elitistas— esto significa para mí como un cambio de actitud. Un símbolo.

Todo se originó durante mi primera visita a Estados Unidos, hace casi diez años.

La primera impresión que recibí, en esa primera vista, no fue el país en sí. Tampoco los "*freeways*", ni lo limpio de las calles, como a muchos "paisanos" les pasa.

No, la primera impresión que se me quedó, fue la ropa de la gente.

Como buen mexicano, estaba acostumbrado a la cultura de la imagen. O sea, el que la ropa para los mexicanos, es 'muy importante". Vital, de hecho.

Desde chiquito había oído (y aprendido) el axioma: "Como te ven, te tratan". Y aunque me lo decían con buenas intenciones, descubrí después que en realidad esa frase ocultaba una verdad más desalmada: "La gente pobre viste mal. Desconfía de ellos. La gente decente viste bien. Confía en ellos".

Durante esa mi primera visita a Estados Unidos, recuerdo que era marzo, y hacía un frío que pulverizó mi enclenque aguante tropical (Como buen tampiqueño, nunca había padecido los horrorosos fríos texanos: Mi rancho es de esos donde, apenas el termómetro baja a 20 grados, la gente ya sale con chamarra, gorro y bufanda a la calle).

Pero acá estaba yo, en el aeropuerto *Lovefield* de Dallas, vistiendo una de esas camisas desechables de la tienda Milano, de esas que después de dos lavadas uno no tiene qué colgarlas porque se quedan paradas solas. Me quedé lelo, mirando toda la gente a mi alrededor: Gringos primermundistas.

Me sentí chiquito. Apliqué en mí el axioma: Sentía que me iban a tratar mal, porque no vestía como ellos. Todos iban de traje, corbata, abrigos largos hasta la rodilla, de lana, negros, elegantes.

Luego, tuve una revelación: Me di cuenta de que a la gente NO LE IMPORTABA cómo vestía yo. No me maltrataban ni con la mirada: Vamos, ni siquiera me miraban. Yo era un ser humano más, allí en medio del mundo.

Más aún: Si mis ojos se entrecruzaban con los de alguien, esa persona me sonreía, me saludaba con un ademán de cabeza. Me abrían la puerta. Me decían *"Hi!"*

Fue mi primera experiencia con la ropa en Estados Unidos.

Luego, comprendí que ese choque de elegancia en el aeropuerto, era flor de un día. De hecho, la gente iba así porque hacía frío, no porque estuvieran posando para un comercial de Hugo Boss. En cuanto el frío se aplacó, noté la transformación.

Los texanos aventaron las chamarras, los trajes y los abrigos al closet. Y salieron en ropa casual. Hasta en *shorts*.

Comprendí entonces que en este país, no se aplica eso de "Como te ven de tratan". Esa actitud es parte de una cultura clasista. Quizá sean traumas sojuzgantes que heredamos de la colonia. Quizá sean taras tercermundistas. No sé.

Lo que sí sé, es que al "gringo" le gusta vestir cómodo. Abomina la excesiva formalidad (en las maneras y en la ropa).

Aquí no "como te ven, te tratan". Más bien "Como te tratan, te ven".

Desde el más humilde lavaplatos de restaurante, hasta el presidente de una corporación, visten igual los fines de semana: El uniforme consiste, casi siempre, en camiseta *"sport"* tipo polo, *"shorts"* (de mezclilla o gabardina), tenis o chanclas. Y eso lo vemos en gente que sale a la tienda o a comer los domingos, tanto en barrios pobres como en exclusivas áreas. Blancos, negros, chinos, hispanos... La única regla es la comodidad.

Cuando comencé a reportear, me di cuenta que todos los periodistas acá andan cómodos. Nada de trajes apantalladores, como muchos reporteros traen en México (aunque se sientan como atiborrados en un costal, sudando la gota gorda). Me encantó eso de poder reportear en pantalones de mezclilla, zapatos casuales de pana, y camisas de algodón. A veces, si la cuestión lo ameritaba, podía uno hasta llevar camiseta (siempre que se pusiera un saco *"sport"* encima). O sin saco, con una simple camisa de algodón y una corbata, ya uno se ve bien.

Nadie lo mira feo a uno. Nadie lo "trata mal por como lo ven".

Lo acepté. Me integré.

Peor: me encantó. Cada fin de semana salía en *"shorts"*, camiseta y chanclas al *"mall"*, con la familia. Dejé de considerarme un fachoso. Me sentía cómodo, fresco.

Vaya, si hasta los policías en Texas llevan shorts en su uniforme: Camisa azul marina, manga corta, sin gorra, y con *"shorts"* azul marinos, y tenis negros... ¡YO hasta chanclas!

(Y yo que me imaginaba a los policías gringos siempre elegantemente vestidos, como en la tele. Como Matute el de Don Gato, o el Jefe O'Hara de Batman.)

Pero no todo fue final feliz: Cuando pensaba que por fin estaba a mis anchas, un acontecimiento me hizo volver a la realidad.

¿Cuál fue? Ni más ni menos que un viaje a México.

En una de esas vacaciones que visité Tampico, me sobrevino en choque cultural. ¡Pero al revés!

Resulta que unos amigos me invitaron un café. Tenía tiempo de no verlos y me encantó la idea.

Hacía mucho calor en Tampico, era agosto. Era sábado. Era temprano.

Me vestí. Busqué ropa limpia. Una camiseta limpia, un short limpio, unos tenis limpios.

Salí... y todo el mundo me miró feo.

Como diciendo: "¿Y este mico de qué árbol se cayó?".

Fui a la casa de mi amigo, para invitarlo a ir a tomar un café Le dio gusto verme, aunque me vio sorprendido de arriba a abajo.

No estaba listo. Pidió que lo esperara para arreglarse.

Salió media hora después: Camisa de manga larga, de vestir. Camiseta de algodón abajo. Pantalón de vestir. Zapatos de charol.

"Chuy, pero si sólo vamos al café que está aquí abajo, en el primer piso", le dije. No me escuchó. Luego, en el café, comprendí porqué: TODO el mundo andaba así, formal.

Yo era el único fachoso. El único "agringado" (nada más que prieto, no güero ni de ojo azul).

No me trataron mal, es cierto. Porque ni me hablaron. Pero sus miradas decían mucho.

Me volví a sentir como durante mi primera visita a Dallas: Chiquito, acomplejado, traumado. O peor.

"¿Por qué te vistes así, mijito?", me preguntaba mi preocupada madre, cuando me alistaba para salir a dar la vuelta al parque. "¿No trajiste ropa buena?"

La miré sorprendido: "Mamá, esta ropa es buena. Es cómoda, es de marca, la compré en *JCPenney*. Está limpia."

"¿Es qué la gente de Estados Unidos siempre anda así de fachosa? Mírate: Pareces un pelafustán".

!!!!!!!??????

Fue entonces cuando comprendí la enorme diferencia respecto a las actitudes de los mexicanos y los "gringos" respecto a la ropa. Y traté de entender por qué.

La ropa en México es cara. Para vestir bien, uno debe tener cantidades suficientes de dinero para sufragar ese caprichito.

En Estados Unidos, no. La ropa es barata, y a veces, baratísima. Siempre hay ofertas especiales, hasta de ropa de marca. Uno se puede comprar pantalones y camisas de marca por 10 dólares o menos. Si alguien quiere vestirse bien, no está fuera de su alcance.

Consecuentemente, toda la gente viste casi igual. No se notan las diferencias abismales entre ricos y pobres a las que está uno acostumbrado en México.

Los mexicanos tenemos terror a ir "en fachas". Es símbolo de "naquería", de pobreza, de poca estima personal. Por eso la gente se pone sus mejores galas para ir a comer afuera, para ir al cine, y hasta para ir al súper. Para que no lo vean a uno "feo" ni "naco", ni le quieran ver la cara a la hora de pagar.

Mientras que en Estados Unidos, no es así. Prevalece la comodidad. La ropa no es un lujo, es una necesidad. Entre más fresco ande uno, mejor.

(Por eso vemos como marcianos a esos "gringos" turistas que andan en shorts y chanclas. No podemos entender cómo teniendo tantos dólares, no puedan vestirse "bien".)

Sandra, una compañera de trabajo, lo resumió muy bien cuando se atrevió a comparar los McDonald's de Estados Unidos con los de México: "Son igualitos, excepto por una cosa: La ropa de la gente. Aquí, ir a McDonald's es cualquier cosa, comida rápida, uno va hasta en piyama En México en cambio la gente va de traje, de corbata y hasta de portafolio. Se nota que buscan vestirse bien para ir a comer allí", dijo, entre divertida y sorprendida.

Ya llegó primavera a Texas. Comienzan los calores. Por eso, me disparé a *Payless* y compré unos huaraches de cuero, tipo tenis. Frescos, flexibles, cómodos.

Y estaban en oferta: De su precio original de 25 dólares, me los vendieron en 16. Una ganga.

Ahí ando, merodeando por la calle con mis huaraches. Y no me siento fuera de lugar.

Supongo que si me los llevo a México me van a ver como un "huarachudo". Me van a tirar a loco. Y seguramente mi pobre madre se va a desmayar de un soponcio al saber que todo ese dinero que ella gastó para vestirme bien de niño, con mucho esfuerzo, fue en vano.

Pero mientras, me contento con andar fresco cuando voy al cine con mi hijo, cuando voy al súper, o cuando voy a dar la vuelta.

Al fin y al cabo, en este país "de fachosos", todo huarachudo es rey.

—23 de abril de 2004

...Y los indocumentados regañaron a "La Migra"

Algo muy curioso pasó en Texas hace algunos días.

Por alguna razón, en Houston corrió la voz de que "la Migra" estaba haciendo redadas de indocumentados.

Algunos dicen que solo fue un rumor. Otros, que fue una realidad: Que en un sitio de construcción llegaron los "hombres de verde", con camionetas y autobuses, y cargaron con todos los trabajadores indocumentados que encontraron ahí (supongo que el 99%).

Pero eso no fue todo. El rumor creció y le echó más lumbre al asunto, agregando que los oficiales de Inmigración se pasaron de esa construcción a otra, y a otra. Luego, en un frenético arranque de celo profesional, anduvieron "cazando 'mojados' " en las calles, y hasta en los edificios de departamentos.

"Yo fui a un supermercado Fiesta, y me dijo alguien que acababan de llevarse gente de allí", confirmaba el alguien en la audiencia de un programa de radio.

(Claro, estoy seguro de que ese "alguien" que le dio la información fue "el compadre de un amigo de un hermano de un vecino". Como siempre.)

Dijeron que los agentes cargaron con todos, parejo: Hombres, mujeres, niños, ancianos...

El rumor sólo necesitó algunas pocas horas para extenderse en las estaciones de radio, en periódicos y hasta en la televisión. Todo mundo hablaba de ello.

En un santiamén, se multiplicaron los conocidos "que habían oído del amigo de un pariente", que había visto que en tal o cual tienda, esquina o edificio andaban los hombres de verde, escondidos atrás de un bote de basura, acechando, llevándose padres, madres, tíos, hermanos. Desmembrando familias.

Imágenes de niños llorosos, arrancados de los brazos de sus pobres madres, antes de ser lanzados a una camioneta como costal de papas, directo a México, afloraron a la mente de muchos. Como en las películas de la Alemania Nazi.

¿Y qué pasó? Nada. El rumor no se comprobó. Reporteros estuvieron siguiendo las declaraciones para saber si de verdad hubo una persona que conociera a un familiar directo que hubiera sido deportado en esas redadas, o un amigo. Pero no hubo nadie. Todo mundo hablaba de terceras personas.

Inmigración emitió un comunicado más tarde desmintiendo el asunto. Aclaró que lo que hizo fue simplemente ir a buscar a ciertas personas que ya tenían órdenes de deportación pendientes, por delitos cometidos. Pero sólo a ellos, porque eran delincuentes, y ya tenían sus nombres y direcciones.

O sea, la típica explicación de Inmigración. Siempre salen con eso.

Pero por supuesto, para entonces ya era demasiado tarde: Cundió el pánico. Eso es de esperarse. Cuando hay algo así, lo más normal es que la gente se asuste.

Sin embargo, lo que nadie esperó, fue que obras de construcción completas se vaciaran. Que los albañiles, carpinteros, obreros y hasta capataces se esfumaran. Que no fueran a trabajar por varios días, por temor a "La Migra".

Aún más: En medio del pánico, mucha gente que trabajaba en otros sectores dejó sus empleos, afectando a negocios como restaurantes, empresas de jardineros, y hasta hoteles, donde los inmigrantes son fuerza laboral importante.

Según el diario *Houston Chronicle*, las autoridades escolares de la escuela primaria Manuel Crespo reportaron que 200 de sus alumnos no acudieron a clases un día, pues sus familias (que habitan unos departamentos enfrente) empacaron sus cosas y salieron corriendo, luego de que les habían dicho que Inmigración estaba a punto de hacer una redada en el edificio.

Comenzaron las protestas, las quejas. El ausentismo golpeó a Houston donde más le dolía: En el bolsillo. Nadie sabe cuánto costó el chistecito en pérdidas a la economía local, pero una asociación de comerciantes se quejó de que sus agremiados sufrieron pérdidas porque muchos inmigrantes se quedaron en casa y no salieron a comprar.

El escándalo llegó a tal grado, que los mismos funcionarios del Servicio de Inmigración, en un hecho sin precedentes, organizaron a la carrera una audiencia pública con la comunidad hispana para calmarlos, para explicarles que no estaban haciendo redadas.

También estuvieron representantes del Concejo Municipal de la ciudad de Houston, y el diputado federal Gene Green.

Ahí, en una reunión que fue televisada a todo el país, unos 400 inmigrantes regañaron a los alicaídos funcionarios de Inmigración. encabezados por el agente especial Joseph Webber (director de la oficina de la agencia en Houston). Micrófono en mano, una inmigrante los acusó de que a su esposo "lo cazaron como a un conejo".

Vaya, si hasta uno que otro salió en los medios gritándoles en la cara a los funcionarios: "¡Yo soy indocumentado!", antes de que aquellos se deshicieran en disculpas y perdones por el temor que había cundido.

Hipólito Acosta, jefe de la Oficina de Ciudadanía, repitió una y otra vez que no estaban haciendo redadas, pero fue acallado por rechiflas y abucheos.

Básicamente, lo que los representantes de "La Migra" dijeron a los indocumentados fue: Esténse tranquilos. Sigan su vida normal (o sea, "Por favor, regrésense a trabajar").

Explicaron que únicamente se habían enviado a algunos agentes a detener a "ciertas personas" (no a todas, conste) que ya tenían órdenes de deportación pendientes. "Si usted se porta 'bien' no tiene nada qué temer", dijeron.

????!!!!

Si querían quedar bien, los agentes de Inmigración quedaron peor. Esto no salvó a los funcionarios de sufrir una vapuleada de ataques y críticas, ahora de ambos lados: Mientras los inmigrantes los acusaron de racistas y de destructores de familias, por el otro lado los ciudadanos americanos antiinmigrantes los acusaron de débiles y no hacer su trabajo.

En especial el congresista federal por el estado de Colorado, Tom Tancredo —uno de los peores enemigos del inmigrante en Washington— emitió una durísima carta, donde compara a los indocumentados con narcotraficantes. Dijo que la reunión de Inmigración parecía como "si la DEA hiciera una junta en un barrio infestado por traficantes de *crack* y cocaína para tranquilizarlos de que no iban a ser detenidos."

Por todos lados le llovió a "La Migra". No es un buen momento para ser agente de Inmigración.

Nosotros, como inmigrantes, reconocemos el valor (económico y cultural) que significa nuestra gente en este país. Estamos con ellos, compartimos muchos de sus problemas para lograr una vida digna aquí. Muchas veces las hemos detallado en estos artículos, simpatizando totalmente con ellos. Y siempre hemos insistido en la necesidad de que el norteamericano promedio reconozca ese valor.

A pesar de eso, no pudimos menos que sorprendernos. ¡Inmigración fue regañada por los indocumentados! ¿Porqué? Simplemente por hacer lo que se supone que deben hacer.

Más increíble: Los propios funcionarios tuvieron que llamar a los indocumentados para pedirles disculpas públicamente y tranquilizarlos de que no van a ser deportados.

Repetimos: Nosotros no estamos con la separación de familias, ni consideramos justo que de un plumazo —por errores burocráticos o simple negligencia— un oficial de Inmigración tenga el poder de destruir la vida que un inmigrante (legal o ilegal) con mucho esfuerzo ha construído durante muchos años. No tanto por él, sino por sus hijos, su familia.

Tampoco estamos de acuerdo en las prácticas abusivas de muchos de sus agentes, los cuales ven a los indocumentados no como seres humanos, sino casi como una peste, como animales.

Pero nunca creímos llegar a ver una escena como la de agentes de "La Migra" pidiendo perdón por detener indocumentados. Y esto nos dice que hay algo muy mal en todo este asunto.

Por principio, si dentro de sí mismos, todo mundo sabe (incluída "La Migra") que los inmigrantes somos valiosos, que movemos la economía, ¿para qué tanto merequetengue?

Si ya el gobierno reconoció (en voz del mismísimo secretario de Seguridad Doméstica, Tom Ridge) que no van a poder deportar a todos los inmigrantes, no importa cuántos miles de millones de dólares en presupuesto destinen para contratar agentes, helicópteros y cámaras infrarrojas, ¿entonces porqué no destinar ese dinero a agilizar los trámites de legalización de tanta gente atorada en el limbo legal?

Si ya se sabe que es un broncón emigrar legalmente a Estados Unidos, porque la ley migratoria es un laberinto complicadísimo, muchas veces contradictorio, ¿porqué no destinar esos millones que les cuesta contratar agentes, a modificar la legislación, y hacerla más lógica y acorde con la realidad económica de Estados Unidos? Ya se comprobó que la actual política migratoria es un relajo, no funciona. ¿Porqué no reconocer de una vez que se necesitan inmigrantes, facilitarles su contratación y emigración?

O sea, dejar de jugar al gato y al ratón inútilmente, porque ni hasta para eso lo pueden hacer bien. Luego andan ahí pidiendo disculpas por hacer "como que trabajan".

No porque queramos que destruyan familias. No porque queramos que anden haciendo redadas. Lo que nos indigna es que les estén pagando salarios (los cuales, de paso, salen de los impuestos que TODOS pagamos, hasta los indocumentados), para hacer un trabajo que nadie quiere hacer, que todo mundo critica, y que de pilón, perjudica la economía.

—30 de abril de 2004

El pasatiempo favorito de los Estados Unidos

Cada que visito estas cadenas de tiendas en Estados Unidos, veo lo mismo: Gente. Mucha gente.

Me gusta ir temprano, aunque pocas veces lo logro. Ya para las 10 de la mañana estas tiendas están llenas.

Los fines de semana, estas tiendas que les digo están a reventar. Parecen una kermés, porque los clientes llevan a sus chiquillos. Llegan las familias enteras vestidas cómodamente, con camisetas, *"shorts"* y tenis, y no tardan en perderse entre los pasillos de la tienda. Se pasan horas allí, y sólo hacen una pausa para ir a comer.

A veces hay hasta música, pláticas y mesas redondas, gratis, para cualquier cliente que quiera participar. Y siempre están llenas.

¿Qué clase de tiendas son éstas, se preguntarán? Seguramente de comida, o ropa, ¿no?

Pues no. Se trata de tiendas de libros. Sí, librerías, esas tiendas donde la gente puede comprar libros, revistas y discos. Algo para leer.

A los gringos les encanta leer. Es uno de los pasatiempos favoritos de este país, aparte del beisbol.

Para un servidor, quien se sentía como animal raro en México, donde las librerías son chiquitas, escasas y (generalmente) caras, esto fue uno de los descubrimientos más felices cuando llegué a Estados Unidos. Las cadenas de librerías norteamericanas son grandes, fuertes y están donde quiera.

No son sitios aburridos, silenciosos, donde sólo entran ratones de biblioteca o intelectualoides pedantes. Para nada. Son sitios enormes, amplios, súper iluminados, donde hasta dan ganas ir a leer.

Y mucha gente lo hace, de hecho. De "gorra", sin pagar: Son tantos los estudiantes y niños que llegan para hojear los tesoros que ahí se encuentran, que las cadenas de librerías se dieron cuenta de esto y establecieron salitas especiales (allí, en medio de los estantes) para que uno agarrara el "bonche" de libros y se sentara plácidamente a leer a sus anchas. Por horas, si uno quiere.

DESDE LAS ENTRAÑAS DEL MONSTRUO

Y los empleados no los regañan, al contrario, hasta les hacen la estancia más cómoda: Ahí, junto a las salitas colocan mesas con cafeteras y galletitas por sí se antoja.

Es común ver estudiantes haciendo la tarea, con las patas arriba del mueble, anotando datos de libros que nunca van a comprar, pero que ahí pueden leer a gusto.

Barnes and Noble, Borders, Bookstop, Beethoven & Shakespare and Co., son algunos de los nombres de las cadenas de librerías, que surgen como hongos en cualquier centro comercial que se construya. Ha de ser buen negocio, para que sean tantas y se den el lujo de prestar sus libros a gorrones.

Pero mi favorita es la *Half-Price Books* ('Libros a Mitad de Precio'). Es una cadena de tiendas de libros usados, que tiene varias sucursales en Estados Unidos. La casa matriz está en Dallas, y ocupa un edificio del tamaño de un Wal-Mart, lleno de discos (CD's y de acetato), cassettes, revistas y por supuesto, libros. Miles de ellos. De todo tipo. A mitad de precio.

Nada de tienditas oscuras, sucias y polvorientas. Las librerías de Estados Unidos tienen aire acondicionado, mucha luz, música de fondo y sus salitas de lectura. Ah, y hasta una cafetería para los hambrientos.

En medio del edificio hay un oasis multicolor, marcado con una casita de madera, tapetes de parches y dibujos en las paredes. Pero lo que sobresalta son las atrayentes tapas de los libros de esa sección: Infantiles. Allí, la música se confunde con el griterío de los clientitos y sus papás, quienes a veces escuchan atentos a un empleado que les lee un cuento, ciertos días a la semana.

¿Por qué tanta diferencia, me preguntaba, entre estas librerías respecto a las de otros países? ¿De dónde nace este enorme gusto por leer del norteamericano, si todos sabemos (o suponemos) que son uno de los pueblos más ignorantes del mundo, quienes no saben distinguir Uruguay de Paraguay?

El norteamericano quizá sea ignorante respecto al mundo exterior. Pero le encanta leer. ¿Cómo suponer que es de otra manera, si la industria editorial de Estados Unidos es una de las más poderosas del mundo? Se publica de todo: Novelas, cuentos, terror, ciencia-ficción, literatura, drama... Libros de fotos, de historia, de guerra, de coser, de jardinería, de... ¡qué sé yo! Diga un tema, el que sea, el que le guste, y seguramente encontrará uno o muchos libros sobre eso en cualquier librería de Estados Unidos.

En Estados Unidos el libro es un artículo muy apreciado, casi adorado, pero accesible. Barato.

En México, por otro lado, y tristemente, los libros son caros y escasos. Son artículo de lujo. Se editan buenos libros, pero dominan los títulos de Carlos Cuauhtémoc Sánchez, de parapsicología o el sesudo estudio político sobre los efectos y consecuencias de la muerte de Colosio.

No es que tengamos nada contra esos temas. Cada quien su preferencia, pero en la variedad está el gusto, ¿no? Y es precisamente esa variedad de gustos la que da la potencia increíble a la industria del libro en Estados Unidos: Hay compradores, por lo tanto, es buen negocio.

¿Pero por qué pasa esto? ¿Por qué el "gringo" es lector? ¿Por qué ellos sí y nosotro no?

Mi hijo, Cesarito, de 8 años, quizá me dio la respuesta.

"Hasta hoy, llevo leídos 109 libros", me dijo anoche orgulloso. Yo le creí, aunque a medias. Seguramente no son 109 libros, quizá sólo son 20 ó 30. Pero aún así, son más de los que el mexicano promedio leerá en toda su vida.

Cesarito es un alumno promedio de segundo grado, hijo de inmigrantes mexicanos, en una escuela primaria promedio de Estados Unidos. Como cualquier escuela, tiene programas para invitar a los niños a leer, desde prekínder.

Cada escuela tiene su biblioteca. Y cada niño puede (si quiere) pedir prestados dos libros cada semana. Es más, debe hacerlo, porque en su programa de estudio está contemplado que cada semana debe visitar la biblioteca, y leer. Al final, debe escribir un ensayo sobre el libro leído, sus personajes y responder un cuestionario.

Los libros que Cesarito lee no son gruesos ni complicados. No son *La Guerra y la Paz* de León Tolstoi ni *Los Miserables* de Víctor Hugo. No, son libros de cuentos, para niños de su edad. Con dibujos e historias sencillas.

Pero es el principio. Así comienzan las escuelas a meterles a los chiquillos el gusto por la lectura. A imaginar, a pensar. A apagar la televisión y el videojuego, y a ponerse a leer.

Primero lo hacen con la promesa de premios. Hay concursos (dentro de la escuela, y entre varias escuelas) para ver cuántos libros puede leer cada niño. Los ganadores reciben vales para ir a comer a su restaurante favorito con la familia, o un diploma. Pero lo interesante no es eso, sino que a fuerza de tanto insistir, los niños se van acostumbrando a leer, le pierden el miedo a los libros. Conforme crecen, los libros de dibujos dejan paso a libros con letrotas grandes, luego letras más pequeñas. Después vienen libros como *Huckleberry Finn* y *Tom Sawyer*, o *Colmillo Blanco* de Jack London. Cuando los niños se gradúan de preparatoria, deben hacer una tesis sobre obras como *Frankenstein* o *Los Tres Mosqueteros* para recibir su diploma de egresados.

Esto les ayuda a pensar, a ordenar sus ideas. Pero sobre todo, les imbuye el gusto por leer.

A la mejor el 99 por ciento de esos niños no va a ser escritor. Quizá nunca sean más que lectores de avión, o de sala de espera de consultorio. Pero tendrán la costumbre de entrar a una librería y comprar el último *"best-seller"* de Tom Clancy o Stephen King, y lo terminarán, y seguirán comprando otros libros. Leer estos libros no tiene nada de vergonzoso. Leer nunca lo es, y siempre será mucho mejor que no hacerlo.

Y quién sabe, quizá con el tiempo, Cesarito o sus compañeritos hasta lean *La Divina Comedia* o *El Quijote*. Y si no los disfrutan o no los entienden, por lo menos los habrán leído, lo que ya es decir mucho.

Claro, dirán algunos, la gente de países ricos tienen tiempo de leer y dinero para libros porque tienen la vida resuelta. No se preocupan por estirar su salario, o mantener una familia en México o en Latinoamérica.

Yo creo que la cosa es al revés. Los gringos tienen una frase al respecto, espectacular por su sencillez: *"Readers are leaders"* ("Los lectores son líderes"). Casualmente los países más desarrollados son los que más leen. Los europeos, Japón, Estados Unidos, Canadá. Aún países como Argentina y Chile leen más que países como México, y son considerados como más "avanzados" culturalmente hablando que el resto de América Latina.

¿Será que los países ricos leen más porque son desarrollados? ¿O es que acaso esos países son desarrollados precisamente porque leen más?

No sé. Habría que averiguarlo. Y para hacerlo, países como México no necesitan grandes inversiones. Por ejemplo, las escuelas mexicanas pudieran pedir a empresas privadas que patrocinen concursos entre niños para leer. Los restaurantes, papelerías, cines o jugueterías podrían dar vales de descuento para los ganadores. Sería una buena promoción para ellos. El niño que lea 100 libros en el año puede ganar uno de esos vales. Si no tiene dinero para comprar libros, los puede pedir prestados a la biblioteca. Las editoriales estarían ansiosas de donar libros para niños a cualquier escuela. Para ellos es una inversión a futuro.

Pero falta que los padres ayuden. Los maestros, los políticos. Si estos programas de fomento a la lectura comienzan así, de poco a poco y en serio, no se requieren millones y millones de dólares. Solo voluntad, ganas.

Sobre todo, habría que hacer un esfuerzo para enseñarles a los niños a LEER EN INGLÉS. Los mejores libros, los más importantes del mundo, casi siempre se publican en inglés. Muchos, muchísimos libros excelentes y vitales para el desarrollo de cualquier persona y país se quedan sin traducir al español. Libros de matemáticas, de física, de medicina, de biología...

Además, es el idioma (casi) oficial de la biblioteca mundial del conocimiento humano: Internet.

"¿Qué haces?", le pregunté a un amigo una vez que traía un libro bajo el brazo.

"Estudio latín", me respondió orgulloso.

"¿Y para qué?", le pregunté.

"Pues porque el latín es un idioma muy importante. Hay grandes obras publicadas en latín que me gustaría leer", fue la respuesta en un tono de "¿qué no sabes?"

"Mejor invierte tu tiempo en aprender inglés", le respondí. "El inglés, por mucho que les duela a algunos, es el latín moderno. Todo se escribe en inglés."

Y es cierto. Independientemente de las cuestiones políticas y militares, el inglés es la llave para un mundo de conocimientos que aún no se alcanza en español. Casi todos los autores hispanos están traducidos al inglés, lo que no ocurre al revés.

Si uno no aprende inglés, se está perdiendo de hacer suyas obras maravillosas, que quizá le cambien la vida.

Obras que están ahí, son baratas, son accesibles, si tan sólo uno aprende inglés. Y quizá, en el futuro cuando haya suficientes lectores en español, aumentará la posibilidad de que esas obras se traduzcan al español.

Pero primero necesitamos tener los lectores.

Nunca es tarde para comenzar. Puede ser hoy, o mañana. En un mes. Pero hacerlo. Comenzar con los niños chiquitos, sembrar en ellos el gusto por leer, por escribir. Invertir en los futuros Carlos Fuentes u Octavios Paz, de la misma manera que los clubes de futbol siembran futuros Cuauhtémocs Blanco o Maradonas.

Cuando en México y Latinoamérica las súper cadenas de librerías sean tan grandes y fuertes como las cantinas y los estadios, será porque esos niñitos que comenzaron a leer hoy ya crecieron y se quedaron con el gusto para siempre. Y lo pasarán a sus hijos.

Será entonces cuando dejaremos los latinoamericanos de ser seguidores y ya podremos, quizá, comenzar a soñar con ser líderes.

—7 de mayo de 2004

Ni malinchistas ni pochos:
"De allá, pero viviendo aquí"

"Ni de aquí ni de allá..."

La frase es la primera que surge de los labios de cualquiera que se refiera a los inmigrantes mexicanos, sobre todo los que llevan muchos años viviendo en Estados Unidos.

Otras palabras que saltan a la mente son: "pochos", "gabachos" y mi favorita: *"coconuts"* o "cocos".

¿Qué es un *"coconut"*? Según los chicanos, es un mexicano o méxico-americano que reniega de sus raíces hispanas. Un paisano que se identifica más con los gringos. Que hubiera preferido nacer "gringo".

O sea, son como los cocos: Blancos por dentro, pero prietos por fuera.

Y claro, la palabra más socorrida: "malinchista". (Ah, como ha habido lectores que les encanta restregarme el término en sus e-mails. Sobre todo cuando tengo la osadía de mencionar que los gringos puedan tener alguna virtud. por muy escondida que sea).

Como sea, la idea es esa: Una persona que nació en México, o cuyos ancestros nacieron en México o en Latinoamérica, pero que su vida está marcada por el hecho innegable de vivir en Estados Unidos.

Para estos "transplantados", México, Centroamérica o Sudamérica les son lugares familiares, entrañables... pero lejanos. Casi siempre sitios vacacionales. O sea, algo de no todos los días.

Ah, cómo nos caen mal a los mexicanos esas gentes. Por eso tenemos tantos insultos para ellos, ¿verdad?

Y ni en sueños nosotros pensamos en ser así, por favor, ni Dios lo mande. Eso sería lo peor.

Podremos creernos franceses, eso sí es *"chic"*. O incluso rusos, o canadienses. Se tolera. Es de gente que tiene clase.

Incluso podemos ir a España y agarrar el acentito (sin el ceceo, como Hugo

Sánchez, claro. Eso cae mal), y nadie dice nada.

O también podemos ir a Cuba o a Venezuela y regresar contagiados de sus modos, sus acentos, sus costumbres, y nos lo celebran en México. Eso sí se vale. Ah, y claro, si volvemos contagiados de sus ideas políticas, mejor. Entre más izquierdistas, más nos alaban. Eso significa que somos inteligentes, que somos personas íntegras, estudiadas. Es un testimonio a gritos de que nuestra mente no se compromete, que no nos dejamos influenciar por "penetraciones extranjerizantes". (??)

Ah, pero cuidado si se nos ocurre agarrar cualquier modo o costumbre de los gringos, porque entonces ya la fregamos. No importa que uno haya vivido o trabajado en Estados Unidos varios años. No importa que uno tenga familia en Gringolandia, hijos, amigos. No importa que casi todos los mexicanos tengan parientes que envían remesas a sus familias en México. No: Estados Unidos es la peor influencia para el comportamiento de uno como mexicano.

No importa que la música que se escuche en México sea gringa. Ni que los programas de TV, las películas, los libros, los videojuegos, y el 90% del entretenimiento que compran los mexicanos sean gringos. Ello no significa que estemos invadidos. Pero si uno se atreve siquiera a defender un punto de vista norteamericano, todo mundo lo ve feo. La gente deja de tomar su Coca-Cola, deja de morder sus *Cheetos* y nos mira como diciendo: ¿Y este malinchista?

Es una contradicción que todos tenemos. Una de las muchas que caracterizan al mexicano. Yo reconozco que la tengo (o la tuve, al llegar a vivir en Estados Unidos por vez primera).

Lo peor de todo es el proceso que nos lleva a cambiar, a darnos cuenta de lo tonto que es, sobre todo para un mexicano. De todos los países del planeta Tierra, quizá los mexicanos y los norteamericanos somos los que más influencia tenemos entre nosotros mismos, desde dentro. Y a ninguno de los dos nos gusta reconocerlo.

Cuando yo llegué a vivir a Estados Unidos aún tenía frescos mis "principios" como mexicano. O sea: Todo mundo que vivía en Estados Unidos era "pocho", o entreguista o malinchista. Todo lo que los paisanos hacían aquí (inmigrantes de muchos años) estaba mal, o por lo menos era "raro". No, en México no se hacen las cosas así, decía yo. Por ello, necesariamente, lo que los hispanos y mexicanos de Estados Unidos hacían tenía que estar, si no mal, por lo menos no tan bien.

Las estaciones de radio eran peores que en México. Los periódicos, los canales de TV, las revistas... Nunca eran "tan profesionales" como en México.

Eso fue hace años.

Tuve que adaptarme a mi nueva vida, aunque nunca dejé de añorar "lo bueno" que se había quedado "allá".

DESDE LAS ENTRAÑAS DEL MONSTRUO

Hace un año desapareció mi estación de radio favorita en español en Estados Unidos: *Radio Única*. Era un concepto nuevo acá, radio hablada en español, con programas de comentario, noticiero, consejos, análisis político y económico y programas deportivos. Era mi salvavidas a la hora de manejar al y del trabajo.

Pero *Radio Única* quebró y cerró. "¿Y ahora qué voy a escuchar?", me dije. Como siempre me gustó oír radio en México, *Radio Única* era lo más parecido a aquellos programas que añoraba. Busqué en el cuadrante por sustitutos, y nada: Puros programas de burla, con groserías y música de tambora.

Luego, la revelación: ¡La cadena mexicana *Radio Fórmula* había comprado la estación donde había estado *Radio Única*! Con entusiasmo, la sintonicé desde el primer día.

Ahora sí, los paisanos van a saber qué es una radio profesional y verdadera, me dije. Como en México.

Oh, decepción...

Lo primero que noté fue que los noticieros se aferraban mucho en información de México. Sobre todo del DF. Nada de Estados Unidos, y lo que había, era por encimita. Untadas.

Eso sí, mucho López Obrador. Mucho Vicente Fox. Mucho Rosario Robles. Mucha Asamblea Legislativa del DF.

Mucho Jorge Castañeda (en sus tiempos). Mucho Carlos Ahumada, con sus videos últimamente.

Huelga decir que *Radio Fórmula* no duró mucho en mi lista de preferencias. Ahora trato de sintonizar *Univisión Radio*. Y dejé en el olvido a los profesionales de Radio Fórmula. Aunque les manden saludos a sus radioescuchas en Texas.

Como radioescucha, necesito saber de temas importantes para mí: Política de Estados Unidos. La guerra de Irak. Inmigración. Leyes que aprueban en el Congreso, no el de San Lázaro sino el de Capitol Hill. Me importa más lo que dice o hace el gobernador de Texas que el del Estado de México.

Vaya, hasta lo que hace el gobernador de California, Arnold Schwarzenegger es más importante para mí que lo que hace el gobernador de Tamaulipas, mi estado natal.

¿Me estaré volviendo malinchista? ¿Entregado? ¿"Coco"?

"¿Ni de aquí ni de allá?"

Todos estos años viviendo en Estados Unidos han hecho su mella, lo reconozco. Y sé que cuando voy de vacaciones a México mis familiares y amigos se encargan de hacérmelo ver indignadísimos: "¿Cómo es posible? Acuérdate que eres mexicano, por Dios. No debes olvidar a TU PAÍS. Si los 'gringos' son esto, son aquello, mira, ¿qué no entiendes?", me recitan.

Soy mexicano. Mi país de nacimiento es importante. Y además toda la

249

queridísima gente que dejé allá. ¿Qué me está pasando, entonces?

El único consuelo es que no estoy solo. A lo largo y ancho de este "monstruo" (o imperio, o superpotencia, o como le quiera llamar) hay alrededor de 40 millones de hispanos (inmigrantes, "pochos", "mojados", como guste usted llamarnos) que pasan o están pasando por ese mismo proceso. La vida aquí les impone sus necesidades. Las aspiraciones cambian. Y estas aspiraciones no siempre son, necesariamente, las mismas del paisano que se quedó allá, en México o Latinoamérica.

Univisión Radio sacó nuevos programas de comentario. Y otra estación local también. Nuevos noticieros. Y sí, dan cuenta de lo que pasa en México, pero desde la perspectiva de los que estamos acá. Con nuestras opiniones, con nuestros defectos, con nuestros prejuicios.

Porque, sin llegar a ser "cocos", he de reconocer que "a donde fueras, haz lo que vieras". Ni modo.

¿"Ni de aquí ni de allá"? Para nada. "De allá, pero viviendo aquí".

El otro día llegó un colombiano por estos lares. Se presentó, muy formalito y todo. Un profesional de la Comunicación.

¿Su primera impresión de los medios de Dallas? Arrugó la nariz: "No les llegan a los de Colombia", fue su veredicto.

Luego soltó un sermón sobre las maravillas que se hacen "allá", y cómo podríamos mejorar nosotros si aprendieramos de "ellos".

Lo primero que deberíamos hacer: Cubrir más notas de Bogotá.

Sonreí. No era nada grave. Esa clase de opiniones desubicadas se curan, con sólo pasar algunos años viviendo en Estados Unidos. Simple cuestión de tiempo.

—28 de mayo de 2004

En Estados Unidos se nos cayó lo ´´Licenciados´´

Debo confesar que, al llegar a Estados Unidos, "se me cayó algo".

Sí, emigrar a otro país tiene sus costos. Cuesta esfuerzo, cuesta dinero (y a veces mucho, aunque le cuenten otra cosa). Cuesta traumas personales al alejarse de la familia, de los amigos, de todo lo que uno conocía.

Implica ir a lo desconocido, a sufrir. A batallar. Todo en busca de algo mejor.

Lo que nunca me dijeron es que, dentro de ese precio, iba también mi título profesional.

Porque cuando uno llega aquí, lo primero que se nos cae son nuestros apreciados títulos de "Doctor", "Ingeniero", "Arquitecto" o el supertaquillero "Licenciado".

Yo estudié la carrera de Ciencias de la Comunicación. Generación 1985-1989, Universidad Autónoma de Tamaulipas, Campus Tampico (pa'que se den un "quemón"). Me titulé en 1990. De inmediato, el título fue enmarcado y puesto en lugar visible de mi casa. Cual debe ser.

Cuando llegué a Estados Unidos, lo primero que hice fue sacar ese papel (por cierto, hecho de piel de cochino, con texto escrito a mano y mi foto) y usarlo de escudo ante cualquiera que se me pusiera delante. O sea, como diciendo: "Yo soy LICENCIADO. Mi trabajo me costó. Respete, no somos iguales".

¿La primera reacción que recibí? Simplemente pusieron mi orgulloso título profesional a un lado y me dijeron: "Enséñame qué es lo que sabes hacer, no lo que estudiaste".

Oh, decepción...

Luego di cuenta de que no era el único. Aquí en Estados Unidos no vale que uno sea Don Cacahuate Tercero, Conde de Tal o Cual, Maestro *Honoris Causa* por la Universidad de Conchinchina. A los gringos los títulos les vienen muy *"wilson"*. Acá no hay "Licenciados". Nadie lo es. Tampoco "ingeniero" "o arquitecto". Claro, sí hay ingenieros y arquitectos y abogados, pero esas palabras las consideran como lo que son: Profesiones, oficios, nada más. Nunca las consideran títulos nobiliarios.

(La única excepción son los médicos, quienes son siempre Doctores).

Así que el "Licenciado" Zapata se convirtió en... Mr. Zapata (Míster Zapata). Un título compartido por otros 150 millones de personas que viven en Estados Unidos. (Y a quienes, seguramente, su trabajo NO "les costó".)

Debo admitir que la metamorfosis me tuvo sin cuidado. Mientras viví en México, nunca usé el título (aunque mi trabajo SÍ me costó). O bueno, sí lo usé una vez, para salir de un problema que tuve con un agente de tránsito (los famosos "tamarindos") que me quería infraccionar sin motivo. Sólo mis alegatos y mi insistencia en ser LICENCIADO me salvaron de la consabida "mordida".

Pero en Estados Unidos esto les vale sorbete. Uno es SEÑOR o SEÑORA, punto. No Licenciados o Ingenieros, aunque se hayan titulado con honores.

Vaya, si hasta las muchachas valoran más el título de *Miss* (Señorita) aun cuando sean Doctoras en Física Nuclear. Quizá porque lo de doctoras siempre lo van a ser y lo de señoritas... bueno. El caso es que es más apreciable.

(Tanto, que muchas mantienen el título de *Miss* muuuuuuucho después de que verdaderamente lo merezcan. Pero esa es otra historia).

Peor aún: uno descubre que al llegar a Estados Unidos nuestros apreciados títulos universitarios no son considerados "avanzados" en este país. Uno, de licenciado (con estudios de cuatro años en una universidad) apenas si alcanza el grado de BACHILLER (*Bachelor's*) en Estados Unidos. De hecho, cualquier universitario con 4 ó 5 años de estudio apenas se considera un *"Undergraduate"* (Subgraduado).

¿Abogados? Esos tienen que estudiar cuatro años la universidad, sacar la licenciatura (*Bachelor's*), y DESPUÉS estudiar otros tres o cuatro años en un Colegio de Leyes antes de salir con el título de abogados.

Para los médicos la cosa es peor: Requiere además de los cuatro años de Bachelor's, el postgrado e internado. O sea, hasta 10 ó 12 años de estudios universitarios.

(Los tiempos varían por escuela y depende de cada estudiante —si tiene el tiempo y el dinero para terminar todo de golpe o por partes—, pero más o menos así va la cosa).

O sea, para ser abogado o médico en Estados Unidos, uno debe tener estudios de postgrado, antes de ser aceptado en este selecto grupo de profesionales. Cuatro años de universidad no son nada.

Pero a pesar de que una persona concluya todos sus estudios universitarios, y se gradúe de cualquier carrera, estas eminencias seguirán siendo llamados Mr. (Señor) o Mrs. (Señora). Así son de parcos y directos los anglosajones.

Los mexicanos (y latinos en general) sufrimos un *"shock"* al lidiar con esta costumbre. Tenemos una fijación cultural o histórica con los títulos, quizá por la tradición española de los hidalgos. No importa cómo, pero toda familia que se precie debe tener un Licenciado, un Ingeniero o un Doctor entre sus filas.

Y vemos que cada año egresan miles y miles de profesionistas sin chamba, no sólo en México, sino en toda Latinoamérica.

Algunos se meten a trabajar de lo que haya: Taxistas, taqueros, empleados... Pero eso sí, el título no se lo bajan ni a patadas. "Mi trabajo me costó", se justifican.

En otros países la cosa es peor: Un uruguayo me contó historias patéticas de universitarios argentinos, emigrados a Estados Unidos, que se negaban rotundamente a limpiar pisos o cortar hierbas. Acababan de llegar a un país extraño, sin hablar inglés, sin conocer a nadie, sin tener trabajo ni dinero. Ah, pero eso sí, ellos DEBÍAN encontrar un empleo "acorde con su título".

"Imagináte vos, muchos preferían regresarse a Argentina, antes que limpiar baños. Y en aquel entonces la gente en Argentina se estaba casi muriendo de hambre", me contaba el uruguayo entre carcajadas.

El título era algo importante para estas personas. El prestigio, la dignidad. Antes que nada.

"¿Y usted a qué se dedicaba antes de venir aquí?", le pregunté al uruguayo.

"'Sho' fui militar, estoy jubilado", respondió. "Y cuando 'shegué' aquí vine a hacer de todo. No importa que 'ashá' fuera coronel o general, aquí no puedo esperar que me hagan caravanas por eso".

Pero la obsesión latinoamericana por los títulos está más firme que nunca, al parecer.

Han habido casos que, de no resultar patéticos, serían graciosos: padres que privan a toda la familia por graduar a su hijo con un título universitario. Aunque el muchacho acabe chambeando de algo totalmente distinto.

Algunos tendrán suerte y ejercerán sus carreras, aunque con bajos salarios. Otros ni eso.

A veces leo la sección de empleos en los periódicos locales en inglés de Dallas. ¿Qué puestos se ofrecen? ¿Qué trabajos están disponibles en Estados Unidos, el país más rico del planeta?

Muchos, claro. Hay bastantes empresas a las que les urgen empleados a pesar de la recesión.

Pero casi ninguna busca licenciados ni médicos.

No, la mayoría de las empresas buscan técnicos. Científicos, ingenieros, quizá. Pero no porque sus títulos suenen bonito, sino porque son las carreras más necesitadas por la industria. No sólo en Estados Unidos, sino en el mundo.

Sobre todo los técnicos: Donde quiera se necesitan personas que sepan manejar maquinaria, equipo especializado. O que los compongan. Gente que maneje computadoras, que las programe, que las arregle.

Les urgen personas que sepan hacer programas de computadoras (*"software"*). Que sepan matemáticas, física, química. No necesariamente al nivel de licenciado.

Aclaremos: No estamos diciendo que es mejor ser técnico que profesional universitario. Entre uno estudie más, se prepare más, mejor. Aumentarán sus posibilidades de sobrevivir en un mundo más competido.

Pero tampoco hay que hacer el feo a las carreras técnicas. Son una herramienta que puede sacar de pobres a muchas familias, aunque sus egresados no tengan títulos tan rimbombantes con los "Lics", "CPs" o "LAEs".

Muchos empleados han alcanzado niveles de vida decentes y estables gracias a estos "trabajitos" de obreros o técnicos. Quizá nunca tengan el "caché" (real o inventado) que implica ser universitario. Pero vivirán tranquilos, tendrán dinero en su bolsa para el gasto y no pasarán desempleo.

En el futuro, seguramente, estos empleos van a aumentar en demanda, no sólo en México y Estados Unidos, sino en países como China. La gente que sepa de matemáticas, de física, de computadoras, de maquinaria, será muy apreciada.

Lo contrario para nosotros, los "humanistas": Desdichadamente para los que estudiamos "licenciaturas", nuestros conocimientos son muy ofertados, pero poco demandados.

Pero lo más triste es que no todas las familias reconocen el valor de un técnico. Y se aferran en tener un licenciado a como dé lugar.

"Yo llegué aquí con mi título de dentista de México", contaba una destacada odontóloga mexicana viviendo en Dallas. "Me dolió ver que aquí no me lo valían, tuve que comenzar a estudiar la misma carrera de nuevo en Estados Unidos. Y me sorprendí de lo diferente que es la manera de trabajar, de la manera de enseñar y practicar. Me benefició".

No todos pueden lograr estudiar dos carreras, claro. Sobre todo con los precios de las colegiaturas en Estados Unidos, por las nubes. Pero como esta persona, cada vez más inmigrantes nos damos cuenta de que primero necesitamos aprender, mostrar lo que podemos hacer. Y hasta después, podemos exigir que nos respeten. A nadie le cae bien una persona que exija ser respetada basado únicamente en un pomposo título.

A los gringos, no. Muchísimo menos a los paisanos que se han partido la espalda trabajando años acá para lograr lo que tienen hoy.

Como dice Marcos, cuando le endilgo el título de "Jefe": "A mí bájame el cargo y súbeme el sueldo".

—4 de junio de 2004

Los mexicanos: ¿Musulmanes encubiertos?

Se dice que los mexicanos no podemos ser iguales que los "gringos" o los europeos. Porque aunque compartimos valores similares, nuestras diferencias son mayores, a tal grado que siempre nos separarán de esas culturas.

Vamos, se dice ni siquiera podremos ser culturas "hermanas". Cuando mucho, primos (¿no hay quienes les dicen a los norteamericanos 'los primos del norte'?). A los españoles también los tratamos como primos, pero no porque enfaticemos nuestras similitudes con ellos, sino precisamente por enfatizar nuestras diferencias.

En cambio, sí consideramos "hermanos" a los centroamericanos (aunque los despreciemos como pobretones), a los venezolanos, colombianos, peruanos, argentinos (quienes se creen los hermanos "guapos"), cubanos y hasta brasileños.

¿Por qué? Porque nuestros pueblos comparten muchas similitudes. Y un pasado relacionado, además de muchas características raciales y culturales. Pero sobre todo, porque compartimos el idioma y la religión. (Excepto los brasileños, claro, aunque el portugués es lo más parecido al español que hay).

En síntesis, los latinoamericanos somos muy parecidos entre nosotros mismos. O al menos eso nos gusta pensar.

Sin embargo, al conocer a gente de toda Latinoamérica acá en Texas, me he dado cuenta de que en realidad los mexicanos somos bastante diferentes a nuestros "hermanos". Y claro, mucho más a nuestros "primos".

Uno sólo tiene que reunirse en una mesa para comer con algunos sudamericanos para darse cuenta del contraste.

Los venezolanos son hablantinos a más no poder. Tienen un ritmo caribeño que se les sale hasta por el acento.

Los colombianos son excesivamente amables. Se hablan de usted hasta entre niños.

¿Los cubanos? Olvídese. Son otra raza. Los vemos como gritones, confianzudos y extrovertidos, a tal grado que se nos hacen tan raros como los españoles.

Y al revés: A gente de esas nacionalidades se les hacen extraños, graciosos y hasta desesperantes los modos de nosotros los mexicanos: Nos ven como demasiado respetuosos, solemnes y cuidadosos de las formas.

Por ejemplo, a los demás latinoamericanos les exaspera la manera tan "dócil" que tenemos de hablar los mexicanos, con tanto "mande usted", "está en su casa" y todo lo demás.

Decía Alan Riding, el periodista norteamericano autor del libro "Vecinos distantes", que aunque los españoles se habían apoderado de los cuerpos de los mexicanos, los indios se habían apoderado de nuestras mentes. Y en muchos sentidos, pareciera que como cultura somos más parecidos a los asiáticos que a los europeos. E incluso que a nuestros propios "hermanos" latinoamericanos.

Como un fanático de todo lo japonés, me gustaba pensar que los mexicanos quizá tengamos algo en común con los japoneses. Según sé, en Japón también se da mucha importancia a las formas, a la etiqueta. Hay mucho respeto (evidente y vedado) hacia la autoridad. Japón es una sociedad piramidal, cerrada, donde sólo los nativos conocen lo intrincado de sus códigos sociales.

Cierto, quizá no estoy siendo imparcial. En mis sueños calenturientos veía muchas similitudes entre los samuráis y los caballeros águila. Entre el *"Mikado"* (Emperador, hijo del Sol), y el Gran *Tlatoani* azteca.

Pero alguien me sugirió que estaba equivocado. "No, los mexicanos no se parecen mucho a los japoneses. Cuando mucho, se parecen más a los árabes", me dijeron.

"¿A los árabes?", respondí sorprendido. "¿Musulmanes? Para nada. Somos totalmente distintos. Qué te pasa".

"¿Por qué?", me preguntaba mi interolocutor.

"Pues porque mira:", enumeré, "Los países musulmanes son sociedades cerradas, antidemocráticas, piramidales. Hay mucho atraso social con respecto a los países avanzados, muchos dogmas. Un grupillo de personas controlan todo. Las mujeres están supeditadas casi en todo al hombre, y de pilón la religiosidad impregna toda la vida", expliqué.

"¿Y? ¿No es así en México?", fue la respuesta impávida de mi amigo.

En realidad, con mi respuesta no le había rebatido el argumento, sino al contrario, se lo había reforzado.

Eso me hizo pensar. Y si uno se quita las ideas preconcebidas, se da cuenta de que sí, los mexicanos (ojo, no los latinoamericanos en general, sino solo los mexicanos) sí tenemos mucho de musulmanes. Aunque no nos guste admitirlo.

Casi todo, de hecho, excepto la religión musulmana.

Veamos:

1.—Ambos (musulmanes y mexicanos) somos culturas donde importan mucho las formas, los códigos sociales. Los extranjeros generalmente tienen muchos problemas para entender todo el mecanismo que se mueve debajo de nuestros gestos, palabras, ceremonias. Y no importa cuántos años un foráneo viva entre nosotros, nunca acabará de entender estos lenguajes ocultos.

Y aquel que no siga las formas es considerado impertinente, y le fruncimos el ceño. Por lo menos.

2.—Ambas somos sociedades donde se da más importancia al grupo (familia, clan, sociedad) que al individuo. Contrario totalmente a la mentalidad europea y americana, más egoísta e individualista. Esta actitud comunitaria se extiende a las asociaciones y partidos políticos (le decimos "disciplina de partido"). El individuo no cuenta tanto como los principios grupales (o religiosos).

En una palabra, somos dogmáticos.

3.—Somos sociedades que les damos mucha importancia a la tradición, a las costumbres. "Si así siempre se hizo, así siempre se hará". Y nadie debe osar a cambiarlo, porque atentaría contra nuestra identidad, idiosincrasia, y todo lo que nos hace ser "nosotros". (El que lo haga lo acusan de ser antiislámico —o antimexicano—, y de aliarse con ideologías extranjerizantes, que "envenenan nuestra forma de ser").

Como dijimos, somos una sociedad dogmática, que niega serlo.

4.—Somos sociedades donde el papel del hombre es el centro de las decisiones. Pero al mismo tiempo, somos contradictorios, pues por un lado enaltecemos la figura materna casi a niveles divinos, y por el otro maltratamos a nuestras esposas o simplemente no le damos el lugar que se merece como "un igual".

Como en el Islam, donde repiten una y otra vez que el Corán garantiza los derechos de la mujer (en el papel, aunque en la práctica sea otra cosa), los mexicanos nos enorgullecemos de la igualdad femenina ante la Constitución, el voto de la mujer, las mujeres profesionales en aumento... pero sin dejar de ser machistas. ("¡Ya llegué vieja! Dame de comer pero ya!" O: "Pues serás mucha licenciada, pero en esta casa mando yo. Así que a lavar la ropa...")

5.—En lo que difieren la sociedad islámica de la mexicana, es en la poligamia, el tener varias esposas. Pero ni falta que nos hace: En ningún pueblo o colonia mexicanos falta un Don Juan Pipirisnáis que tiene una "vieja" en cada barrio (con chiquillos y todo). Y no lo reprobamos, al contrario: Lo celebramos. Por "macho". Y no pocos quisiéramos ser como él.

DESDE LAS ENTRAÑAS DEL MONSTRUO

En el Islam la infidelidad es un pecado capital, mientras que para los mexicanos es un símbolo de "hombría".

Pero hasta allí estriban las diferencias. En la práctica, hay poligamia de facto en ambas culturas.

6.—Somos sociedades que tenemos como base ideológica el ultranacionalismo, y como agenda política, el desprecio total a lo que huela a norteamericano y liberal (o libertino). Pero al mismo tiempo imitamos la moda, los estilos, el sistema de vida del "Gran Satán", sin ver por eso ninguna contradicción.

7.—En México, es cierto, no hay religión de Estado. Pero en la práctica la religión impregna todos los aspectos de la sociedad, y ay de aquel que se atreva a despreciar en público los símbolos sagrados. Estos símbolos pueden ser religiosos, pero también políticos, históricos y sociales. Pobre de aquel que se atreva a insinuar alguna palabra contra los personajes que representan estos símbolos, los "héroes patrios". Casi, casi los elevamos al nivel de profetas sin cuestionar sus defectos humanos. (A muchos ya se nos ha olvidado que de hecho lo fueron, de tanto que nos machacan su "heroicidad" en las escuelas). Si uno de atreve a insultar o poner en duda la "santidad" de esos héroes nacionales, ya se puede esperar una 'intifada' ideológica en su contra. Sólo que en vez de sentenciarlo a muerte, se burlarán de él, le cerrarán los medios, lo dejarán sin chamba o de perdido le dejarán de hablar los amigos.

8.—Como muchos extremistas adoran a Osama bin Laden por haber atacado a Estados Unidos en su propio suelo, aún hay muchos mexicanos que adoramos la figura de Pancho Villa por haber atacado el pueblo de Columbus, Nuevo México. E igual que a Bin Laden, a Villa nunca lo atraparon (a pesar de haber mandado 10 mil soldados a buscarlo, a mando del general John Pershing).

De hecho, algunos chicanos extremistas de California le dicen a Bin Laden "El Pancho Villa islámico". (¿Será esto un honor o burla? ¿Y si lo es, de quién hacia quién?).

Aclaro, no tenemos nada contra el Islam como cultura. Como en cualquier comunidad con miles de millones de miembros, hay gente decente, respetuosa y amable entre ellos. Pero a los que nos referimos son a los extremistas. Y de esos hay muchos en cualquier lado. Incluso entre los mexicanos, sin ser musulmanes.

Pensando así, no hay muchas dudas de que los extremistas islámicos y los mexicanos no son tan distintos. De hecho, los mexicanos somos musulmanes casi en todo, menos en la religión.

Una cosa es cierta, quizá tengamos más en común con los musulmanes que con los "gringos". Y no habrá pocos que se enorgullezcan de ello.

(Eso sí, no creo que haya muchos mexicanos por allí dispuestos a amarrarse una bomba en la panza para volarse en un *"mall"* de Harlingen. No creo que nuestra militancia llegue a tanto).

Por supuesto, esto no es un estudio sesudo de un sociólogo o antropólogo, experto en culturas comparadas. Cualquier estudioso me puede rebatir mis análisis como poco científicos, superficiales, fofos y hasta amarillistas. Pero vale, como la opinión de cualquier hijo de vecino.

Se basa en observación directa, no en experimentos. Como la opinión de usted o de cualquiera.

Además, ¿no es el Islam la religión con mayor crecimiento en los últimos años en México? Desde hace tiempo se han publicado reportes en varios medios (incluída la revista Proceso) de que en Chiapas las comunidades musulames tienen hasta mezquitas y centros educativos financiados por Arabia Saudita. Dicen que están repletos de familias mayas y de otras etnias indígenas, cuyos miembros están cambiando sus nombres de José a Mohammad.

(Y pa' acabarla parece que son misioneros ESPAÑOLES los que están promoviendo la religión de Alá en Chiapas.)

En fin, esa es mi idea. Y contra lo que puedan pensar los lectores, lo más delicado no es que yo pueda estar equivocado... sino que no lo esté.

"Ma'asalaama".

—11 de junio de 2004

¿Qué tienen los gringos que los mexicanos no?

Hay un chiste que dice: "Una vez estaban dos campesinos mexicanos platicando acerca de 'esos pinches' gringos".

"¿Cómo la ve, compadre?", decía uno de ellos. "Los gringos nos robaron la mitad de México, los muy jijos de su..."

"Sí, compadre, pero eso no jué lo pior", le respondió su amigo. "Sino que los canijos se robaron la mejor mitad".

"¿Cómo que la mejor mitad?"

"Pos claro. ¡Se llevaron la mitad que tiene las chambas, las ciudades más limpias, las carreteras güenas, los *'malls'* y las gringas!"

Los campesinos del chistecito aparecen bastante inocentes, pero de alguna manera refleja la actitud que muchos mexicanos tenemos respecto a la afrenta histórica que los Estados Unidos nos causaron: A veces ignorante, a veces inocente, pero casi siempre desinformada y llena de dogmas y tabúes que nos inculcan desde niños.

La pérdida de la mitad de nuestro territorio a manos de la superpotencia es, quizá, el peor trauma que tenemos los mexicanos como país. O el segundo peor (siendo el primero el racismo encubierto por el sistema de castas que sigue imperando entre güeros y prietos).

Los traumas nacionales no son exclusivos de México. Cada país tiene los suyos (los "gringos", por ejemplo, tienen la Guerra Civil, un episodio del que quizá nunca se recuperen del todo). Y como buenos traumas, volvemos a ellos como obsesión, los resucitamos, nos los estamos recordando todo el tiempo, como una flagelación.

Pero por otro lado, nos negamos rotundamente a verlos desde una perspectiva diferente, que quizá nos duela. Y preferimos la versión que nos exculpe de cualquier responsabilidad al respecto.

Por ejemplo, nos negamos a preguntarnos: Toda esta tragedia, ¿no sería también culpa nuestra en parte?

En Estados Unidos el tema no tiene vuelta de hoja: Los territorios fueron cedidos por México en un acuerdo postguerra y punto. Sí, hubo una guerra, injusta quizá, pero para el gringo promedio es un hecho consumado. Es el típico punto de vista del vencedor.

En México, en cambio, a 150 años de distancia, el hecho continúa siendo debate nacional. Y en ese debate los gringos siempre salen como los culpables, los imperialistas, los agresores, los robatierras, los enemigos, los abusivos y los malos de la película. (Aliados por el traidor de Santa Anna, por supuesto). Nosotros, los mexicanos, somos las víctimas indefensas, claro.

No fue un hecho justo, es obvio. Ninguna guerra lo es. Incluso muchos norteamericanos de la época se avergonzaron de la guerra que Estados Unidos declaró a México, ansioso por "robarse sus tierras". Entre ellos, el poeta Henry David Thoreau, el famoso militar y presidente Ulysses S. Grant y hasta el mismísimo Abraham Lincoln (quien aún no llegaba a ser presidente).

Pero es un hecho histórico, y hasta cierto punto "normal". ¿Qué hubiera hecho México si hubiera sido un país poderoso y Estados Unidos un país débil, enfrascado en luchas internas y con mucho territorio despoblado? Seguramente lo mismo. Seguramente Santa Anna les hubiera quitado la mitad de su país y ahora lo recordaríamos como héroe nacional, a la altura de Hidalgo, Morelos o Allende. Si no es que más. Y en Estados Unidos sería más odiado que Osama bin Laden.

Pero la cosa no ocurrió así, al contrario. Fue exactamente al revés. Y de eso nunca nos hemos podido recuperar.

(Algunos hasta dicen que el fracaso de la película de "El Alamo" de Walt Disney fue por culpa precisamente de ese debate. Los cineastas no quisieron tomar partido por ningún bando, sino presentar los hechos. El resultado: un filme que fue criticado por ambos bandos. Y el público ni lo fumó).

Yo creo que el tema de la pérdida de medio México es un punto que debe ser replanteado. Lo hecho, hecho está, pero no se debe olvidar, al contrario. Hoy más que nunca se debe cuestionar, tanto desde Estados Unidos como desde México, sobre todo por la enorme población mexicana que está dejando su huella precisamente en esos estados que antes fueron de México.

Lo malo es que en México el asunto está lleno de tabúes, dogmas, tradiciones patrias, que es casi imposible hacer preguntas incómodas desde todos los ángulos. Si uno se atreve siquiera a cuestionar el hecho se le viene una avalancha de críticas, ataques de malinchista, de antipatriota y vendido.

Y creo que eso está mal. Debemos enfrentar los hechos históricos como cualquier otra ciencia. Los biólogos, los matemáticos, los físicos y cualquier otro científico serio no tienen empacho en cuestionarse un experimento desde todos los ángulos, aunque no les guste el resultado o aunque les desbarate sus teorías. Quizá los historiadores podrían usar esa técnica, sin dogmas ni parcialidades. Ni aunque sean a favor del perdedor.

A un servidor siempre le ha gustado ver el tema de la pérdida de la mitad del territorio mexicano ante Estados Unidos como un experimento histórico, similar al que haría, por ejemplo, un biólogo o un químico. ¿Cuál es el procedimiento que siguen estos científicos? Por ejemplo, toman dos muestras de algo (un tejido, o un compuesto químico) y los separan. A uno le aplican un cambio, le inyectan algo, y al otro lo dejan igual. Al final del experimento se comparan las dos muestras, para ver qué efecto causó la variable, le llaman ellos.

Igualito pasó con el territorio mexicano. Es como si un científico con poderes de Dios hubiera dicho: "Okey, aquí tenemos un país inmenso. Vamos a dividirlo en dos partes. Esta parte la manejarán los gringos y esta otra los mexicanos. Bueno, ahora veamos qué puede hacer cada uno de ustedes, gringos y mexicanos, con la parte que les corresponde. Tienen 150 años para hacer lo que puedan con estos terrenos. En sus marcas... Listos... ¡Fuera!".

Pero desde el principio, el experimento estaba amañado, nunca fue justo, por supuesto... para los gringos. ¿Por qué? Porque ellos se quedaron con la peor mitad de México (pese a lo que digan los campesinos del chiste): Texas, Arizona, Nuevo México, Nevada y California tienen extensas áreas casi desérticas, con climas extremosos (excepto en las costas). Casi no había población, el terreno era muy agreste. No era tan bueno para la agricultura como los terrenos más al sur.

No tenía carreteras, no había minería (en California estalló la fiebre del oro, pero fue poco después de la guerra). La explotación del petróleo estaba en pañales. De hecho, los propios mexicanos le habíamos prestado poca o nula atención a esos inmensos terrenos, pues nadie se quería ir allá, por lo alejado, lo agreste e incomunicado que se encontraban del resto mundo civilizado.

En cambio, México se quedó con la parte más rica: la más fértil, la que tenía las minas de plata, la que tenía campos para agricultura, la que tenía litorales para la pesca y todo lo demás. O sea, desde el principio el experimento estuvo desequilibrado en favor de nosotros los mexicanos.

¿Y qué pasó? Bueno, 150 años después podemos ver el resultado. La "peor" parte con que los gringos se quedaron (esos territorios que a nadie le importaban) son ahora las tierras más desarrolladas del planeta. Tan sólo California y Texas son los motores de la economía americana y se calcula que si fueran países independientes serían la cuarta o quinta economía más poderosa del mundo.

¿Y la otra mitad? ¿Qué hicimos los mexicanos con la parte que "nos tocó" del experimento? Usted dígame, porque si yo lo digo me van a crucificar por "malinchista".

DESDE LAS ENTRAÑAS DEL MONSTRUO

Pero estas son las preguntas que tenemos que hacernos si queremos aprovechar estos traumas históricos en nuestro beneficio, en vez de usarlos como consignas cada vez que quememos banderas americanas. En vez de usarlos para hacernos las víctimas, debemos tenerlos como acicates para progresar.

¿Por qué los gringos sí pudieron con un territorio (relativamente) amolado y nosotros seguimos en las mismas? Según expertos, se calcula que hoy en día, el México de 2004, está al nivel que tenían los Estados Unidos en... ¡1910! O sea, tenemos un siglo de atraso respecto a ellos, en casi todos los ámbitos. Un siglo. Tres generaciones deben nacer, crecer y morir (abuelos, padres e hijos) hasta que México (y Latinoamérica en general) alcancemos el nivel de los gringos de 2004.

¿De quién es la culpa? ¿De los gringos, porque nos quitaron lo que de todas maneras quizá íbamos a perder, quizá a manos de Francia, de Inglaterra o de Rusia? ¿De Santa Anna, por "vendido"? ¿O de nosotros (y el resto de nuestros políticos) por no tener un proyecto común de país? ¿Por estar peleándonos por ver quién se quedaba con el poder, mientras otros nos ganaron con el mandado?

(No sé por qué este episodio me recuerda a cierto presidente panista y cierto alcalde perredista).

¿Por qué los gringos sí han podido construir un país rico, próspero, poderoso? De hecho, el país más rico y poderoso en la historia de la humanidad. (Lo siento, ni romanos ni españoles ni ingleses vivían tan bien como el gringo promedio, por mucho que me quieran rebatir los "expertos"). Un imperio, si quieren, pero lo levantaron en menos de 200 años.

(De acuerdo, lo lograron con ayuda de los esclavos negros. Pero acuérdese que nosotros tenemos a los indios. Y hoy en día, a los negros los tratan mejor en Estados Unidos de lo que nosotros tratamos a los indios acá.)

¿Por qué nosotros no hemos podido? ¿Qué nos falta? Prácticamente somos iguales a un gringo, somos seres humanos. Tenemos un cerebro, dos ojos, dos brazos, dos piernas. Podemos hablar, caminar, pensar.

¿Es cosa de cultura? ¿O de genes? ¿Hay razas predestinadas a la grandeza, entonces, y nosotros no somos una de ellas? ¿Somos una raza de esclavos, como dijo algún gringo alguna vez, y debemos contentarnos siempre con serlo?

Dirán algunos que, bueno, es que México, pobrecito, estaba en guerra entonces. La Guerra de Reforma. Luego vinieron más guerras, la invasión gringa, luego los franceses, luego la revolución. Nunca tuvimos tiempo para progresar por culpa de tanta guerra.

Okey, convenido. Estábamos en guerra. Una guerra es fatal para cualquier país, gane o pierda. Y varias guerras seguiditas son devastadoras. Pero por ejemplo, Europa ha estado en guerra consigo misma desde siempre. Prácticamente desde que el primer Neanderthal agarró a pedradas a su vecino por un pedazo de mamut. Y desde entonces nunca pararon: los romanos estuvieron en guerra contra los cartagineses, y luego contra los galos y los bárbaros. Los anglos contra los normandos. Y después los españoles contra los moros, los franceses contra los ingleses, los alemanes contra los rusos y los italianos contra los franceses.

Hasta hace muy poco, Europa seguía en guerra: Los serbios contra los croatas, y los chechenos siguen en una guerra no declarada contra los rusos.

¿Y? ¿Cómo está Europa? No quiero responder, pero sólo mencionaré que no tiene el nivel que tenía Estados Unidos en 1910. Eso segurito.

Por ejemplo, España fue un país muy pobre, mucho más atrasado y débil que México durante la mayor parte del siglo XX. La gente o se moría de un balazo en la Guerra Civil, o simplemente de hambre. Los irlandeses igual. Por eso emigraban. Hasta hace apenas 30 años España era más pobre que México. ¿Y ahora? España progresó, se modernizó, se hizo rica. Es del Primer Mundo. Y México (y Latinoamérica) siguió igual, sino es que peor.

¿Y si mencionamos guerra, quién no se acuerda de Japón? ¿De Corea? Países que quedaron totalmente destruidos hace apenas 50 años. ¿Y dónde están ahora? ¿Y por qué?

¿Por qué entonces nosotros no hemos podido desarrollarnos como esos países? ¿Progresar es algo tan complicado que no está a nuestro alcance? ¿Y si es tan complicado, cómo sí lo lograron paisitos más amolados, como los mencionados España o Irlanda o Portugal, que no son ni nunca serán superpotencias?

¿Es cosa de cultura? ¿Nuestra cultura es defectuosa? ¿Tenemos taras de nacimiento? ¿Somos tan tarados que no podemos echar a andar el país, convertirlo en una nación rica? ¿O siempre tendremos que emigrar para levantarle la cola a gobiernos incapaces de fomentar la creación de empleos?

Estados Unidos no es perfecto. Tiene muchos defectos. El egoísmo, el individualismo, el materialismo, la falta de apego a la familia, a las tradiciones (Aunque algunos en cambio argumentan que estos son precisamente los motores de su éxito). México tiene muchas virtudes que incluso los gringos aprecian: Mejor calidad de vida, más pausada, mejores relaciones interpersonales... Pero estamos amolados. Y mientras eso siga, no hay virtud que valga. Opaca todo lo demás

¿Por qué, por ejemplo, gano yo en Texas ocho, diez veces más por hacer lo mismo que la mayoría de mis colegas hacen quizá hasta mejor que yo en periódicos de México? No es porque yo sea más "picudo". En México hay gente que es mucho más capaz, más estudiada, más profesional, y quienes desafortunadamente nunca va a ganar el salario de cualquier periodista mediocre en Estados Unidos. Igual pasa con cualquier otro trabajador, de cualquier otra industria. ¿Porqué en Estados Unidos si pagan bien y en México no?

No es por el tan cacareado "nivel de vida". No es porque México tenga salarios "acordes con sus precios": Cada vez que viajo para allá me horrorizo al ver que los precios de los productos básicos están igual (o hasta más caros) que en Estados Unidos... con la diferencia de que la gente en México gana ocho veces menos. Comida, ropa, aparatos de la casa, shampoo, jabón... todo es más caro en México que en Estados Unidos. ¿Quién me lo explica?

¿Es cosa de corrupción? ¿Somos todos corruptos? ¿Usted que lee esto, es corrupto? ¿Usted está amolando al país? ¿O solamente son "unos cuantos" los que tienen a México y Latinoamérica en el hoyo, por su culpa?

¿Son los gobernantes los corruptos? ¿Los que se llenan los bolsillos de lana y dejan que los demás se frieguen? ¿Una minoría?

¿Y si es una minoría, no hay algo que la mayoría podamos hacer para meterlos en cintura a ellos? ¿Qué puede hacer usted, por ejemplo, o yo? ¿Cómo podemos correrlos del puesto o meterlos en la cárcel?

¿Son los policías, por transas? ¿Qué podemos hacer? ¿Aumentarles el sueldo para que no roben? ¿Capacitarlos? ¿Y por qué no se ha hecho, tan difícil es? ¿Cuesta mucho dinero? ¿No podemos colaborar todos, digamos, con diez, veinte pesos cada mexicano, incluyendo los de acá? ¿No estaríamos de acuerdo en aportar todos hasta 100 pesos por esa causa?

¿Cuánto se puede juntar, si cada mexicano aporta 100 pesos al mes? ¿Serviría? ¿No se lo ratearían los funcionarios? ¿Y si lo hacen, no convendría vigilarlos? ¿Quién puede hacerlo? ¿No podemos los ciudadanos elegir entre nosotros a vigilantes de funcionarios, ya que los funcionarios comprobaron ser incapaces de la honestidad?

¿Y si sabemos que no son honestos, por qué los seguimos teniendo en el puesto, sabiendo que nos están perjudicando a todos?

Para aquellos que me echen en cara el que no tengo derecho de preguntar, porque yo "me fui del país", o "huí de los problemas a Estados Unidos", entonces pregunto: ¿Qué podemos hacer, entonces, los mexicanos que estamos acá para ayudar a los que se quedaron allá? ¿Enviar dinero? Ya enviamos en remesas más de lo que empresas de Estados Unidos invierten, más de lo que México gana por turismo, y casi igual que lo que vende en petróleo.

¿Necesitamos enviar más dinero? No creo que los paisanos se opongan, siempre y cuando nos garanticen que sí va a ayudar a mejorar las cosas. Contra lo que muchos resentidos piensan, los migrantes somos los primeros a quienes nos gustaría ver un México y una Latinoamérica fuerte, rica y estable. Y sufrimos mucho cuando vamos de vacaciones allá y vemos la enorme diferencia que existe con nuestro país adoptivo.

Yo sé que habrá gente que se horrorice al leer tanta pregunta de mi parte. ¿Por qué? Porque se tiene la idea que, si yo escribo en un periódico, soy un sabelotodo.

DESDE LAS ENTRAÑAS DEL MONSTRUO

Soy un docto. Soy un editorialista informado, conocedor, experto. O al menos esa es la imagen que muchos columnistas tratan de dar de sí mismos: intelectuales completos, que encierran su sapiencia en palabras domingueras. Entre menos gente las entienda, mejor.

Lamentablemente yo no soy así. Yo creo que antes que articulistas, somos lectores. Somos seres humanos. O al menos yo sí lo soy. Y como humano, no lo sé todo. No soy experto. No soy docto. Y me disculpo ante los lectores por no dar todas las respuestas a los problemas del mundo, en sesudos artículos.

Sólo soy un reportero, y como tal, siempre tengo más preguntas que respuestas. Mi chamba es preguntar. Y ojalá encuentre alguien docto y sabio (a la mejor algún columnista serio y sesudo o algún sociólogo, antropólogo, economista, historiador o de perdido, chamán, que esté entre mis lectores) que me pueda responder todo esto, sin dogmas ni orgullos nacionalistas, sin echarle la culpa a los gringos, a la pérdida de los territorios, a Santa Anna, a Porfirio Díaz o al calor.

Porque estoy seguro de que no soy el único que quiere saber por qué diablos los mexicanos no hemos podido, en "gloriosos" 30 siglos de historia, construir el país que nuestros vecinos han levantado en pinchurrientos 200 años.

—18 de junio de 2004

El próximo Benito Juárez no será presidente de México... sino de Estados Unidos

El próximo presidente indígena, el nuevo Benito Juárez, muy posiblemente ya nació.

Él será el líder que inspirará a toda una nación y al mundo, al levantarse desde orígenes humildes hasta ocupar el cargo más importante de su país. Dirigirá a la nación hacia un futuro distinto y cambiará muchas de las estructuras del poder.

Pero este Benito Juárez del siglo 21 (¿ó 22?) no nació en Oaxaca. Es más, seguramente ni siquiera será mexicano.

No. El Juárez del Tercer Milenio seguramente nació, pero en Texas, California o Arizona. No es pastorcito ni habla zapoteco. En cambio, va a una escuela bilingüe de gobierno, donde aprende la vida de George Washington y Abraham Lincoln. En inglés.

Porque el próximo Benito Juárez seguramente no será presidente de México... sino de Estados Unidos. Y a pesar de haber nacido indio, pobre y marginado, llegará a ser el hombre más poderoso del planeta.

Ese niño a la mejor no se llama ni Benito ni Juárez. Pero seguramente sí se llama José, o Juan, o Arturo. O incluso John o Michael. Y se apellidará Rodriguez, Vasquez o Gonzales (así, sin acentos y con s). No será ciudadano mexicano, sino americano.

Con las políticas de Acción Afirmativa (que dan respaldos a los estudiantes de minorías étnicas como hispanos, negros y asiáticos), ese futuro Benito Juárez quizá tiene más oportunidades en Estados Unidos que en México. Quizá vive en un barrio pobre de la frontera. Pero seguramente será buen estudiante. No será pastor, pero ganará una beca para estudiar en la universidad. Y se graduará de abogado, médico o ingeniero. Y quizá se lance de político...y ganará.

¿Por qué un Juárez gringo y no mexicano, se preguntarán? ¿No es acaso México el país donde se enaltece la figura del indígena? ¿El único país que le dio una lección de civismo al mundo al elegir presidente a uno de sus ciudadanos más pobres, miembro de una raza atacada y despreciada? ¿El país que eligió a Benito Juárez, el de *"El respeto al derecho ajeno es la paz"*?

No lo creemos. Y no porque seamos negativos ni pesimistas, sino realistas. Basta ver los hechos: Simplemente, hoy en día, un mexicoamericano de raza indígena tiene más posibilidades de progresar, de subir en la escalera social, que un indígena mexicano.

Y esa es la desafortunada realidad.

Claro, en Estados Unidos hay racismo. Sigue habiendo, contra negros, hispanos, mexicanos, asiáticos y contra indígenas. Pero por mucho que nos quieran hacer creer, no está al nivel de los siglos 18 y 19, en épocas de esclavismo.

Vamos, un indígena norteamericano no sufre tanta marginación como los indígenas latinoamericanos. Los indios latinoamericanos que logran llegar a cargos públicos altos (como el presidente peruano Alejandro Toledo y el mismo Juárez) son la excepción, no la regla. Desdichadamente.

Al contrario, en Latinoamérica hay un desprecio vedado (pero efectivo) contra los indígenas. A pesar de que se ha avanzado algo desde épocas de la colonia.

Mientras que en Estados Unidos los políticos de las minorías siguen ganando terreno, en México por ejemplo la cosa es al revés: Los políticos se están haciendo cada vez más y más blancos.

De hecho, entre más blanco sea uno, mejor. Obtiene los mejores trabajos, es más fotogénico. No importa si uno no sabe hacer nada, con sólo reír y mostrar su cara aria es suficiente credencial. Seguramente si se es blanquito ya tiene asegurado un promisorio futuro como modelo, actor o cantante.

Si no, de perdido en la calle la gente lo aprecia más a uno si es "güero ojo azul", que "prieto pelos paraos". Por lo menos tiene la simpatía asegurada de entrada.

Eso pasa sobre todo entre los políticos y la clase pudiente. Entre más éxito tiene un mexicano encumbrado, más se busca "mejorar la raza", por eso no es raro ver políticos y empresarios ricos de la mano de una güerota. Si es extranjera, mejor.

¿Resultado? Los hijos de esos políticos y empresarios seguramente serán más blancos que su mestizo padre. Y seguramente también estarán encumbrados (o al menos tendrán más facilidad de subir, ayudados por el poder de su familia... y por ser güeritos).

Así podemos ver que cada generación la oligarquía mexicana parece cada vez más gringa, más rubia, más aria. Igual entre los rostros que vemos en la tele y en el cine: La inmensa mayoría son blancos, rubios, de ojos claros.

No tiene nada de malo ser rubio y de ojos azules. Pero cuando se es, y de pilón rico y de una clase gobernante, se corre el riesgo de caer en sospechas de racismo. Especialmente cuando se gobierna sobre un país donde el 90 por ciento de sus habitantes son mestizos o indios.

DESDE LAS ENTRAÑAS DEL MONSTRUO

Los medios de comunicación no ayudan, desafortunadamente. Al contrario: cada vez la tele y el cine mexicano muestran más héroes blancos, casi sajones. Muy distintos a los televidentes. Y son esos héroes los que nos obligan a adorar, a seguir, a vitorear.

Como para recordarnos precisamente lo que no somos.

Y en Estados Unidos hay una tendencia exactamente a lo opuesto: uno puede ver cada más negros, prietos, "indios y pelos parados" en los programas de TV, en las películas y hasta en las noticias. El tipo que da el estado del tiempo en una estación de TV de Dallas es negro. La conductora mas prestigiada es hija de mexicanos y tiene rasgos evidentemente indígenas.

De hecho, está de moda entre las propias estaciones, periódicos y medios americanos promover la "diversidad" étnica entre sus filas. Y todos tratan de seguirla, porque si no, corren riesgo de ser tachados de elitistas y hasta racistas.

Vaya, incluso hay periodistas anglosajones quienes optan por cambiarse sus apellidos, adoptando el Ramírez o Pérez, en un esfuerzo por ser más étnicamente "variados". A veces el esfuerzo por la diversidad étnica alcanza niveles ridículos, como el caso de una conductora de TV que adoptó el apellido hispano de la abuelita de un ex marido (gringo él) para que le abrieran las puertas de la estación, según relató una revista recientemente.

En México, recuerdo que la gerente de un canal de TV donde trabajé se negaba rotundamente a poner a cuadro a uno de sus mejores elementos. El muchacho era una enciclopedia en su rama: los deportes. Sabía de todo: futbol, béisbol, futbol americano, básquet... Y el noticiero necesitaba urgentemente alguien que manejara esa área.

Pero el reportero que les digo tenía un "pequeño gran" defecto: Era moreno. Qué moreno, era prietísimo. Casi tirando a negro. Y eso, para la gerencia del canal (casi todos egresados de una escuela "popis") esto era un crimen capital. Por eso solamente lo dejaban hacer trabajitos tras bambalinas, mientras no pusiera su prieta cara ante una cámara, que al parecer estaba diseñada para enfocar bien sólo a los güeros.

Si este reportero hubiera trabajado en una estación gringa de TV no hubiera tenido problemas, al contrario: la gerencia lo hubiera promovido como un símbolo de diversidad. Incluso hubiera tenido muchas fans entre las televidentes güerotas.

Parece mentira, pero todos estos problemas les siguen ocurriendo a personas de rasgos indígenas al sur de la frontera. Mientras tanto, sus "hermanos de sangre" al norte del río Bravo no tienen empacho en exigir sus derechos, en lograr oportunidades, educación y hasta trabajos igual de buenos o mejores que los gringos "puros". Y pobre de aquél que ose discriminarlos abiertamente por ser prietos, porque le va como en feria.

DESDE LAS ENTRAÑAS DEL MONSTRUO

¿Cuál es el problema con el racismo entre nosotros los mexicanos? ¿Es culpa de los gobernantes? ¿De los empresarios? Tristemente, no. Lo peor es que nosotros mismos somos los que promovemos el racismo contra nuestra propia gente.

La otra vez leí en un periódico texano cómo un turista mexicano de Monterrey se indignaba cuando lo entrevistó un reportero gringo al preguntarle sobre qué pensaba de sus "compatriotas inmigrantes".

"Los norteamericanos tienen una idea errónea de los mexicanos", dijo el tipo. "Creen que todos somos indios, como los inmigrantes. Y no, nosotros somos mexicanos blancos, urbanos, que venimos a dejar dólares. Venimos en camionetas, en suburbans, en avión, no en burro".

Y esa es la imagen que nos gusta que el mundo tenga de nuestro país: una nación "moderna"... o séase blanca, rubia, parecida a Estados Unidos. Tenemos aversión a que nuestros gobernantes (o artistas, o cualquiera que dé la cara por la patria) sea feo, prieto e indio. Porque, aunque es la imagen que todo el mundo tiene de nosotros, no es la que nosotros queremos ver. Aunque sea con la que nos encontramos todos los días ante el espejo.

Por eso un Benito Juárez mexicano tendrá, quizá, menos oportunidad de llegar a presidente que un Benito Juárez chicano. O por lo menos batallará bastante más.

A este paso que vamos, nos preguntamos cómo será el futuro. ¿Cómo será, por ejemplo, la cumbre de presidentes de Estados Unidos y México en el futuro? ¿Digamos en el año 2052?

Quién sabe. Pero nos imaginamos que, al aterrizar el avión *Air Force One* en el aeropuerto de la Ciudad de México, todo mundo verá salir de él a un indígena "pelos parados", con bigote de Cantinflas, prieto, gordito y bajito, quien nació en un barrio pobre de Los Angeles o San Antonio. El hombre más poderoso del mundo: El presidente de los Estados Unidos de América.

Y al bajar las escalinatas, saludará efusivamente a su anfitrión: un hombre alto, rubio, de ojos azules y "buena familia". Miembro de la élite que gobierna un país cuyas tradiciones y raza casi nada tienen que ver con él: El presidente de México.

—25 de junio de 2004

Un cuento chino: Los "otros" inmigrantes en Estados Unidos

Un chiste cuenta que si cayera una bomba en el centro de Taiwán, 9 de cada 10 muertos serían dueños de empresa.

Según los entendidos, Taiwán es uno de los países donde la economía depende no de sus grandes corporaciones, o de inversiones extranjeras, sino del motorcito que significan los "changarros", los negocios chicos.

Basta con que alguien tenga una idea, invierta un dinero, posea visión, empuje y ganas para echar a andar un negocito. Y, las más de las veces, logra triunfar.

De hecho, según los expertos, son estos "changarritos" los que le han dado el poderío económico a buena parte de los "Tigres" de Asia. No las grandes corporaciones japonesas o coreanas, sino las empresas chiquitas, familiares.

Por eso tiene tanta importancia la pequeña empresa. Y los emigrantes asiáticos, en general, es a lo que aspiran cuando ponen un pie en Estados Unidos: Ser dueños de su propio negocio.

Claro, hay asiáticos que buscan la seguridad de un empleo, como todos. Hay otros que solo vienen a vivir de estampillas de alimento o a formar pandillas y mafia.

Pero la mayoría de ellos se distinguen por un empuje empresarial increíble.

Uno, como inmigrante latinoamericano ve a los inmigrantes asiáticos (chinos, vietnamitas, filipinos, coreanos) y no puede menos que admirar su desarrollo. Casi todos viven en mejores barrios, en promedio, que los latinos. Casi todos tienen un negocio, o poseen educación avanzada, que les permite aspirar a puestos más altos, generalmente en empresas de tecnología.

A veces vemos a esos inmigrantes y nos entra como envidia. Claro, decimos, ellos lo tienen más fácil. Llegan con papeles, con residencia. Quizá hasta de refugiados. Y eso ya les gana la mitad del camino: Tener seguro social y licencia de manejo es algo a lo que muchos inmigrantes latinos nunca podrán acceder legalmente, con las actuales leyes de Estados Unidos.

O sea, pensamos que los "chinitos" la han tenido muy fácil. Así hasta yo, decimos.

Pero basta escarbar un poco en las historias de esos inmigrantes para darse cuenta de que, detrás de ese "chinito" empresario, de esa "chinita" universitaria, que se codea con los gringos de la *"high society"* y estudió en Harvard o Yale, se esconden las mismas historias por las que todo inmigrante pasa al llegar a este país: Esfuerzo, sufrimiento, y hasta discriminación.

Jessica, por ejemplo, es vietnamita. Es una mujer de 30 años, con estudios de maestría en pedagogía. Acaba de abrir una guardería en una de las zonas más exclusivas de Texas. No cualquier guardería, no: Es todo un centro pedagógico donde se aplican las últimas técnicas de enseñanza preescolar, con materias como música, arte y actividades que desarrollan el intelecto de los bebés.

Y claro, por esta atención cobra mucho dinero. Miles de dólares al año. Los cuales los padres del acomodado barrio de Frisco pagan sin chistar, porque saben que lo vale.

Uno ve a Jessica que se desenvuelve como pez en el agua en ese ambiente de casas de 500 mil dólares y automóviles Lexus. Ella misma maneja un automóvil de lujo, y lleva una vida desahogada. Como a la que cualquier inmigrante desearía aspirar.

Pero no todo fue bonito siempre.

"Nunca fue fácil", recordaba Jessica en una entrevista reciente a un diario local. "Mi familia tuvo que huír de Vietnam en una balsa, dejamos todo en Saigón tras la llegada de los comunistas."

En alta mar, su frágil lancha fue interceptada por piratas, quienes les quitaron lo poco que tenían, aunque por fortuna no los mataron. En cambio, los dejaron varados en una isla, donde la familia debió sobrevivir como Robinson Crusoe durante cinco meses: A dieta de pescados, frutas y lo que pudieran encontrar.

Jessica tenía seis años y no lo olvida: "Cuando te ves obligada a hacer popó en un hoyo en el suelo, eso no lo olvidas fácilmente", recuerda amargamente en la entrevista con el diario.

Poco después,   por fortuna, padres y niños   (desnutridos, exhaustos, enflaquecidos y enfermos), fueron rescatados y enviados a un campo de refugiados en Filipinas, donde pasaron otros tres meses hasta que se les resolvió su situación jurídica. Estados Unidos les otorgó el estatus de refugiados.

Gracias esto la familia de Jessica llegó a Texas, un lugar tan extraño y exótico para ellos, que igual les hubiera dado ser enviados a otro planeta.

Jessica recordó su primer día de escuela en una primaria de Irving, Texas: "No podía creer que a la hora del almuerzo nos llevaron a la cafetería y había comida. ¡Mucha comida! No recordaba haber visto nunca tanta comida junta", mencionó sorprendida al periodista texano.

La chiquita ni permiso pidió. A empujones agarró de todo lo que encontró: Pizza, carne, pan, pastel, frutas y lo puso en su charola. La atiborró, como temiendo que se fuera a acabar.

Aprendió inglés. Logró estudiar. Fue la primera en su clase lo que le valió para una beca en Yale, se casó con un norteamericano y consiguió su sueño. Pero Jessica nunca olvidó sus orígenes.

A lo largo y ancho de Estados Unidos día a día se ven historias similares a la de Jessica: Inmigrantes asiáticos que llegan con una mano delante y otra detrás, y poco a poco logran, de la nada, reinventarse. Y nos dan a todos una lección no sólo de sobrevivencia sino de éxito personal y profesional.

Cuando no son empresarios, los inmigrantes asiáticos tienden a ser profesionales exitosos. Por su preparación, encuentran acomodo donde sea, a pesar de que su acento en inglés sea peor al nuestro.

Sandra, una amiga hondureña, recuerda que cuando trabajaba en una agencia de colocación de empleo, sus principales solicitantes eran mexicanos y asiáticos.

"Siempre que nos llegaba un empleo muy bueno, en una fábrica o empresa de tecnología, yo como hispana trataba de acomodar a uno de nuestra gente. Y me iba a los archivos a ver sus expedientes", recuerda Sandra.

"¡Pero no encontraba a nadie! Los hispanos no teníamos ni la preparación ni la experiencia que esos trabajos exigían", se lamentaba. "Y siempre terminaba dejando el archivero de los hispanos y me iba al de los 'chinitos', donde seguro encontraba al candidato para el puesto. Y ése era al que siempre contrataban".

A pesar de sus increíbles éxitos personales, a nivel general los asiáticos que de verdad triunfan no son la mayoría. Por cada uno de ellos que "la hace", se quedan miles a mitad del camino. Algunos hasta la vida pierden en su esfuerzo por llegar a Estados Unidos.

Porque, si uno como mexicano sufre las de Caín por llegar a Estados Unidos (por el desierto o por el Río Bravo), imagínese lo que debe pasar una familia pobre en China o Vietnam.

Los periódicos han reportado casos horrorosos de inmigrantes chinos a los que los "coyotes" (asiáticos y mexicanos) les cobran hasta 20 mil dólares por pasarlos de "mojados" por la frontera de México. Muchos de estos inmigrantes venden todo lo que tienen, o empeñan lo poco que les queda a sus familias para pagar la cuota.

Y la mayoría de hecho, ve truncados sus sueños al ser atrapado ya sea por 'La Migra' mexicana o la norteamericana. Y van pa' atrás, a comenzar de nuevo a tratar de juntar otros 20 mil dólares para intentar cruzar otra vez.

Los que sí logran entrar a Esatdos Unidos tampoco la tienen fácil: Tienen que enfrentarse a un esfuerzo quizá hasta doble del de nosotros los latinoamericanos. Llegan a un país totalmente extraño al suyo, extremadamente alejado, donde no entienden la cultura, ni el idioma. Vaya, ni siquiera el alfabeto.

A pesar de lo duro y difícil que nosotros la tenemos, hay tantos inmigrantes latinos aca, el español se habla tanto (hasta en la tele) que el sentimiento de lejanía nunca es tan devastador como ocurre con los asiáticos.

Y a pesar de todo eso, muchos de ellos se levantan. Y consiguen hasta éxitos mayores que uno.

Esas historias quizá los mexicanos las conocemos ya. No es raro ver el típico café de chinos en el DF, Guadalajara, Monterrey, Veracruz, Aguascalientes, Mérida y dónde no. Y todos esos migrantes que llegaron a México hace generaciones dejaron a sus hijos y nietos, quienes a pesar de sus ojos "jalados" son más mexicanos que el nopal.

Ahora el choque entre las culturas asiática y mexicana se sigue dando hoy en día. Pero al norte del Río Bravo.

Por ejemplo, a la vuelta de mi casa había un supermercado asiático. Era bastante grande, y tenía de todo: Carnes, verduras, frutas, refrescos... Vaya, hasta la música de fondo nos recordaba la serie japonesa de la Señorita Cometa.

Al supermercado asiático le iba muy bien. Y así fue durante años.

Luego, un día, llegó una familia mexicana al barrio. Y después otra, y otra.

Cuando los dueños pusieron atención, ya los asiáticos se habían mudado a barrios más al norte, fraccionamientos caros y nuevos, y los latinoamericanos habíamos ocupado sus antiguas casas.

Las ventas bajaron. Y el supermercado se vio obligado a meter chiles, tamales, horchata y hasta una taquería entre sus productos.

Cuando volví al supermercado noté que una estación de radio hispana estaba transmitiendo en vivo desde allí. La música de tambora, Los Tigres y Los Bukis habían arrasado definitivamente con aquellas amelcochadas cancioncitas que me recordaban las series de televisión niponas.

Caminando por los pasillos de la tienda empujando mi carrito, noté un cambio:

DESDE LAS ENTRAÑAS DEL MONSTRUO

Las marcas de productos chinos, japoneses, coreanos y vietnamitas habían dado espacio a Marinela, Bimbo, Tía Rosa, Doña María, Jarritos, Coronado, Mazola, Maseca y todo lo demás.

"¡Renovarse o morir!", declaró sonriente el bigotón carnicero, que me despachó una libra de picadillo. Él, como la música, era mexicano, y había llegado a sustituír al carnicero "chinito" que sólo despachaba pescados anteriormente.

Tuve sentimientos encontrados. Claro, estaba agradecido de que el supermercado fuera sensible a mis necesidades culturales como consumidor. Que me trajera las cosas que yo compro, aquí, a la vuelta de la esquina. Que me vendiera todo eso que yo consumía en México, como si nunca me hubiera ido.

Había también, para qué no decirlo, un cierto orgullo "de raza". Los propios asiáticos habían reconocido la realidad, y decidieron darle la espalda a su propia gente, a sus consumidores de siempre, en favor de nosotros los mexicanos.

En más de un sentido, el cambiazo del supermercado era un símbolo, un testamento al "triunfo" de nuestra gente sobre los "chinitos", pensé.

Pero el sentimiento de orgullo me duró poco. Porque se me ocurrió, mientras pagaba en la caja, que en alguna elegante oficina de un barrio lujoso de Dallas, había un "chinito" multimillonario frotándose las manos.

Seguramente él estaba más que feliz de que los mexicanos sigamos llegando en tropel al barrio, a engordarle el bolsillo.

No sé, pero en ese momento me dió la sensación de me estaban engañando como a un chino.

—2 de julio de 2004

"Sorry, yo no spekeo español, ni english. Spanglish, for plis"

Debo confesar que cada vez más, desde que vivo en Estados Unidos, se me está "olvidando" el español.

El pequeño gran problema es que... no sé inglés.

(O al menos no lo sé tan bien como para darme ese lujo.)

Por ello, frecuentemente debo echar mano de mi tabla de salvación: El spanglish. (O espanglés, como le quieran llamar.)

Frecuentemente, en una conversación cualquiera, el cerebro como que se me atora. La idea que tengo en la cabeza no quiere salirme por la boca, se queda pegada en la lengua y no sale. La idea la tengo clara, pero no recuerdo la palabra asociada con ella.

En ese momento es cuando de improviso salta su equivalente en inglés. Y la digo.

Es entonces cuando me doy cuenta de que hablo spanglish.

Antes, cuando recién acababa de llegar a Estados Unidos, como nuevo inmigrante, me horrorizaba al escuchar a la gente hablar.

Aquí no se subían en sus camionetas, sino en sus "*trocas*".

No cuidaban su jardín, sino su "*yarda*".

No echaban llave a sus puertas, sino que las "*laqueaban*".

No aspiraban sus alfombras, sino que "*vacunaban*" sus "carpetas".

Si les dejaba mensaje por teléfono no me devolvían la llamada, sino que me "foneaban pa' atrás".

Fue una lucha constante con Cesarito, mi hijo, al principio. Cuando entró a la escuela me decía: "*Dad*, ¿no vamos a ir *pa' atrás* en la *troca* de mi tío"?

Si en ese momento estábamos en México de vacaciones, o había amigos mexicanos de visita, me miraban con los ojotes pelones, y una mueca entre horror y burla.

"No, César", corregía a mi hijo, tratando de no mirar a mis indignados paisanos.

"Se dice: 'Papá, no vamos a regresar en la camioneta de mi tío?' ".

"Ah, *okey. Sorry, dad*", respondía confundido.

"O hablas bien español, o hablas bien inglés. Pero nunca los *mixees*, Eso no es *náis. ¿okey?*", le recomendaba.

Tardaba unos segundos antes de darme cuenta de lo que acababa de decir...

Claro, para entonces mis amigos mexicanos ya estaban en el suelo, retorcidos de la risa. Y ya podía esperar que durante el resto del día no me bajaran de "pocho", "entregado", "malinchista" y hasta de agente de la CIA.

Todo ello me preocupaba, sinceramente. Sentía que estaba fallado de una manera muy seria a mis raíces, a mi idiosincracia. A mi mexicanismo.

Pero eso era antes. Hoy las cosas son distintas.

Poco a poco me di cuenta de que el spanglish no es un complot bien urdido desde el Capitolio para lavarnos el cerebro a los hispanos. No, el spanglish es una herramienta, que los inmigrantes usamos para vivir diariamente en Estados Unidos.

No es un esfuerzo consciente, es espontáneo. Nadie lo usa porque le guste, ni porque sea "*chic*": Lo usan y ya. Sin remordimientos ni presunciones.

Las palabras (en inglés o español, o champurreadas) no queman, no causan llagas. Son eso: Palabras. Son herramientas, instrumentos para usarse. Las usan porque están allí, porque están a la mano, porque después de estar hablando inglés con un amigo gringo, o escuchar radio, o televisión cambiamos de pronto al español de la familia y el cerebro no tiene tiempo de meter reversa. Y por eso de repente se nos salen los "*laqueados*", los "carpetas".

Los hispanos en Estados Unidos dicen "*troca*" de la misma manera que un veracruzano dice "sayar" por resbalar. Dicen "*yarda*" como los peruanos dicen "palta" en vez de aguacate. Dicen te llamo "pa' atrás" como un español diría "vosotros" en vez de ustedes, o un cubano diría "gaveta" por cajón, o "espejuelos" por anteojos.

¿Que el spanglish es un dialecto? Claro. ¿Una jerga local? Es obvio. ¿Que no es un idioma "literario", "culto"? Por supuesto. Nadie lo ha diseñado para eso. No nació por decreto de algún filólogo ni un presidente de la república. Nunca ha tenido aspiraciones de crear un Quijote o un Shakespeare. Aunque uno nunca sabe qué ocurrirá en el futuro.

(Por ejemplo, el profesor mexicano Ilán Stavans ya hasta tradujo el Quijote al spanglish. Las inmortales primeras líneas inician así: "*In un placete de La Mancha of which nombre no quiero remembrearme, vivía, not so long ago, uno de esos gentlemen who always tienen una lanza in the rack, una buckler antigua, a skinny caballo y un grayhound para el chase.*")

Pero el spanglish no es exclusivo de gente inculta (como muchos dizque "cultos" nos repiten como merolicos). No solamente lo hablan los limpiaoficinas, ni los jardineros, ni las niñeras, o los obreros. Y aunque así fuera, ¿qué tendría de malo?

Tampoco es la lengua exclusiva de los "malinchistas". El spanglish surge en cambio de manera automática, un reflejo intelectual del cerebro. Un reflejo del cual ni el más experto académico de la lengua se podría escapar, en caso de que se encontrase en las mismas circunstancias de los inmigrantes.

¿Que es una mezcolanza sin lógica? Quizá. Pero apenas está naciendo, está en formación.

Y este tipo de parto lingüístico no tiene nada de malo, ni de ilegítimo. Así nació el español, ¿no?

Porque, ¿qué es el español, sino latín (y ni siquiera latín culto, el que hablaban Séneca o Cicerón, sino el vulgar, el de la calle, el de la plebe) mezclado con las lenguas de los celtas, iberos, judíos, griegos y hasta árabes?

El inglés, por su parte, tampoco es "puro", ni de buena familia. Es un idioma resultante de la mezcla de las lenguas de los pueblos anglos, sajones, romanos, normandos, germánicos, godos, vikingos, jutos y vaya usted a saber cuántos más.

¿Que el spanglish es "impuro"? Claro que lo es. De hecho, todos los idiomas lo son. Ninguno es 100% puro. Todos son mezclas de dos o más idiomas anteriores. Y esas mezclas son siempre de palabras mal escuchadas, mal escritas y mal utilizadas, pero que terminan entrando al vocabulario "oficial", como si siempre hubieran estado allí.

El temor de los puristas es que el español termine arrasado por el inglés (o peor, por su hijo bastardo, el spanglish). Pero están equivocados: El spanglish no es el resultado de la invasión del inglés, ni viceversa. Es una fusión más o menos equilibrada de ambas lenguas. Ninguna de las dos predomina. Y las dos se deforman en el proceso.

El spanglish tampoco será el verdugo del español, el que lo entierre. El español, como el inglés, son lenguas milenarias, internacionales, "cultas". No van a desaparecer, al contrario. Según expertos, cada año desaparece un promedio de 25 lenguas y dialectos, y mientras el español y el inglés se fortalecen cada día más. Son lenguas que tienen su futuro asegurado.

Por eso precisamente se crean nuevas lenguas, mezclas de ellas. Porque la influencia de estos "súper idiomas" es tanta, que influencian a otras, y crean derivados.

De hecho, el emninente linguista británico Steven Fischer ha predicho que, dentro de 300 años, los únicos idiomas que sobrevivirán en el mundo, serán solamente tres: El chino, el inglés... y el español.

Claro, continuarán existiendo otros idiomas importantes, como el francés, el alemán, el ruso y el hindú. Pero quedarán relegados a un ámbito secundario y meramente regional, dice él.

Hoy en día por ejemplo ya hemos visto como ha bajado el número de hablantes e influencia de estos idiomas. Ni el alemán ni el francés tienen la misma difusión de hace cincuenta, o cien años. Y no se necesita ser un experto lingüista para darse cuenta de ello.

Por lo tanto, según Fischer, los únicos lenguajes verdaderamente internacionales, las lenguas "francas" del siglo 23, serán chino, inglés y español.

O sus mezclas. El *"chinglish"* (hijo del chino e inglés) ya está dando sus pininos dentro del gigante asiático, al igual que el spanglish acá. Y seguro es cuestión de tiempo para que nazca un tercero: la mezcla de chino con español. (¿Cómo se llamará? ¿*Chiñol*? ¿*Chinish*? ¿*Espachino*?)

Mientras tanto, ocurrirán hechos increíbles. Por ejemplo, Fischer dice que el español acabará "tragándose" al portugués. De hecho, para él, la existencia del portuñol (la mezcla de español con portugués que todos desprecian, pero que millones hablan en Sudamérica) es el primer paso.

¿Que estos cambios están mal? ¿Que estas mezclas idiomáticas son producto de gente inculta, ignorante, floja? ¿Que no debería ser así? Quizá. Pero así es. Es una realidad. Ha ocurrido desde siempre, a lo largo de toda la historia. Ocurre en estos momentos, y seguirá ocurriendo en el futuro. Mientras la humanidad exista.

Hay que estar claros en una cosa: Estos cambios no los hace la clase privilegiada, la clase culta y cosmopolita. No los hacen los expertos políglotas, que dominan dos o tres idiomas a la perfección. Ni los profesores universitarios, ni los presidentes, o los militares tendrán influencia directa en este proceso. No: Este será un cambio global que dirigen desde ya las masas, el pueblo.

La *"pípol"*.

Por mucho que les pese a los intelectualoides de izquierda, el spanglish es un movimiento proletario, que se da desde las bases, entre gente del pueblo: Trabajadores, estudiantes, amas de casa, obreros. No viene desde arriba. No lo dicta el Pentágono ni la CIA.

Uno puede acusar al spanglish de ser muchas cosas: Mezcla, dialecto inculto, burdo, malinchista... Lo que nunca es ni será es una imposición ideológica desde la Casa Blanca.

(Aunque George Bush —o *"Jorge Arbusto"*, como se autonombra cada Cinco de Mayo— sea el primer presidente americano que promueve abierta, aunque involuntariamente, la causa del spanglish. Como todo texano).

Aclaro que mi postura siempre ha sido tratar de hablar bien, tanto en español como en inglés. Conocer bien un idioma (ya sea el propio o el ajeno) es indispensable para mí. Seguir las reglas de ortografía, de sintáxis, es algo básico en mi profesión y lo debería ser en todas.

Pero ya me volví más tolerante respecto al spanglish. Entiendo ahora que no todo mundo es como yo quiero, ni tienen porqué serlo. Las cosas no funcionan así, excepto en las dictaduras.

De todas formas, para qué preocuparnos. Si usted no habla spanglish, si lo aborrece, nunca lo hablará. Y no le afectará. Y si usted ya lo habla, es porque no le molesta.

Tampoco tenemos qué preocuparnos porque en el futuro este dialecto desplace al español. No ocurrirá. Pero dado el remoto caso de que así suceda, ¿de qué nos preocupamos? Para entonces, nosotros vamos ya a estar muertos y enterrados.

Si acaso, el "problema" sería para nuestros tataranietos.

Pero ni así, porque ellos ni cuenta se darán de que hablan "mal" una versión "degenerada" de un idioma bellísimo. Para ellos siempre habrá sido así.

Igual que nosotros, hoy en día, ni cuenta nos damos de que hablamos una "mala" versión "degenerada" de un idioma bellísimo, como lo fue el latín.

"Requiescat in pace"

—*9 de julio de 2004.*

¿Quiere volverse "mojado acaudalado" en EE.UU.? Primero haga números

Los mexicanos, y latinoamericanos en general, lo primero que pensamos cuando queremos emigrar a Estados Unidos es: "Voy a hacer un chorro de lana".

¿Cuánto puede un inmigrante ganar en Estados Unidos? ¿Cuánto puede usted ganar, si se viene para aca? ¿Cuánto precisamente?

Veamos:

Por ejemplo, el salario mínimo en Texas es de 5 dólares con 15 centavos, por hora (d/h, para abreviar). 40 horas a la semana, mínimo para trabajos de tiempo completo, según cifras del Departamento del Trabajo de Estados Unidos.

Esto varía de estado a estado. En California, por ejemplo, el salario mínimo es de 6.75 hasta 8.50 d/h. También por 40 horas a la semana.

Dejemos el promedio en 6 d/h, para todos. O sea, casi 70 pesos mexicanos (de a 11 por dólar) que usted puede ganar si trabaja en Estados Unidos.

No, no 70 pesos diarios: 70 pesos POR HORA. 50 dólares al día, si trabaja 8 horas. Casi 600 pesos mexicanos.

Esto son los salarios mínimos. Depende también de la profesión, empresa y experiencia.

Por ejemplo, si usted trabaja en la construcción (como lo hace buena parte de los paisanos), espere sueldos más altos: Los ladrilleros ganan unos 20 d/h. O sea 160 dólares por día. (Como 1,800 pesos).

Un obrero general ganará de 11 a 13 d/h. En promedio, en la construcción se gana unos 17 d/h.

En las fábricas, los obreros y ensambladores sacan de 12 a 15 d/h. Si es supervisor, puede ganar hasta 21 d/h.

La gente que trabaja en granjas, o en el campo gana desde 7.50, hasta 18 d/h si es supervisor.

Los conserjes y personal de mantenimiento ganan entre 8.50 a 9 d/h. Los jardineros de 9.59 a 10.39 d/h. Los mecánicos unos 16 d/h.

DESDE LAS ENTRAÑAS DEL MONSTRUO

Los meseros se llevan como 7 d/h, mas propinas (aunque a veces el salario es menor, pero se compensa si se sacan buenos *"tips"* o propinas). Un cocinero saca desde 7 d/h hasta 15 d/h. Un lavaplatos puede ganar hasta 7.45 d/h.

¡Qué salarios tan altos!, dirán. ¡Un lavaplatos saca casi 8 dólares la hora (como 90 pesos)! O sea 64 dólares diarios. ¡700 pesos mexicanos al día por lavar trastes!

Momento. Suelte esa maleta. No desempolve su pasaporte.

El asunto no termina aquí. Estos salarios sólo son la parte amable del asunto. En la práctica, existe el otro lado de la moneda, del que nunca nos platican los paisanos que viven aca y que nos presumen de sus sueldazos cada vez que viajan a México para apantallar a parientes y amigos que se quedaron allá.

Hay que tomar en cuenta un pequeño detalle: Los gastos de vivir en Estados Unidos. Se gana en dólares, pero también se gasta en dólares.

Por ejemplo, están los impuestos. A diferencia de México, aca todo mundo paga impuestos. Y no porque quiera, o porque sean buenos ciudadanos. No, los impuestos ya le vienen descontados en su cheque de pago. Y a veces son despiadados.

(Hay a quienes les pagan su trabajo por honorarios, sin descuentos. Pero esto no quiere decir que están exentos de pagar impuestos, pues tarde o temprano les van a caer.)

A ver, saque una calculadora, o un papel y lápiz. Hagamos números:

Por ejemplo, si usted emigra, y consigue una chamba en Estados Unidos, donde le paguen 15 dólares la hora... serán 480 dólares a la semana, si trabaja 40 horas. A eso quítele los impuestos, deducciones por servicio médico, seguros (si lo tiene), y otros.

Total, un descuento de alrededor de 100 dólares a la semana. Eso si es una persona con dependientes (hijo, esposa, etc. Si es solo, le quitan más).

Entonces le quedan sólo 380 dólares. "Libres de polvo y paja".

Bueno, con eso la hago, dirá usted. Es bastante de todas maneras. Casi 4 mil pesos mexicanos a la semana.

Momento. Aún le faltan otros pequeños "detalles": Tendrá que buscar un sitio dónde vivir. No importa que se "arrejunte" con parentela, todos le cobrarán de perdido algo para la renta.

Un departamento de un cuarto, baratito, le sale en Texas como 400 dólares al mes, mínimo. Si es de dos recámaras, serán unos 600 dólares al mes. Mínimo.

Y me refiero a departamentos baratitos, en barrios no muy buenos. Más bien amoladones. O sea que no espere ver güerotas manejando convertibles en la tienda de la esquina, como se ve en películas de Beverly Hills. Más bien espere ver patrullas haciendo redadas, o escuchar balazos en la madrugada. ¿Qué esperaba por ese precio?

Aparte piense en el pago de la luz: Le saldrá como unos $100 al mes, o menos, dependiendo de cuánto gaste. Algunos departamentos ya traen el gasto incluído. Otros no.

O sea, de esos 380 dolaritos que ganó a la semana, debe apartar de perdido 80 para renta y luz, cada semana. Le quedarían como 300 dólares, bajita la mano.

Ta güeno, dirá usted. Aún así es un fregadal.

Péreme. ¿Cómo va a ir a trabajar? Si vive en Texas o California, no puede andar a patín. La zona metropolitana de Dallas-Fort Worth, por ejemplo, tiene 9 mil millas cuadradas (más de 14 mil kilómetros). Es más extensa que todo el estado de Querétaro. Imagínese andar en camión o a pie, una tortura.

En Estados Unidos, casi todo mundo debe comprar un carro, si quiere moverse. Ya no para figurear, sino simplemente para ir a trabajar.

No necesita un carro nuevo, claro. Un carrito viejón, digamos de 5 años atrás le servirá, y le costará como unos 5 mil dólares. O hasta menos. Si consigue crédito le puede salir "bara", pero acuérdese de que va a llegar aca de "mojado", sin seguro social, ni residencia permanente ni historial de crédito, o documentos que le permitan sacar financiamiento.

Así que tendrá que ir a un lote de carros de segunda, donde seguramente le hincarán el diente con un alto interés desde el principio. Puede esperar pagar mínimo unos $160 al mes, más intereses, por el carrito, por unos dos años, y eso si paga unos mil dólares al "chas-chás".

O sea, serán como 50 dólares a la semana por su móvil. Le quedarán entonces 250 dólares.

Pero necesitará vestirse. Aunque sea ropita usada, de segunda mano, cuesta. Un pantalón barato le sale mínimo 10 dólares. Y eso en oferta. Una camisa puede costarle mínimo 7 dólares, unos zapatos unos 30 dólares si no es muy exigente. Pero si necesita ropa para el trabajo deberá comprarla resistente, lo que le saldrá más caro.

Si se compra un pantalón y una camisa cada mes, y unos zapatos de vez en cuando (y me estoy yendo bajito), necesitará invertir de perdis 200 dólares repartidos en seis meses. (Sin contar extras, como ropa interior —menos que quiera andar a raíz—, calcetines, etc.)

O sea, como 25 dólares a la semana, si lo divide. Le quedan 200 dólares. Con eso la hago, pensará.

Le falta algo: Aún no ha comido.

Si usted es una persona frugal, y tiene quién le cocine, podrá ahorrar bastante si va al súper, a Wal-Mart o a Fiesta. Comprando sardinas, comida enlatada y verduras puede pasársela.

Pero eso es lo ideal. La realidad en cambio, es que la mayoría de los inmigrantes somos hombres solos, que dejamos a la familia en México. Trabajamos todo el día, y por eso muchos comemos en la calle.

En McDonald's, por ejemplo, el paquete más barato le sale en 4.50 dólares. Y eso si usted no traga como mastodonte. Si es de buen diente, necesitará más que eso, o atiborrarse de refresco. Pero pongamos que necesita 5 dólares por cada comida. Son 15 dólares diarios si come tres veces.

Allí ya se le fueron 100 dólares a la semana. Le quedan 100 dólares. Como mil pesos a la semana. Lo cual no está mal... para México. Pero recuerde que está en Estados Unidos.

¿Y la gasolina? Quite de perdido 25 dólares a la semana. Si le gusta andar dando el rol con los cuates, va a gastar más. Si le encantan las "trocas" de ocho cilindros esos 25 dólares pueden ser 50 ó hasta 100. Pero pongamos 30 dólares, como promedio. Le quedan 70 dólares.

Pero acuérdese que necesita comprar seguro de auto. Es obligatorio, no es de que quiera. Si lo detiene un policía, puede esperar una multota de 200 a 500 dólares por no tener seguro, si no es que le quitan el auto y se queda con la deudota de pagarlo.

Hay que pagar al menos 80 dólares al mes en seguro, y eso usando el plan más básico. O sea 20 a la semana. Le quedan 50 dolaritos.

50 dólares, libres de polvo y paja, de esos 480 originales es algo, dirá. Ya la hice.

¿Y qué, no les va a mandar algo a la familia en México? ¿O qué, lo mandaron a Estados Unidos de vacaciones? ¿Todo "pa'Miguelito"? Claro que no.

¿Cuánto necesita su familia para sobrevivir en México? Usted haga cuentas. Cada caso es distinto, pero tome en cuenta sus gastos en México: Renta, luz, agua, comida, ropa, uniformes, zapatos y cuadernos pa' los chiquillos.

Le quedan 50 dólares cada semana. Serían como 100 a la quincena. 200 dólares al mes.

El paisano promedio envía entre 250 a 350 dólares al mes a México. A veces hasta más. Si a usted le quedan $200 al mes, eso será lo que tendrá que mandar a su familia allá, ¿no?

¿Quihubo? ¿Ya sacó la cuenta? ¿Su familia vivirá bien con 3 mil pesos al mes?

Hay que aclarar que estas cifras no se basan en un cálculo matemático exacto. Es, como dije, una aproximación, no un estudio profundo de un experto economista, sino de un mexicano que vive y trabaja aca desde hace años.

Estas cifras tampoco toman en cuenta que usted sea gastador. Que usted sea tragón, o que le guste vestir bien. Tampoco que le dé por irse de borrachera cada fin de semana con los cuates, ni que le entre duro a los cigarros o que tenga otros vicios caros.

No, este presupuesto se basa en un estilo de vida frugal, casi como de monje tibetano. Subsistiendo con lo básico.

Hay otro aspecto que no incluímos: Deudas. Algunas personas se quedan endeudados con el "coyote" que lo trae, si es que no tiene visa para entrar a Estados Unidos. Esos cobran generalmente de 1,500 a 2,500 dólares (y me estoy yendo demasiado barato), una parte antes y el resto al llegar. Y eso lo debe descontar de su salario.

Además, estamos suponiendo que usted va a hallar chamba luego luego, lo cual no siempre pasa. Y que le van a pagar un sueldo de 15 dólares a la semana, lo cual no es raro pero tampoco es tan común. Si agarra chamba de lavaplatos, su salario se reducirá entonces a la mitad.

Estas cifras son para el mejor de los casos. No siempre sale igual. Siempre hay gastos imprevistos, que dan al traste con cualquier presupuesto. Por ejemplo, que se caiga en la chamba y se rompa una pata, o que se le desviele el carro por destartalado.

Bueno, ¿ya hizo bien sus números? Viendo todo esto, ¿le sigue costeando el riesgo de venir hasta aca, poniendo en juego su vida (o la de su familia) en el desierto? ¿Enfrentándose al calor, la sed, los asaltantes, "La Migra"?

Si aún después de sumar y restar cree que vale la pena venirse, de todas formas piénselo bien. No soy aguafiestas, pero alguien tiene que hacerla de abogado del Diablo. No todo lo que les cuentan los paisanos que van a México de vacaciones es siempre cierto.

El cuento del "mojado acaudalado" puede sonar bonito, y hasta hacerse realidad de pronto para algunos. Pero para la mayoría de los inmigrantes, ese "mojado acaudalado" nunca pasará de ser una canción grupera. Nada más.

—17 de julio de 2004

Hijos corridos de casa y padres en el asilo: ¿La típica familia gringa?

Recuerdo que cuando era niño (sí, ya sé: "¡Uuuuuuuuuh!") me gustaba ver una serie vieja de televisión, llamada *"Los Walton"*.

(¡Ah! ¿¿verdad que usted TAMBIÉN se acuerda??)

Bueno, pues en esa serie se retrataba la vida de una típica familia gringa de la montaña, allá por la década de 1930: Eran mamá, papá, como siete hijos (se nota que no tenían tele), el abuelo y la abuela.

Todos vivían en una misma casa de madera, enorme, en las montañas. Eran felices aunque tenían sus conflictos familiares. Los cuales, al final, eran resueltos por el amor y la unión familiar. En buena medida, las opiniones sabias de los abuelos eran decisivas para reestablecer la armonía en la casa Walton.

Muchos dicen que la serie era cursi, aburrida y tonta. Pero a mí me encantaba, no sé porqué. Quizá porque, como mexicano, me sentía identificado con la imagen que se daba de la familia: Con los abuelitos, los nietos y los papás viviendo juntos, apoyándose, respetándose.

Para mí, esa seguramente era la típica familia gringa. Así es como vivían en Estados Unidos, ¿no? *"All together"*, como dicen los Beatles.

Pues no. Los Walton eran una familia típica gringa... pero de 1930. Y de la televisión. Cuando emigré a Estados Unidos me di cuenta de que estaban muy, pero muy alejados de la realidad. Casi no hay familias numerosas aca. Es más común ver una pareja con dos o tres hijos y ya.

La mamá no se queda en casa, a hacer la comida, ni limpiarles los mocos de las narices a los chiquillos: Sale a trabajar, igual que el papá. Deja a los niños en la escuela, o la guardería.

Pero el peor *"shock"* que sufrí fue al ver que no habían abuelos por ninguna parte. ¿Dónde estaban esos venerables miembros de la familia?

Pronto lo descubrí: En los asilos. Lejos de sus hijos y sus nietos.

Eso si bien les iba. Cuando no tenían dinero para un asilo, les esperaba un peor destino: Quedarse solos en sus casas, sin nadie que los visitara, los atendiera o siquiera les hiciera una llamada telefónica.

¿Estarán todos mal, pensé? ¿Porqué no son como "*Los Walton*"?

Pronto me di cuenta de que los Walton eran los que estaban mal, pues la familia norteamericana real (de carne y hueso, del siglo 20 y 21) nada tiene qué ver con lo que yo aprendí frente a la tele, allá por la década de los 1970's.

¿Se ha fijado usted, por ejemplo, lo desarraigados que son los hijos gringos con sus padres? ¿Y los mismos padres con los hijos?

No, no me refiero a que sean malos padres, o malos hijos. Como cualquier ser humano, el gringo promedio daría la vida por la familia. Pero hasta cierto punto.

En todo el tiempo que llevo viviendo en este país, conviviendo con gringos, nunca he podido entender su mentalidad a la hora de tratar a sus padres.

Es decir, cuando llegan a cierta edad —la cifra mágica son los 18 años—, los jovencitos lo primero que piensan es en salirse de la casa, independizarse. Rentar un departamento, aunque sufran las de Caín para pagarlo, trabajar y estudiar.

Y mientras, sus papás tienen sus casas enormes, y vacías. Y esto es muy común, porque hasta les inventaron un nombre para estas parejas sin hijos: "*Empty nesters*" (O sea, los que se quedaron en el "nido vacío").

Lo curioso es que estas parejas son felices... ¡Porque sus hijos ya se fueron!

Claro, extrañan a sus niños. Y añoran los días festivos en que llegan de visita. Pero nunca considerarían la idea de que volvieran a vivir con ellos.

Es más, cualquier joven soltero que se le ocurra llegar a cierta edad (digamos 20, 25 años) y viva aún con sus papás es tratado casi como un apestado. Como un retrasado, "hijo de mami y papi".

Sus amigos sobre todo los ven como tipos raros. O peor: Los acusan de estar "sangrando" la economía de sus pobres padres al seguir viviendo bajo el mismo techo.

Vaya, si hasta los propios padres comienzan a ver feo al hijo si éste se empeña en seguir viviendo con ellos. Y no a pocos les advierten que, de no salirse, les van a comenzar a cobrar renta.

Esto no es siempre. Estos casos se dan solamente entre padres que tienen casa propia, o gozan de una pensión o inversiones. O sea, gente que puede mantenerse aún en la vejez.

Pero no a todos les va tan bien.

Hay otros casos, peores pero muy comunes, de ancianos que llegan a viejos, y en lugar de correr a sus hijos de la casa, son ellos los que terminan con sus huesos en un asilo. Lejos, donde no fastidien al resto de la familia.

Los asilos no siempre son baratos. Hay asilos muy caros. Pero aún así, la familia prefiere pagar para alejar a sus ancianos, antes de siquiera pensar en la posibilidad de vivir con ellos.

Claro, cuando uno les pregunta los motivos de tomar esta decisión, los norteamericanos siempre salen con que "en el asilo los ancianos están mejor cuidados". Quizá sea cierto, debido a que con la vida en este país, nadie tiene tiempo de andar cuidando viejitos. Pero, ¿piensan igual los propios ancianos?

No sé, nunca he entendido esa actitud anglosajona tan desprendida. ¿Será que soy muy mexicano, muy latino?

Y al revés, a los gringos les parece extraterrestre la costumbre de nuestra gente de meter a toda la familia bajo un mismo techo. ¿Qué tiene qué hacer el abuelo, la abuela viviendo con los hijos y los nietos, se preguntan? Lo ven como una anormalidad, algo horroroso.

Para ellos, la cosa es como sigue: Los ancianos son como niños. Molestos. Pero a los niños se les perdona, porque son bonitos, graciosos. Dan ternura.

El problema es que los ancianos no son niños, por lo tanto se les hacen doblemente molestos. Requieren cuidados especiales, que nadie puede o quiere dedicarles. Y de pilón, se meten en todo, opinan de todo, quieren seguir mandando a los hijos como si fueran niños.

En una palabra, fastidian. ¿Quién va a querer en su sano juicio vivir con ellos?

(Aclaro: Esta es la manera como ELLOS piensan. Y no todos piensan igual. Que sea cierto o no —que estemos de acuerdo o no— es otra cosa.)

Por eso los hijos mandan a sus ancianos padres a los asilos. Y eso si bien les va.

Si no, lo peor que les puede pasar a estos viejos es quedarse en sus casas... solos, como ya mencionamos. Totalmente abandonados, después de que sus hijos se hicieron adultos o se mudaron de ciudad.

Si estos ancianos son pareja, la situación es más llevadera, porque se acompañan. Pero la inmensa mayoría son viudos. Es entonces cuando casi se quedan a la buena de Dios.

La situación es tan generalizada, y tan grave, que incluso existen organizaciones caricativas de voluntarios que atienden a ancianos solos. Abuelitas o abuelitos que apenas pueden caminar, enfermos o ciegos, y a quienes sus hijos los han dejado a su suerte.

Estos voluntarios tienen una única tarea: Visitar a estos ancianos. Simplemente eso, visitarlos. Nada más. Una vez al día o a la semana, les llevan algún alimento, y se pasan una hora platicando con los viejos. De cosas sencillas,como el estado del tiempo, o de lo que salga.

Algo que nos parece tan simple, platicar con alguien, para estos ancianos es una bendición. Por eso reciben a los voluntarios con los brazos abiertos, y hasta se pasan contando las horas hasta la próxima visita.

Y con razón: Para muchos de estos ancianos, estas son las únicas personas con las que han cruzado palabra en años.

¿Y sus familiares? ¿Sus hijos, nietos?, se preguntará. "Tiene años que no me llaman siquiera", respondió una anciana inválida del sur de Dallas, entrevistada por el diario *The Dallas Morning News*. "No sé ni en qué ciudad viven, o si ya murieron".

Para nosotros los hispanos, estas son verdaderas historias de horror. Es inconcebible que alguien se atreva a abandonar "como perros" a sus padres, sus abuelos.

(Y no como "perros", porque me he dado cuenta que los gringos podrán abandonar a un anciano... pero nunca a un perro. Eso, para ellos, es un crimen horroroso, que hasta se castiga con cárcel. Muchas personas tratan mejor a sus mascotas que a sus padres. En serio.)

En cambio, nosotros los latinos llenamos nuestras casas con parentela a mas no poder. No solo abuelos, abuelas, tíos, hijos, nietos, sino hasta amigos y compadres.

Cierto, a veces lo hacemos por puro sentido económico: Necesitamos más gente para repartirnos la renta, por ejemplo. Pero casi siempre lo hacemos porque... Pues porque es lo correcto, es lo que debemos hacer. No podemos vivir lejos de la familia, así de simple.

¿Abandonar a nuestros abuelitos a su suerte? Jamás. ¿Mandarlos a un asilo? Nunca, qué te pasa.

Está en nuestra cultura. Algunos dicen que quizá hasta en nuestros genes.

Y claro, mucho menos pensamos en la idea de correr a nuestros hijos de la casa, ni aunque tengan veinte, treinta años. A veces hasta los aceptamos con la esposa, el esposo y los hijos, con tal de que estén cerca.

Y si necesitan una casa propia, nos las arreglamos para que se muden cerca. Si se puede hasta en la casa de al lado.

Incluso les servimos de aval para comprar una casa, o nos juntamos para irnos a vivir todos a una vivienda más grande, donde toda la familia viva junta.

"¿En serio hacen eso los '*Mexicans*'?", preguntó Wally, un gringo al escuchar incrédulo las costumbres familiares de los hispanos. Para él estas actitudes son inconcebibles. En la mentalidad americana, cada quien debe tener su propio espacio, y nadie más se debe meter.

Son mentalidades tan distintas, que igual podrían ser de planetas diferentes.

¿Quién tiene la razón? Vaya usted a saber.

A la mejor los latinos estamos mal, al querer tener a toda la familia con nosotros. Y quizá los gringos tengan razón: El único camino sano, es que cada quien viva en su casa.

Vaya, a la mejor será por eso por lo que ellos han progresado tanto materialmente, y nosotros sigamos hundidos en lo económico: Nunca alcanzamos a ver la realidad de que todo cuesta.

Pero dudo mucho que esto nos haga cambiar de opinión a los latinos. Es lo que nos hace ser lo que somos. La familia es y siempre será primero.

Y no importa qué tantos problemas económicos suframos, siempre preferiremos tener a los abuelos, las abuelas, los tíos, los hermanos, los hijos, los sobrinos y los compadres cerca de nosotros.

A fin de cuentas, nosotros también tenemos un dicho: "Donde comen dos, comen tres."

—23 de julio de 2004

Alerta Ámbar: Millones de personas a la caza de secuestradores

Amber Hagerman era una simpática niñita a quien le gustaba pasear en su bicicleta. A sus nueve años, era muy inteligente y dulce, y todos los que la conocían la querían.

Aquél día de 1996, Amber estaba paseando como siempre en su bicicleta, enfrente de su casa en Arlington, Texas, un tranquilo suburbio a medio camino entre Dallas y Fort Worth.

Entonces se acercó una camioneta *"pick-up"* que no parecía del vecindario. Un individuo bajó del vehículo y se acercó a Amber.

Nadie está muy seguro exactamente sobre qué ocurrió después. Un vecino escuchó gritos, y cuando acudió a investigar, vio que el hombre empujaba violentamente a Amber dentro de su camioneta, antes de partir de ahí a toda velocidad.

El vecino llamó a la Policía, y reportó el hecho. Pero cuando le pidieron una descripción del vehículo no supo dar señas precisas. Sólo recordaba que era una *"pick-up"* vieja, pero no tenía ni el modelo, la marca o las placas.

La Policía no pudo actuar con tan pocos datos. Mientras se despachaba una patrulla al lugar de los hechos, y se entrevistaba a vecinos, se perdió valioso tiempo.

Familiares y amigos de Amber iniciaron la búsqueda en los alrededores, sin éxito. La madre de la niña estaba destrozada, pero nadie tenía datos que ayudaran.

Cuatro días después del secuestro, encontraron el cadáver de Amber. Había sido degollada y su cuerpecito fue tirado como basura en un canal de desagüe, no muy lejos de su casa.

Por supuesto, el golpe fue terrible para la familia, pero también horrorizó e indignó a los habitantes de Arlington. A pesar de que la Policía realizó una investigación a gran escala, nunca se pudo encontrar al asesino de Amber.

Los noticieros, los periódicos y las estaciones de radio de Dallas y Fort Worth no dejaban de hablar del horroroso hecho. Todos estaban indignados. Un radioescucha llamó a una estación durante un programa al aire e hizo una pregunta sencilla: "¿Porqué ustedes, los medios, no se coordinan para dar boletines cuando un niño es secuestrado?".

Las estaciones de televisión y radio en Texas (y en todo Estados Unidos) siempre interrumpen la programación para dar boletines por tormentas, lluvias o tornados. Por ley lo hacen desde hace mucho tiempo.

¿Porqué no hacer lo mismo cuando se roban a un niño?, razonaba el radioescucha. Así, no solamente sería la Policía la que buscara al secuestrador, sino que habría millones de ojos que podrían ayudar a encontrar el automóvil en que se llevaron a la víctima.

Era una idea sencilla, sí. Pero a nadie se le había ocurrido.

De hecho, según expertos, los primeros minutos en un secuestro son vitales. Si se deja pasar el tiempo aumentan las probabilidades de nunca encontrar a la víctima. O de hallarla muerta.

La idea fue propuesta por los locutores a los dueños de la estación. Y éstos, a su vez, se la propusieron a los dueños de otras estaciones de radio y televisión en el norte de Texas. Semanas después, estos ejecutivos se reunieron con las autoridades policiacas y les ofrecieron sus espacios para alertar a la población cuando un niño fuera secuestrado.

Este nuevo programa fue bautizado como *Amber Alert* (o Alerta Ámbar, en español), en honor a aquella niñita de Arlington cuya vida se perdió por no haber actuado a tiempo. Todas las estaciones de Dallas-Fort Worth se coordinaron y comenzaron a emitir Alertas Ámbar cuando la Policía recibía un reporte del secuestro de un niño.

Si por ejemplo alguien está oyendo radio, o viendo televisión, de pronto suena una chicharra de alerta, y se interrumpe la programación para dar a conocer que un niño o niña fue raptado. Se da también la descripción del menor, y la del secuestrador.

Pero lo más importante es que se da la descripción del vehículo usado en el secuestro. No importa qué tan rápido maneje el secuestrador, al momento en que la Alerta Ámbar difunde sus datos, es casi seguro de que alguien lo va a ver en la calle.

Ha habido muchos casos extraordinarios en los que la Alerta Ámbar ha ayudado a salvar vidas de niños, como la de aquel obrero que trabajaba en la construcción de una carretera. El hombre escuchaba la radio cuando se emitió una Alerta Ámbar, dando las placas del vehículo donde el secuestrador huía con dos niños. El trabajador no tenía dónde anotar, por lo que escribió el número de las placas con su dedo, sobre la tierra suelta.

Poco después, vio pasar un auto que se parecía al descrito. Checó las placas y comprobó que era el mismo número que él había escrito sobre la tierra. Tras llamar a la Policía, varias patrullas se lanzaron tras el auto, y minutos después se pudo detener al sospechoso y regresar a los niños con su familia, sanos y salvos.

La Alerta Ámbar ha sido más que exitosa. De hecho, a los poco meses fue decretada como ley en todo el estado de Texas, y cuando varios otros estados vieron su eficacia también la adoptaron. En California, particularmente, muchos niños han sido recuperados gracias a la Alerta Ámbar de allá.

Vaya, hasta en Canadá ya tienen su versión local del programa, el cual se llama igual: Amber.

En 2003 el presidente George W. Bush firmó el decreto que convertía a la Alerta Ámbar en un plan a nivel nacional. Coordinados con las estaciones de radio y TV locales, y el Servicio Nacional de Meteorología, los Departamentos de Policía ahora pueden difundir los secuestros casi al momento en que se los reportan, aumentando la posibilidad de atrapar a los delincuentes.

Pero aún más importante, es que con esto se aumenta la probabilidad de rescatar a las víctimas sanas y salvas. Como ha ocurrido en muchas ocasiones.

La efectividad de la Alerta Ámbar estriba en el enorme número de personas que escuchan radio al manejar. No importa qué estación, porque todas se encadenan en la misma alerta, y la repiten por intervalos. Con eso, se puede decir que millones de personas se unen a la búsqueda de un niño secuestrado, lo cual sería imposible de lograr si solo se dependiera de los oficiales de Policía y los detectives.

Últimamente, las Alertas Ámbar han pasado de las ondas hertzianas, a las mismas calles y autopistas. En Texas, por lo menos, los boletines se difunden también en pizarras electrónicas que funcionan sobre las autopistas, para dar reportes de tráfico. Así, si una persona no escucha radio, puede enterarse de los datos de un vehículo secuestrador al ver las pizarras sobre la carretera.

Viendo la efectividad de la Alerta Ámbar en Estados Unidos, ¿no sería efectivo aplicar un plan similar en México, con eso de tantos secuestros y raptos?

Claro, las condiciones no son las mismas. Por ejemplo, en México poca gente reporta un secuestro a la Policía, por temor a represalias. También hay que tomar en cuenta que no son pocos los policías involucrados en bandas de secuestradores, y ellos podrían dar el "pitazo" a sus secuaces si a alguien se le ocurre reportar la desaparición. Y además, está el problema de la corrupción, etcétera...

Pero mucha gente en México escucha radio. Mucha gente maneja con su estación favorita encendida. Y los que no manejan, o no tienen carros, usan microbús o taxis. Y los choferes generalmente escuchan radio.

En Dallas-Fort Worth, cuando se emite una Alerta Ámbar son más de 5 millones de pares de ojos los que potencialmente pudieran encontrar al secuestrador. Imagínese cómo sería una Alerta Ámbar en una ciudad como el Distrito Federal, donde se contaría con la ayuda de hasta 25 millones de personas, que podrían estar alertas y reportar al vehículo de los delincuentes.

Cabe la posibilidad de que, con tanto atraco, necesitemos no boletines esporádicos, sino suspender toda la programación diaria. No habría tiempo para otra cosa, mas que para reportar secuestros y atracos. Quizá no sería costeable para los radiodifusores.

Cierto, a la mejor una Alerta Ámbar no sería la panacea para solucionar la inseguridad, ni acabar con los secuestros en México. Hay motivos más profundos que se deberían atender, como la pobreza, y la corrupción.

Es hasta posible que una Alerta Ámbar no funcionara igual en México. Pero quizá la idea sea buena. Tiene más ventajas que desventajas. Por lo menos, suficientes ventajas para intentarse.

Quizá se podría usar un programa similar, pero adaptado a las necesidades de México. Aunque no me imagino qué tantas "adaptaciones" requiera. Tecnológicamente, los medios en México están casi a la par que en Estados Unidos.

¿Qué se necesitaría? Estaciones de radio hay. También hay radioescuchas, millones de ellos.

El obstáculo más grande que se podría enfrentar sería poder coordinar un sistema de transmisión en cadena con todas las estaciones, para emitir los boletines. Pero hasta eso también existe ya en México, y funciona bastante bien. ¿Se acuerda por ejemplo de los informes de gobierno?

Lo que se necesitaría entonces sería voluntad. Voluntad de los dueños de estaciones y del gobierno. De los departamentos de policía.

Porque a fin de cuentas, si hay voluntad para transmitir —con bastante éxito— los informes de gobierno del presidente (y que a casi nadie le importan), ¿porqué no la habrá para salvar una vida?

Yo creo que eso sí nos importaría a todos. Y si hay alguien a quien no, quizá ya es hora de que debiera importarle, ¿no cree usted?

—29 de julio de 2004.

(Postdata de 2008: La publicación de este artículo llamó la atención de las periodistas mexicanas Carmen Aristegui de la XEW e Isabel Álvarez, de Maria+Visión. La idea le pareció excelente a Aristegui, a tal grado que me llamó para entrevistarme al aire en su programa de radio días después. Aristegui incluso propuso la idea ante la Cámara Nacional de la Industria de la Radio y Televisión (CIRT) de México, tras lo cual se creó un programa similar a Alerta Ámbar para México, llamado "Alerta T". —CFZ)

Los niños en Estados Unidos: Esos intocables

Un famoso personaje de Disney fue llevado a juicio hace apenas días.

Se trata de *Tigger*, el tigrito anaranjado que sale en las caricaturas del osito *Winnie Pooh*.

¿El motivo? Una niña lo acusó ... de hacerle tocamientos inmorales.

Para ser justos, hay que aclarar que *Tigger*, la caricatura, no fue a corte. En cambio, el que sí se tuvo que sentar en el banquillo de los acusados fue Michael Chartrand, el hombre que se vestía del personaje en el parque de Walt Disney World, en Orlando, Florida.

Según la acusación, Chartrand habría acariciado indebidamente el pecho de la niña de 13 años cuando ésta se tomaba una foto con él —o con *Tigger*, valga la aclaración—, en el parque.

El juicio fue un escándalo. Más porque el abogado de Chartrand insistió en vestirlo de Tigger allí, en medio de la sala para probar que es prácticamente imposible siquiera ver bien con el enorme traje puesto. Mucho menos hacer tocamientos lascivos.

Al final, Chartrand fue absuelto, pues el jurado se dio cuenta de que la acusación era la excusa de la familia de la niña para demandar a Walt Disney por millones de dólares. Como ocurre con tantas demandas frívolas en Estados Unidos.

Pero el episodio me dejó pensando sobre la actitud que tienen los norteamericanos respecto a los tocamientos hacia los niños. No solamente los tocamientos indecentes, sino cualquier tocamiento: Son tabú.

Todos los pueblos del mundo están de acuerdo con que los niños son el tesoro más grande que poseen. Son su futuro, su alegría. Eso lo sabemos todos.

Pero en Estados Unidos, los niños tienen una característica extra, que no se da en el resto del mundo: Son intocables.

Intente usted, por ejemplo, tocar a un niño ajeno en público. No me refiero, claro, a tocamientos ilegales (esos están prohibidos donde sea).

No, me refiero solo a tocar un hombro, frotar el cabello o simplemente dar una palmadita en la espalda.

Si usted hace esto en Estados Unidos, podría ir a la cárcel.

Las autoridades norteamericanas están traumadas, con tantos casos de abusos físicos y sexuales contra los niños, que aplican una política de "cero tolerancia" para cualquier adulto que se atreva hacer tocamientos (cualquier tipo de tocamientos) a niños.

Cierto, sus razones tienen: Basta ver las noticias, los periódicos, para darse cuenta de lo común que son casos horripilantes de niños violados, golpeados, víctimas de abusos y hasta asesinados por adultos.

Lo peor es que los propios familiares están involucrados muchas veces en estos crímenes.

Toda esta situación ha causado una verdadera paranoia entre autoridades policiacas y escolares, a tal grado que cualquier persona que se le vea en público tocando a un niño es sospechoso de abuso, y a veces hasta reportado a la Policía.

La situación ha llegado a grados hasta ridículos:

"Hasta nosotros necesitamos tener mucho cuidado", comentaba Juanita, una maestra sudamericana, quien emigró años atrás y ahora trabaja en una escuela texana. "La primera regla que nos imponen al llegar a una escuela es que está estrictamente prohibido tocar a los alumnos."

El problema es grave, porque esta maestra, por ejemplo, tiene la clase de niños de pre-kinder, quienes a veces van al baño y no pueden abrocharse su pantalón o sus agujetas.

"Por más que nos pidan ayuda, nosotros tenemos prohibido por ley tocarlos", explica la maestra."A veces nos rompe el corazón, pero no podemos hacer nada. Si el niño le cuenta a sus papás, o sus amiguitos dicen que los tocamos, nos pueden despedir o hasta demandarnos penalmente".

Esta regla de "No tocar" es difícil para todos, pero sobre todo para los inmigrantes hispanos, pues nuestra cultura se basa mucho en el contacto físico para expresar nuestras emociones. Y vaya que somos emotivos.

"Nadie, nunca nadie los puede tocar", les enseñan los maestros a los niños desde los cuatro años, apenas al iniciar su escuela. Es la primera regla. Y añaden: "Ni siquiera sus amigos, ni sus maestros, ni tampoco sus papás. Si ven que alguien los toca donde no deben, llámenle a la Policía".

Yo como padre entiendo perfectamente la advertencia. Sobre todo en un país como este, donde uno se puede encontrar a un loco o pervertido en cada esquina (bueno, ¿en qué país no?).

Pero a veces la paranoia gringa por hacer las cosas "bien" o evitar tragedias llega a alcances ridículos. Como en el caso del *Tigger* de Disney.

Vaya, ni siquiera Santa Claus se salva.

"Debo tener mucho cuidado", opinaba en una entrevista reciente un hombre que lleva años vistiéndose de Santa Claus para un conocido *"mall"* en Dallas. "Cuando llegan niños o niñas a sentarse en mi regazo lo primero que hago es poner mis manos en un lugar visible."

De hecho, en su contrato con el mall está estipulado como regla básica que este Santa Claus debe salir en todas las fotos con sus manos visibles, si no puede ser despedido.

"Es culpa de los tiempos en que estamos viviendo, y lo entiendo. Pero no deja de ser triste, hasta cierto punto", se lamentaba el personaje.

Recuerdo que mi hijo Cesarito nos llegó a la casa un día, después de haber iniciado su pre kínder.

Con la solemnidad que le daban sus cuatro años, nos anunció que de ahora en adelante, ya no lo podíamos tocar, "porque iba a tener que llamar a la Policía".

¿Cuál fue nuestra reacción como padres? Muy simple: Nos alarmamos.

Pero Esther, mi esposa, tomó el asunto por las riendas. Como siempre.

"Discúlpame", le dijo al niño, "pero nosotros sí vamos a tener que tocarte. Cuando vayas al baño, cuando te ayudemos a bañarte. Cuando te vayamos a vestir", le aclaró.

Es lo que deben hacer padres mexicanos, pensamos. Poner los puntos sobre las íes.

Pero luego reconsideramos. No queríamos confundir más al niño, así que explicamos: "Pero lo que te dijo la mestra está bien. Tú no debes dejar que nadie te toque, ni amigos ni familia. Y si alguien lo hace, dínos o dile a la maestra".

Después de todo, estamos en Estados Unidos. "A donde fueras..."

—6 de agosto de 2004.

¡Que "La Migra" se lleve a estos inmigrantes!

Iba yo el otro día manejando tranquilamente, cuando una camioneta (un troconón, más bien: Doble rodada, cabina extendida, llantas anchas) me pasó corriendo.

Qué corriendo, volando.

No se fijó que yo iba adelante. Más bien no se fijó que nadie iba ni adelante, ni atrás, ni en medio. Casi me voltea en mi carrito al "cerrarse". Y de paso, casi hace chocar a dos automóviles que iban por las calles perpendiculares.

El conductor iba con música mexicana a todo volumen ("pa'que todos se enteren"). Eso no me molestó. Lo que sí me insultó fue que, al cruzar en su loca carrera, uno de los tipos que iba adentro soltó una lata de cerveza en la calle, a medio vaciar.

Iban a toda velocidad, zig-zagueando... y tomando cerveza. Y de pilón, ¡tirando basura en la calle! Y lo peor es que eran "paisanos".

En esos momento, lo primero que pensé fue: "¡Dónde está 'La Migra" ahora que la necesitamos!"

Lo reconozco, de momento estaba muy enojado. No debí haber pensado así, fue muy desconsiderado de mi parte, pero fue un reflejo. Los que conducían la camioneta seguramente eran mexicanos, aunque no sé si indocumentados. A la mejor hasta eran ciudadanos naturalizados.

Vaya, seguramente ni se merecían que "La Migra" se los llevara. Nadie merece un trauma similar.

Sin embargo, el episodio me hizo recordar otras anécdotas similares en las que varios paisanos —minorías, afortunadamente. O así me gusta pensar— han hecho alarde de su desprecio total por la ley en Estados Unidos, y causan verdaderas tragedias.

Como los que tiran balazos al aire cada fin de año. O los que manejan borrachos, o hacen escándalos en los edificios de departamentos. O los que agarran a sus esposas de *"sparrings"*, o los que violan y matan a sus hijos. O aquellos que estafan y engañan a otros inmigrantes con promesas de arreglarles sus papeles.

Independientemente de en qué país esté uno, eso no se vale. Todos tenemos que respetar la ley. No para que nos den medallas, y digan 'mira qué persona tan decente', no: Simplemente para no perjudicar al prójimo.

No se trata ya de convertirnos en ciudadanos ejemplares, sino simplemente de seguir normas mínimas de comportamiento decente. Lo cual algunos inmigrantes, desafortunadamente hay que reconocerlo, no lo hacemos.

Por eso lo primero que pensé es que "La Migra" debe venir y llevarse a todas esas personas. Sin miramientos, ni contemplaciones.

Ya sé que me van a tachar de antiinmigrante. De antimexicano. De desconsiderado, de enemigo de "nuestra raza", de "pocho", etcétera, etcétera.

Déjenme por lo menos explicar mi actitud. Exponer mis argumentos.

Primero, no puedo ser antimexicano, porque soy mexicano. Mi hijo es mexicano, al igual que mi esposa, mis padres y hermanos. Muchos de los mejores amigos que tengo también lo son.

Ni aunque quisiera ser antimexicano lo lograría. Soy mexicano y muchos dicen que lo llevo en la sangre, en los genes. Hasta en mi cara se me ve.

Tampoco soy antiinmigrante. Como inmigrante, no puedo serlo. Sería ridículo, y falso. Sería como escupir al aire.

Pero hay que estar claros. Hay que dejar de engañarnos: NO todos los inmigrantes somos gente buena y trabajadora, como nos quieren insistir los líderes "comunitarios".

La inmensa mayoría sí lo somos, conste. Digamos, el 95 por ciento, el 99 por ciento tal vez, de los inmigrantes venimos a Estados Unidos a trabajar, a contribuír con este país. A criar una familia y enseñarles valores buenos. Somos personas decentes.

El problema es el 1 por ciento restante, esos que causan problemas. Aquellos que no tiene ni el más mínimo grado de orden. Y causan desastres a donde llegan.

Y lo peor es que al hacer sus desmanes, nos están perjudicando a todos los demás inmigrantes que vivimos aca. Porque los norteamericanos se imaginan que todos los paisanos somos como ellos.

Gente como esa no la necesitamos aquí, donde ya de por sí tenemos bastantes problemas. Vaya, ni siquiera los necesitan en México, ni en China.

Cuando digo que la Migra se deberían llevar a todos esos paisanos, lo hago porque son problemáticos, no porque sean mexicanos o inmigrantes. Igual me gustaría que alguna "Migra" se llevara a los gringos delincuentes, a los asiáticos asesinos, a los negros inadaptados y a los sudamericanos tramposos. Esas personas no merecen vivir en ningún lado.

Ya sé lo que van a decir algunos: "Pobrecitos, tú no los comprendes. Son personas ignorantes, sin estudios. Nadie los educó, son víctimas del sistema, etcétera, etcétera". (La misma cantaleta demagoga del PRI).

Perdónenme: Conozco gente sin estudios, sin "educación", que son más educadas que yo. Conozco gente "ignorante" que obedece la ley, que se porta bien, que son valiosos para la comunidad.

Que no manejan camionetas como si fueran *"jets"*, al mismo tiempo que toman cerveza, ni llenan la calle de basura.

Dejémonos de mentiras: No se trata de ignorancia. Se trata de total desconsideración por los demás. Punto.

Yo menciono a los inmigrantes mexicanos porque soy mexicano, soy inmigrante, y mi gente me importa. Todos vamos en el mismo costal, aunque no nos guste. Aunque usted diga: "Momento, yo soy legal, soy sudamericano, soy decente, soy gente limpia", no importa. Para todos los demás, todos somos iguales a ellos.

Ser mexicano no significa que uno deba estar de acuerdo con TODO lo que todos los otros mexicanos hagan o digan. No significa que automáticamente debemos aprobar sus actitudes negativas, ni cobijar sus fechorías, si las cometen. Nada más porque son mexicanos.

Al contrario: A esos elementos negativos hay que denunciarlos para que los quiten de enmedio lo más pronto posible. Antes de que causen un mal mayor. No solo a los demás inmigrantes, sino a todas las personas de este país.

¿Qué pasaría, por ejemplo, si "El Mochaorejas" se escapara de la cárcel y emigrara a Texas? ¿Habría que defenderlo? ¿Habría que enaltecerlo, como un "paisano" más, "víctima de las circunstancias" ¿Nada más porque es mexicano e inmigrante?

Yo creo que no. Un "Mochaorejas" inmigrante seguiría siendo un delincuente, que continuaría con sus desmanes donde fuera.

Decir que lo tenemos que defender por ser mexicano es tan tonto como decir que en México no hay delincuentes, o que todos los norteamericanos son transas.

Por eso, cada vez que veo un paisano que asesina, que roba, que viola, que secuestra, que provoca choques, que enluta familias... lo primero que pienso es "Que se lo lleve 'La Migra'". Lo siento, pero así es.

En realidad, no me importa que sea "La Migra" quien se lo lleve, o la Policía, o el FBI o la CIA Lo que espero es que lo saquen de aquí, para que no pueda seguir haciendo daño.

¿Que soy gacho, ojete y despiadado? A la mejor. Pero no creo que tanto.

Porque si de verdad lo fuera, en vez de desear que se lo llevara "La Migra", pediría que se los llevara la PGR, o la Policía Judicial.

O peor: La Migra mexicana. Eso sí que sería verdaderamente despiadado de mi parte, ¿no cree usted?

—13 de agosto de 2004.

"Lo sentimos, pero su hijo no puede estar en esta escuela, por ser mexicano"

Gonzalo Méndez era un granjero mexicano que vivía en el condado de Orange, California, cerca de la ciudad de Los Ángeles.

Gonzalo y su esposa, Felicitas, creyeron haber hecho realidad su sueño americano aquél día de 1944, cuando consiguieron que un agricultor japonés les rentara su granja. Gonzalo quería trabajarla, y criar a sus hijos en sanamente, en el bello pueblo de Westminster, California.

El propietario japonés les rentó la granja a la pareja de hispanos no porque lo deseara, sino que en aquellos años, con la Segunda Guerra Mundial en su apogeo, un sentimiento racista se había extendido contra los asiáticos en todo Estados Unidos. Muchos japoneses fueron despojados de sus bienes, y enviados a campos de concentración, por considerarlos "enemigos".

Estos "enemigos" incluían sus hijos chiquitos nacidos en Estados Unidos, a pesar de ser ciudadanos americanos.

Para evitar perder su granja, el agricultor prefirió rentarsela a los Méndez, quienes se sintieron afortunados. La suerte les sonreía, y era el inicio de una nueva vida para la familia.

El futuro pintaba bien para los niños Méndez en aquél tranquilo escenario de la aún campirana California de los cuarentas.

Todo parecía ir de maravilla. Hasta que a Gonzalo se le ocurrió ir a inscribir a su hija Sylvia, de 8 años, a la escuela de la Calle 17 *(17th Street School)* de Westminster.

Allí comenzaron sus problemas.

"Su hija no puede acudir a esta escuela", le dijeron a Gonzalo, tajantemente.

Confundido, Gonzalo hizo la pregunta obvia: "¿Porqué?".

La respuesta fue sencilla: La niña era "mexicana". Y esa escuela era para anglos. Para niños "blancos". Que hablaban sólo inglés, nada de español.

Esto a pesar de que los Méndez eran ciudadanos americanos de nacimiento, y que hablaban inglés.

En cambio, los directivos de la Escuela de la Calle 17 le ofrecieron una opción:

Inscriba a su hija en la Primaria Lincoln. Estaba en el mismo terreno que la escuela "blanca" (de hecho, ambos planteles compartían el mismo patio de juegos, aunque a distinta hora), y le aseguraron que allí la niña iba a estar "mejor".

La escuela Lincoln era "mexicana". Todos los alumnos eran hijos de mexicanos: Morenitos, con rasgos indígenas o españoles (o ambos). Hablaban español. Allí Sylvia iba a estar mejor, le aseguraron a Gonzalo.

Lo que no le dijeron es que la escuela Lincoln era más vieja que la otra. El edificio estaba descuidado. Los pupitres, mobilario y libros eran desechos de la escuela "blanca" (cuyos alumnos tenían todo nuevo). Incluso dicen que los maestros eran peor pagados que sus colegas "anglos".

El nivel educativo era peor. Todo lo bueno, y lo nuevo se lo daban a la escuela "blanca".

Esa era la norma en la California de los años 1940's, y de hecho en todo Estados Unidos. Era común, siempre había sido así. No era raro ver letreros en negocios donde se prohibía la entrada a "Negros, mexicanos y perros".

Los mexicanos tenían sus escuelas "especiales". Alejados de los niños anglos, para evitar que su "incapacidad" de hablar inglés "retrasara" el aprendizaje de todos los demás.

El pecado aparente de estos niños era hablar español. Estaba prohibidísimo hablar ese idioma "horrible" en ese entonces. Aún hoy el día hay ancianos mexico-americanos que recuerdan cómo sus maestros los agarraban a reglazos por hablar el "idioma de los esclavos". De hecho, esto contribuyó a que muchos hispanos de aquella generación perdieran el idioma: Fue por presión, no por decisión. Y claro, a punta de reglazos a cualquiera le hacen olvidar hasta su nombre. Imagínese a un niñito.

Pero esa situación era tan común, que se veía como "normal", por lo que nadie protestaba. Mucho menos los mexicanos. La mayoría aceptaba el hecho, no hacía ruido, y dejaba las cosas seguir por su curso. Indefinidamente.

Pero no Gonzalo.

El granjero pudo haber reaccionado sumisamente. Pudo haber dejado el asunto por considerarlo sin importancia, y dedicarse a su trabajo. Pudo incluso haber pensado: "Bueno, mi hija es niña. ¿Qué importa dónde estudie, si se va a casar y su esposo la va a mantener?", como mucha gente de México pensaban en ese entonces. (¡Y aún ahora!).

No, Gonzalo ni hizo eso. En cambio, sí se enojó. Se indignó. Se puso furioso.

No porque fuera ajeno a la discriminación: Tanto él como su esposa Felicitas (nacida en Puerto Rico) la habían padecido desde siempre. Se habían acostumbrado, y aún así, habían logrado avanzar, prosperar.

Pero esto era distinto: A ellos, los podían discriminar, no importaba. Pero a su hija, una niñita inocente de ocho años, nunca. Es la reacción normal de cualquier padre de familia. La pequeña Sylvia no debía ser discriminada por su origen. Y menos en su propio país.

Gonzalo no se iba a quedar cruzado de brazos. Salió de esa escuela furibundo y comenzó a llamar a sus amigos, a sus vecinos, y a todo conocido mexicano e hispano que vivía en el condado de Orange. Todos tenían hijos a quienes les prohibieron entrar a las mejores escuelas, por no ser "blancos". Por ser mexicanos.

Algunos de estos padres acababan de regresar de combatir por Estados Unidos en la Segunda Guerra Mundial, y habían sido condecorados. Eran héroes de guerra. ¿Y así les pagaban?

"Si los mexicanos somos buenos para ir a la guerra y luchar junto a los anglos, ¿porqué no somos lo suficientemente buenos para que nuestros hijos vayan a las mismas escuelas que los anglos?", se preguntaban.

Acordaron que ya estaban hartos de la situación, que había qué hacer algo. ¿Pero qué?

Los Méndez y sus amigos no hicieron protestas. No llevaron pancartas, no gritaron consignas, no hicieron plantones, ni se declararon en huelga de hambre. Nunca gritaron: "¡El pueblo! ¡Unido! ¡Jamás será vencido!", ni quemaron banderas americanas.

(Aparte, porque seguramente la Policía les hubiera caído a macanazo despiadado, antes de echarlos a "La Migra".)

No, la estrategia de estos padres de familia fue muy simple, pero demoledora: Entre todos, juntaron dinero para contratar un abogado. Y metieron una demanda por discriminación contra el Distrito Escolar de Westminster ante las cortes.

En 1945 el caso *Méndez vs. Westminster* llegó a juicio. Ante el podio, los directivos escolares, maestros y funcionarios no pudieron justificar el motivo por el que los niños "mexicanos" "debieran" estar en una escuela separada. Hablaban inglés. Y los que no, lo aprendían rapidísimo... siempre y cuando los incluyeran en una clase de niños anglos.

La decisión del juez Paul McCormick, en Los Ángeles, fue clara: Los niños mexicanos y latinos no tenían porqué ser discriminados. Podían asistir a cualquier escuela que quisieran, y los directivos no tenían derecho a prohibirles inscripción.

Los Méndez habían ganado. Pero no por mucho tiempo: Los directivos escolares no iban a permitir que los niños mexicanos entraran a sus escuelas tan fácilmente, por lo que apelaron la decisión ante la Corte de Apelaciones del Noveno Distrito, en San Francisco.

Pero allí también les fue como en feria a los directivos. La corte federal ratificó la decisión del primer juez: Los niños "mexicanos" no sólo de California sino de todo Estados Unidos tienen igual derecho que los demás de asistir a cualquier escuela. Lo garantiza la Constitución. Punto.

Hoy en día, a casi 60 años de distancia, el caso Méndez no es muy conocido. Sin embargo, es importante no solo para los derechos hispanos en Estados Unidos, sino para todos: Fue el antecedente que ayudó a pavimentar el camino para que se presentaran otras demandas por discriminación escolar, como la famosísima Brown vs. Buró de Educación, que acabó definitivamente con la segregación de los negros en las escuelas a nivel nacional.

Sylvia, la niñita "mexicana" a la que no dejaron entrar a la escuela de gringos aún vive en California, y pasa su tiempo dando conferencias y visitando escuelas para impulsar la lucha por los derechos civiles, no solo de los hispanos sino de todo mundo.

¿Y sus papás? Gonzalo falleció cuando apenas tenía 51 años, en 1964, lamentando que nadie nunca reconociera la lucha de la familia por los derechos de los alumnos hispanos. Pero Felícitas, su viuda, vivió lo suficiente como para ver que, en 1998, se nombrara una nueva escuela secundaria en su honor: *"The Gonzalo and Felicitas Mendez Fundamental School"*.

La escuela está ubicada en Santa Ana, Condado Orange, California, a poca distancia de la escuela donde los Méndez fueran discriminados.

La pareja Méndez vivió en una época difícil para los hispanos. Mucho más difícil que ahora. Pero no se dejaron. Pelearon por sus derechos, pero inteligentemente: Usando los canales legales, echando mano de las propias armas de los anglos. Y ganaron.

Desafortunadamente, la segregación racial continúa en Estados Unidos, aunque no como política oficial: La mayoría de las escuelas públicas de Texas, California, Arizona y Nuevo México tienen un 95 por ciento de alumnos mexicanos. Mientras que los anglos se inscriben en sus escuelas privadas, blancas y caras.

Ahora la segregación es económica, no política.

Pero el caso Méndez tiene su trascendencia. Y además, sirvió para comprobar la estrategia que un méxico-americano me explicó años atrás con contundente simpleza:

"En este país, si te preparas, y nunca te callas la boca, llegarás muy lejos".

—27 de agosto de 2004.

Las "giras de trabajo" de legisladores mexicanos en Estados Unidos: ¿Vacaciones disfrazadas?

Como inmigrante en Estados Unidos, aún no he logrado encontrar respuesta a una pregunta que siempre me he hecho: ¿A qué diablos vienen tantas comisiones de senadores, diputados y funcionarios mexicanos de gira acá?

Me acordé porque el otro día un lector me pidió que mencionara algo sobre el tema del voto de mexicanos en el extranjero (Con lo cual estoy de acuerdo).

Lo primero que se me vino a la mente fueron los montones de "giras de trabajo" que han venido haciendo legisladores con ese pretexto. A Texas, a California, a Chicago, a Nueva York.

Giras con "reuniones de trabajo" con la comunidad mexicana, que siempre llevan pomposos títulos y hasta ahora, no han servido de mucho.

Eso sí, los diputados o senadores llegan en avión (que ellos no pagan). Traen un séquito de asistentes (a quienes ellos no pagan). El consulado se encarga de trasladarlos del tingo al tango en camionetas diplomáticas (casi siempre "*Suburbans*", como típicos políticos. Y claro, que ellos no pagan).

Los diputados o senadores de tal o cual comisión se pasan dos o tres días en hoteles lujosos (por supuesto, que tampoco pagan). Luego se van a platicar con los "líderes" de la comunidad —o al menos ellos así se autonombran—, y claro, ante suculentan cenas y almuerzos (las cuales tampoco pagan).

Si estos legisladores no pagan por estos viajecitos, entonces ¿quién lo hace, se preguntara? Pos usted. El contribuyente, ¿quién más?

¿Y para qué sirve todo esto? Sepa. Yo no sé. ¿Usted sí sabe?

Yo he visto este asunto de primera mano porque me ha tocado cubrir innumerables "giras", "reuniones", "almuerzos", "juntas" y "conferencias", "de trabajo" de esas comisiones de legisladores acá en Texas desde hace años.

¿Y sabe qué? Son todas iguales: Los legisladores llegan en manada, de traje y corbata (o en guayabera). Siempre está el cónsul, funcionarios del consulado y bastantes líderes de tal o cual organización de inmigrantes.

Nunca falta el grupo de mariachis. Los discursos. Los infaltables saludos a todo el mundo. El lenguaje florido ("porque los inmigrantes son una fuerza y un valor para ambos países, que sirven para coadyuvar los esfuerzos de bla-bla-bla"). Se entregan llaves de la ciudad, hay carnitas, tamales, salsas, tacos y todo lo que se les ocurra.

¿Los motivos de las giras? Siempre el mismo: "Conocer —de cerca— el sentir de la comunidad de inmigrantes en Estados Unidos, sobre tal o cual tema de importancia nacional para ambos países".

Yo no soy experto ni político. Nunca he trabajado haciendo boletines para ninguna dependencia. Por eso no sé descifrar ese idioma tan florido y oscuro de los políticos. Así que no podría responderle qué significa todo eso.

A la mejor peco de ignorante, pero para mí todos esos políticos sólo vienen de paseo. De "*shopping*". A gastar la lana que no es de ellos. A darse unas vacaciones rapiditas a costa del erario.

Porque, ¿quién demonios les cree que van a resolver los temas de "importancia nacional para ambos países" en una gira de tres días? Y de pilón, tomándose almuerzo tras almuerzo "de trabajo".

Y vaya que cuestan caritas esas "giras". Según una revisión rapidita al sitio de internet del Congreso de México, para junio del 2004, se gastaron (en miles de pesos) $19,633.2 por concepto de viáticos y pasajes de avión en 95 viajes nacionales y 54 internacionales "de carácter legislativo". Eso en el Senado.

En la Cámara de Diputados no dicen cuánto gastaron, pero tan solo de septiembre de 2003 a julio de 2004, se hicieron 227 viajes al extranjero. De ellos, 17 fueron a Washington, 2 ó 3 a Chicago, 2 ó 3 a Nueva York, además de otros a San Antonio, Los Ángeles... ¡y Las Vegas!

Dirán, bueno es que los legisladores tienen que trabajar. Conocer "de primera mano" el "sentir de ustedes, los inmigrantes" (Y dale).

Claro, claro. La cosa es que nosotros, "los inmigrantes", ni fumamos esas reuniones.

Yo voy porque tengo que cubrirlas, pero si no me mandan ni me paro por allí. Y estoy seguro de que así piensa el 99 por ciento de los "inmigrantes".

Los que van a esas reuniones ("de trabajo" , claro) son los mismos de siempre: Líderes locales, políticos en cierne, y uno que otro quejoso. Algunos líderes "hispanos" sí ayudan a la gente, hay que aclararlo. Pero no todos. No la mayoría. Esos sólo quieren salir en la foto, y "amarrar palancas" para cuando elijan diputado a otro inmigrante como el famoso "Rey del Tomate".

Y cada vez que ocurre algo, algún escándalo binacional —como una golpiza a inmigrantes, o una deportación masiva— no faltan diputados o senadores que raudos se apresten a formar la consabida "comisión" para "investigar" el caso.

Y, claro, para ello amerita... ¡Un gira!

Al menos a mí, como inmigrante, esas giras no me han beneficiado. No sé, yo no he visto cambios. Siguen deportando inmigrantes. Siguen golpeándolos. Los problemas siguen aquí y en México. A lo mejor peco de ignorante, repito.

Si los legisladores quieren de verdad "conocer de primera mano el sentir" de los inmigrantes, no tienen mas que llamar al Consulado. Se supone que ellos tienen información. Y están aquí, ¿no? Conocen la comunidad. Trabajan con ella.

Si quieren platicar directamente con los inmigrantes, tienen teléfonos. Hay e-mails. Hay faxes. Vaya, hasta hay pláticas por la camarita esa de la computadora, ¿no? Los consulados quizá puedan arreglar esas reuniones, y seguramente saldría muchísimo más barato que traer a diez, quince legisladores en avión, alojarlos en hoteles lujosos, y traerlos en restaurantes y pasearlos por toda la ciudad en "*Suburbans*", como si fueran ganadores de la lotería.

(Que, viéndolo bien, en su condición de políticos en muchos sentidos sí se sacaron la lotería, de hecho).

Ahora, si de verdad quieren conocer "el sentir" de nosotros, los inmigrantes de acá, "de primera mano"... pues hay maneras.

Por principio, lo que deberían hacer es preparar a su familia y decirles que no los van a ver en dos o tres años. Despedirse de su esposa, sus hijos, y dejar su casa, su ciudad, quizá para siempre.

Luego, pasarse la frontera a pata. A salto de mata. Bajo el sol. A la brava, con el riesgo de morirse o que los balaceen.

O contratar a un "coyote" (a la mejor si se destina una partida fija del presupuesto para gastos "de pollero", y lo someten a licitación, les podrían hacer hasta un descuento).

O que se pasen el río Bravo nadando. Que crucen el desierto escondiéndose de "La Migra", y cuidándose de víboras y alacranes. Que sufran de sed y cansancio.

Cuando lleguen acá (aquellos que sigan vivos y hayan logrado zafárseles a la "Migra", claro) que se partan el lomo trabajando en lo que haya (si lo encuentran). Que se paren en las esquinas cada mañana a ver quién los contrata. Que sufran por no tener papeles. Que no les den licencia de manejo. Y que cuando viajen a México de regreso no les digan a los aduanales que son legisladores, para que los traten igual que a todos, con la punta del pie.

Es así, y no con giras lujosas en avión, o almuerzos en un hotel de cinco estrellas, como los legisladores conocerán, por fin, "el verdadero sentir de los inmigrantes mexicanos".

Y será "de primera mano". Se los aseguro.

—*4 de septiembre de 2004.*

¨¡¿Mexicano yo?! ¡No me insultes!¨

Para los mexicanos que emigramos a Estados Unidos, el racismo contra nosotros es un tema candente.

Peor lo es cuando nos damos cuenta de una realidad: No solamente los gringos son racistas hacia los mexicanos. ¡También los demás latinoamericanos!

"¿Mexicano yo?", preguntaba con horror un amigo sudamericano cuando alguien lo confundió una vez. "¡Para nada!"

Día a día, a lo largo y ancho de Estados Unidos, cada vez son más los sudamericanos a quienes erróneamente los toman por mexicanos. Y día a día cada vez son más los sudamericanos que se indignan por esto.

Claro, hay latinoamericanos a quienes no les importa. Lo toman a gracia, a broma. Algunos hasta como cumplido. Pero para muchos otros, hay que decirlo, el que los llamen mexicanos equivale a que les recuerden el Día de la Madre.

Algunos incluso prefieren que se la mienten antes de que los confundan con mexicanos.

¿Por qué, se preguntará usted? No sé con certeza. Mi teoría es que en Estados Unidos, ser "mexicano" equivale a ser lo peor.

¿Qué significa ser *"Mexican"*? ¿Qué imágenes se vienen a la mente de la persona promedio en Estados Unidos, cuando les mencionan la palabra?

Generalmente: Bandoleros. O conserjes. Mucamas de hotel. O jardineros.

Todo mundo está de acuerdo en que esos oficios no tienen nada de denigrantes. Son trabajos honestos y necesarios.

Sí, pero nadie admitirá que le gustaría hacerlos. Porque están en el escalón más bajo de la economía.

"Mexicano" también equivale, para muchos, a narcotraficante. A asesino. A guerrillero zapatista, de esos que se ponen un calcetín en la cabeza.

Sin embargo, el significado más famoso y socorrido para el término "mexicano" es: Ilegal. Indocumentado. *"Wetback"* ("Espalda mojada").

¿Es usted mexicano y vive en Estados Unidos? ¡Ah!, pues de inmediato lo catalogan como que llegó cruzando el desierto, buscando solamente vivir de las ayudas del gobierno americano, sin pagar impuestos y a tener montones de hijos.

De borracho, flojo, sucio y carga fiscal nunca lo bajarán. Tampoco de machista y golpeador de mujeres. En serio.

Hay excepciones, claro. No toda la gente es así. Uno de mexicano puede conocer norteamericanos (güeros o negros) y hacerse amigos entrañables. De persona a persona.

Pero de grupo a grupo, las cosas son distintas. Las personas comprenden, aceptan. Tienen la mente abierta. Las masas, en cambio, son intolerantes y prejuzgan sin lógica.

Para las masas, por lo tanto, la sentencia ya está dictada: "Mexicano" es ser lo peor. Punto.

(Por cierto, ¿no fue Salma Hayek a la que le dijeron, cuando recién llegaba a Hollywood, que le convenía más decir que era árabe que mexicana? Eso lo contó en una entrevista. Aparentemente ser árabe era mejor visto que mexicana.)

Por eso, no nos extrañe que peruanos, venezolanos, colombianos, argentinos y en general cualquier latinoamericano en Estados Unidos se pasen buena parte de su vida aclarando a todo el mundo que NO son mexicanos. Sin mucho éxito, hay que agregar.

Porque, ¿cómo diablos quieren que un anglosajón que no tiene ni idea de lo que es un latinoamericano, sepa la diferencia? ¡A todos nos ven iguales!

Algo parecido ocurre al revés: A ver, ponga a un mexicano o a un peruano a distinguir entre un norteamericano y un australiano. O entre un inglés y un escocés. Seguramente a un texano le caerá como patada en el hígado que lo llame "yanqui", pero no tiene más que aguantar. O pasarse la vida aclarando las diferencias.

(Un neozelandés que viajó a México comentó una vez: "Cuando llegué aquí, todo mundo me tomaba por gringo. Yo le explicaba que no somos gringos, sino neozelandeses, muy diferentes. Pero después de explicar cientos de veces, me cansé. Ahora mejor me callo y me conformo con ser un 'gringo' más")

En esto de las confusiones, a quienes menos les cae en gracia que los tomen por mexicanos es a los españoles. En general, ellos abominan hasta de ser confundidos por "latinoamericanos".

Ello equivale —para muchos de ellos— a "tercermundista". "Retrasado". "Incivilizado".

"Nosotros no somos latinos, sino españoles", explicaba un agregado diplomático español en una reunión en Washington, cuando los políticos norteamericanos cometieron el "error" de creerlos "Latinos".

"Somos europeos, para más señas", explicó el español.

Otro español se quejaba en un foro de internet de la costumbre hollywoodesca de contratar actores mexicanos (o peor, ¡chicanos!) en el papel de españoles, sobre todo en películas históricas. (Como *"Amistad"* de Steven Spielberg.) E insistía que eran "obvios" los rasgos más que indígenas de más de un marino "español" (como si Steven Spielberg o su audiencia fueran expertos en antropología comparada).

Pero a pesar de todos los esfuerzos de los latinoamericanos y españoles por "desmexicanizarse", no tienen mucho éxito. Como un historiador americano dijo una vez: Los hispanos de Nuevo México se la pasan clamando ser descendientes de españoles, no de mexicanos... aunque en la práctica nadie es capaz de diferenciarlos.

¿Qué pasará en el futuro con los *"Mexicans"*? ¿Seguiremos siendo considerados lo peor en Estados Unidos?

Hace algunos meses visité el museo de las Culturas de San Antonio, Texas. Allí hay exhibiciones permanentes del legado histórico que varios pueblos de todo el mundo han dejado en Texas.

Es un museo muy moderno y amplio. Encontramos objetos de los pioneros irlandeses, ropa de los ingleses, vasijas y utensilios de los negros, y hasta fotos y relatos de los libaneses.

Había exhibiciones hasta de emigrantes polacos y rusos.

Pero por más que buscaba, no hallaba la exhibición de los mexicanos. ¿Cómo es posible, me decía? El colmo del racismo. ¿No pudieron al menos guardar un rinconcito para el legado mexicano en Texas?

Iba a irme, cuando al girar en un pasillo, me fui de espaldas: Había una sección (completita) dedicada a los mexicanos, a los *"Mexican-Americans"* ("chicanos"), o "Tejanos", así con j, como ellos se denominan. Había de todo y hasta más, mucho más de lo que otras razas y nacionalidades tenían en sus secciones.

Pero fue la primera imagen la que se me quedó grabada: Unos tejanos profesionistas, en un estudio de arquitectos del Texas del siglo XXI, vestidos como profesionales, jóvenes, *"yuppies"*. Manejando computadoras y diseñando edificios. Junto a ellos había fotos amarillentas de los siglos XIX y XX: Emigrantes de sombrero, descalzos. Morenos, con bigote, bajitos y con rasgos indígenas. Algunos de vaqueros (los primeros *"cowboys"* reales), otros en la pizca o de braceros.

De allí las imágenes saltaban hasta las guerras mundiales, Vietnam y al estudio donde los arquitectos tejanos del siglo XXI diseñan los edificios del futuro.

Sonreí. La palabra es la misma: Mexicanos. Pero la imagen está cambiando. Con cada niño hijo de inmigrantes que sale de la escuela, que se gradúa, que va a la universidad, es un cambio favorable.

Es un cambio poco a poco. Muy lentamente. Pero "ái" la llevamos.

—10 de septiembre de 2004.

En Estados Unidos ya no hay inválidos, ni gordos, ni viejos, ni negros, ni pobres... ni señoritas

En Estados Unidos ha pasado algo increíble.

Como por arte de magia, en este país ya no hay inválidos. Ninguno.

Tampoco gordos, ni viejos o ciegos. Ni ninguna persona "deficiente", o "inválida".

Pero no sólo eso. Tampoco hay negros, ni indios. Ni distinción entre hombres y mujeres.

¿Qué pasó? ¿Como por hechicería todo es perfecto, sin problemas, sin razas? Para nada.

Lo que sucede es que en Estados Unidos ya nadie habla de gordos, enanos, o inválidos, ni de cualquier palabra que pueda sonar "ofensiva" para alguien.

(Y esto incluye negros, indios o "mojados").

Hoy en día, es casi un crimen decir esas palabras en público. Ni en la televisión, el radio, o el cine. Muchísimo menos en la prensa.

Todos los medios de Estados Unidos se esfuerzan por evitar estas palabras, y buscan autocensurarse. ¿El motivo? No insultar a nadie. No ofender sensibilidades. No causar demandas multimillonarias por racismo, clasismo o simple maldad.

Es lo que se llama ser "políticamente correcto".

En español les decimos "eufemismos". O sea palabras elegantes que usamos para vestir palabras prosaicas y comunes.

Palabras que todos usamos en privado... pero que nadie se atreve de decirlas en público. Porque lo acusarían de racista, criticón, insensible o algo peor.

Estados Unidos han convertido esta costumbre en un arte. O en un trauma.

Los periódicos, sobre todo, han llegado a niveles ridículos, en un afán por no sonar "insensibles". Por temor a que se ofenda alguien, algún grupo, o alguna comunidad minoritaria. Como nosotros, los inmigrantes hispanos.

Por ejemplo, usted no puede decirle "ciego" a una persona que no ve. Se le echarían encima los defensores de derechos humanos, lo demandarían, lo correrían del trabajo, tendría que pagar una multa y hasta la cárcel podría ir a dar.

(Al final, desaría haber nacido mudo.)

No, a una persona que no puede ver, lo correcto es llamarla: *"visually challenged"* (algo así como "desaventajado visual").

???

Muchísimo menos puede usted decirle "negro" a un negro (o a cualquier persona de color "serio"). Lo menos que puede pasar es que se ofenda, antes de que que llame a un policía y lo acuse de insultos.

Negro (así en español) es una palabra durísima. Suena a *"nigger"*, el peor insulto que existe contra los negros. Suena a colonialismo, a esclavismo (acuérdese que los mercaderes esclavistas eran portugueses y españoles, por eso la palabrita trae malos recuerdos).

Vaya, en cualquier periódico de Estados Unidos es considerado de malísimo gusto siquiera mencionar la palabra. No se puede ni incluír en notas informativas, ni en editoriales. Ni aún cuando estos escritos reprueben la palabra.

Cuando es ya de plano muy necesario referirse a ella, por necesidades del tema, se recurre a abreviarla: La llaman "La palabra 'N'" (*The "N" Word*).

¿Cómo puede entonces decirle a una persona de raza negra? Por su nombre, claro. Y como grupo, ahora se llaman *"African-Americans"* (Africano-americanos o afroamericanos, para abreviar).

Los indios tampoco son indios (a menos que sean nativos de la India). En cambio, si son indígenas autóctonos, son "Nativos Americanos".

Esto es lo "políticamente correcto".

El diccionario de términos políticamente correctos ha ido en aumento, conforme hay más grupos de presión, o simple gente que se ofende por cualquier cosa y amenaza con demandar todo lo que se mueva, hable, respire o camine.

Algunos usuarios de foros de internet han aventurado —medio en broma, espero yo— nuevos términos para evitar la ira de los de piel sensible (y de paso, la de sus abogados).

Por ejemplo, ya usted no puede decirle "enano" a nadie. No, ahora las gentes pequeñas son "personas en desventaja vertical".

Los gordos son personas "grandes". O "amplias". O incluso "Personas en desventaja horizontal" (????).

Ya no hay políticos "deshonestos", sino "éticamente desorientados". Ni pobres: Ahora son "desaventajados financieros".

Tampoco viejos: Ahora se llaman personas "cronológicamente dotadas" (!!!!!!???).

Ya ni siquiera se les puede decir a las mujeres "señora" (Que se dice *'Misses'*, y se abrevia *Mrs.*), ni "señorita" (*"Miss"*). No, capaz que se arriesga usted a recibir un zapatazo. Ahora se les dice *Ms.* (pronunciada así, Mss).

¿Qué significa eso de Ms.? Nada. Y todo. Es un término vago que está entre señora y señorita.

(Es algo así como el *"seño"* o *"señito"* que usamos los mexicanos, pa'no equivocarnos).

Es decir, el *Ms.* es neutro. No suena machista, ni insolente, si resulta que la dama en cuestión no es ni señora ni señorita. Uno nunca sabe.Vamos, hasta las mujeres de la calle (esas señoras o señoritas que a veces no son ni lo uno ni lo otro) pueden ser llamadas prostitutas: Ahora se llaman "trabajadoras sexuales".

¿Cómo se llegó a estos extremos? Quizá al principio las intenciones de erradicar términos eran buenas. Defender a personas (o clases, o grupos) que eran constantemente objeto de burlas en el pasado. Después de siglos de insultar y burlarse de todo lo que no fuera *"WASP"* (Blanco, Anglosajón y Protestante, o sea gringo), los norteamericanos como que tuvieron un ataque de remordimiento, y decidieron dejar atrás esos tiempos de insultos raciales (por lo menos abiertamente).

Pero la costumbre se les fue de las manos. Porque, ¿quién ponía el límite? En teoría, todos podemos sentirnos ofendidos por una palabra que no nos guste. Y hoy en día, los términos políticamente correctos han sido tan manoseados, que ya cayeron francamente en lo ridículo.

Ahora hasta los propios libros de texto que se usan en las escuelas de gobierno tratan con muchísimo cuidado el lenguaje, para ir preparando a los niños a vivir en un mundo "políticamente correcto", donde no hay ni negros, ni viejos, ni gordos, ni prostitutas.

Cada escuela tiene, por ejemplo, ciertas reglas para prohibir tal o cual libro en base al lenguaje que usen. En teoría es bueno, pero en la práctica es simple y sencillamente censura, porque incluso hay listas "oficiales" de palabras prohibidas para los libros de texto. Lo cual, dicen algunos, ha afectado la calidad de la enseñanza pública en Estados Unidos. Para mal.

Vaya, ya ni siquiera se puede decir "basurero" a las personas que trabajan en un camión de la basura. Ahora son ¡"Ingenieros sanitarios"!.

Tampoco se salvaron los entrañables bomberos (o *"firemen"*). Ya no hay tales.

Esa palabra era sexista, muy macha para el gusto de algunos.

Porque, ¿qué tal si el mentado bombero es mujer? Entonces, habría que diferenciar (decirles *"firewomen"*), o usar una palabra neutra. Como *"combatefuegos"* (*"firefighter"*). Y así es como se llaman ahora esos héroes (o heroínas).

Por lo tanto, según el nuevo idioma "políticamente correcto", una frase sencilla y aparentemente inofensiva, como "El bombero puso una escalera junto al árbol, subió en ella, y rescató al gato", sería duramente criticada. En cambio, según la página Wilkipedia.com, su traducción "políticamente correcta" debería quedar así:

"El combatefuegos (quien resulta que era hombre, pero también pudo haber sido mujer), canceló los derechos básicos del gato de determinar hacia dónde caminar, subir o descansar, e infringió sus propios juicios de valor en determinar si necesitaba ser 'rescatado' del predicamento que él mismo eligió. Y en abierto desprecio por el bienestar del medio ambiente, y de este árbol en particular, empujó el artículo de ascenso para personas con desventaja de movilidad, e hizo una injusta demostración de proeza física ante los incapacitados al subirla, para arbitrariamente atrapar al inocente animal con la intención de devolverlo a la persona que reclamaba ser propietario de su natural existencia."

(Espero que ningún lector se haya ofendido).

—17 de septiembre de 2004.

Mexicanos discriminando paisanos:
El racismo que faltaba

En este espacio ya hemos comentado las formas más comunes de racismo contra los paisanos inmigrantes en Estados Unidos.

Por ejemplo, del gringo contra el hispano. O del chicano contra el hispano.

Hace semanas incluso mencionamos el racismo de otros latinoamericanos contra los inmigrantes mexicanos ("¿Mexicano yo? No me insultes")

Vaya, hasta hemos hablado del desprecio que hay entre los mismos paisanos: Hay inmigrantes mexicanos que no se quieren "mezclar" con la "plebe" (léase, el inmigrante profesional contra el inmigrante campesino).

Como ven, a los paisanos nos llueve sobre mojado. Por todos lados nos tiran.

Pero no es todo. Aún nos falta una forma de racismo contra inmigrantes mexicanos en Estados Unidos.

De todas, quizá sea ésta la peor, porque es hipócrita y poco mencionada. Es como un tema tabú, del que pocos hablan.

Es más, muchos se niegan a aceptar siquiera que exista.

Se trata del racismo hacia los paisanos, de parte de... los mexicanos.

Los mexicanos de México, quiero decir. Los que se quedaron al sur del río Bravo. Los que nunca emigraron, ni emigrarán.

Los habitantes de la Ciudad de México, de Monterrey, de Guadalajara. O de Veracruz, Saltillo, Mérida, Aguascalientes o Tampico.

¿Que estoy loco? ¿Que cómo puedo yo siquiera pensar que los mexicanos sean racistas con sus "*Very Important Paisanos*" en Estados Unidos?

Pues lo son. Si no todos, si algunos. Bastantitos, diría yo.

"Voy a irme a Estados Unidos", comentaba una vez Juan, un amigo, tras salir de la universidad. No tenía trabajo, y un tío en Chicago le había ofrecido darle la mano para irse allá.

El muchacho no lo dijo con entusiasmo. Ni siquiera con esperanza: No, en su voz había un tono de decepción, de lo inevitable. De "Pos ya ni modo".

Parecía que para él emigrar era como ser llevado por la leva, de soldado a Irak.

¿Cuál fue la reacción de los demás amigos? De risa. De burla. De carcajadas. "¡Te vas a ir a la pizca!", decían, a coros. "¡Vas a andar corriendo de la migra!".

La anécdota puede parecer aislada. Tonterías de jovencitos. Pero usted se sorprendería al saber cuántos mexicanos de México piensan igual cuando se refieren a los "paisanos".

"Los norteamericanos tienen una imagen errónea de México, precisamente por culpa de los inmigrantes", razonaba Carlos, un profesional mexicano cuando discutíamos el tema en un café. "Para ellos todos somos campesinos, que nos morimos por ir a Estados Unidos. No se imaginan que aca hay gente con estudios, urbanos, profesionistas. Como tú y como yo".

(O sea: No nos insulten confundiéndonos con ellos. No somos iguales.)

Usted dirá que no. Que son muchas las muestras de "solidaridad" de los mexicanos con "sus" paisanos.

Por ejemplo, cuando un migrante es sentenciado a muerte (claro, claro, siempre "injustamente") en Estados Unidos. O cuando se reporta otro abuso de la Migra, o cuando inmigrantes mueren asfixiados en un tráiler. ¿Qué ocurre? Los primeros en protestar son los mexicanos. En México.

Son los primeros en quemar banderas americanas, en enviar cartas a Derechos Humanos, en hablar en TV Azteca y Televisa contra el racismo contra los hispanos. Contra sus "hermanos".

Pero, ¿en verdad la gente en México hace todo ese merequetengue porque les nace? No sé. Lo dudo. Fuera de algunos cuantos, la mayoría lo hace porque es la moda. Porque es "políticamente correcto" aborrecer al gringo. Porque quieren salir en la tele. O porque Andrés Manuel se los aconsejó.

Lo cierto es que a la mayor parte de los mexicanos en México les vale si otro paisano murió o no en Estados Unidos.

"Quién les manda, pa' qué se van allá", decía Olga, una joven en Tamaulipas. "Nada tienen qué andar haciendo por allá, si de verdad quisieran a México se quedarían aca a trabajar por el futuro del país".

"Pero no, la querían fácil. Y ya ven".

Y aunque no lo crea, son muchos los que piensan igual. Y no son locos, ni desquiciados, sino gentes comunes y corrientes. Quizá algún vecino suyo, algún pariente. Vaya, a la mejor hasta usted mismo lo ha pensado alguna vez.

Porque, ¿cuál es la imagen que tienen los mexicanos de los inmigrantes que se fueron? ¿En qué concepto tienen en México a los "paisanos"?

O son: a) "Macuarros con suerte" (porque ganan en dólares);o b) "Tájuaros creídos y arrogantes"; o c) "Rancheritos que se creen gringos", o d) "Fracasados que no lograron hacerla en México y debieron ir a otro país".

(Claro, esta imagen es muy distinta entre familiares del paisano. Esos que viven de las remesas que reciben, que se la pasan añorando al padre, al hijo, al hermano ausente. Y que quizá se vuelvan a juntar como. Pero para el resto de los mexicanos, los paisanos les son tan ajenos como los chechenos.)

Porque, si a usted le va más o menos bien en México, ¿a santos de qué va a irse a arriesgar la vida al emigrar a Estados Unidos? Ni loco.

Ya de entrada, esta actitud les impide a muchos mexicanos identificarse con el drama de los migrantes, por mucho que lo intenten.

Y no porque lo hagan con mala intención. Simplemente son vidas totalmente distintas, aunque sean paisanos suyos.

"Nosotros no venimos en burro, venimos en camionetas", comentaba un empresario de Monterrey de visita en Texas, al diario *The Dallas Morning News* años atrás, cuando le preguntaron sobre los inmigrantes mexicanos. "Nosotros venimos de vacaciones, a dejar dinero. Llegamos en avión, en camionetas, no en burro".

(Igual, léase: "No nos confundan, que no somos iguales").

Hay que aceptar una realidad. Para bien o para mal, el 90% de los migrantes mexicanos en Estados Unidos son así: Campesinos sin estudios. Gente de trabajo, que a la mejor sólo terminó la primaria. y a veces ni eso.

Gente humilde, casi todos indígenas o mestizos morenos. Que no saben usar palabras elegantes. Que champurrean el spanglish con los *"haiga"*, los *"ansina"*, los *"mesmamente"* y los *"dendenantes"*.

Que gustan de andar de sombrero y botas. De bigote ancho, y cinturón piteao'.

Ese es el mexicano en Estados Unidos. El paisano típico. Y es, para bien o para mal, la imagen que tantos norteamericanos tienen del país.

Precisamente, la imagen con la que odian ser confundidos los centro y sudamericanos.

Y muchos mexicanos.

—24 de septiembre de 2004.

Bienvenido a los Estados Unidos de Automérica

Una vez, una guía de turistas relataba una anécdota, de cuando le tocó encabezar una gira de visitantes europeos en la ciudad de Dallas, Texas.

"Aquí está el centro de Dallas, este es el edificio tal, o cual", decía la joven, dentro de un autobús panorámico a los turistas. Éstos, cámara en mano, escuchaban atentos y no dejaban de tomar fotos.

Uno de los turistas levantó la mano para preguntar. La guía escuchó:

"Todo esto está muy bien, señorita, pero yo tengo una pregunta: ¿Dónde está toda la gente de Dallas?"

La muchacha volteó a ver la calle de un lado: Automóviles. Autopista. Edificios de cristal, reflejando el candente sol texano.

Volteó al otro lado de la calle: Más autos. Más autopistas. Más edificios.

Nada de gente en la calle. Ni un alma.

La guía sonrió, y con su típico acento texano, respondió jovial: "¿Que dónde está la gente? Pues dentro de sus autos, o en sus casas. En cualquier parte donde haya aire acondicionado".

Y es cierto. La gente de Texas, y de muchas otras partes de Estados Unidos, como California, pocas veces ponen sus pies en contacto directo con la acera de la calle.

Si usted ve a una persona caminando en la calle o: a) Acaba de bajar de su auto estacionado; b) Va a subir a su auto estacionado; o c) Se le descompuso su auto.

"Fue muy raro", recordaba una vez un joven turista español que visitó el norte de Texas. "Mi papá y yo queríamos tomar un paseo para conocer la ciudad, y comenzamos a caminar a un lado de la autopista. Minutos después se paró un auto y su dueño se bajó para preguntarnos si había algún problema, si nuestro auto se había descompuesto o qué".

"Cuando le dijimos que no, que sólo estábamos dando un paseo, el tipo se mostró extrañado. No le cabía en la cabeza que a alguien le apeteciera CAMINAR", agregó el español.

DESDE LAS ENTRAÑAS DEL MONSTRUO

Y ésa es una de las cosas a las que creo que jamás me acostumbraré de la vida de Estados Unidos: la cultura de vivir trepado en un automóvil.

Yo sé que en muchas ciudades grandes del mundo la gente pasa mucho tiempo en sus autos. Que hay autopistas, que hay vías rápidas, etcétera. De hecho, ni a la Ciudad de México ni a Río de Janeiro o Buenos Aires les apantallan las autopistas de Los Ángeles o Dallas.

Pero el uso del auto en Estados Unidos es distinto. En Latinoamérica y Europa la gente usa el auto para trasladarlos de un lado a otro. Punto.

En Estados Unidos, en cambio, la gente VIVE en sus autos. De hecho, muchas personas viven y comen GRACIAS sus autos. Aunque no lo crea: en este país muchas veces el tener carro es la diferencia entre tener o no empleo.

Pero así es. Esa es la realidad de Estados Unidos. Muchos critican el *"American Way of Life"* por estar "automatizada". Yo creo que están equivocados: La vida en Estados Unidos no está automatizada, sino "automotorizada".

Y ese es el gran problema personal para mí. Porque debo confesar un secreto: ODIO MANEJAR.

En serio. Desde joven, cuando me compré mi primer auto, sentí que la novedad pasaba pronto. Y luego se volvió tedio, y tortura. Cuando podía, aventaba las llaves a un cajón y me iba en microbús a donde fuera: Mi trabajo, al centro, a la tienda, a visitar a un amigo. Y como Tampico, donde nací, no ha alcanzado el grado de megalópolis, los trayectos no eran tan largos.

El hecho de que alguien manejara por mí me relajaba. Hasta la música de los Tigres del Norte que los choferes traían a todo volumen en sus radios me arrullaba.

Las más de las veces, en cambio, me iba a pie. ¡Cómo me encantaba caminar!

Pero cuando llegué a Estados Unidos toda esa vida se acabó. Aún recuerdo una de las primeras frases que un amigo me dijo: "Tendrás que comprarte un carro".

En ese momento, me pareció un lujo innecesario, pero más tarde me di cuenta de que no. ¿Cómo iba siquiera a pensar cruzar los kilómetros y kilómetros de autopistas que conectan las más de 100 ciudades del área metropolitana de Dallas? ¿A pie, como en Tampico? Ni en sueños.

El servicio de transporte público en Dallas es muy bueno: Eficiente, limpio y puntual. Pero muy, muy limitado, en comparación con las ciudades latinas. Para llegar a mi trabajo, un trayecto en auto de 30 minutos, necesitaba invertir hasta tres horas si usaba el autobús público, entre esperas y transbordos.

A los norteamericanos esta "autovida" no les parece rara, ni malsana. Al contrario: todos nacieron así. Prácticamente en auto. Mientras que en nuestros países todos recordamos con cariño cómo batallamos para juntar dinero para comprar nuestro primer auto (casi siempre un destartalado "vochito" de quinta mano), en Estados Unidos a todos los niños les sueltan carro a los doce años.

A los dieciséis es común que cada uno de estos chiquillos tengan su propio vehículo, que usan para ir a la *High School*. Y nadie dice nada. Es normal, no es un lujo.

Por eso hay tantos auto-bancos, auto-restaurantes, auto-servicios... y vaya usted a saber qué auto-más.

Bueno, hasta supe que en Las Vegas había una auto-iglesia... ¡Donde los novios se pueden casar metidos en su carro! El sacerdote les administra los ritos desde una ventanilla, como si les despachara una orden de McDonald's. El colmo.

(Dudo que las parejitas que se casan así hagan lo mismo cuando quieran divorciarse. ¿Se imaginan ir a un auto-juzgado, donde un auto-juez los divorcie? No creo que sea práctico: Al final, uno de los ex-cónyuges siempre se quedará con el auto y dejaría al otro a pata. ¡Y con los niños!)

La cultura del automóvil está tan metida en la conciencia americana, que quien no sepa manejar puede ser visto como retrasado, como ser de otro planeta. Hasta los pobres andan manejando: Un Chevy Nova '75, o un Ford LTD '78, de perdido. Todos destartalados... pero ahí andan.

Hasta las mismas ciudades están diseñadas pensando en el automóvil, no en los peatones. Los *"freeways"* o autopistas son inmensos, sin cruces peatonales ni nada.

Y las leyes también están diseñadas para proteger al conductor. Al contrario de Latinoamérica, en muchas áreas el peatón no tiene "derecho de paso": Si una persona se atraviesa en el camino a un auto, él lleva la de perder.

Yo lo viví una vez en carne propia, una vez que mi auto se me quedó sin gasolina en un *"freeway"*: Quedé varado sobre el carril izquierdo, pegado al camellón central. No traía teléfono, y eran las 12 del día, en pleno calorón.

Frente a mí había una gasolinera, y pensé: "Si logro cruzar el '*freeway*' a pie, quizá pueda llamar a una grúa, o de perdido tomarme un refresco".

Vale decir que ni siquiera lo intenté. Es imposible. Cruzar un *"freeway"* a pie es más peligroso que jugar a la ruleta rusa (al menos en la ruleta rusa hay una oportunidad mínima de sobrevivir, mientras que cruzar una autopista gringa al mediodía es la muerte segura).

Por eso es triste saber que muchos inmigrantes indocumentados que llegan por primera vez aquí mueren al intentar cruzar un *"freeway"*.

Y pasa muy seguido. Hay una anécdota de un centroamericano que envió postales a su familia, mostrándoles la ciudad donde vivía en Texas. Al ver las fotos de las autopistas, su mamá le escribió preocupada: "Hijo, por favor ten mucho cuidado cuando cruces esas calles TAN ANCHAS".

En Estados Unidos este problema es muy común. Tan común, que en las autopistas de California hasta hay letreros amarillos de alerta para los conductores, como ésos que ponen en los cruces de ganado. Nada más que en vez de dibujar la silueta negra de un buey, dibujan una familia indocumentada corriendo. En serio.

Los activistas proinmigrantes se indignan cuando ven esos letreros. Los acusan de racistas. Pero en realidad, creo que las autoridades hacen lo que pueden para evitar una tragedia: Les avisan a los conductores que tengan cuidado, que disminuyan la velocidad, porque por allí personas pueden cruzar en cualquier momento. Como ya ha ocurrido.

Estados Unidos es el país del auto.

Por eso es tan vital el tema de las licencias de manejo para indocumentados. Por eso es una estocada en la espalda la que dan las autoridades a los inmigrantes al negarles el documento: Si no lo tienes, seguro vas a enfrentar muchas broncas, tan solo para ir a trabajar. Con las distancias, es imprescindible usar el auto, con licencia o no. El resultado: Si un policía te agarra sin licencia, te multa. Si reincides, te quita el auto y hasta a la cárcel podrías ir a dar.

La otra opción es: No manejo. Por lo tanto, no trabajo, y mi familia no come.

Ante este panorama, ¿qué cree usted que los inmigrantes van a decidir? Pues claro: "Me arriesgo". No tienen de otra.

Por eso, muchos inmigrantes que vienen de pueblos, donde nunca agarraron un volante, se avientan a conducir. No por gusto, ni por valentía, sino por pura necesidad. Quizá si les dieran oportunidad de sacar su licencia, podrían tomar el curso de manejo, y hacer su examen. Estarían así más capacitados de usar un auto, y quizá se salvarían algunas vidas al evitar accidentes (incluso la vida del propio conductor).

Pero no es así. Las leyes impiden a los indocumentados sacar licencia, e incluso a los inmigrantes legales les ponen muchas trabas.

¿Soluciona esto el problema de la inmigración? Claro que no. ¿Desalienta a los indocumentados para ya no venir aca? No creo. La inmigración (legal e ilegal) continuará, les den o no licencias.

¿Hace más seguras las calles de Estados Unidos porque solo permiten manejar a ciudadanos?

Para nada. Al contrario: Los inmigrantes de todas formas van a manejar. Y el hecho de ser ciudadano americano no significa que uno no va a chocar, o a manejar ebrio.

Y esto es algo que el gobierno y la gente de este país —donde el auto es una forma de sobrevivir— no puede, o no quiere, entender.

—15 de octubre de 2004

"Gaby", el niño de la calle mexicano que capturó 1,800 soldados japoneses

A Guy Gabaldón le decían "Gaby" de cariño. Hijo huérfano de inmigrantes mexicanos, Guy había nacido en 1926, en el barrio este de Los Ángeles, donde se concentra la población chicana.

Era un "niño de la calle": Por los días hacía trabajitos eventuales. Por las noches, dormía en donde pudiera, generalmente en la calle. A los 10 años limpiaba zapatos para medio comer. Y tenía que "estar siempre alerta" ante los peligros de vivir en un barrio peligroso, lleno de pandillas y delincuentes.

A los 12 años, Guy fue adoptado por una familia de inmigrantes japoneses de California. Allí creció, se educó y aprendió el amor de familia. Pero lo más importante: Sus nuevos padres le enseñaron a hablar el idioma japonés.

Cuando estalló la Segunda Guerra Mundial, el adolescente de origen mexicano se enlistó en la Marina de Estados Unidos. Sus padres adoptivos, por ser "enemigos extranjeros", fueron internados en un campo de concentración, a donde enviaban a todos los descendientes de japoneses durante la guerra.

Al enlistarse como soldado raso, Guy informó que hablaba buen japonés. De inmediato, la Marina lo comisionó a la Unidad de Inteligencia Naval R2, destinada al Pacífico.

Guy comenzó como intérprete e interrogador de prisioneros japoneses. Pero su labor no se detuvo ahí: La historia le tenía deparado un destino increíble.

El 15 de junio de 1944, Estados Unidos inició lo que se conoció como el Día D del Pacífico: La invasión de las Islas Marianas, particularmente Saipán, la isla principal, y estratégico bastión ocupado por Japón.

La batalla fue sangrienta, desde el primer día del desembarco. Los japoneses luchaban a muerte: Su código de honor les impedía caer presos, pues para ellos era deshonroso ser prisioneros. Preferían morir a ser capturados, como lo hacían los legendarios samurais.

Lo peor fue que el ejército japonés había manipulado a la población civil, y les hizo creer que debían morir antes de ser capturados por los soldados americanos. "Si los americanos capturan a tu familia, van a rostizar a tus hijos y se los comerán", decían.

En su ignorancia, cientos de civiles, campesinos y pescadores, se lanzaban desde los riscos de las islas al ver que se aproximaba el enemigo. El propio Guy fue testigo de escenas horrorosas, en las cuales los padres de familia lanzaban al vacío a sus hijos pequeños, quienes lloraban y les pedían que los dejaran vivir.

De hecho, durante las primeras 15 horas de batalla, hubo un total de 30 mil muertos de ambos bandos.

Ante este escenario, el comandante de la Unidad R2, capitán John Schwabe, temía que las batallas causaran cientos de bajas entre sus soldados. Los japoneses nunca iban a aceptar rendirse pacíficamente.

Guy pensaba distinto. En una expedición que hizo por Saipan él sólo, se encontró con tres soldados japoneses heridos, que se habían escondido entre varios cadáveres. "*¡Te o agete!*", les gritó Guy, en perfecto japonés. (Traducción: "¡Levanten las manos!") Uno de los soldados quiso disparar, pero fue acribillado por Gus. Los otros dos aceptaron rendirse.

Cuando volvió a su campamento con dos prisioneros, Gus fue recibido no con felicitaciones ni medallas, sino con regaños del capitán Schwabe: Está prohibido andar haciendo incursiones solitarias. Si desobedeces órdenes, serás arrestado y enjuiciado, le dijo.

Guy no hizo caso. Siguió saliendo solo. A la noche siguiente volvió con 12 prisioneros más. Él solito. Eran muchos más prisioneros de lo que toda la compañía completa había logrado capturar.

Al día siguiente regresó con otros 50 capturados. Y casi sin disparar un tiro.

¿Cómo lo lograba? Simplemente hablando con los enemigos. Y hablando, y hablando. Pero en japonés. Convenciéndolos en japonés. Algo que ningún soldado americano podía lograr.

Al ver su efectividad, Schwabe le dió carta blanca a Guy para actuar como "Lobo Solitario".

Algunas noches, el soldado chicano salía y buscaba campamentos enemigos en la selva. Disparaba a los guardias y comenzaba a convencer a los demás a gritos que se rindieran.

Luego llegó el día de "Los 800".

El 8 de julio por la mañana, Guy convenció a dos soldados japoneses de entregarse. "Tenemos totalmente rodeada la isla, con artillería, barcos y lanzallamas. ¿Para qué morir, cuando tienen la oportunidad de rendirse en condiciones honorables?", les dijo, en su propio idioma.

Les prometió que los iban a tratar bien, y que los mantendrían prisioneros hasta que acabara la guerra. Entonces regresarían a Japón, sanos y salvos.

Gabaldón sabía que era difícil convencer a un soldado japonés de rendirse. El propio código *"Bushido"*, que regía a los samurais lo prohibía. Pero no tenía otra opción. "Era convencerlos y morir allí mismo", recordaba Guy.

Habló, y habló. Y siguió hablando.

Y los convenció. Pero eso no fue todo. "Tengo que hablar con mi superior, hay más compañeros en aquella cueva", le informó un soldado japonés. Guy accedió a que éste volviera a la cueva, mientras él permanecería con el otro japonés allí mismo.

Minutos después regresó con varios oficiales japoneses y sus escoltas. Dignos, serios, orgullosos. Iban armados, pero no para disparar. Venían a dialogar.

"¿Tú eres el americano que nos ofrece trato honorable si nos rendimos?", le preguntaron. Guy asintió y dijo: *"Doozo o suwari, nasai"* (Por favor, siéntense).

Les ofreció cigarros y les dijo: "El general Holland Smith, *'shogun'* (caudillo, en japonés) de la Operación de las Islas Marianas, admira su valor y ordena a nuestras tropas ofrecer a los sobrevivientes de su intrépida hazaña de ayer entregarse pacíficamente. Serán llevados a Hawaii, donde hay hospitales para atender a sus heridos. No debe haber más baños de sangre".

Hablaron durante largo rato. Cuando ambas partes se estaban desesperando, los japoneses aceptaron. Regresaron a su cueva y Guy vio como comenzaban a salir soldados. Filas, y filas y filas.

Ni el propio Guy podía creerlo. Había toda una compañía dentro: Cientos y cientos de soldados japoneses armados. Y él del otro lado, un sólo soldado enemigo: Un muchacho méxico-americano de 17 años, ante quien se "entregaban". Fácilmente pudieron haberlo hecho picadillo.

Cuando los demás *"marines'"* llegaron a donde estaba Guy, se les cayeron las quijadas de sorpresa: El muchachito chicano rodeado de cientos de tropas japonesas, armadas pero rendidas.

El total de prisioneros de ése día: 800. Capturados por Guy Gabaldón, un *'marine'* chicano con apenas meses de haberse enlistado.

Ningún soldado americano, ni antes ni después, en toda la historia de Estados Unidos ha logrado capturar a tantos soldados enemigos como Gabaldón: En total, 1,800, entre civiles y militares, durante aquella campaña en Saipán.

DESDE LAS ENTRAÑAS DEL MONSTRUO

Después de la guerra, el propio capitán Schwabe envió una recomendación al gobierno de Estados Unidos para que le dieran a Guy la Medalla Congresional del Honor. No se la dieron, pero en cambio recibió la prestigiosa *"Navy Cross"*, la Cruz de la Marina.

La leyenda de Guy Gabaldón fue incluso llevada al cine, en una película filmada en 1960, titulada *"From Hell to Eternity"* ("Del infierno a la eternidad"). Por cierto, Guy fue interpretado por un actor gringo: Jeffrey Hunter.

Años después, las hazañas de Guy seguían siendo contadas por los marines y soldados americanos. Lo conocieron como "El flautista de Saipán".

Cincuenta años después Gabaldón volvió a Saipan. En los ochentas se instaló en la isla y se horrorizó de ver la criminalidad que prevalecía. Encabezó un movimiento para instaurar programas de recreación al aire libre para la juventud de Saipan, por lo que los habitantes de la isla lo recuerdan con mucho cariño.

Bastante bien para un niño de la calle mexicano que boleaba zapatos para vivir.

—29 de octubre de 2004

Si EE.UU. quiere seguir progresando, quizá deba quitarles la ciudadanía americana a los gringos

Conversando con un amigo una vez, tratábamos de analizar porqué Estados Unidos se convirtió en la potencia que es ahora.

¿Qué tuvieron los gringos que los demás países no? Además de suerte, claro (acuérdense, por ejemplo, que Estados Unidos no sufrió ninguna destrucción dentro de su territorio en las dos guerras mundiales, que devastaron Europa y Japón).

(Y, para agradar a los antiyanquis izquierdistas, además de "pisotear a otros países" y de paso, "robarse la mitad del territorio mexicano".)

Pueden haber muchas respuestas sesudas y doctas. Muchas razones. Pero creo que, al final, lo que hizo de Estados Unidos una superpotencia, fue, sencillamente, hambre. Hambre de su gente por hacer algo. Primero, esa hambre fue para satisfacer las necesidades básicas: Tener un techo donde vivir, un plato con comida que llevar a la mesa.

Después, el hambre de crecer, aún a costa de los dueños ancestrales de la tierra, que fueron los indígenas.

Luego, con la expansión, el hambre fue de recursos, de construír, de crecer. Hambre de oro, de riqueza, de éxito rápido.

A veces los motivos fueron moralmente cuestionables. Vil mezquinidad, dirán algunos idealistas europeos. Simples mercaderes incultos, deseosos de hacerse ricos, dirán otros. Pero el resultado está ahí, a la vista.

Los gringos, en síntesis, tuvieron hambre. Y no se detuvieron ante nada para satisfacer esa hambre —o megalomanía. Y el resultado fue ese país, que uno puede odiar o admirar, pero que no pasa desapercibido.

Pues bien, esa hambre que impulsó a siete generaciones de norteamericanos para crear la única superpotencia de principios del siglo XXI, parece que ya desapareció.

"No lo vas a creer", me decía un amigo que acababa de llegar a Texas, hace tiempo. "Trabé amistad con un jovencito americano, ¡y si vieras lo vacío que está! Se contenta con voltear hamburguesas en un restaurante, no piensa en estudiar y su mayor aspiración es comprarse una cerveza y una pizza el sábado en la noche."

Este inmigrante no podía creer lo que veía. Él, como muchos otros de nosotros, pasó las de Caín para llegar a Estados Unidos. Una vez aquí, estaba volviendo a vivir una pesadilla, al no tener documentos legales que le pudieran permitir siquiera trabajar.

A duras penas logró encontrar una chambita de medio tiempo limpiando baños, a las 4 de la madrugada, y eso le medio daba para sobrevivir. A pesar de tener estudios universitarios en Latinoamérica.

Por eso se sorprendía al ver personas más jóvenes que él (nacidos en Estados Unidos, con ciudadanía americana, con seguro social y papeles, en fin: Con todas las facilidades para progresar y tener éxito) totalmente apáticas.

"Es verdaderamente difícil encontrar personas que de verdad quieran trabajar", se quejaba otro inmigrante, éste sí con papeles y muchos años en este país. Como gerente de un local comercial, prefería contratar inmigrantes mexicanos, árabes o chinos (porque "ellos sí trabajan") en vez de ciudadanos americanos,

"Una vez", recuerda con amargura, "llegó una muchacha, ciudadana americana, a pedir un trabajo. La contratamos pero exigía horas extras. Pero no le gustaba trabajar: Ponía trabas para todo, se quejaba de todo, y a la menor llamada de atención ponía cara de disgusto y amenazaba con demandarnos si la despedíamos".

Otra persona que contrataron simuló una caida "accidental" en medio de la oficina a los pocos días de llegar, para cobrar seguro de incapacidad. Cuando la empresa quiso evitarlo, los llevó a corte.

"Muchos, como son ciudadanos, quieren que el gobierno los mantenga gratis. O que una empresa termine pagándoles sin trabajar", se lamentaba el gerente inmigrante.

"Ese es el problema que tiene ese país", recordaba por su parte un capataz de obra de construcción. El tipo es un norteamericano "puro": Anglosajón, protestante, de ojos azules y cabellos rubios. Pero también es un experto en el manejo de personal, por eso expresaba claramente sus opiniones: "Los ciudadanos se quejan de que estamos llenos de inmigrantes indocumentados. Dicen que 'les quitan los empleos a los norteamericanos'. Pero la verdad es que es raro que los ciudadanos americanos acepten hacer cierta clase de trabajos, como la construcción".

Y cuando aceptan un empleo así, "de inmediato quieren ganar 25 dólares la hora, tener beneficios sociales exagerados, y trabajar cuando les dé la gana".

Por eso, no es raro que hasta el 90% de los trabajadores de ciertas industrias son inmigrantes. En la construcción, en la hotelería, en los restaurantes, en los talleres mecánicos, la jardinería, y en general cualquier área donde se requiera un enorme esfuerzo físico, la mano de obra inmigrante es más que apreciada.

¿Los norteamericanos quieren que esas industrias contraten sólo ciudadanos? Tendrían, primero, que satisfacer todas sus demandas. Y no todas las empresas están en esas condiciones. Si un día desaparecen los inmigrantes como por arte de magia (como ocurrió en el bodrio "Un día sin mexicanos"), y los empresarios se ven obligados a emplear sólo a ciudadanos, ya podemos pensar que las empresas NO absorberían ese gasto extra.

¿Quién lo absorbería, entonces? Pues el consumidor. Porque los precios de varios productos y servicios subirían, para compensar las exigencias de los trabajadores.

Los inmigrantes trabajan duro. No se quejan. Son cumplidos. Muchos, es cierto, desafortunadamente son víctimas de abuso, de casi esclavismo por su misma ignorancia y situación ilegal. No vendría mal un sindicato que les defendiera.

Pero la realidad es que muchos de ellos son los que trabajan. A diferencia de muchos, muchos otros ciudadanos americanos que no les gusta trabajar.

"La situación es terrible", se quejaba un jovencito norteamericano "puro", mientras buscaba trabajo durante un verano en que estuvo de vacaciones de su escuela. "No hay trabajo. Quiero solicitar empleo en de mesero, y me ofrecen una miseria. ¡Y además tengo que hablar español!"

Por supuesto, el jovencito (y su familia, de paso) ya tenían un culpable de esta situación: Los "malditos" inmigrantes. Si no fuera por ellos, las empresas tendrían que aumentar sus salarios hasta el gusto de su nene: 30, 40 ó 50 dólares la hora, de martes a miércoles, y eso entrando de 10 de la mañana a 12 del día, solamente.

En cambio, seguramente ese trabajo de mesero fue a un inmigrante, hombre o mujer, de México, Centro o Sudamérica. Alguien que aceptó las condiciones, que trabaja duro, que cumple con el trabajo. Alguien con hambre.

Hay que aclarar: Aún hay muchos norteamericanos emprendedores y luchistas. Que se levantan temprano, que toman riesgos, que inventan, que crean. En muchas industrias de punta, como la computación, el internet y el entretenimiento, Estados Unidos le lleva la delantera al mundo con mucho. Y lo seguirá llevando durante muchos años.

Pero cada vez son más y más los jóvenes que adoptan una actitud irresponsable al respecto. Que les vale. A quienes nada los impulsa.

Les falta hambre.

¿Qué ha pasado con esa hambre? Algunos piensan que estos americanos son víctimas de su mismo éxito. Porque las privaciones que impulsaron a sus abuelos y bisabuelos a progresar ya no existen, y la vida cómoda ha atrofiado a sus bisnietos.

"El ímpetu de progresar que ha distinguido a los americanos ha desaparecido", comentaba un periodista en inglés recientemente. "Quizá sea tiempo de seguir un consejo que dio una vez un columnista chicano: Cada cierto tiempo, a los ciudadanos americanos de tercera generación habría que sacarlos del país, quitarles su ciudadanía, y obligarlos a seguir todos los trámites para inmigrar que les imponen a los extranjeros".

Para que valoren lo que tienen, antes de que lo pierdan, como reza el dicho. Quizá solo así se logre de nuevo estimular ese ímpetu, esa hambre que hizo de los norteamericanos el país que son hoy, ¿no cree usted?

—12 de noviembre de 2004

La Fiesta Patronal del *Thanksgiving*: Una celebración 100 por ciento... ¿mexicana?

Llegó otra vez. Como cada año. Como cada otoño.

El Día Más Sagrado de los Americanos.

El *Thanksgiving Day*, o Día de Acción de Gracias, como lo conocemos en México (aunque no lo celebremos).

Antes de que piense que se trata de una fiesta "*típicamente-gringa-que-nada-tiene-que-ver-con-nuestra-idiosincracia-ni-nuestras-auténticas-raíces-aztecas*" (como si aún anduviéramos en taparrabo y huaraches ofrendando sacrificios humanos a Huitzilopochtli. Aunque algunos por ahí no dudo que tengan perversiones peores), déjeme aclararle que está totalmente equivocado.

Usted en México, quizá, no celebrará el *Thanksgiving*. Y no tiene porqué, si no quiere. Pero en Estados Unidos, más de 30 millones de "paisanos" sí lo hacen, en mayor o menor medida. Los inmigrantes, como nuestros hijos, hemos hecho nuestra esta tradición, casi desde siempre.

Incluso desde antes de que llegaran los peregrinos ingleses a Nueva Inglaterra, pues se dice que el primer *Thanksgiving* se celebró en El Paso como 70 años antes. Y no fue entre anglosajones e indígenas, sino entre mexicanos y españoles.

(¿Y no se celebra con el tan conocido y mexicanísimo guajolote, que los expañoles rebautizaron erróneamente como pavo?)

Vaya, tan "nuestro" ya es el *Thanksgiving*, que hasta los inmigrantes lo hemos rebautizado. Ese nombrecito anglosajón como que es medio complicado para nosotros: Muchas consonantes guturales juntas. En cambio, usted puede escuchar cómo los inmigrantes de Guanajuato, San Luis, Michoacán, Puebla, Centro y Sudamérica se preparan con días de antelación para festejar... El Día del Guajolote.

Otros, más religiosos, y recordando que en sus pueblos cada festejo se debe a una fiesta patronal, escucharon el nombrecito en inglés y lo interpretaron a su leal y saber entender: Para ellos no es *Thanksgiving*, sino El Día de San Guivi.

(¿Será, se preguntan, la celebración del santo de los guajolotes?)

El caso es que el Día de Acción de Gracias ya lo hicimos nuestro. Y si los gringos y los negros lo celebran de manera típica, con pavo, puré de papas y pastel de manzana, nosotros al guajolote le agregamos tamales, atole, champurreado, mole poblano, pupusas centroamericanas, asado argentino o paella valenciana.

Lo amenizamos no con *"Jingle Bells"* en inglés, sino con música de Chente Fernández, Lupillo Rivera, Los Tigres o Celia Cruz.

Si esa noche familiar, a la mesa y con la familia, los norteamericanos "puros" dan su oración pidiendo por sus hijos y padres en la guerra de Irak, o por terminar con el terrorismo y mejorar la economía, nosotros los inmigrantes hispanos además de todo eso le agregamos oraciones por nuestros parientes que dejamos "allá", en nuestros pueblos, en nuestras ciudades.

Damos gracias por haber tenido chamba en el año (no importa que sea en la pizca, en la construcción o limpiando oficinas), y hasta pedimos que haya una oportunidad de legalizar los documentos de tantos amigos y familiares que no los tienen.

En síntesis, el Día de Dar Gracias sirve precisamente para agradecer a Dios por las bondades recibidas en el año. Es un día familiar, quizá el único día festivo verdaderamente "americano" que existe. Y es la celebración más importante de este país, porque lo festejan igual cristianos que judíos o árabes, blancos y negros o cafés, hijos de ingleses, italianos y mexicanos.

Quizá después de toda esta explicación, usted aún no tenga claro cuál es el objetivo de esta celebración.

Suena mucho a Navidad, y a Año Nuevo, dirá. En esos festejos también damos gracias a Dios, también está la familia reunida, también comemos pavo o tamales.

¿Entonces para qué sirve el "San Guivi"?

Okey. Ya le dí la explicación "oficial". Pero si no quedó conforme, entonces pasamos a mi opinión personal. No es la verdad absoluta, sino mi humilde punto de vista. Un poco cínico, quizá, pero bueno, vale.

¿Para qué sirve el San Guivi, pregunta usted?

¡Pos pa' vender!

Porque el último jueves de noviembre, oficialmente, da inicio la temporada navideña en Estados Unidos. Y los negocios lo hacen saber con bombo y platillo a sus clientes, anunciando en periódicos que preparan la "Venta Madre de Todas las Ventas".

DESDE LAS ENTRAÑAS DEL MONSTRUO

Desde las 6 de la mañana del viernes (al día siguiente de *Thanksgiving*), los consumidores se ponen en sus marcas: Familias enteras se levantan como con cohete de sus camas, y salen disparados a pegar las narices a los cristales de las puertas de las tiendas y los *"malls"*, contando los segundos para que abran.

¿Que se desvelaron la noche anterior con el festejo? ¿Que andan crudos porque se pusieron hasta atrás, brindando, riendo y comiendo con los parientes y amigos? ¡Qué importa! Tres o cuatro aspirinas, una coca y dale pa'l mall, que es la Súper Venta de *Thanksgiving*.

Y es el escándalo.

Desde la calle ve las largas filas de compradores, como si regalaran algo. Las culebras de gentes hasta dan vuelta a la esquina.

Y claro, en los estacionamientos no cabe ni una llanta más. Hay que dejar el auto cuatro cuadras más allá, y caminar hasta la puerta (¡o mejor correr!).

Por supuesto, los comerciantes dicen a todo el mundo que ese día es una "Gran Oportunidad Para Usted, Nuestro Cliente Preferido". Y la gente se la cree.

En realidad, lo que hacen es sacar toda la mercancía que no se vendió en el año, para hacer espacio en los anaqueles para los cargamentos de Navidad por llegar.

Pero, ¿a quién le importan estas explicaciones, si todo está casi regalado? Descuentos del 20, 30, 40, 50 y hasta 60 por ciento en todo, sobre todo aparatos electrónicos.

Y así comienza la rebatiña:

"¡A ver, agárrate esa tele!", grita la mamá a la hija adolescente, que trata de mantener siquiera el equilibrio entre el pantano de gente.

"¿Cuál?", apenas grita la chica.

"¡La que tiene DVD integrado! ¡La de 120 dólares!"

¡Más de la mitad de descuento! Esas teles cuestan más de 300 dólares, "normalmente". ¿Cómo la va a poder dejar ir? No, la señora primero deja ir a la hija con un *"cholo"* antes que perder la oferta.

Mientras la mamá hace malabares con un videojuego, un estéreo y una bicicleta, la hija defiende su tele de 20 pulgadas con dvd integrado como si de su doncellez se tratara.

(Bueno... quizá con un poco mas de entusiasmo).

La defiende como loba. Y quizá tiene razón: Las manadas de compradores salvajes rondan la oferta, en espera de que la muchacha dé una pestañada para arrebatársela.

Es la ley de la selva.

De hecho, usted podrá pensar que estos compradores son exagerados. Que se pasan de codos. Mira, si simplemente son trebejos. Más triques, que terminarán haciendo bulto en algún garaje, antes de ser botados a la basura o regalados en una venta.

Entonces llega usted a la fila de las cajas para pagar. Y se da cuenta de que los compradores tenían razón. Porque si hay gente que tiene la paciencia y el aguante para esperar una o dos horas en las larguísimas colas de las cajas registradoras, lo menos que se merecen los pobres son unos dolaritos de descuento.

No importa que llenemos los carritos de porquerías que jamás usaremos. ¡Si están baratísimas!

Además, uno nunca sabe: Quizá algún día se nos ofrezca usar una chimenea portátil de metal forjado en nuestro porche del patio trasero, ¿verdad? Aunque vivamos en Florida.

(Qué importa que no tengamos ni porche, ni patio trasero, o ni siquiera casa... Por lo pronto, ya estamos preparados con la chimenea portátil. ¡Además, estaba baratísima!)

Lo dicho: el *Thanksgiving*, además de ser el Día del Guajolote, es la celebración más americana que hay. Y por eso, los compradores compulsivos (y las empresas de tarjetas de crédito) tienen razones de sobra para darle gracias a Dios.

—26 de noviembre de 2006

Por fin de armé de valor: Hice un trámite en el consulado... y sobreviví

Por fin lo hice. Después de semanas de ir aplazándolo, al fin me llené de valor y tomé la decisión de una buena vez por todas.

Tomé aliento, y muy solemne, le avisé a mi familia.

"Hay que ir al Consulado".

Lo hice. No lo podía creer, había articulado la frase completa.

Pero ya no había marcha atrás. Ni modo.

Como millones de inmigrantes mexicanos en Estados Unidos, necesitaba acudir al Consulado de México para renovar mi pasaporte. Hacía años que no había ido. Y le sacaba.

Cada vez que pasaba por el edificio del consulado en Dallas, el sentimiento era el mismo: Conmiseración. Conmiseración no hacia el consulado, sino hacia los cientos, miles de personas que día a día se ven haciendo filas enormes para sacar un pasaporte, una matrícula consular, o un permiso vehicular.

Yo siempre le he sacado a eso. Cada vez que necesitaba un trámite, prefería ir a hacerlo a México (y de paso aprovechar unas vacaciones).

Pero esta vez no me escapaba. El pasaporte estaba vencido y debía renovarlo para hacer otro trámite pendiente. Ni modo.

Algunos amigos me habían dado una sugerencia con antelación: "¿No quieres batallar? Ve y habla con el cónsul. Dile que eres periodista, de los medios. Pídele que te 'haga la balona' para no hacer cola".

Confieso que la idea era tentadora. Una suerte de "charolazo" como los que los reporteros hacen en México a cada rato, solo que esta vez no era para entrar de gorra a las cantinas, sino para una causa noble: Ahorrarme el martirio de los trámites burocráticos.

Pero desistí. No por ser un santo, o un paladín de la verdad y la justicia (no lo soy, ni nunca he pretendido serlo), sino por simple vergüenza: Porque, ¿con qué cara iba a criticar a la gente que se cree influyente (periodistas incluídos) si yo mismo caía en lo mismo?

No, preferí seguir el procedimiento oficial: Hacer cola, como todo mexicano. Como todo paisano. Como todo inmigrante. Perder medio día de trabajo, sin comer, sin desayunar.

Para desgracia de mi familia. Y mía.

Llegamos temprano. A sacar copias. El día anterior pasé por el Consulado y pedí las formas y los requisitos. Estaban escritos en una hoja sencilla: Al leerla, me di cuenta con alivio que contaba con todos los documentos. Solo me faltaban las fotos.

Por fortuna, ahí cerca del Consulado (más bien DENTRO del mismo estacionamiento) hay una casetita donde toman fotos y copias. Claro, está siempre atascada de gente. Es como un pequeño consuladito.

"¿Oiga, cuánto por las fotos?", preguntamos, inocentemente. Solo necesitabamos 3 fotos, tamaño pasaporte. No debía de ser la gran cosa, total en Wal-Mart o en cualquier farmacia *Eckerd* nos cobran 5 dólares por 32 fotos.

"Le salen en 15 dólares por cuatro fotos", fue la respuesta.

Eso sí, "instantáneas". Están luego luego, me dijeron.

¡Pero quince dólares! En fin...

Nos tomamos las fotos. Sacamos las copias. Pagamos. Y nos salimos.

"¿Ya nos vamos?", preguntó inocente Cesarito, aburrido por estar esperando cuarenta minutos a las fotos y las copias.

Ja. "Si apenas comenzamos, mi'jito", le dije.

Ni modo. Al menos el consuelo que le quedó al pobre niño fue que lo tuve que ir a sacar de la escuela para los pasaportes. No se podía quejar.

Cuando entramos al edificio del Consulado, el que se quería ir fui yo.

Colas, colas y colas. Laaaaaargas.

La de los pasaportes tenía como veinticinco personas. Y lo peor es que parecía no moverse. Sólo una ventanilla atendía.

Con todo, estábamos en la gloria: Al lado, los que querían sacar matrícula consular la estaban pasando peor. Facilito eran más de cincuenta, y con solo dos ventanillas.

¿Sillas? Unas doce apenas para los pasaportes. Para la matrícula no llegaban a treinta.

Huelga decir que la gente estaba fastidiada. Cansada. Aburrida. Pero qué hacían.

Nuestro consuelo era platicar. Y criticar.

(Porque, ¿acaso no estábamos en una oficina de gobierno de México? Y "a donde fueras...")

Curiosamente, la ÚNICA ventanilla que avanzaba rápido era la de los extranjeros, o sea los no mexicanos: En esa ventanilla decía VISA A EXTRANJEROS, y no tenía colas ni esperas. Los pocos que llegaban los atendían como de rayo.

"¿Ya nos vamos?", repetía su mantra Cesarito.

"No, todavía no", respondí mecánicamente.

"¡Qué lentitud!", se quejaba mi esposa Esther, mientras llenaba una forma de quejas y sugerencias (enfocándose, claro en las quejas). "La fila no avanza. Mira, parece que estamos en cualquier oficina de gobierno en México".

La miré, sonriendo: "¿Y DÓNDE crees que estamos?".

Sí, es Dallas. Es Texas. Estados Unidos. Pero allí, precisamente, dentro del Consulado, ya es México legalmente. Un pedacito de la patria. "Un cachito de lo nuestro", como dice el comercial.

Y parece que sus funcionarios son los principales interesados en recordárnolos.

"¿Porqué no ponen más gente a atender?", se desesperaba Esther.

"Pos porque no tienen", respondí.

"¿Y qué hacen con todo el dinero que la gente les paga por los trámites? ¿A dónde va?"

Buena pregunta. Contra lo que se puede suponer, los consulados NO reinvierten los ingresos que obtienen por pasaportes o visas, según nos informó un cónsul. No, lo envían a México, todito, a la Secretaría de Relaciones Exteriores (SRE)... que se encarga de DISTRIBUÍR esos ingresos en base a SU criterio.

O sea, no importa que un consulado recaude mucho dinero por concepto de pagos por trámites, seguro que no va a recibir esa misma cantidad de regreso, sino menos. Mucho menos. Y hágale como quiera.

Por ejemplo, el consulado de Dallas durante el año 2003, recibió un presupuesto de apenas 1 millón de dólares, según contó el cónsul Carlos García de Alba. Y eso lo debe usar para pagar todo lo necesario: Mantenimiento, renta del edificio, comprar papelería, etc., etc.

"Somos víctimas de nuestro propio éxito", comentaba una vez un cónsul alterno de Dallas, Julián Adem, al hablar de los trámites como la matrícula consular. Habían trabajado mucho para promover su uso entre los paisanos, y organizaciones públicas y privadas de Texas. Cuando la aceptación fue amplia, los inmigrantes se volcaron a tramitarla. Y el Consulado hizo agua.

"Mira nada más las computadoras", pensé en voz alta, entre dientes, mientras pasaba mi primera hora y media en la fila. Seguro eran modelos IBM 486, de principios de los noventas. Con razón el empleado se tardaba: A semejantes antiguallas casi tenía que darles cuerda con manivela para que funcionaran.

Tardamos, tardamos y tardamos. Por lo menos la gente estaba de buen humor. Había un guardia de seguridad que hacía rondines: Un señor mayor, bajito, de bigote y lentes con acento caribeño que se la pasaba bromeando con nosotros. Como para hacernos más llevadero el martirio.

Por fin llegamos a la ventanilla. Entregamos todo.

"Oh, oh, hay un problema", nos dijo la muchacha. Muy amable, muy gentil, muy profesional... pero había UN PROBLEMA.

Necesitábamos una identificación de Cesarito, para renovar su pasaporte.

"Pero mírelo, mírelo", casi le grité suplicante a la chica, mientras le torcía la cara a Cesarito para que lo viera. "Es él".

"Necesitamos una identificación, aunque sea la boleta de la escuela", fue al respuesta. "Es requisito".

La muchacha sacó una hoja de requisitos, como la que yo había ido a pedir el día anterior, para evitar sorpresas. Sí, ahí con letras negras y claras decía: "Menores de 18 años, identificación de la escuela, como boleta de calificaciones o cartilla de vacunación".

"Oiga, eso no estaba allí ayer", le dije. Saqué mi hoja, la que yo había pedido 24 horas antes. No, no estaba allí. Menores de 18 años no decía nada, sólo "acta de nacimiento y pasaporte anterior".

La muchacha estaba extrañada. "Voy a decirle al cónsul que cambie esa hoja, y que incluya todos los requisitos", ofreció, sonriente y amable.

"Sí, por favor. Que ponga santo y seña, para que no pase esto", le supliqué.

Pero ya para qué. No había nada qué hacer, ni modo. Había que volver OTRO día.

Eso sí, la muchacha aceptó nuestras solicitudes de pasaporte. Y hasta nos preparó la de Cesarito para que al día siguiente solo le agregara lo que faltaba.

¿Fue una experiencia traumática, mi cita con el consulado? Fue lenta, es cierto. Fue tardada.

Pero no, no fue peor que cualquier otro trámite, en cualquier otra dependencia de gobierno, de México o Estados Unidos.

Dicen que la cosa está cambiando. Que los Consulados están metiendo trámites por internet, que están haciendo todo más ágil.

A la mejor. Ojalá. Quiero creerlo. Por el bien de todos los inmigrantes y hasta de los propios empleados consulares.

Por eso, no me haga caso con mis quejas. Quizá exagero, lo reconozco. El problema a la mejor soy yo. (No sea que vayan a correr a alguien del consulado por mi culpa)

Porque, debo confesarlo, ODIO los trámites burocráticos.

Pero no creo que haya alguien (un sólo ser en este mundo) al que le ENCANTEN estos trámites. Que los haga por *"hobby"*, o que se sienta realizado de ir a perder horas y horas parado en una oficina, por muy bonita y eficiente que sea.

¿O a usted sí?

—3 de diciembre de 2004

Y volví a ir al Consulado...(Parte II)

Volví a ir al Consulado de México. De nuevo, a tramitar el pasaporte que me faltaba para mi familia, el de mi hijo, Césarito.

Y otra vez, me salieron con trabas.

Otro papel faltaba. Otra copia estaba mal. Otro retraso.

"¿Puede venir mañana?", me preguntó la muchacha de la ventanilla de pasaportes. Muy amable, muy eficiente, muy simpática...

(...¡Pero no me dio el pasaporte!)

"Ayer me entregó una copia fotostática de un acta de nacimiento equivocada", me explicó. "¿Podría traer el acta buena mañana?"

"Mañana trabajo", respondí en un tono de lamento. No sé si por ella o por mí. (Rectifico: Por mí).

"Mándemelo por fax."

"Tengo el papel en mi casa. Y allá no tengo fax."

Y era verdad, lo juro. ¿De dónde iba a sacar un fax en mi casa?

Un día antes, esa señorita me había dicho que podía regresar al otro día para concluir el trámite, que ya no tenía que hacer cola. "Sólo acérquese a la ventanilla y lo atiendo".

Lo que nunca me aclaró, es que eso mismo les dice a TODOS los que les falta un papel, y tienen que volver.

Resultado: Habían dos colas frente a su ventanilla. La de los que iban por primera vez, y al ladito (junto a la ventanilla) la de los que ya habíamos ido antes pero que nos faltó... "Un papel".

Aún con todo, la experiencia pudo haber sido peor. El personal del consulado fue amable. No fueron groseros. No me negaron el pasaporte. Me tardaron, es cierto, pero ¿qué puede uno esperar de una oficina de gobierno?

Muchas otras personas llegaron, entregaron sus documentos (completos y en regla), pagaron y les entregaron sus pasaportes dos o tres horas después. Sin problemas, sin preocupaciones.

Y seguro no les importó que el baño tuviera o no papel.

(Ni puertas.)

Volví al día siguiente. La muchacha de la ventanilla (¿Cómo se llamará? Es muy simpática y eficiente, repito. La culpa de mis desgracias no es suya, seguro sólo sigue reglas) me recibió con una enorme sonrisa. Me puso enfrente de la fila (a pesar de las miradas asesinas de más de un paisano) con un: "¿Ahora sí ya trajo el acta?"

"¡Sí!", casi grité en triunfo. Le entregué el acta de nacimiento mencionada. Por si acaso, andaba bien pertrechado, con todos los documentos que encontré en mi casa bajo el brazo, en un portafolio. Ni la carta a Santa Claus se me olvidó.

La muchacha vio el acta. Asintió.

"Le tendré el pasaporte listo hoy, a las doce", me dijo.

¡No lo podía creer! Miré el reloj: Las 10.

"¿Tan pronto?", le pregunté, incrédulo.

Ella me lo aseguró. No tuve motivos para dudar, pero tampoco tenía corazón para comprobarlo.

Así que dejé pasar un día, y volví al día siguiente a las 12.

El pasaporte ahí estaba. Con la foto de Cesarito y su sonrisa medio torcida (muy *"cool"*, dirán los niños de su edad. O eso creen. Un niño de ocho años nunca se atreverá a que lo fotografíen con sonrisas "bonitas", *"nice"* o *"cute"*, serían el hazmerreír de la tropa). Por fin.

Mientras analizaba la situación, allí en medio de una oficina de gobierno de México, en Dallas, pensé que mi caso no era único. ¿Para qué me quejo? Seguramente, a los largo de los cincuenta estados de la unión americana, otros consulados están iguales.

O peores: Saturados de gente que hace trámites, ya sea para volver de vacaciones a México, para sacar permiso a sus autos para cruzar la frontera, o sacar pasaportes para un trámite ante el Servicio de Inmigración.

Vaya, la bronca comienza hasta el momento en que uno llega, pues no hay donde estacionarse. Hace dos años el consulado consiguió que le prestaran el terreno de al lado, para construír un estacionamiento, y con eso doblar sus espacios. Pero ni así.

Y aún con todo, México es el país que más consulados tiene en Estados Unidos: Alrededor de 45. El país que le sigue por número de consulados es Canadá, y apenas tiene alrededor de 17.

Y aún así son insuficientes. No es raro ver que familias enteras deben viajar días, gastando dinero, gasolina y tiempo para trasladarse hasta su consulado más cercano.

El Consulado de Dallas, por ejemplo, abarca una jurisdicción enorme: 130 condados de Texas, todo el estado de Arkansas, e indirectamente los estados de Oklahoma, Kansas y Missouri.

Han hecho hasta consulados "móviles", en los que personal de la oficina cada cierto fin de semana se traslada a pueblos o estados vecinos, a hacer casi todos los mismos trámites que se hacen en el consulado: Pasaportes, matrículas consulares, etc. Estos consulados "móviles" —de otras jurisdicciones— han llegado hasta Alaska y Hawaii.

Pensando esto, no me sentí digno de quejarme. Volteé a ver el baño de hombres, y entré, mientras cavilaba.

Solo habían dos inodoros. Sin puertas. Estaban ocupados por dos "paisanos", quienes (desvergonzadamente o porque no tenían de otra) hacían sus necesidades tranquilamente, casi a la vista de todos los que entraban. "Quizá estoy siendo demasiado exigente", me dije.

El baño no tenía papel, ni siquiera puertas, es cierto.

Pero por lo menos NO tuve que viajar una semana desde Oklahoma o Arkansas a sacar los pasaportes.

Lo dicho: Quizá me estaba volviendo demasiado exigente.

—10 de diciembre de 2004

Mi experiencia tercermundista en un hospital primermundista

Después de todos estos años viviendo en Estados Unidos como inmigrante, hace apenas unas cuantas semanas por fin me pasó lo que tanto esperaba.

No, no me saqué la lotería. Tampoco me hice ciudadano americano ni me invitaron a recibir una medalla a la Casa Blanca.

No, lo que me pasó fue que por fin me tuvieron que llevar de emergencia a un hospital. Tantos años temiendo este momento, y por fin pasó.

¿Cómo me fue? Aún no sé. Quizá bien, porque no me morí.

Pero eso es quizá lo único bueno que saqué de la experiencia.

El dolor comenzó levecito, casi nada. Unas punzaditas en los riñones. "Debo dejar de estar tanto tiempo sentado", me dije.

Luego, lo olvidé.

El dolorcito regresó. Poco a poco.

Una noche que acaba de llegar a casa, platicaba con mi familia, y al terminar de cenar, me levanté.

Sentí una punzada fuerte en el costado izquierdo, que aumentó.

Fui al baño, a ver si se me pasaba. Cuando salí, ya no sentía una punzada, sino una patada de caballo en mi costado.

Obvio, debimos ir corriendo al hospital.

"No vayan al *Parkland* (el hospital municipal de Dallas) porque nunca te van a atender", nos aconsejó por teléfono mi cuñada, mientras íbamos mi esposa y yo en el auto. Eran las 12 de la noche.

Por eso fuimos a un hospital privado, que está casi enfrente de mi casa. "Al cabo te van a cobrar lo mismo, porque no tienes seguro médico", me aconsejaron.

"Por lo menos me atenderán mejor", pensé, en medio del dolor que me doblaba.

Mi situación, después de todo, no la sentía desesperada: No era particularmente saludable, pero tampoco enfermizo. No era ni joven ni viejo. Tenía buenas posibilidades de sobrevivir, fuera lo que este dolor fuera.

Además... ¡Estaba en Estados Unidos! En el Primer Mundo. "El País Más Poderoso de la Tierra", por Dios. Y de pilón, ¡estaba en Texas! Un estado que se distingue por su excelente calidad en la medicina. Tan sólo en Dallas hay no sé cuántos premios Nobel de Medicina trabajando en sus centros médicos, ¿no?

Ja-Ja. Iluso de mí.

Por principio, al llegar casi arrastrándome de dolor al mentado hospital "privado", lo primero que hicieron las enfermeras del área de Emergencias fue pedir que escribiera mi nombre en la hoja de recepción, y ordenarme que me sentarme en la sala de espera.

Ahí, en medio de los gemidos de dolor (míos, claro), estaban como cien personas más que ya tenían horas esperando ser atendidos.

"Bueno, quizá ellos vienen por un catarro", pensé, mordiéndome la lengua. "No se ven enfermos. Seguramente me van a dar preferencia a mí".

Triple JA-JA.

Media hora después la enfermera me llamó. "¡Por fin!", suspiré.

La mujer sacó unos papeles y me preguntó datos. Nombre, dirección, teléfono. Me tomó la presión, y me mandó a sentar de nuevo.

Ya para entonces casi no podía caminar.

Me volvieron a llamar. Esta vez pasé al cuarto de al lado. Una secretaria (vestida de enfermera) me preguntó de nuevo datos. Me pidió identificaciones, seguro social y me preguntó si tenía seguro médico. Le rezongué que no, a punto de caerme al piso. Siguió anotando en su computadora. Me colgó en la muñeca una pulserita de papel con mi nombre ("como para identificar a los bebés", pensé. Luego se me ocurrió: "También a los muertos")... y me mandó a sentar a la sala de espera.

Todo era terrible. El dolor ya no era dolor, sino algo peor. Un infierno. Sudaba, me retorcía, gemía y todo me daba vueltas.

Nadie se enteraba.

"Oiga, señorita, disculpe, ¿ya mero me atenderán?", pregunté.

"Aún no viene el doctor, *sorry*", respondió la gringa.

"¿Y para cuándo? La verdad es que me duele mucho...".

Miró el reloj. "Una o dos horas más. No hay nadie de guardia".

No sé si para dar lástima o para aplacar el dolor, me dio por hacer la vuelta olímpica por toda la sala de espera (lo mejor que pude, dadas las circunstancias. Léase: Casi a rastras).

Pero aún faltaba lo peor: El vómito.

Ni siquiera me avisó. Comencé a sentirme mal y puse ojos de canica ante la enfermera. Ya para entonces mi esposa estaba que se la quería comer viva.

"¡Se va a vomitar y no lo atienden!", gritaba mi esposa.

La enfermera se veía preocupada. Me miró. Volteó hacia un cajón. "Por fin me va a pasar con alguien", pensé.

Me dio una palangana: "Mire, vomite ahí".

Tomé la palangana, ya sin fuerzas, apenitas justo a tiempo para soltar el primer vómito.

"¡*Guaaaaaaaajj*!", gemí.

"¡*Eeeeeewww*!", escuché un coro a mis espaldas (el equivalente en inglés de "¡Guácala!"). Eran los otros pacientes, que se voltearon a otro lado, asqueados al verme echar mis entrañas del monstruo a la palangana. Una muchachita se subió el cuello del suéter para cubrirse toda la cara.

Para el quinto vómito, ya hasta me habían cambiado la palangana (los vómitos parecían algo muy común para el personal de esa sala, por lo visto), y me sentía muy débil.

"¡Si no lo atienden se va a desmayar!", reclamaba mi esposa.

Vi la cara de preocupación de la enfermera. "Ahora sí, los espantó", pensé, esperanzado. Lo último que querría un hospital es una demanda porque un paciente se desmayó por no atenderlo.

La enfermera me miró. Volteó y desapareció por la puerta. Regresó unos instantes después.

Traía una silla de ruedas.

"Tenga, siéntese aquí".

Por si me desmayaba, por lo menos que lo hiciera sentado.

Me senté, y ella regresó a su escritorio. Como si nada.

Pasó otra hora. El dolor seguía. El vómito seguía... pero yo estaba sentado en una silla de ruedas, faltaba más.

Ya para entonces todos en la sala de espera se habían ido. Los habían pasado con médicos o se habían retirado. Nosotros éramos los únicos en la sala, mi esposa y yo (o lo que quedaba de mí).

A las 3:30 de la madrugada por fin, a regañadientes, me pasaron a una salita. Me tomaron el pulso, me pusieron suero, me dieron una de esas ridículas batitas que muestran más de lo que ocultan y me pusieron en una camilla.

Me pusieron una inyección para el dolor, que me amensó. Y me pasaron a una de esas máquinas de rayos X o ultrasonido.

Media hora después llegó un doctor joven y sonriente.

"Tiene usted una piedra en el riñón", anunció jovial.

Quería matarlo por la sonrisita, pero estaba muy anestesiado.

"¿Entonces, qué?", apenas pude preguntar.

"Nada. Es todo. Se puede ir a su casa".

Me quitaron el suero. Me dieron mi ropa y me enseñaron la puerta.

Tiempo total de la espera: 3 horas y media.

Tiempo total de atención médica: 20 minutos.

Pero venía lo peor: A las dos semanas me llegó un cobro por 3 mil 900 dólares, por el mentado rayos X, de parte del hospital.

Luego, me llegó otro cobro, por 400 dólares. Por el mismo servicio... pero esta vez de parte de la empresa subcontratista que manejaba la máquina donde me metieron.

Después, me llegó OTRO cobro, de 350 dólares... Por el mismo servicio, pero esta vez de OTRA empresa subcontratista que le trabaja al hospital.

La piedrita me costó casi 5 mil dólares (que aún no he pagado, y ni sé de dónde voy a sacar dinero), pero lo peor es que todavía la tengo.

Imagínese cuánto me cobrarían si voy a que me la saquen.

Cierto, Estados Unidos es el país más rico del mundo. El más poderoso. Texas es una de las mecas de la medicina moderna, y en Dallas hay muuuuuchos premios Nobel trabajando en sus hospitales.

Pero para nosotros, ciudadanos comunes y corrientes (americanos o inmigrantes) eso NO significa atención rauda, esmerada y de primer mundo.

Esperé en ese ultramoderno hospital de Primer Mundo en Texas lo mismo que hubiera esperado en cualquier hospital del Seguro Social de México. Pero NO me curaron. Y de pilón me cobraron suficiente como para remodelar toda la sala de espera. (Y ni siquiera llevará una placa con mi nombre).

Para los pacientes pobres de todo el planeta (incluso los del primer mundo), sólo hay un mundo: El tercero. Y en todas partes es igual.

—17 de diciembre de 2004

En Estados Unidos su palabra es sagrada ... a menos que usted sea mexicano

Cuando estaba en sexto de primaria, mi maestro (que, por aquellas cosas de la vida resulta que también era... ¡mi papá!), nos ordenaba trabajos de matemáticas, siguiendo un procedimiento siguiendo pasos específicos. Todos entregábamos el resultado, y mostrábamos el procedimiento seguido, para comprobar que todo lo habíamos hecho bien.

Había un compañero gordito, apellidado Orozco, creo. Muy afable y tranquilo. Llegó al escritorio de mi maestro-papá (horror, aún no me puedo acostumbrar a la frase) mostrando el resultado del problema.

"¿Y el procedimiento?", preguntó el maestro, severo.

Orozco tartamudeó. "Lo tengo en otro cuaderno".

"Oh, oh", pensé. "A éste lo van a fregar".

Sorprendentemente, mi papá-maestro le devolvió el cuaderno a Orozco y dijo en voz alta, para que todos oyéramos: "¡Yo sí le creo, porque usted es muy legal!"

Yo me quedé estupefacto.

¿No iba el maestro (que era mi papá, le recuerdo) a ir a verificar ese segundo cuaderno del que Orozco habló? ¿Qué tak si ni existía? ¿Y si Orozco mentía? ¿Porqué el maestro no tenía esa misma confianza con todos nosotros, los demás?

Y lo más importante: ¿Porqué el maestro no se portaba igual CONMIGO? ¡Si a fin de cuentas yo era su hijo!

(Después se me ocurrió pensar que mi papá no me trataba igual PRECISAMENTE porque yo era su hijo, y conocía perfectamente mis mañas.)

Como quiera, esa actitud de tanta confianza que mi padre mostró en aquella ocasión me pareció muy extraña. Y nos sigue pareciendo a los mexicanos.

No concebimos que haya algo llamado confianza. No a nivel de pueblo, de país.

Ah, claro, confiamos en la familia, en los hijos (excepto los maestros, aclaro). Confiamos en los amigos. A nivel personal no hay problema.

Pero a nivel país, a nivel trabajo, a nivel mentalidad como pueblo, somos completamente desconfiados del prójimo.

A todos les pedimos comprobantes de lo que dicen, pedimos pruebas irrefutables.

No porque seamos desconfiados por naturaleza. No nacemos así. Lo que pasa es que nos hemos hecho así a fuerza de tanta transa entre nosotros.

Por ejemplo, si usted va a declarar algo ante una autoridad en México, seguro le van a pedir pruebas. Comprobantes. Originales, o copias ("apostilladas y notarizadas"). Y si se puede, hasta firmadas con sangre. Y aún así le aseguro que no pocos querrán comprobar si el ADN de esa sangre corresponde efectivamente al suyo.

Si en un documento su nombre aparece como Fco. en vez de Francisco, ¡ah, ya se puede esperar que se la hagan de tos! Ese "no es usted", "es un fraude", "falsificación", etcétera. Y se las verá canutas para comprobar que no hay transa.

Esta mentalidad de nosotros los mexicanos y latinoamericanos en general contrasta totalmente con la mentalidad gringa. En Estados Unidos, usted no tiene que comprobar nada, con su palabra basta y sobra.

Ante una corte, ante una oficina de gobierno, ante cualquier autoridad, generalmente basta con que usted levante la mano derecha y jure decir "la verdad, sólo la verdad, y nada más que la verdad" para que todo mundo le crea.

Porque usted LO JURÓ.

En solicitudes o formas y contratos siempre hay una cláusula que dice al final: "Declaro bajo juramento que la información que presenté aquí es la verdad. Firma". Hasta en los contratos para servicio telefónico.

(Cuando en una corte, el juez solo tiene que decirle al declarante: "Le recuerdo que está bajo juramento", para subirle el ritmo cardiaco a más de uno.)

En Estados Unidos, la palabra de uno sí vale.

Y no es que los gringos sean unos dechados de honestidad, ni que no se sientan tentados a mentir. Muchos lo hacen. Pero la mayoría se abstiene de mentir, no por decencia o moral, sino que uno no sabe si ya se dieron cuenta de que miente, y lo están dejando ahorcarse a usted mismo.

(Acuérdese que en un juicio le pueden agregar cargos de perjurio.)

¿Cómo estar seguros de no fallar, de no "regarla"? Simple: Mejor no mienten.

Algunos se la juegan, y mienten. Pero si los cachan, ya pueden irse encomendando al santo de su devoción.

Porque el perjurio, en Estados Unidos, es un delito enorme. Gravísimo. Si se descubre que usted mintió, le puede ir peor que por el delito mismo.

Tuve mi primera experiencia al respecto al año de llegar a Estados Unidos. Tenía que declarar mis impuestos, y acudí con Basurto, un contador mexicoamericano que trabaja para hispanos en Dallas.

"Puedes deducir las millas que manejas en tu carro, si lo usas para tu trabajo de reportero", me recomendó.

"¿Y cómo hago eso?", pregunté.

"Simple. Cómprate un cuaderno, o una libretita. A donde vayas, anota cuántas millas recorres en cada trayecto, basándote en el odómetro. A fin de año te descuentan por cada milla recorrida y te pueden reembolsar ese dinero".

Mis ojos debieron haberse abierto como canicas, porque Basurto me vió extrañado.

"¿Y la oficina de recaudaciones, el IRS, acepta como documento válido una libretita escrita con pluma de mi puño y letra?", pregunté extrañado. Aún no lo podía creer.

"Claro. Ellos suponen que si tú te tomaste el trabajo de escribir y anotar cada milla durante todo el año, entonces debe ser cierto. Simple, ¿no?"

Algo similar nos pasó cuando solicitamos un préstamo hipotecario para nuestra casa. Teníamos ciertas fallas en el crédito. Creímos que ya la causa estaba perdida. Hasta me imaginé la casa con alitas, que se alejaba de nosotros.

"No hay problema", declaró Amy, una jovencita que nos estaba ayudando con el trámite. Encendió su computadora, y comenzó a escribir una carta. "Soy César Fernando Zapata, y estoy solicitando un crédito hipotecario. Tengo algunos problemas de crédito en tal y tal fecha, pero por medio de esta carta me comprometo solucionarlos. Estamos entusiasmados por nuestra nueva casa, y les aseguramos que cumpliremos con los pagos a tiempo".

Amy le extendió una pluma y me hizo firmarla. "Con esto basta", declaró. Envió la carta junto con todos los papeles y me la aceptaron, igual que hubiera sido un documento con el sello de las barras y las estrellas, firmado por el mismísimo George W. Bush.

Lo dicho, en Estados Unidos, la palabra es sagrada. Si tú les juras, te creen. Y lo hacen de buena fe.

"Los gringos son muy inocentes", se reía un cuate una vez, luego de haberle "visto la cara" a un güero. Se sentía muy "picudo" por la "hazaña". Se jactaba que a él nunca lo hacían menso.

Yo, en vez de seguirle el juego, me molesté. "Sí, y tú abusaste de esa confianza".

"¿Qué te traes? ¿Pus de qué lado estás?", me reclamó.

"Lo que pasa es que por esa clase de actitudes ahora nos tienen a todos los mexicanos por mentirosos", le expliqué.

Y es cierto. En estados como Texas, cada vez menos gringos creen en la palabra de los mexicanos.

Cada vez más agencias de gobierno y oficinas están pidiendo pruebas "irrefutables" de que nosotros decimos la verdad. Ya no nos creen ni nuestros juramentos.

Como dijimos, no es que nazcan desconfiados. Es que tanta transa los está haciendo así.

Lo peor es que no piden pruebas a otros gringos, sino solo a los mexicanos.

¿Discriminación? No creo. Más bien una palabra peor: DESCONFIANZA.

Como comentó una funcionaria municipal una vez a un amigo, que acudía a hacer un trámite: "Antes no pedíamos tantos papeles, pero nos dimos cuenta de que mucha gente cometía fraude", suspiró moviendo la cabeza. "Ahora debemos estar seguros".

No sé si felicitarlos por hacerse más estrictos. O lamentarme por nosotros, los que causamos ese cambio.

******

Para los que se están preguntando cómo me fue con mi cita de la residencia en Inmigración, les diré que todo estuvo bien. Tranquilo. Un trámite de ventanilla, nada más: "A ver sus papeles. Gracias. Firme aquí, por favor. Ponga su huella acá. Muy bien. En seis meses o un año recibirá su tarjeta, mientras use este sello para viajar. Gracias, y que tenga un buen día".

Tiempo total de espera y trámite: Una hora. Todos muy amables, muy profesionales y razonables. Lo dicho, Inmigración está cambiando. Ojalá así se comporten siempre, y con todos sus clientes.

—31 de diciembre de 2004

Ciudades gringas: Limpias, bonitas, arregladas... a la fuerza

¡Ah, el sueño americano! Tener un salario (ganando en dólares), vivir en el Primer Mundo (gastando en dólares), tener su casita propia (que costó MILES y MILES de dólares que luego uno no sabe ni de dónde va a sacar)...

Una casita con jardín, en los suburbios, donde los niños salgan a jugar a la calle; donde los vecinos se saludan por encima de la cerca mientras riegan las plantitas de sus jardines, y donde uno puede cocinar carne asada con los amigos los fines de semana.

Eso es lo que la mayoría de nosotros, más o menos, piensa al emigrar a Estados Unidos, ¿o no?

¿Es un sueño o es una realidad torcida? Ni lo uno ni lo otro. Para muchos, es un sueño, sí (y nunca dejará de serlo). Para otros, en cambio, es un sueño realizable.

Muchos inmigrantes que provienen de ranchos con casas de adobe y suelos de tierra lo ven como la culminación de sus esfuerzos al llegar a este país: Su casita propia, bonita, arreglada, con jardín, limpia...

Es la imagen que todos tenemos, y confieso que es la imagen que yo tenía cuando compré mi casa en Texas, hace un año.

Siempre me preguntaba, ¿cómo es posible que en Estados Unidos todos puedan tener su casa bonita, limpia, con jardín lindo, y en México sólo sea esto privilegio de los ricos?

Aclaro: No se necesita tener dinero para tener una casa bonita y limpia en México. Pero cuando vemos una de esas viviendas (no en las colonias residenciales, sino en cualquier colonia común y corriente, "popular") como que resalta entre las demás.

Es decir, una casa de ésas en muchas partes del mundo es la excepción, no la regla, al contrario que en Estados Unidos.

Vaya, si hasta Archi, el personaje de los cómics tenía su casa bonita. Igual que Torombolo, Betty y toda la pandilla, ¿se acuerdan? Puros jardines, cocheras y calles pavimentadas y limpias.

Y no era barrio de ricos el de ellos, porque siempre andaban quejándose de la falta de lana (a diferencia de Verónica, claro, la hija del millonario Sr. Del Valle).

El caso es que cuando compré mi casa, pasaron apenas algunos días cuando me di cuenta por qué los suburbios gringos están siempre tan bonitos.

"Nos llegó una carta del municipio", declaró mi esposa, tras recoger el correo.

"¿Y eso?", pregunté al abrir el sobre. Ese día iba yo todo socroso, sudado y cansado: Andaba tirando los palos de la cerca vieja que tumbamos en el patio de atrás.

La cartita, con sello oficial y todo, decía más o menos así:

"En un esfuerzo por mantener nuestra ciudad de Garland, Texas, bonita como siempre, todos los habitantes necesitamos colaborar".

"Claro que sí ", pensé. "Es obvio. Totalmente de acuerdo".

"Por eso", continuaba la carta, "CORTE EL PASTO DE ENFRENTE O SUFRA UNA MULTA DE 160 DOLARES".

¡Órale! Con tanta bronca tras comprar la casa, con la pintada, la tirada de cerca, la cambiada y la recogida de basura, lo último que nos acordamos es en cortar el pasto.

Pero no al municipio. Alguna cuadrilla de inspectores había pasado por aquí y nos había echado un ojo.

La carta continuaba:

"El pasto no debe sobrepasar las 12 pulgadas de alto, por regulación municipal".

Y ahí me tienen con una reglita midiendo las hierbas. "¡Esta yerba mide 11 pulgadas, que no sean exigentes!", reclamé en voz alta. Pero no había a quién reclamar.

Sólo había tres opciones: 1) Rebatir a la ciudad (¡Ja!); 2) No hacer nada y que nos multaran o,...3) Cortar el pasto.

160 dólares es mucha lana, pensamos. Podríamos invertirlos en comprarnos una podadora, que fue lo que hicimos.

Una vez que estrené la maravillosa pieza de ingeniería jardineril, todo el patio (de adelante y atrás) quedó limpiecito. Cortado al ras. Como casa de los cuentos de Archi.

A los dos días revisé el correo.

Otra carta del municipio.

"¡Y ahora qué onda!", me pregunté. La abrí y decía:

"En un esfuerzo por mantener nuestra ciudad de Garland, Texas, bonita como siempre, todos los habitantes necesitamos colaborar."

Ajá, claro, eso ya me lo sé. Seguí leyendo:

"Por eso CORTE EL PASTO DE LA VEREDA DE LA COCHERA DE ATRÁS O SUFRA UNA MULTA DE 160 DOLARES".

Sabía que algo se me había olvidado. Seguí leyendo:

"El pasto no debe sobrepasar las 12 pulgadas de alto, por regulación municipal".

Okey, okey, fui y medí el mentado pasto de la cochera de atrás. Sí, apenas llegaba a las 12 pulgadas y cachito, qué exigentes. Pero bueno, *no problem.*

Busqué un azadón (la maquinota cortahierbas no pasaba por ahí) y corté el pasto que se pasaba del límite.

Terminé con lumbago, pero eso sí: Un patio trasero limpiecito. Me olvidé del asunto.

A la semana llegó OTRA carta.

"Es del munici...", me comenzaron a decir.

"Ya sé, ya sé", dije mientras la abría, resignado.

De nuevo, la letanía: "En un esfuerzo por mantener Garland bonita... bla-bla-bla... NO VEHÍCULOS VIEJOS O DESCOMPUESTOS EN LA COCHERA DEL PATIO DE ATRÁS".

!!!???

De inmediato vi atrás. Mi cuñado había dejado una camioneta *Van* vieja, que usaba para el trabajo, encargada mientras buscaba dónde llevársela. La cochera de atrás está casi oculta, se entra sólo por el callejón. Está en MI propiedad, no en la calle, a la vista de todos.

Pero eso, aparentemente, hacía de Garland una ciudad "más fea".

Esto es el colmo, pensé. Luego, vi la advertencia: "Si no mueve ('su carcacha', se leía entre líneas), recibirá una multa por 200 dólares".

¿Cuál fue mi reacción? Claro: De inmediato le dije a mi cuñado que moviera su camioneta.

Días después, por fin pudimos llevar todos los palos de la cerca vieja al patio de enfrente. Iba a pasar el camión de la basura, para llevárselos. Echamos todo lo que los propietarios anteriores habían dejado "olvidados" en el garaje, pero dejamos afuera una lavadora vieja, por ser muy pesada.

Aclaro: La lavadora estaba en MI garaje, sobre MI pasillo, dentro de MI propiedad. Oculta, fuera de las miradas de todos.

A la semana recibimos OTRA carta:

"En un esfuerzo por mantener Garland bonita... ¡QUITE SU LAVADORA (vieja y fea, se leía entre líneas) DE LA COCHERA!"

Multa: 150 dólares.

La lavadora desapareció como por arte de magia. Recuerdo que esa mañana la movimos mi cuñada y yo, a empujones, patadas y topes (estaba pesadísima). A pesar de que caía un diluvio. A pesar de mi hernia.

En mi agonía, recitaba en voz baja mi mantra de consuelo: "150 dólares... 150 dólares".

Días después, me piqué la pata con un clavote oxidado, mientras sacaba más palos de la cerca de atrás. Corrimos al hospital, no fuera a darme tétanos. Anduve con el pie vendado varios días, hasta que me recuperé. Cuando quise volver a cortar el pasto, una piedrota rompió las cuchillas de la podadora y tuvimos que mandarla a reparar.

Cuando pude caminar bien, vi que nos había llegado el correo, y (¡qué cree!), había OTRA carta de la ciudad.

"En un esfuerzo por mantener Garland bonita...".

Casi la rompo al leer las primeras líneas, pero seguí leyendo:

"CORTE LA HIERBA MALA DE LA COCHERA DE ATRÁS".

Ya ni vi la multa a que me exponía.

¡Pero cómo cortar la hierba, si no tenía podadora! Seguía descompuesta. De todas maneras, me dieron dos semanas para cumplir.

La podadora llegó dizque arreglada, pero apenas duró unos minutos y se descompuso de nuevo.

El día antes de que venciera el plazo, llovió a cántaros.

"Lo corto mañana", pensé, mientras me acostaba a dormir. "Seguro en la mañana mejorará el clima".

Llegó la mañana. A las 5 de la madrugada me levanté, listo para cortar las hierbas aunque fuera con tijeras.

Seguía lloviendo. A cántaros. Peor que la noche anterior.

Ni modo: Ahí me tiene a las 5:30 de la madrugada, tiritando de frío, en medio de la lluvia, tapado con impermeables y la cabeza envuelta en una bolsa de plástico, arrancando zacate, hierbas y hasta flores a jalón limpio, con las manos, y unas tijeras de jardinero.

No podé las hierbas, pero al menos las rasuré hasta que quedaran por debajo de las "12 pulgadas" mentadas. Y hasta con regla las medí.

Exhausto, cansado, agotado, me fui a trabajar.

Ahora es invierno. El pasto no crece. La máquina sigue descompuesta, pero por lo menos no hay preocupaciones.

La bronca es que en primavera llegarán de nuevo las cartitas. Las amenazas de multa, "para mantener a Garland bonita"... y de nuevo la batalla de todos los días.

¿Se preguntaban por qué la mayoría de los barrios de Estados Unidos se ven limpios, arreglados, bonitos? He aquí la respuesta.

No es porque los gringos hayan sido diseñados genéticamente para ser limpios, arreglados y bonitos, ni que esa sea su cultura.

No, en buena medida, es porque los OBLIGAN. Porque los multan si son dejados. Porque hay inspectores que vigilan que todos esos barrios se vean como en un cuento de Archi. Y sobre todo que se mantengan así.

Estas inspecciones no sólo incluyen el pasto, ni los carros o las lavadoras de la cochera, se fijan en todo: Que la decoración de las casas no desentone con el barrio, que no se construya más o menos de lo permitido, que no se dejen latas de aceite tiradas, que no se contamine con llantas o metales abandonados...

Suena estricto. Suena fascista. Pero es el precio que se tiene que pagar si uno quiere un barrio bonito.

Creo que aquí hay una gran lección: Si en México y en cualquier país de América Latina queremos ciudades limpias, arregladas y bonitas (¡como en los cuentos de Archi!), nos van a COSTAR.

No es cosa de magia, ni de Primer Mundo, ni de tener dinero. Es cosa de OBLIGARNOS a mantener nuestras colonias limpias, bonitas y arregladas. Y si no lo hacemos, que alguien nos meta fuertes multas.

Las ciudades lindas no caen del cielo, ni brotan espontáneamente. Son el resultado del esfuerzo de todos los que viven en ellas, sean gringos, europeos o latinoamericanos. Sean ricos, pobres, primermundistas o tercermundistas.

Son el resultado del esfuerzo de todos. Incluidos los que rezongamos por ello.

—14 de enero de 2005

¿Qué aprendí como inmigrante mexicano en Estados Unidos? A no tener complejos

Estoy en México. Vine una semana, de vacaciones, después de dos años de ausencia.

Me vine a recargar de baterías, de nostalgia, a México Lindo y Querido.

¿Cuál fue mi primera recepción al cruzar la frontera? Ver los encabezados de los principales diarios, americanos y mexicanos: "Estados Unidos alerta a sus habitantes a no viajar a México, por la narcoviolencia"

Principalmente, alertaban a no viajar a Tamaulipas. JA. Yo vine a Tampico.

Las imágenes que esas noticias incitaban en la mente de los lectores eran de narcos armados hasta los dientes, correteando a inocentes turistas gringos en la calle.

Por supuesto, nada más alejado de la realidad. Estoy en Tampico, tan campante: He visto amigos entrañables, estoy con mi familia, me he ido a tomar un café (¡o muchos!), he dado caminatas legendarias por kilómetros y kilómetros de calles, a medianoche, mientras discutía cómo arreglar el mundo. He ido a la tienda, a pasear, a divertirme, a cenar.

Y como si nada. Ni narcos con metralleta, ni gringos vestidos de bermudas y camisas floreadas, con bandera blanca pidiendo salvoconductos detrás de un camión militar volcado y en llamas.

Lo peor es que los encabezados más escandalosos los difundieron periódicos mexicanos, de Tamaulipas. ¿Qué onda? Si no fuera de Tampico, y conociera a mi gente, hubiera salido corriendo despavorido.

A veces no sé de qué lado estamos los propios mexicanos: Del nuestro o del enemigo...

Y hablando de medios y de Tampico, recuerdo mis primeros meses como reportero bisoño en Estados Unidos, casi, casi después de haber llegado.

Todo era nuevo. No conocía a nadie. Tenía, eso sí, experiencia en el periodismo mexicano. Seis años en un diario grande en Tampico, y en radio y televisión. Pero en lo que respecta a Estados Unidos era un completo novato.

Pero lo que más recuerdo de aquellos años no fue mi ignorancia de los modos y las formas de los gringos, o de Texas. Vaya, ni siquiera del idioma inglés, al que de perdido yo masticaba más o menos bien.

No, mi principal *"shock"* en aquellos primeros meses fue, darme cuenta que tenía montones de complejos como mexicano. Aunque lo negara.

Uno de los principales complejos fue enfrentarme a la gente poderosa. A los políticos, a los empresarios. Allí, frente a mí, tenía a multimillonarios, a políticos de Washington y Texas, a los que hasta entonces sólo había conocido en las secciones internacionales de los periódicos. Ahí estaban frente a mí, esperando que los cuestionara.

Entre ellos estaban los Kennedy. Y un (entonces) gobernador texano llamado George W. Bush.

Yo era inmigrante. De un país tercermundista. Mexicano. Sin dinero. Sin hablar bien inglés. Y me sentía chiquito, chiquito.

Me apantallaban, pa' qué más que la verdad. Había veces en que sentía que mis pantalones de mezclilla, con mis zapatos de gamuza, camisa barata y chamarra usada como que no cuadraban con ese ambiente primermundista. Me sentía fuera del lugar.

Como periodista mexicano nunca había sentido esos problemas. Siempre fui tímido, y quizá elegí esta carrera para exorcizar mis demonios. Logré ciertos éxitos en México, los suficientes como para tomar confianza. O sea, no era un apocado, ni traumado. O por lo menos así no me consideraba.

En Estados Unidos, sin embargo, descubrí una realidad: Estaba acomplejado.

Como mencioné, desde hace unos cuantos días estoy en Tampico de vacaciones. En una plática con Chuy, un viejo amigo de la juventud, surgió el tema: ¿Cómo me ha cambiado Estados Unidos durante todos estos años como emigrante?

Lo pensé un poco. Sí, soy distinto. Sí, en buena parte estos cambios son gracias a mi vida en Estados Unidos.

No, no me siento "pocho". Ni hablo inglés a la menor provocación para apantallar a nadie.

Tampoco rezongo de las carencias materiales que veo en la calle en México, como para gritar a los cuatro vientos que me acostumbré a lo bueno.

"No, Chuy. Si me preguntas qué es lo que me ha cambiado de Estados Unidos, te diré que los gringos me enseñaron a tener más confianza en mí. A quitarme de complejos", respondí, sin titubear.

Por ejemplo, en México, como reportero, es una tragedia andar mal vestido a la hora de entrevistar a Don Cacahuate, el más importante político de la comarca. O al empresario del año. Todos te mirarán feo, y "Don Cacahuate" chance y te voltee la cara al ver que eres un "naco".

De hecho, es un complejo para cualquier persona, reportera o no. Andar mal vestido, que lo vean naco, no cumplir con las expectativas.

Si hasta en los anuncios de empleo lo primero que piden siempre es "EXCELENTE PRESENTACIÓN", ¿no? Léase: "NO NACOS FACHOSOS, PRIETOS, INDIOS, FEOS".

Esos eran mis complejos antes de llegar a Estados Unidos, expliqué.

En Texas, en cambio, aprendí que no importa cómo vistas, cómo hables o si eres indio, negro, blanco, enano o gordo. Todos tienen las mismas oportunidades. Nadie te mira "feo" (claro, hay muchas excepciones, pero son eso: Excepciones. No la regla).

Si yo me encuentro a un Bill Gates en un evento y lo quiero entrevistar o al menos saludar, no me acompleja andar en bermudas, huaraches y camiseta. Y seguro que a Gates ni le importará. Seguro él también ha andado en bermudas, camiseta y huaraches en su casa frecuentemente. Y si no me ve vestido con Armani no supondrá que soy pobre. Quizá piense que no me gusta usarlo, que si no lo compro no es porque no pueda, porque hay muchos en barata de repente, o que sí tengo, pero lo dejé arrumbado en un clóset... como él quisiera hacerlo en ese momento.

Los norteamericanos son muy desenfadados en ese sentido, muy igualitarios. A todos los tratan por igual, no importa cómo vistan o hablen. Quizá lo hagan por educación, de acuerdo: Pero lo hacen. Algo muy distinto a otras sociedades como la europea, donde las formas y la imagen cuentan tanto.

O como en México, donde la estructura de la sociedad es piramidal, donde los reporteros están acostumbrados a tratar a los políticos con deferencia. Y hasta sus jefes de redacción y editores los obligan a vestir de riguroso traje y corbata para las ruedas de prensa como si estuvieran en Londres (¡Pero en Monterrey!).

"Lo que pasa es que los yanquis son provincianos y brutos", comentaba una periodista española durante su primer viaje a Estados Unidos. "Les falta el refinamiento de la sociedad europea".

Quizá. Pero yo me quedo con ese provincialismo práctico, antes que andar arrastrando con añejas y carcomidas tradiciones medievales, que equivalen a discriminación.

De hecho, ¿qué son esas "formas" y "tradiciones", sino restos de una sociedad diseñada para marcar las diferencias entre amos y esclavos? O sea, discriminación, pura y simple. Y de la mala.

Como el famosísimo y socorrido: "Respete que no somos iguales" de nosotros los mexicanos. Como el tono de admiración, temor y deferencia con que muchos reporteros aún preguntamos a los políticos o a los empresarios.

"Aprendí a no tener miedo, Chuy", expliqué a mi amigo. "Aprendí a disimularlo, al menos. Porque me di cuenta que esa persona que tengo delante es muy parecida a mí. Y que, al igual que yo, tiene cierto temor de fallar, de hacer el ridículo, de quedar en exhibición ante los demás. Pero yo llevo una ventaja, porque al menos sé que él siente lo mismo que yo. Y el disimularlo me pone un paso adelante a mí".

Aunque yo vaya en huaraches, bermudas y camiseta. Y aunque sea un mexicano provinciano.

—Tampico, Tamps., 28 de enero de 2005

El sueño americano: Casas con vistas; el sueño mexicano: ¿Fuertes resguardados?

Regresé a Estados Unidos después de mis vacaciones en México. Confieso que una semana se me hizo poco menos que insuficiente, pero al menos sirvió para despejarme algo de la rutina diaria.

Pero cuando pasamos la frontera, vino el "*shock*". Nunca dejo de sorprenderme del cambio de escenario cuando viajo de México a Estados Unidos, o viceversa.

No, no me refiero al *shock* de pasar de primer al tercer mundo. Ni del cambio al "respirar la democracia", como dijo algún despistado una vez.

No, mi sorpresa siempre es más prosaica: Las calles y las casas. Sobre todo las casas. Apenas me estaba aclimatando al escenario mexicano, cuando de nuevo, regreso y me debo reacostumbrar a la manera "americana" de construir.

Un jubilado norteamericano hacía notar una vez en un foro de internet la marcada diferencia de mentalidades entre México y Estados Unidos a la hora de construir casas. Los mexicanos somos muy celosos de nuestra "privacidad". No soportamos que el vecino nos esté viendo desde afuera. No queremos que Juan de las Cuerdas ande ventaneándonos la sala, ni mirando de qué color tenemos los muebles, desde la calle.

Por eso construimos las casas con cercas o muros, si se puede de ladrillos o blocks. Y entre más altas, mejor.

Y de pilón, rematamos estos muros con pedazos de vidrios para que a cualquiera que se le ocurra brincarlas se acuerde que es propiedad "privada".

Las ventanas de las casas siempre tendrán cortinas, o de perdido, vidrios traslúcidos, casi opacos. Ah, y barrotes, si se puede.

Es cierto, muchas de estas medidas las tomamos por estar ciscados: No dudamos de la respetabilidad del prójimo, pero tampoco la queremos poner a prueba.

Esto pasa en todos lados: desde los barrios más humildes, hasta las colonias más residenciales, y "privadas". Entre más muros, mejor.

"Las casas mexicanas parecen fuertes militares", observaba una mujer americana que quería comprar una casita de retiro en Guanajuato. Al principio se decepcionó porque creyó que todas las casas mexicanas eran así de "feas": Cajones sin chiste. cuál no fue su sorpresa al darse cuenta que, detrás de esos muros y bardas, había jardines bien cuidados, y casas hermosas.

Lo dicho: los mexicanos valoramos nuestra privacidad.

Otra cosa totalmente diferente son las casas en Estados Unidos. Una de las cosas que más me sorprendió al emigrar fue ver que las viviendas al norte de la frontera, por más humildes que fueran, carecían de bardas, cercas, muros o algo que se les pareciera.

Vaya, si ni siquiera tenían cuatro postes en las esquinas para delimitar el predio. ¡Nada!

Y los jardines... ¡Cómo les dan importancia a los jardines! Generalmente los terrenos son enormes, el doble del tamaño de las casas en sí. ¿Por qué? Porque el resto del predio se destinará a jardines, pasto, patios.

No es terreno "desperdiciado", como pensaríamos nosotros los latinoamericanos, quienes estamos acostumbrados a aprovechar hasta el último pie cuadrado del lote con construcción. ¿Jardines?, bueno, si sobra un cachito en el pasillo, plantamos algo, claro. Unas cuantas macetitas y ya. Quizá un jardincito atrás, en el cuarto de lavado.

(Porque, las casas mexicanas SIEMPRE deben tener un cuarto de lavado, claro. Y si no está en el patio de atrás, entonces lo ponemos en la azotea.)

Pero bueno, volviendo a las casas gringas: Otra cosa que nos sorprende de ellas a nosotros los latinos son las ventanas. ¡Por Dios, las ventanas! ¡Horror! Los norteamericanos las dejan casi siempre abiertas de par en par, sin coberturas. Y si llegan a tener cortinas o persianas, las corren "para que entre la luz". No es raro ir por la calle manejando y ver a la gente dentro de sus casas, viendo la tele, comiendo, platicando, jugando... Aún de noche. Como si no les importara que los "ventanearan".

"A nosotros en este país nos importa que nuestras casas tengan una bonita vista", comentaba un amigo norteamericano. "Por eso, preferimos los ventanales amplios, los vidrios con vistas, los escenarios espectaculares".

Despertarse una mañana y ver el mar que rodea el cuarto o asomarse al jardín desde la cama, para los norteamericanos no tiene precio. Como dice el comercial.

Mi mamá notó otra característica —está quizá la más obvia para los recién llegados— una vez que vino de visita: "Mira, ¡todas las casas son iguales!"

Voltee a ver. No me había dado cuenta. Sí, era cierto. No son clones, exactamente, pero sí, todas las casas tienen el mismo estilo. Cambian los colores, cierto, y una que otra característica. Pero en general, las casas de todos los barrios en Estados Unidos casi parecen hermanitas. Todas siguen el mismo patrón.

DESDE LAS ENTRAÑAS DEL MONSTRUO

A diferencia de las casas en México y América Latina, donde los barrios son variopintos: Uno puede ver una casa de material, junto a una de madera. Y más allá una de block, a medio terminar. Y más allá, en la misma calle un jacalito casi cayéndose.

Las casas latinoamericanas son tan distintas entre sí, que bien pudieran pertenecer a ciudades y hasta planetas diferentes. Aún dentro de un mismo barrio.

¿Gusto por la variedad? Para nada. En nuestros países latinos, cada cual hace su casa como quiere. O como puede.

¿Es mejor la mentalidad latinoamericana o la norteamericana a la hora de diseñar los barrios y las casas? Yo creo que depende de cada quien. Ambas opciones se me hacen válidas.

Lo que sí es definitivo es el *"shock"* arquitectónico que uno nota al cruzar de un país a otro: De casas resguardadas y "seguras", a viviendas abiertas y "con vistas".

No importa cuánto tiempo viva uno en cada país, siempre será curioso notar la diferencia.

Por lo pronto, en mi casa de Texas —su casa, faltaba más— ya levantamos una cerca en el patio de atrás. Es de madera, no de material. Pero está alta. Lo suficiente como para que los vecinos no vean hacia adentro.

¿Y las ventanas? Con cortinas, claro. Y persianas. Siempre cerradas. Nada de que "entre la luz".

A donde fueras haz lo que vieras, es cierto. Pero al menos para mí esa es una de las costumbres norteamericanas a las que aún no me acostumbro.

Cosas de mentalidad.

—4 de febrero de 2005.

En Estados Unidos no hay "fresas" ...¿sino puros "nacos"?

Javiercito vino a Texas hace meses con su familia. De *"shopping"*.

Javiercito es un joven de una de las mejores universidades privadas de México. Y aunque su familia no es de dinero, viven bien. Han hecho un esfuerzo por pagarle a Javiercito la mejor educación y, como está en la mejor universidad, el joven debe estar a la altura de las circunstancias.

Por eso vinieron a Texas. Para que la familia se vistiera con lo último de la moda primermundista.

Como ustedes ya habrán supuesto, Javiercito es *"fresa"*, como decimos en México. (Lo que para los españoles son *"pijos"*, los colombianos *"pupis"* o *"gomelos"*, los venezolanos *"sifrinos"* y los peruanos *"pitucos"*.)

O al menos así se ve él. Y se encarga de que así lo veamos todos los que lo conocemos.

No tengo nada contra los fresas. De hecho, me divertían cuando joven. La cosa es que, después de todo este tiempo aquí en Estados Unidos, prácticamente me había olvidado de su existencia.

Porque, aunque usted no lo crea, en Estados Unidos NO HAY FRESAS.

En serio. No los hay. O no los he visto.

Claro, hay gente rica. Gente "bien". Y gente multimillonaria.

También hay sangrones. También hay arrogantes y creídos. Pero a éstos les dicen así, tal cual: *"arrogants"*. No fresas.

No, ser fresa no es igual a ser rico. Puede ser usted de dinero y no ser fresa (ahí tiene a *"Huicho Domínguez"*).

Ser fresa es un estado de ánimo, una actitud. Casi una especie aparte.

No es ser arrogante, creído, rico o sangrón. No: es todo eso junto y más. Al menos en el concepto mexicano –tipo *"Pirruris"*– del término.

(Me refiero a los fresas de verdad, a los pesados; no a fresitas *"light"*, como ciertas niñas de la escuela, que a pesar de su fresez –o quizá por eso mismo– caen bien. Conste.)

Javiercito es un fresa de cepa. Auténtico. Por principio, habla como Popeye, articulando las palabras por un lado de la boca. Como si tuviera papas atoradas. Su tonadita me remontó a mi juventud y me acordé de pronto de que los fresas siguen existiendo en México.

Como dije, los había olvidado, porque en Estados Unidos no los hay.

Los gringos son muy prácticos. La gente rica y millonaria que he conocido no es fresa. Tener dinero —a diferencia de en México— no los hace una especie aparte. Los gringos millonarios no tratan de enfatizar esas diferencias usando un acento y actitudes "propias", para nada: Son ricos y ya. Pero se comportan como cualquiera.

Las niñas ricas generalmente comentarán, hablarán y harán chistes como cualquiera. Con el mismo acento y tono de todos los demás mortales.

Pero no Javiercito. Él a toda costa necesitaba un ajuar a tono con sus compañeros. Por eso todas sus compras se enfocaron a enfatizar a toda costa su fresez.

¿Por qué no hay fresas en Estados Unidos?

Después de un análisis concienzudo llegué a otra conclusión sorprendente:

En Estados Unidos no hay fresas porque... es un país ¡DE NACOS!

(Lo que los españoles llaman *"horteras"*, o *"paletos"*, *"cutres"*, *"garrulos"* y los peruanos *"cholos"* o *"huachafos"*.)

Como comentábamos en una columna pasada, los europeos se la pasan criticando el provincianismo y "burdos modales" de los americanos. Su falta de refinamiento.

¿Qué es eso si no una crítica a la naquez?

Por ejemplo, ¿qué habrá más naco que un tipo viejo, vestido con shorts, chanclas, camisas floreadas, sombrero de caza, tomando fotos en Cancún?

Bueno, ESO es un gringo típico.

Lo increíble para muchos en todo el mundo (sobre todo mexicanos) es que los americanos asumen su naquez con dignidad y hasta con altivez.

O sea, les vale.

Pueden vestir lo que les dé la gana y no les importa lo que diga la gente. Pueden traer un calcetín de un color y el otro de otro, y ni en cuenta. (No todos lo hacen seguido, claro, pero hay muchos que sí.)

No les importa.

Hay casos particulares, como los llamados *"rednecks"* (rancherotes) y los *"hillbillies"* (montañeces), que son objeto de burlas y chistes por su carácter rústico y atrasado. Pero no son exactamente lo que en México conocemos como nacos.

Nosotros los inmigrantes mexicanos lo sentimos en carne propia cuando vamos a México. El concepto que se tiene allá de nosotros es que todos somos nacos.

Y, claro, con nuestras cadenotas, hebillotas, sombrerotes, bototas y *"trocotas"* quizá no demos otra imagen, a ojos de los "cosmopolitas y cultos" latinoamericanos del sur.

Además, nos gusta la música grupera, ¿no? ¿Qué más naco puede haber que eso a ojos de los fresas entendidos?

Lo importante es que nos vale. Como todo buen naco.

Vamos, si hasta el propio presidente de Estados Unidos es acusado de naco. Con sus bototas con el escudo presidencial grabado, sus modales burdos y falta de arranques intelectuales, George W. Bush es el prototipo del presidente *"cowboy texano"*. Y naco.

(Igual Vicente Fox, pero esa es otra historia).

Javiercito llegó y compró. Se regresó a México fascinado con la ropa que había comprado. Entre más gringa, mejor (aunque hecha en china, claro).

Ahora sí podría estar a la altura de sus amigos fresas. Y seguro lo envidiarían allá en la escuela.

Esto es lo más gracioso de todo: Los fresas mexicanos se la pasan imitando todas las últimas modas americanas. Ellos quisieran fundirse en uno con los gringos, clonarse con ellos. Ser idénticos en la ropa, los modos, los gustos.

En una palabra, imitar en todo a un pueblo que quizá sea el más naco del mundo. Y sin darse cuenta.

(PD: Por cierto, para los malosos que ya se estén haciendo preguntas, les aclaro: Sí, yo vivo en Estados Unidos y por eso también me considero naco. ¿Y qué?).

—11 de febrero de 2005

Defendamos "nuestra" cultura
... Sí, ¿pero cuál?

Platicando con un cuate una vez, la discusión se tornó en una feria de acusaciones. Acusaciones en mi contra, por cierto, por culpa de mis columnas.

"¡Tú ya estás muy de parte de los gringos!", me gritaba, ya a medias aguas mi amigo.

"Deberías defender más NUESTRA cultura, NUESTRA idiosincrasia", continuaba mi inquisidor, implacable.

Si hubiera tenido un látigo a la mano estoy seguro de que con todo gusto me daba con él.

"Ajá", respondí, medio aburrido. Después de casi tres años de escribir esta columna, y recibir insultos, críticas y mentadas, esta acusación ya me sonaba repetida.

"Esos gringos tales por cuales, míralos", insistía mi amigo. "¡Ni cultura propia tienen!".

Pero sí ponen en peligro NUESTRA cultura mexicana, agregó.

Cierto, mi cuate andaba "a medios chiles", pero la embiraguez desnudó sus verdaderos sentimientos. Y eso ocurre a muchos mexicanos, que piensan igual... sin necesidad de tomar.

He notado que con mucha frecuencia, cuando se me ocurre criticar (aunque sea con el pétalo de una rosa, como dicen) a la mentalidad mexicana en mis escritos... ¡Ah, que Dios me agarre confesado!

Como mi cuate que mencioné, a muchos lectores les cae mal que yo critique lo que veo incorrecto de México, mi país. Su opinión es esta: Si tú estás en Estados Unidos, no debes criticar a México. Punto.

Si te fuiste, aguántate. Si quieres criticar, regrésate y ponte a trabajar por tu país.

Entiendo perfectamente esta postura. Pero no la comparto.

Por principio, muchos piensan que si critico al gobierno de México, a la burocracia, a la corrupción, automáticamente significa que soy antimexicano, malinchista, vendepatrias, entregado, lamebotas de los yanquis, "*coco*" (blanco por dentro, prieto por fuera), "*pocho*", chicano (dizque) y lo que a usted se le ocurra.

A mí me encanta recibir críticas, no por masoquismo, sino porque me gusta la discusión abierta, compartir ideas. Pero que sean críticas con motivos que, aunque no comparta, sí reconozca como fundados.

Pero a veces me he encontrado e-mails cuyo único contenido consiste en: "*¡Chinga a tu madre, pinche periodista pendejo*!" Y ya, ése es todo el argumento que usan "a favor" de México.

¿Qué críticas hemos recibido desde que comenzó esta columna? Muchas, y muy variadas. Pero las que casi siempre prevalece es que yo "defiendo" mucho la cultura gringa... la cual "no existe", dicen. Porque a ojos de muchos, los gringos no tienen cultura "propia".

Toda su "cultura" es importada de Europa, me dicen. Toda consiste en retazos de todos lados.

Lo peor, es que algunos lectores piensan que con esta columna, yo estoy "poniendo en peligro la cultura mexicana, al no defenderla de invasiones extranjerizantes".

(Me encanta ese término: "Invasiones extranjerizantes". Suena muy a los setentas, muy lopezportillista. Me trae recuerdos de mi niñez, cuando no me preocupaba por nada. Ahhh...)

O sea, como mexicano, como reportero, como emigrante, "tengo la obligación de defender a la CULTURA MEXICANA (así, con mayúsculas) de los ataques del imperio por aniquilarla".

???

De acuerdo, los lectores son muy respetables para mí. Yo me sumo al esfuerzo, faltaba más. Como emigrante, quiero ser un digno embajador de México en Estados Unidos. Y me gusta participar en todo noble propósito.

Por eso, desde esta palestra (ejem, ejem), hago un llamado a los lectores, intelectuales y políticos, "a defender la identidad y la cultura mexicana".

Pero, antes quiero que disculpen mi ignorancia, y me respondan los amables lectores a una pregunta:

¿Cuál cultura e identidad?

DESDE LAS ENTRAÑAS DEL MONSTRUO

¿Cuál es la cultura MEXICANA?

A ver...

Emilio Azcárraga Milmo, ex presidente de Televisa, una vez definió a México con tres palabras: "Guadalupano y Futbolero". Excelente definición.

¿La Virgencita de Guadalupe? ¿Qué símbolo más propio de nosotros, más mexicano, no? Como el nopal.

Claro que sí.

¿Es esto parte de la cultura e identidad mexicanas, que debemos defender?

Bueno, pero la imagen de la virgen es española, ¿no? Guadalupe es nombre español, de un río, creo. Es más, el nombre es de origen árabe (¡horror!).

Y la virgen María tampoco es mexicana autóctona, por muy "morenita" que la pinten. Vaya, ni siquiera es española ni europea, ya que proviene del Medio Oriente. Judía.

De todas maneras, la religión católica está fuertemente arraigada en México, ¿no? Y en toda América Latina. Es NUESTRA cultura e identidad, dicen.

Pero también Estados Unidos es católico. Acuérdese que hay muchos gringos descendientes de inmigrantes irlandeses e italianos que van a misa, comulgan y rezan a los mismos santos que los de la Basílica del Tepeyac.

Además, el catolicismo lo trajeron los españoles.

Y pa' acabarla, el catolicismo ni siquiera es español, sino que fue impuesto por el Imperio Romano.

Y ni siquiera es una religión de origen romana, sino palestina.

¿Qué otro rasgo cultural mexicano podemos defender desde esta columna? Siguiendo con la definición de Azcárraga, estaría el futbol.

¡El futbol, claro! Los mexicanos y latinoamericanos somos futboleros de hueso colorado. Y es futbol de verdad, no la fofa versión que los gringos llaman "sócker" (aunque ya nos eliminen de los Mundiales, ¡gulp!).

Pero 'pérese... El futbol NO se originó en México. Es inglés, creo.

Y perdóneme, pero lo que los mayas jugaban NO era futbol. Usaban codos y rodillas para patear una pelotita de goma en unos aros. Dudo que la FIFA reconociera tales reglamentos.

Además, los italianos se entercan en decir que ellos inventaron el futbol, al que llamaban "calchio". Y como son tan gritones, mejor ni discutir con ellos.

A ver, entonces ¿qué es la cultura MEXICANA? La auténtica y autóctona.

La cultura indígena, dicen algunos.

Perfecto. Vamos avanzando.

Ahora... ¿CUÁL de TODAS las culturas indígenas?

Los aztecas, claro, me dicen. Es obvio. Vaya, hasta el nombre de México viene del idioma de ellos, el náhuatl ¿no? Significa "El País en el Ombligo de la Luna".

Pero espéreme. Los aztecas solo eran UNA de muchas naciones y culturas indígenas de México.

Peor: Los aztecas (o mexicas) ni siquiera eran muy queridos por las otras naciones. De hecho, eran aborrecidos, odiados y temidos. (Igualito que los gringos de hoy).

Y como los gringos, a los aztecas los acusaban las demás naciones de ser advenedizos, arribistas, y de no tener cultura propia (todo su saber fue importado de los mayas, olmecas, teotihuacanos y vaya usted a saber). Además, los acusaban de imponer su dominio a base de la fuerza. De inventar su historia para embellecerla (eso del águila y la serpiente sobre el nopal fue puro cuento, según contaban las demás naciones náhuatls del Valle de México, como Atzcapozalco, Xochimilco, y Chalco.

Además, por mucho que les duela a más de un demagogo o intelectual de Sanborn's, la inmensa mayoría de los mexicanos NO descendemos de los aztecas. Los mexicas, ocuparon de hecho una porción mínima del actual territorio nacional: Apenas el mencionado Valle de México y algunas áreas cercanas.

Yo nací en Tampico. Acá la cultura indígena autóctona fue la Huasteca, emparentada con los mayas, según los expertos.

Pero la civilización huasteca desapareció como cultura mucho antes de que llegaran los españoles.

¿Qué podrá decir por ejemplo, un yucateco? Allá son orgullosos de sus raíces mayas. Y los mayas no les pedían nada a los aztecas en cuanto a grandeza y poderío. A la mejor hasta fue al contrario.

¿Y los michoacanos? Los purépechas nunca se rindieron a los aztecas, ni a los españoles. Aún hoy en día, siguen con sus tradiciones, lenguaje y costumbres. Les vale lo que piensen los "Hijos del Quinto Sol".

Eso por no mencionar a los chihuahuenses, los neoloneses, los bajacalifornianos, los chiapanecos y oaxaqueños, y tantas áreas más de México donde los aztecas tuvieron mínima o nula influencia.

Ahora, para cuestiones de folclor, los mexicanos hemos adoptado como nacional la imagen azteca. Hicimos lo mismo con el mariachi y el tequila jalisciense, ¿no? Es "de todos".

Entonces, los aztecas son de todos. ¿Es la cultura que debemos defender?

Bien, pero ¿conoce los dioses aztecas? ¿Sigue sus ritos, festejos y ofrendas? ¿Su cultura, su idioma, el náhuatl?

Usted, ¿habla náhuatl? ¿Debemos defender ese idioma por ser "nuestro", original de México?

¿Y qué pasó con el español, el idioma que usted usa todos los días, el de sus padres y abuelos? El idioma en que usted piensa. El idioma en que está escrito esto y que usted entiende tan bien.

¿Se vale defenderlo, aunque sea un idioma originado en la región de Castilla? Después de todo el español es una lengua imperial, impuesta en México a punta de espada y latigazos.

¿Hay que aprender náhuatl? ¿Qué caso tiene defender un idioma que es extraño y que pocos usan?

Pero también habría que tirar esos "*jeans*" de mezclilla (gringos), y esos zapatos italianos. Porque "hacen ricas a las multinacionales que las venden". Y a los publicistas que nos los imponen.

¿Todo mundo a usar taparrabo y huaraches?

Si a esas vamos, ¿habrá también que olvidarnos del catolicismo, por extranjero e impuesto? ¿Habrá que derribar las iglesias, tumbar santitos y comenzar a levantar templos a Huitzilopochtli?

Y supongo que habrá que comenzar a ofrendar vidas humanas, faltaba más. ¿Con quién comenzamos? ¿Con los que nos caen mal, o con los que se opongan a este nuevo orden?

¿Democracia? ¿República? ¡Fúchila! Ideas griegas y gringas. Extranjeras. ¿Comunismo? Marx fue alemán (y de pilón judío). Lenin fue ruso, Mao chino y Castro cubano.

No, no. Extranjeros todos.

No, hay que volver a los orígenes, a lo "nuestro": A que nos rija el Gran Tlatoani, al que deberemos bajarle la vista y nunca verle a la cara, pues es casi un dios. Respete.

Entonces sí, seremos más puros, más de acuerdo con nuestros orígenes e idiosincrasia. Seremos como nuestros ancestros, MEXICAS.

¿Será esa la identidad mexicana?

No sé. Pero estoy seguro que si tuviéramos una máquina del tiempo, y viajáramos a la época de la Gran Tenochtitlan, nos iban a ver como a changos de circo.

Porque los mexicas eran eso: Mexicas. Tenochas. No mexicanos.

Me dirán subversivo y antimexicano, pero con todo respeto no lo puedo ser.

Como todo mexicano, mi "cultura", mi "idiosincrasia" no es una sola, sino muchas. Sí, tengo herencia indígena, pero también española (si no de cromosomas, sí de costumbres).

¿Por qué no? ¿Por qué arrugar la nariz? Nos guste o no, así es. La religión católica, el idioma, y muchos rasgos de nuestra personalidad vienen de España. (Y muchas taras también, desafortunadamente.)

De hecho, como mexicanos, tenemos más costumbres de españoles, que de mexicas.

Y luego criticamos a los gringos por no tener cultura "propia". Ja.

La "Cultura Mexicana" (así, con mayúsculas) no necesita defenderse. No está en peligro. Ni en México ni en Estados Unidos: Acá, rodeado de tanto gringo, el idioma español, la comida mexicana y el catolicismo sobreviven. Y los chicanos se encargan de mantener viva la llama del recuerdo azteca.

¿Que se va a mezclar? ¿Que Estados Unidos la va a influenciar? ¿Que va a quedar "impura"? Probablemente. Pero eso siempre ha pasado en la historia, y siempre seguirá pasando. Y con cualquier otra cultura: Franceses, españoles, chinos, ingleses y hasta americanos... todos son herederos de la mezcla de muchas culturas.

Como nosotros los latinoamericanos, y en especial, los mexicanos lo fuimos y lo seguiremos siendo.

—25 de marzo de 2005.

México: ¿Futuro país anti-inmigrante?

Los mexicanos tenemos un "asunto pendiente" con Estados Unidos, que se debe resolver YA.

O al menos eso es lo que a nosotros los mexicanos nos gusta pensar.

No, el asunto ése no tiene nada qué ver con la mitad de nuestro territorio, que perdimos en la guerra con los gringos el siglo XIX. Aunque muchos digan otra cosa, ese es tema zanjado, a pesar nuestro, hace 150 años.

No, el "asunto pendiente" al que me refiero es, por supuesto, el de la inmigración.

En esto, creo, estamos de acuerdo casi todos los mexicanos, y muchos latinoamericanos: Estados Unidos y México "deberían" llegar a un acuerdo migratorio. Quizá como el Programa Bracero de la Segunda Guerra Mundial. Quizá alguna legalización migatoria para los millones de indocumentados que están en Estados Unidos.

Cualquier cosa, algo. Pero ya.

No sólo para regularizar a los millones de inmigrantes indocumentados que ya viven en Estados Unidos con sus familias desde hace años, sino para permitir la libre entrada de trabajadores según se requieran.

¿Está usted de acuerdo? Como mexicano, como latinoamericano, supongo que sí, totalmente, ¿verdad? Okey.

La bronca es que muchos norteamericanos NO lo ven de la misma manera. No ven esto como usted y como yo, sino que tienen una idea totalmente opuesta a nuestras opiniones.

Para un sector importante en Estados Unidos, los inmigrantes latinoamericanos no somos indispensables, ni necesarios. Es más, somos más molestia que beneficio.

Aún peor: Según este grupo de americanos antiinmigrantes (que pueden ser numerosos o no, eso es lo de menos porque de todas maneras hacen mucho ruido y los políticos los escuchan, porque votan), todos los males que sufre Estados Unidos como nación son "por culpa de los inmigrantes". Léase, por "culpa de los mexicanos" (a fin de cuentas, los mexicanos somos el 60-70% de TODOS los inmigrantes de este país).

O sea, mexicanos y americanos tenemos perspectivas distintas del problema de la inmigración. Unos estamos a favor, otros en contra.

¿Deberían los americanos cambiar su perspectiva? Según nosotros, los mexicanos, claro que sí. Deben ser un país "abierto a los inmigrantes". Los inmigrantes traemos beneficios. Traemos fuerza laboral. Pagamos impuestos (aunque muchos digan lo contrario).

Enriquecemos, en fin, a este nuestro país adoptivo.

Estoy totalmente de acuerdo.

Sin embargo, permítanme por una vez hacerla de abogado del Diablo.

Para aquellos mexicanos (de ambos lados de la frontera) que furibundamente acusan a los americanos de ser "intolerantes", "racistas", "antimexicanos" y "miopes" por no querer a los inmigrantes, les quiero hacer una pregunta:

¿Seríamos los mexicanos tan TOLERANTES hacia los inmigrantes... si esos inmigrantes llegaran de pronto, en masa y de sopetón, a México?

¿A NUESTRO país?

Es sólo una preguntita, no se sulfure. Acuérdese que soy reportero: Mi trabajo consiste en hacer preguntas. Sobre todo, las preguntas incómodas, que nadie quiere o se atreve a preguntar.

Como ésta.

(Ya sé, ya sé: es un trabajo "ingrato y despreciable": Pero ALGUIEN lo tiene qué hacer, ¿no?)

¿Los mexicanos seríamos abiertos y tolerantes en caso de que los papeles se invirtieran? ¿Que nosotros viéramos que de pronto nuestras ciudades se llenan de extranjeros? ¿De gringos, por ejemplo?

Yo sé lo que algunos están pensando ahorita, al imaginarse el escenario de miles o millones de gringos llegando a México. Están pensando en Ajijic. Están pensando en San Miguel de Allende. Están pensando en otros pueblitos turísticos y soñolientos similares, que "despertaron" al llegar los jubilados americanos con sus dólares. Muchos de estos lugares se revitalizaron, los recién llegados crearon empleos, y reactivaron sus economías.

Pero antes de que se emocione, y grite "¡SIIII, QUE VENGAN!" a coro, y haga "la ola" desde su butaca, y sus pupilas se conviertan en símbolo de dólares ($$), espéreme tantito. Déjeme aclarar:

No me refiero a que lleguen a México "ESOS" gringos. No, me refiero a gringos de rancho. Pobres. Sin trabajo. Sin educación primaria.

Que lleguen no en casas móviles, no en avión, con sus bolsillos llenos. No: gringos pobres, que pasen el Río Bravo a nado, o que crucen el desierto de Sonora a pata y lleguen medio muertos.

Como la mayoría de nosotros los mexicanos, llegamos a Estados Unidos hoy.

Que sean gringos que lleguen a México a cortar pasto, que lleguen a trabajar en el campo, o de albañiles.

Y que sean sólo hombres solteros. Que se paren en las esquinas esperando empleo (aunque no molesten a nadie).

¿Los toleraríamos? ¿Los aceptaríamos en el DF, en Monterrey, en Guadalajara, en Veracruz, en Yucatán?

Gringos inmigrantes, acuérdese. Trabajadores, no profesionales.

Que hablen sólo inglés. Que no entiendan nada de español. Que no sean católicos, sino protestantes. Que se junten en departamentos en ciertos barrios donde sólo vivan ellos, donde les pongan tiendas para gringos, con productos y comida gringos y nombres gringos. Totalmente apartados del resto de la sociedad.

Que traigan a sus esposas, que tengan hijos aquí a los que llamen John, Michael o Roger, aunque nazcan "mexicanos". Que les enseñen inglés, no español, y que les inculquen su religión, sus costumbres y sus perspectivas del mundo, aunque no tengan nada qué ver con las del resto de los mexicanos.

Y que con el tiempo, ese grupito de inmigrantes gringos vaya creciendo, y creciendo, hasta que comience a exigir que las escuelas federales y estatales enseñen clases en inglés a sus hijos, y que les enseñen la historia, la bandera y el "orgullo americano".

Y que protesten y acusen al gobierno de racista si les negamos esas solicitudes, y les exigimos en cambio que se integren al resto de los mexicanos, aprendiendo español.

¿Cómo sería el asunto? ¿Podríamos los mexicanos soportar esa inmigración masiva? ¿Recibiríamos a los gringos con los brazos abiertos, como nosotros exigimos que nos traten aquí en Estados Unidos?

¿O los rechazaríamos, los despreciaríamos y le exigiríamos al gobierno que los saque del país y los devuelva a Estados Unidos, como está pasando, precisamente, con los inmigrantes mexicanos aquí?

¿Nos uniríamos todos de manera solidaria con estos inmigrantes? ¿O en cambio nos organizaríamos en grupos como el *"Minuteman Project"*, para bloquear nuestra frontera norte y evitar que entren los inmigrantes americanos?

¿Fantasioso? ¿Exagerado? ¿Sueño guajiro? A la mejor.

Pero acuérdese del caso de España: Desde siempre, los españoles habían sido emigrantes. Nadie quería irse a vivir a España, tan pobre y atrasada.

En la España de las décadas de 1950 y 1960 no había trabajos. Los campesinos casi se morían de hambre. Mejor se iban a México o a Argentina.

De hecho, en esa época, España era un país mucho más pobre y amolado que

México (el cual entonces ya por sí era un país pobre y amolado).

Para darnos una idea de qué tan amolada estaba España, baste saber que en 1958, el ingreso promedio por persona de México era de 284 dólares al año, mientras que los españoles ganaban apenas 180 dólares, según estadísticas de la ONU de aquellos años.

Pero España creció. Se desarrolló. En apenas una generación el ingreso per cápita de los españoles se multiplicó cientos de veces: En el 2000 el PIB de España era de 18 mil dólares, mientras que el de México era la mitad: 9 mil 100 dólares.

Una diferencia abismal.

España se convirtió en un país de Primer Mundo. Casi de la noche a la mañana.

¿Quién en 1958 lo hubiera creído? Nadie. Era impensable que España se volviera rica y próspera. Sueño guajiro. Exagerado. En la década de 1950 decir eso era como platicar un cuento de ciencia-ficción.

Pero ocurrió. Y una España rica se vio de pronto lidiando con un fenómeno que le era totalmente ajeno: Pasó de ser país de emigrantes, a país de inmigrantes. Y hasta hoy no lo ha podido superar.

No habían leyes adecuadas, no había infraestructura ni un plan de nación para aceptar y absorber a tanta gente que llega a sus costas desde África y América Latina, buscando trabajo

Peor, pese a su "milagro económico", el desempleo español es uno de los más altos de Europa. Con esto, cualquier extranjero que llega es visto como un "roba-empleos" por los ciudadanos nativos.

El resultado fue que los españoles se volvieron intolerantes y antiinmigrantes. Echan pestes de los latinoamericanos (a quienes admiraban y envidiaban por su nivel de vida en 1960, y que ahora los llaman despectivamente "*sudacas*"), los europeos del este, pero sobre todo de los "*moros*": árabes de África del Norte.

Quién lo hubiera pensado en 1960.

¿Qué pasará en el futuro? ¿Qué tal si la economía de México de pronto despega? ¿Si nos volvemos de Primer Mundo, como le pasó a España?

O puede pasar lo opuesto: ¿Qué pasaría si la economía de Estados Unidos es la que se colapsa?

¿O si —Dios no lo quiera— un ataque terrorista nuclear destruye medio Texas? ¿O un ataque biológico acaba con California, dejando millones de damnificados, infectados o contagiados?

¿Qué pasaría si de pronto millones de norteamericanos salen corriendo despavoridos hacia la frontera sur por algún desastre natural, como ocurrió en la película "*El Día Después de Mañana*"?

¿Probable? No. ¿Posible? Remotamente, quizá. Pero sí.

¿Los mexicanos estaremos preparados para cumplir lo que les exigimos hoy en día a los americanos? ¿Aceptaría México a millones de inmigrantes con los brazos abiertos? ¿Los cobijaría, los toleraría, respetaría sus costumbres, su cultura, su lengua?

Porque, a pesar de lo que critiquemos, con todo, Estados Unidos es uno de los pocos países (si no es que el único) que tolera la diversidad de culturas, y acepta la cultura mexicana y hasta la promueve.

¿Los mexicanos seguiríamos el ejemplo norteamericano?

¿O seguiríamos el ejemplo de España?

El mundo da muchas vueltas. Los que están arriba ahora, pueden estar abajo mañana, y viceversa.

Ojalá los mexicanos no seamos proinmigrantes y tolerantes de dientes pa' fuera, con otros, y sólo cuando nos conviene.

Y ojalá no exijamos hipócritamente a otros lo que, quizá, nosotros nunca estemos dispuestos a dar.

—15 de abril de 2005.

¿Cuándo asumirán los políticos mexicanos su culpa por el problema de la migración?

Luz (*no es su nombre verdadero*) es una inmigrante mexicana que vive en Texas desde hace varios años. Muchos años.

Casi 20 de hecho, lo que, a sus 40 años, la hace casi más americana que mexicana.

Luz ya hizo su vida acá. Llegó en 1986, en plena amnistía, y logró sacar sus papeles.

Acá nacieron sus hijos, acá consiguió empleo (a pesar de no tener más que estudios de secundaria), y compró su casa y su auto.

Hoy, Luz es ciudadana americana, pero a pesar de que tiene una buena posición económica, no deja de añorar México.

"Es más", comentaba Luz una vez, mientras sonreía al encender un cigarro, "yo quisiera irme a vivir a México".

Extraña su gente, su ritmo de vida, su calor personal. Va cada rato que puede.

Pero ya más seria, y suspirando, Luz agrega un pequeño detalle: "... PERO siempre y cuando tuviera en México la casa, el trabajo y la estabilidad que tengo en Estados Unidos".

Si usted camina por cualquier calle, de cualquier barrio, de cualquier ciudad de Estados Unidos donde vivan emigrantes mexicanos, y toca la puerta de cada casa, seguro que 80 o 90 por ciento de estos habitantes le contarán una historia similar a la de Luz.

"Si allá tuviera lo que tengo acá, jamás me hubiera ido".

¿Por qué se vienen a Estados Unidos los emigrantes latinoamericanos, entonces?

Por muchas razones. Principalmente, no porque quisieron, sino porque no tenían de otra.

El asunto de la inmigración en Estados Unidos está roto. Descompuesto.

No tiene ni pies ni cabeza, carece de toda lógica.

Por un lado los gringos te prohíben venir legalmente. Te ponen un montón de agentes vigilando la frontera, te ponen un montón de trabas para sacar una visa, y hasta censores electrónicos hay en el de por sí mortal desierto y río Bravo.

PERO...

Por otro lado, esos mismos gringos que te ponen un montón de trabas para venir, están ansiosos de CONTRATARTE si logras colarte.

Es más, no dudo que haya algún funcionario o agente de "La Migra" (o incluso algún *"Minuteman"*) que por la mañana se dedique a detener indocumentados en la frontera, y por la tarde, al llegar a su casa les pague a esos mismos indocumentados para que le corten el pasto o le pinten la casa.

O compre frutas y verduras cosechadas por los indocumentados. O se vista con ropa fabricada por ellos.

Directa o indirectamente, todos les damos trabajo a los indocumentados.

Hoy, después de casi cuatro años de que el asunto de la reforma migratoria se había estancado en Estados Unidos (luego del ataque a las Torres Gemelas y al Pentágono), esta semana parece que por fin, el asunto volvió a la mesa. Para bien o para mal.

El Congreso de Estados Unidos aprobó la polémica ley *"Real ID"*, que hace más estricto el otorgamiento de licencias de conducir, pero propone la creación de una licencia especial para indocumentados.

Por otro lado, los senadores Edward Kennedy (demócrata) y John McCain (republicano) dieron a conocer su propuesta de reforma migratoria, que contempla dar visas de trabajo a los indocumentados que ya están en Estados Unidos, y la creación de una visa especial para cualquier extranjero que tenga una oferta de trabajo acá.

No son las mejores propuestas. No son las ideales. No son perfectas. Es más, es posible que ni siquiera se aprueben. Pero es algo. Un avance.

Todavía falta la propuesta del senador texano John Cornyn, y aún la del presidente George W. Bush.

El Congreso no ve con buenos ojos ninguna de estas propuestas. Más cuando se acerca la temporada de elecciones.

Si un representante o senador la apoya, corre el riesgo de que lo saquen del puesto sus electores.

Así que va a estar difícil que se hagan ley. Por lo menos en los próximos meses o años.

Lo chistoso de todo, es la reacción mexicana.

Apenas se dieron a conocer las propuestas, de inmediato vinieron las reacciones de la Presidencia de México.

Las primeras fueron cautelosas. Después, el gobierno dio color, en voz del propio presidente Vicente Fox.

¿Cuál fue la reacción oficial? Criticar. Condenar. Reprobar.

Están incluso pensando qué medidas van a tomar para protestar contra la "*Real ID*". Y hasta la propuesta de las nuevas visas de trabajo la ven con sospechas.

"(Los mexicanos) están haciendo trabajos que ni siquiera los negros quieren hacer allá en Estados Unidos", casi gritó el Presidente Fox, según el diario *El Universal*, de la Ciudad de México.

De acuerdo. Pero hay que estar claro en una cosa: Los inmigrantes hacemos mucho por ambos países, no sólo por Estados Unidos.

Somos importantes. Nuestras familias son importantes.

Pero creo que este asunto de la inmigración, de la reforma, de dar papeles, ya está muy viciado. Muy politizado.

Sí, ya sé que ha estado muy politizado desde hace años en Estados Unidos. Los políticos antiinmigrantes disfrutan vistiendo a los indocumentados de Judas ante sus electores. Y los agarran como piñatas

Todo para causar miedo, pavor... y ganarse votos de paso.

Estos son políticos que si no hubieran inmigrantes, seguramente se les acabaría la chamba, porque no tienen agenda política que los sostenga. Sólo apelan a la ignorancia y el miedo del americano pobre y alarmado. O de los extremistas y racistas.

Pero de esa clase de politiquería no quería hablar ahora. No, ahora quiero hablar de cómo se ha politizado el asunto de la inmigración... pero en MÉXICO.

Aunque no lo crea, el gobierno de México también nos usa a los inmigrantes de piñata, para su beneficio.

Para los políticos mexicanos es muy fácil protestar, gritar, enviar cartas a Bush, y en fin, "elevar enérgicas protestas" cuando los gringos meten legislaciones que no le gustan a Los Pinos.

Es una buena táctica de desviar la atención.

No me malinterpreten: Yo creo que Estados Unidos debería tener mejores leyes para los inmigrantes. Que deberían legalizar a los indocumentados. Que deberían reconocer que se necesitan inmigrantes, decretando leyes más acordes con la necesidad económica de ambos países.

Con esto se acabaría el tráfico humano, los "coyotajes", las muertes en la frontera, la explotación de inmigrantes.

PERO... el gobierno de México TAMBIÉN tiene culpa, y debería poner más de su parte para solucionar este problema.

Conseguir que Estados Unidos legalice los indocumentados, les dé papeles y haga más fácil trabajar para los extranjeros no soluciona el verdadero problema: Que en México no hay trabajos.

Peor: Esto sólo demuestra que el gobierno de México y la iniciativa privada mexicanas son incapaces de generar más empleos. Y que nunca cambiarán.

Es muy fácil acusar a los gringos de todo. Es muy fácil decirles qué "deben hacer". Es muy fácil "invitarlos" a que "cambien sus leyes".

Pero nosotros los mexicanos, ¿cuándo demonios vamos a "hacer lo que debemos hacer"? ¿A "cambiar NUESTRAS leyes"?

Por principio, no creo que debieran los gringos solucionar solos un problema que también es nuestro. Los mexicanos nos vamos a Estados Unidos porque en México no hay trabajos. Y éste es el verdadero problema.

Y para el gobierno mexicano es muy fácil echarle la pelota a otro país.

¿Que hay un millón más de pobres en México? No hay problema, señor diputado, señor senador. No se incomode en su curul en el Palacio Legislativo de San Lázaro: Júntese a todos los amolados y mándelos para Estados Unidos. Al cabo allá les van a dar papeles.

Ah, y de paso esos paisanos van a mandar dólares a los que se quedaron en México, y así usted no va a tener que hacer nada.

Así, claro. Pueden pasar mil años, con Estados Unidos legalizando inmigrantes a cada rato, y los políticos del PRI, PAN y PRD igual, comodísimos sin aprobar ni reformas energéticas, ni fiscales ni nada que estimule la inversión y la economía.

Y mientras, México seguirá igual de amolado.

(Para aquellos que ya se aprestan a escribirme que la pobreza es culpa del neoliberalismo, de la apertura de mercados, de la globalización, les permito recordarles que países como China, Chile y España redujeron la pobreza cuando los diputados y senadores comenzaron a reformar las leyes económicas, estimulando así la creación de más trabajos. No son los sindicatos los que crean los empleos.)

Aplaudo las intenciones de algunos políticos americanos como Kennedy y McCain, por solucionar la situación de millones de indocumentados y sus familias.

Están tratando de encontrar una solución a los EFECTOS del problema.

Pero lo que de verdad quiero ver es que el gobierno mexicano haga algo para solucionar LAS CAUSAS.

Porque estoy seguro de que, como Luz, la mayoría de estos 10 millones de mexicanos inmigrantes en Estados Unidos hubieran preferido tener esos trabajos bien pagados en México, y nunca haber tenido que dejar su país, ¿no cree usted?

—13 de mayo de 2005.

Los "otros" mexicanos: Los de Primer Mundo

La semana pasada tuve que hacer un viaje relámpago de emergencia a México. Como no había tiempo para irme en carro o en autobús (como generalmente mi proletaria condición amerita), tuve que tomar una drástica decisión.

"¡Me voy a tener que ir en avión!", dije.

Batallé para darme cuenta de la necesidad de hacerlo. Pero con todo, esto fue lo más fácil.

Lo más difícil fue conseguir lana para pagar el boleto.

Como pude, pidiendo prestado y escarbando el cochinito, pude comprar un boleto de última hora. Me llevaron al aeropuerto y me paré en la fila de la compañía Aeroméxico, en el aeropuerto Dallas-Fort Worth.

Para mi extrañeza, la fila para documentar en el mostrador de Aeroméxico estaba llena, en ese mediodía. Muchas familias, con hijos y montones de maletas esperaban su turno.

La inmensa mayoría de los que esperaban en la línea eran rubios, de ojos claros. Gente delgada, bien vestida. Blanca. Blanquísima.

"Típicos gringos", pensé.

Ahí, en mitad de la fila, me pregunté por qué iba tanto "güero" a México. Después de todo, a cada rato los medios en Estados Unidos mencionan los narcoasesinatos, la inseguridad y los secuestros. Además de todas las broncas del embajador Tony Garza y hasta el escándalo de "los negros" que no quieren trabajar, según Vicente Fox.

En esas estaba, cuando escuché a una familia de gringos hablar entre ellos.

"A ver, pásame esa maleta, para buscar los boletos", decían.

Voltee a ver hacia otro lado de la fila. Una joven (rubia, alta, de ojos azules, típica gringa) conversaba con sus papás.

"¿Se acuerdan del restaurancito tan bonito, en Nueva York? ¿A poco no estaba padre?", dijo la muchacha.

Voltee de nuevo hacia otro lado, donde habían dos chiquillos (rubios, de ojos azules, bien vestidos), platicando entre ellos.

"Deja de fastidiarme, latosa", le decía el niño a su hermanita, quien le respondía.

"¡Tú comenzaste!"

Tardé un tiempo en darme cuenta de lo que pasaba: Todos esos gringos que me rodeaban en la fila de Aeroméxico, no eran tales... ¡Eran paisanos! ¡Mexicanos!

Gente como yo, como usted. Como nosotros.

¿O no?

Tardé otro rato en desechar este pensamiento. Es cierto, estas personas eran mexicanos, sí. Pero no eran como yo. No eran los típicos "paisanos".

No, estaba rodeado de la élite. Los mexicanos de la "alta". Los que habían venido a Dallas "de 'shopping'", por gusto. No por necesidad. Porque tienen el dinero para hacerlo cuando les viene en gana.

No dejé de notar la ENORME diferencia de estos "paisanos" con los OTROS "paisanos" que también estábamos en ese momento en el aeropuerto.

Por principio, estos mexicanos de la fila platicaban de sus viajes por todo el mundo. Son los que llevaban como veinte maletas y velices, llenos de *"souvenirs"*. Que habían ido a esquiar a Colorado, a cenar a un restaurante de lujo a Nueva York, a pasar un *"weekend"* a Disneyworld.

Estos eran los mexicanos con pasaporte, con visa de turismo. No vivían en Estados Unidos, sino en México. Pero van y vienen por la frontera como Juan por su casa, sin contratar "coyotes" ni pasarse corriendo la frontera. O nadando.

Estos mexicanos se quedaron en México, porque les va bien. Ganan bien. Tienen propiedades, dinero en el banco, empresas. Son gente "bien". Ricos, en una palabra.

Mientras tanto, por ahí cerca estábamos también los OTROS mexicanos.

Muchos de éstos "otros mexicanos" no tenían visa ni pasaporte: Son residentes permanentes, o ciudadanos americanos. Algunos quizá son indocumentados.

Estos mexicanos son más morenitos, más bajitos. Visten más sencillo (generalmente uniformes de trabajo). Y a pesar de vivir en Estados Unidos, y ganar en dólares, quizá nunca tengan dinero para viajar a Disneyworld, irse a tomar un café a Nueva York, y mucho menos a esquiar a Colorado.

Son los mexicanos que vinieron a Estados Unidos no de vacaciones, sino a trabajar.

También son mexicanos, como la gente "bien" de la fila del aeropuerto, pero hasta ahí terminan las similitudes. Fuera de la nacionalidad, estos dos grupos son tan distintos que pueden ser de dos países (o planetas) diferentes.

DESDE LAS ENTRAÑAS DEL MONSTRUO

Ahora, debo aclarar algo. Yo no tengo nada contra la gente "bien". No promulgo la lucha de clases, ni el lema de "proletarios al poder", ni la teología de la liberación ni "revolución o muerte". No por "reaccionario" ni "entregado", sino por realista: Me he dado cuenta de que quienes salen con esas cantaletas, generalmente terminan más forrados que Rockefeller, a costa del idealismo (¿o inocencia?) de sus seguidores. (Caso típico: Fidel Castro.)

Pero sí me dio un no-sé-qué al notar la enorme diferencia entre mexicanos.

Y aunque los gringos nos vean a todos iguales, estoy seguro de que los primeros que protestarían y marcarían las diferencias serían precisamente estos mexicanos "bien", quienes se sentirían insultados al ser confundidos con "mojados".

—27 de mayo de 2005.

El profesor que odiaba a Estados Unidos

El profesor César siempre odió a "eso pinches gringos", como decía.

Desde su juventud, el profesor César estuvo influenciado por las ideas socialistas de su padre, un sastre tamaulipeco que se la pasó organizando sindicatos en todo su estado. Ese espíritu combativo, izquierdista y entregado a las causas sociales lo heredó el profesor César.

Como buen izquierdista, el profesor odiaba todo lo que oliera a capitalismo, a derecha y a Estados Unidos. Y no perdía momento en expresarlo de la manera más ruidosa y directa posible, con quien se le pusiera delante.

Igual que muchos mexicanos y latinoamericanos.

Y precisamente como muchos latinoamericanos, la vida del profesor César también estuvo llena de contradicciones respecto a su relación con Estados Unidos: Por un lado, odiaba a ese país, a su política exterior, su sistema de vida y sus valores. Pero por el otro, siempre admiró las series de televisión y las películas de Hollywood. Sobre todo las policiacas y de guerra.

El profesor criticaba a Washington, a la bandera de las barras y las estrellas, y hasta las hamburguesas... pero al mismo tiempo era un fanático enamorado del béisbol, y hasta una vez expresó su gusto por la música *"country"*.

Se opuso a la guerra de Irak con la misma fuerza y enojo con que lo hizo con la de Vietnam. Despreciaba al militar americano, pero reconoció la ayuda ofrecida por el ejército gringo durante el huracán que azotó Tampico en 1955.

No había quién le ganara a bailar *"swing"* (ni entre mexicanos ni gringos), y le encantaba la música de grandes bandas.

Acusaba a los americanos de ignorantes, racistas, intolerantes y cerrados de mente, pero al mismo tiempo disfrutaba con las canciones de Elvis Presley a pesar de que éste fue el típico americano ignorante, racista y cerrado de mente.

A diferencia de muchos que odian a Estados Unidos, el profesor sí lo llegó a visitar y lo conoció personalmente. Siempre contaba con gracia y hasta añoranza sus andanzas cuando a los 17 años se escapó de su casa para venirse de "mojado". Llegó precisamente a Fort Worth, Texas, muy cerca de Denton, donde su padre (el sastre comunista) años atrás había trabajado instalando líneas férreas.

DESDE LAS ENTRAÑAS DEL MONSTRUO

Para rematar las contradicciones, uno de los hijos del profesor se hizo emigrante, y vive desde hace años en Estados Unidos. Cada vez que el profesor recibía a su hijo, lo saludaba efusivamente, con besos y abrazos... para después enfrascarse con él en airadas discusiones contra "esos pinches gringos".

"Nada mas porque tú estás allá, pero si por mí fuera, me gustaría mucho que a todos en ese país se los llevará la fregada", le decía a su hijo.

En México, hoy en día, hay muchos otros profesores César, que igual odian a Estados Unidos, pero quienes tienen sus vidas íntimamente ligadas a este país, directa o indirectamente. Les guste o no. Ya sea por hijos, por familia o por simples gustos o disgustos.

Días atrás, el profesor estaba molesto, deprimido. No comía, no quería levantarse, casi no hablaba. Su familia le había dicho que por su condición, no iría en verano a Estados Unidos a visitar a su hijo, el paisano.

Bastó una llamada del hijo emigrante para cambiarle el carácter: "Saca tu pasaporte y tu visa y ven a visitarme en diciembre. Yo voy por ti a la frontera", invitó el hijo al profesor.

Cuenta la familia que tras esta invitación, el carácter del profesor cambió. No, no refunfuñó ni rezongó contra Estados Unidos. En cambio, comenzó a comer, se animó y comenzó a hacer planes para sacar su visa lo antes posible.

Quería venir a Estados Unidos, a ver a su hijo. No importaba que de paso tuviera que ver a "esos pinches gringos".

Pero el profesor no pudo realizar su viaje. Falleció la semana pasada. Yo tuve que ir de emergencia a México, a darle el último adiós.

Porque fue mi maestro. No cualquier maestro: De hecho, fue el primer y más importante maestro que tuve, no sólo en la escuela, sino en la vida.

Gracias a él soy lo que soy, y hasta lo que no soy. Y por eso siempre estará conmigo, en mi corazón.

Descansa en paz, papá.

Te queremos.

—27 de mayo de 2005.

"¡Ah, qué lindo su bebé! Es indio, ¿verdad?"

Estaba una vez comiendo en un restaurante de ésos de buffet en un suburbio de Dallas con mi familia. Tranquilos, sin meternos con nadie.

En eso pasaron junto a nosotros una pareja de ancianos gringos; deberían tener entre 65 a 70 años de edad cada uno. El hombre llevaba una gorra de visera y anteojos, e iba en una silla de ruedas eléctrica. Su esposa, delgada, de pelo cano y rizado, iba detrás de él.

Al pasar junto a nuestra mesa, se detuvieron. Teníamos el portabebé de nuestro pequeño Eric (recién nacido, con apenas dos meses de edad) bloqueando el acceso a la salida. No fue intencional: El portabebé es chico armatoste que no cabía en una silla, así que lo pusimos en el piso.

Pero bloqueaba la salida de los ancianos.

De inmediato nos levantamos y lo movimos, pidiendo disculpas. Los viejitos nos vieron y sonrieron, despreocupados.

"Don't worry, it's okay", repetían amablemente una y otra vez.

Aprovecharon el momento para detenerse y observar a Eric. Comenzaron a chulearlo.

"He's so beautiful! Beautiful!".

Nosotros, sus papás, claro: Henchidos de orgullo, como palomas.

Cuando pensamos que ya nuestro ego paternal no podía estar más arriba, el viejito interrumpió sus halagos al bebé, diciendo algo más:

"He's indian, right?" (¿Es indio, verdad?)

¡¡¡¡PLOM!!!!

(Así sonó nuestro orgullo, que se cayó como torpedo hasta hacerse añicos en el piso.)

Eric está precioso. Pero con sus cabellos lacios, piel morena oscura y ojotes negros, no puede ocultar a sus orgullosos ancestros de bronce. Como mi esposa. Como yo, su padre.

(Aunque, como dijo mi jefe una vez que estaba filmando un documental de los mayas: "Te pondría a ti a actuar de indio, pero mejor no. Lo siento, no hay indios calvos". La casi inexistencia de cabello en mi redonda cabezota desafortunadamente siempre me delata.)

El *shock* ante los viejitos gringos en el restaurante fue sólo un instante. De inmediato recapacité: "No estamos en México", pensé. "Esto es Estados Unidos. Estos son gringos ".

Y entendí. Ellos piensan diferente. No mejor, ni peor. Sino diferente.

Vi a mi esposa Esther. Los ojos se le salían y parecía a punto de tirarles el plato de comida a los ancianos en la cara. Pero le sonreí y voltee a verlos.

"Yes", respondí, abrazando a mi bebé. *"He is indian"*.

Ellos sonrieron de nuevo. Sin sorna ni burla, sino simplemente asintiendo. Chulearon un poco más a Eric, y se despidieron.

Esther casi estaba fuera de sí: "¡Oíste!", me dijo como queriendo susurrar pero casi le salió a gritos. "¡Le dijeron INDIO!"

Calma, le dije. Claro que le dijeron indio. Porque el bebé lo es. O al menos lo parece.

"¿Y cómo no?", le pregunté, calmado. "Mírate, por favor. Mírame. ¿De dónde iba Eric a salir teutón?"

César, nuestro otro hijo de nueve años, nos miraba comiendo, sin entender del todo.

Le expliqué a Esther: Para estos viejitos el decir "es indio" es normal. Es como decir "tiene el pelo rizado", o "tiene los ojos verdes". Es una característica física. Nada más.

Los viejitos no lo veían con racismo ni intolerancia. Simplemente dieron cuenta de un hecho.

(Si ellos eran de verdad racistas o intolerantes, no lo sé. Lo reconozco. A la mejor saliendo del restaurante se fueron a rapar la cabeza, o a vestirse con suásticas y a hacer el paso del ganso. O a la mejor no. Pero por lo menos ahí, en el restaurante fueron muy amables.)

En cambio, si en México nos hubiera pasado lo mismo, ya parece que veo cómo hubiera acabado todo.

A ver, atrévase a decirle "indio" al bebé de cualquier comensal, en cualquier restaurante de México, y verá como termina balaceado, como Paco Stanley en *"El Charco de las Ranas"*.

Por lo menos le responderán con un: "¡Pos el indio lo será usted, hijo de su tal por cual!". Y eso si bien le va.

En cambio, a los gringos les vale. Para ellos la gente es o blanca, o negra, o india, o asiática. Punto. No saben de detalles, ni de mestizaje, ni de castas, ni de *"moriscos"*, *"saltapatrás"*, o *"noteentiendo"*

Quizá antes de la Guerra Civil la cosa era distinto. Quizá aún hoy en día sea distinto en algunos sitios racistas del sur de Estados Unidos. Pero no en todas partes.

Estoy seguro de que el comentario de esos viejitos no fue por racismo, sino por inocencia o despiste. Tomaron inocentemente un asunto que es muy sensible para gente que proviene de sociedades igual o más racistas que la de ellos.

Como la mexicana.

CÉSAR FERNANDO ZAPATA PUNTO COM

De verdad que uno se encuentra cada cosa al meterse a la internet.

De pronto se me ocurrió entrar a los buscadores como Yahoo o Google y teclear mi nombre. A ver que salía.

Así, pues, teclee: "César Fernando Zapata". Así, con comillas.

En fracciones de segundo salieron cuatro páginas de información.

La mayoría de ellas, claro está, eran referencias de páginas de periódicos donde publican esta columna. Pero lo curioso es que salieron otros resultados más —digamos— exóticos.

Por ejemplo, salió una de mis columnas enlistada en un sitio ¡de supremacistas blancos!

Me froté los ojos y volví a mirar la pantalla.

Sí, allí, estaba mi nombre, en la sección de foros de usuarios del sitio www.stormfront.org, un sitio propiedad de la "Comunidad Blanca Mundial", que se dice que lucha por los "derechos de la raza aria" (?)

Se trataba de una sección titulada "¿Blancos en Méjico?" (sic). Supuestamente, el usuario que inició esa discusión se preguntaba si existía "de verdad" gente "aria" en México.

Otro usuario le respondió que sí, pero que eran "muy pocos" y que convenía tener contacto con ellos.

Alguno de estos "usu-arios" (perdón, no pude evitarlo) de ese foro había subido al sitio una columna mía, la que hablaba de que "El próximo Benito Juárez será presidente de Estados Unidos".

Este mismo tipo "aclaró" que sí, que claro que hay organizaciones arias en México. Mencionó que, "además de Gnosis, está Aryan Storm y White Eagle de la Ciudad de México".

¿Nazis en México? ¿Cabezas rapadas en Tacubaya? ¿Ku Klux Klanes en la colonia Buenos Aires?

Y yo que creí haberlo visto todo. Órale.

(Mejor aquí le paro. No vaya a ser que me vengan a quemar una cruz de madera en el patio de mi casa.)

Otro sitio de internet donde subieron columnas mías (también de gorra, claro) fue uno de... ¡Pedófilos! Aunque usted (ni yo) no lo crea.

Según estos locos, se dicen *"Boy Lovers"* (o "amantes de muchachitos"). A alguno de los usuarios se les ocurrió subir una columna mía donde decía que en Estados Unidos, cualquier contacto (casual o no) con niños es mal visto, y puede acarrearle a uno cárcel.

Lo cual es cierto, legalmente hablando (este país está cada vez más paranóico y puritano) pero nunca pensé que hubieran pervertidos o *"Boy Lovers"* que lo tomaran por otro lado.

(Por fortuna, antes de que a la FBI se le ocurriera venir a tumbarme la puerta y enviarme a Guantánamo, les cayó a estos locos primero y les cerró el sitio. Desafortunadamente quedan rastros en las páginas de respaldo cache de algunos buscadores. Antes no me mandaron llamar de testigo en el caso de Michael Jackson)

Bueno, seguí buscando mi nombre en internet...

De pronto, me encontré con que mis columnas aparecían en sitios de las oficinas de prensa del Gobierno del Distrito Federal y hasta de la Presidencia de México.

¿Por qué?

De alguna manera, los "genios" de las oficinas de prensa detectaron que de vez en cuando yo mencionaba las palabras "Andrés Manuel López Obrador", "Vicente Fox" y hasta "Peje".

No importaba que lo que tratara en la columna fuera un asunto totalmente ajeno a la política: Con tan sólo mencionar por encimita algo de éstos dos, ya tenía a un empleado de prensa recortando y pegando mi columna en un reporte que seguro le enviaba a sus superiores.

¡Me monitoreaban!

(Bueno, al menos tengo ALGUIEN que me lee, pensé. Y hasta recorta mis artículos y los sube a Internet.)

Luego, se me prendió el foco: ¿Cómo aprovechar esta oportunidad de aumentar el rating de mis escritos? Pos fácil: Escribiendo palabras "Clave" que detecten los que se interesan en monitorearme.

Así que, con su perdón, aquí les voy: ANDRÉS MANUEL LÓPEZ OBRADOR, VICENTE FOX, AMLO, EL PEJE, CHENTE FOX, PRESIDENCIA, LOS PINOS, GDF, PROYECTO ALTERNATIVO...

Ya. Seguro aumenté mis lectores. Por lo menos esta semana.

(Y también aprovechando eso de las palabras "Clave": DEMAGÓGO, BOTUDO, INEPTO, AGITADOR, PARÁLISIS POLÍTICA, ESCÁNDALO, RIDÍCULO, PLEITO DE COMADRES...)

Disculpen, no pude evitarlo.

—10 de junio de 2005 .

Los gringos hispanos

"Otorga gran atención al idioma español, y esfuérzate en adquirir un conocimiento correcto de él. Nuestras conexiones futuras con España e Hispanoamérica convertirán a ese lenguaje en una valiosa adquisición (...) Te envío un diccionario".

Thomas Jefferson, tercer presidente de Estados Unidos, en una carta enviada a su sobrino Peter Carr en 1787.

La jovencita llegó silenciosamente a la oficina donde yo trabajaba, en Dallas. Yo, absorto en la computadora, apenas la noté.

Era delgada, muy delgada. Tenía como 22 años, y el pelo rubio lo llevaba recogido en un severo chongo que contrastaba con su sonrisita de niña buena. Sus ojitos azulísimos chispeaban detrás de unos anteojos casi de juguete.

Volteé a verla. El evento lo ameritaba (comprenderán que no es cosa de todos los días que entren gringuitas a mi oficina. Más bien estoy acostumbrado a que salgan corriendo de ella en cuanto me ven la carota).

Por unos segundos, no supe qué decir. En un arranque de originalidad, se me ocurrió un ingenioso saludo:

"¡Hello!"

La muchachita me volvió a sonreír, pero frunció el ceño.

"Bouuuuenos deeeas!", me saludó en un lenguaje que me sonó a klingon.

¿O sería ruso? ¿Alemán?

Tardé unos momentos en darme cuenta de que era... ¡Español!

(O al menos lo que ella creía que era español.)

Pensé: "Esta me ve cara de paisanón. ¿Qué se cree? Mi inglés es mejor que su español". A mí no me iba a ganar en cosmopolitismo.

Muchos gringos sufren miserablemente cuando tratan de tartamudear otro idioma. Cuando alguien les habla en inglés es como si les tiraran un salvavidas, y se aferran a él con pasión.

Quise salvar a esta nena. Levanté las manos y le ofrecí magnánimamente: *"I can speak English"*.

Pero ella negó con la cabeza.

DESDE LAS ENTRAÑAS DEL MONSTRUO

Al contrario. Insistió: *"Pourrrr favouuurr... En españoul"*.

Al notar mi cara de signo de interrogación, ella continuó: *"Es que... quierrouuu prracticarr mi españoul, si nou le molesta"*.

Entonces dijo la frase que me desarmó:

"Pour favourr... Ténme paciencia".

La muchachita venía a vendernos un sistema de internet de alta velocidad. Y aprovechó la oportunidad de ir a una empresa de hispanos para... ¡practicar su español!

Y lo hacía con mucho entusiasmo. Su acento era espantoso (casi como el inglés champurreado de su seguro servidor), pero se notaba que había estudiado el idioma por iniciativa propia. No había burla ni conmiseración hacia nosotros (pobres inmigrantes), sino por sincera humildad y deseo real de aprender más.

Estados Unidos está en estos momentos en un debate nacional en el que el tema principal somos nosotros, los inmigrantes. Pero uno de los puntos más controversiales, es precisamente nuestro idioma, el español.

Muchos extremistas de derecha ven en nuestra lengua una amenaza peor que nuestra misma presencia física. Para ellos, todo aquél que no hable inglés está mal, debería ser encarcelado (o enviado de regreso por donde vino) o por lo menos confinado en Guantánamo hasta que aprenda a "hablar como Dios manda". (Léase: En inglés.)

La prensa se da vuelo con esta clase de noticias. Y a ratos nos hace pensar que de verdad Estados Unidos corre el riesgo de balcanizarse por culpa de nosotros, los que no tuvimos la "fortuna" de nacer en inglés. (??!!!)

Pero un punto queda siempre olvidado: ¿Qué pasa con aquellos que hablan —o quieren aprender— español... y no son inmigrantes?

Me refiero a los gringos "puros", esos *"All-American Boys and Girls"*, tan americanos como el pay de manzana... y que hablan... ¿Español?

Porque, aunque no lo crea, sí los hay.

Año con año, son más y más las familias norteamericanas que mueven cielo, mar y tierra para conseguir lo que a muchos les causa fuchi: Que sus hijos aprendan español.

Que se vuelvan bilingües. Que entiendan y disfruten tanto a Shakespeare como a Cervantes en sus idiomas nativos. Que se entiendan los chistes de *"Friends"* o El Chapulín Colorado sin subtítulos y que consigan pasar de un idioma a otro como si se cambiaran de camisa.

Yo los llamo los "gringos hispanos".

Ya son bastantes. Y cada vez son más.

Tómese el caso de la familia de Mike y María (no sus verdaderos nombres). Él, gringo color pan crudo. Ella, mexicana, prietita y amable. Él la conoció en el mostrador de un aeropuerto, y se maravilló de cómo María atendía a clientes tanto en inglés como en español.

Se casaron, y al principio hubo confusión sobre qué idioma usar en la familia. Mike impuso una regla: Un día todos hablamos en inglés, y al día siguiente todos hablamos en español.

Resultado: Las dos hijas que procrearon ahora entienden perfectamente ambos idiomas. Y Mike logró —mitad gracias a su esposa, mitad gracias a cursos— dominar el español con fluidez.

"Es importante para nosotros que las niñas no pierdan los dos idiomas. Los van a necesitar", comentaba María a un periódico texano.

Mientras, Mike le recordaba a una de las niñas, a quien se le salió decir una palabra en inglés: "Hoy toca español".

La mayoría de la población de Estados Unidos aún es totalmente monolingüe en inglés. Y le tienen pavor a los que hablan otro idioma, cuando no desprecio.

La falta de contacto con otras culturas (como ocurre con los países europeos) los ha hecho temerosos a escuchar palabras que no puedan entender. Sobre todo si son en español.

Se sienten fuera del lugar en un mundo que habla dos o más idiomas todos los días. Incluso hay quienes se quejan porque no los contratan porque no hablan español... ¡en su propio país!

Pero muchos otros están abrazando el bilingüismo con un fervor casi como de tarea. Por iniciativa propia.

Tom, mi amigo gringo, me decía: *"Fernandouu, yo quierrou aprenderr español... ¡Y tú vas a ayudarrrme!"*

(El pobre nunca pudo pasar de algunas frases. Pero por entusiasmo no quedaba).

Este cambio tomó por sorpresa a Mariana, una anciana sirvienta mexicana que recuerda que cuando llegó a Estados Unidos, de jovencita, sus patrones la regañaban por hablar español.

"Ahora todos los patrones me imploran: 'Mariana, por favor, háblales en español a mis hijos, para que lo aprendan... ", recordaba la mujer durante una llamada a un programa de radio en inglés. "¡Cómo han cambiado los tiempos!"

En un pueblito cercano a Fort Worth, Texas, a un supervisor municipal se le ocurrió contratar una empresa de asesoría para que les diera cursos básicos de español a los bomberos. Como habían muchos casos de emergencias entre la población inmigrante, a los bomberos se les hacía muy difícil comunicarse con ellos.

Pero, ¿los bomberos estarían de acuerdo?

No nada más estuvieron de acuerdo: Los apagafuegos (todos anglosajones y negros) se entusiasmaron tanto con la enseñanza de español, que hicieron una colecta entre ellos para pagar clases extra de perfeccionamiento del idioma.

"No es un lujo, para nosotros el español es como una herramienta de trabajo", explicaba un comandante a un periódico local.

Los antiinmigrantes de inmediato protestan por casos como éste, y gritan que está mal, que deberíamos de ser NOSOTROS los inmigrantes los que deben aprender inglés, y no los americanos español.

Quizá tienen razón, lo admito. Pero la presencia de latinoamericanos en este país ha provocado que los norteamericanos también descubran el placer que implica conocer otros idiomas, y otras culturas, algo que tenían olvidado desde hacía años.

"¿Tiene alguien por allí algún libro en español que me puedan vender?", era la solicitud de una joven mujer americana, cuando se inscribió en un círculo de aprendizaje del español en un sitio de internet de Texas.

Era una profesional con un niño de dos años, a quien cuidaba de tiempo completo de momento. Y entre sus prioridades estaba hacerlo totalmente bilingüe.

Y tomaba la misión con toda la seriedad que amerita: Le videogrababa a su bebé cuanto programa de caricaturas en español pescaba en el satélite, desde Plaza Sésamo hasta películas infantiles. A las librerías llegaba arrasando con cuanto libro para niños en español que hallaba.

"Supe que, entre más pronto se exponga a un niño a otro idioma, menos problemas tendrá para volverse totalmente bilingüe, sin acentos", explicaba.

Estas son anécdotas particulares. Pero a escala nacional, las estadísticas son más demoledoras: Según el diario USA Today, el Departamento de Educación estima que más de una cuarta parte de los más de 13 millones de alumnos de *High School* en Estados Unidos estudian el idioma español. O sea casi tres y medio millones.

El segundo idioma en importancia es el francés, pero muy lejos: un millón de estudiantes lo aprendía, mientras que el alemán lo tomaban 326 mil estudiantes.

Lo irónico es que, mientras las estadísticas muestran que, para la tercera o cuarta generación los hispanos ya casi perdimos el idioma español, en cambio cada vez más gringos lo quieren aprender. Quizá ellos sean los que mantengan vivo el idioma en el futuro, y no nosotros.

Muchos americanos temen que Estados Unidos se vaya a volver un país bilingüe, como Canadá, donde dicen que hay tantas broncas por culpa del francés, impuesto a la fuerza.

Yo diría: Estados Unidos YA ES un país bilingüe. Y a diferencia de Canadá, no por imposición, sino por iniciativa de su propia gente.

—24 de junio de 2005.

"No le tengas miedo a los gringos, Manuel"

Desde que publicamos esta columna hemos recibido muchas cartas de los lectores. Tratamos de responderlas todas. (Digo tratamos, porque las que traen mentadas y recordatorios al 10 de mayo como que aún las tenemos en *stand-by*.)

Recientemente recibimos una carta de un estudiante peruano, que nos permitimos reproducir esta vez, porque pensamos que las preguntas que hace son muy comunes entre los latinoamericanos respecto a Estados Unidos. Aquí va, junto con la respuesta que le dimos al final:

Hola, escribo desde Perú, soy un joven estudiante universitario, estoy por graduarme y viajar a América. Un pariente que viajó a los Estados Unidos me contó que si bien el español es creciente como idioma, aún hay gente americana que se opone al idioma. Me parece que es una tontería, porque el idioma no hace a la persona, sino sus valores. Mi familia es multicultural, parte india, alemana, chilena, blanca, negra y mestiza, ¡y no he visto que entre nosotros nos matemos!

Por ejemplo, mi pariente es de raza india; cuando viajó a USA, a Columbia, me parece lo atacaron mucho por su origen c idioma. En otro caso, mi hermano de raza blanca cuando viajó lo discriminaron porque si bien sabía ingles, éste no era fluido al 100%. Yo soy blanco (yo y mi hermano somos los únicos blancos de la familia, con excepción también de un tío y mi abuela) y no tenemos ideas racistas de ningún tipo (ni) odiamos a alguien porque tenga un idioma distinto.

Entonces, ¿que les pasa a los americanos? ¡Y no sólo a los blancos, sé que ahora los afroamericanos también son racistas contra los latinos blancos y mestizos! ¿Qué pasa? Es que cuando me vaya para USA ¿me van a pretender matar o algo, ya sea por el idioma, porque soy latino o blanco, ya no sé por qué más? Mirando las encuestas en el censo, me parece que hay una gran inexactitud (dice que del 100 de latinos en USA, cerca de 54% (creo que 13 millones) son blancos. Entonces, ¿de qué se quejan de su raza los americanos, o es que ser anglo para gustarles? No creo que todos los blancos ahí sean anglos, creo que hay italianos, alemanes y españoles, ¿no? De repente es mentira. Como vi, en el censo uno escoge su raza, ¿mienten probablemente muchos considerándose blancos? ¿Dígame, es cierto esto? ¿Cuántos latinos blancos, negros y mestizos hay en verdad? ¡Dígame por favor !

Ese es mi miedo, que comiencen a botar latinos del país. Además si hay latinos que son ladrones, los latinos que trabajan y se han ganado la ciudadanía, ellos mismos van a botarlos. ¡Todos los latinos no son ladrones! Me parece que ese es el error en la migración, debe haber leyes de inmigración correctas para que los emprendedores vayan a América y los que son ladrones, no. No sé de qué se quejan a muchos latinos, les gusta el ingles y el español. El español es mas poético y literariamente es mas "rico". El inglés por qué no, también es un idioma excelente, su pronunciación llama la atención. Nadie ataca al inglés, es una necesidad. ¡Pero el español también lo es!

Probablemente les fastidiará mucho a los anglos de que se escuche música en español, pero no se pueden quejar, porque ganan millones en impuestos. Además, si es buena salsa, como la de Héctor Lavoe, ¿cuál es el problema? Si fuera mala salsa, los mismos latinoamericanos ya la criticaríamos también sin importar que esté en inglés, español, francés o chino, ¿verdad? Contésteme por favor.

Manuel

Respuesta:

Hola, Manuel. Gracias por tomarte el tiempo de leer mis artículos, pero sobre todo gracias por tomarte la molestia de escribirme tu mensaje. Te agradezco las amables palabras que me enviaste sobre mis escritos.

Bueno, como supongo que estás esperando que te responda tus inquietudes sobre la vida en Estados Unidos, aquí vamos.

Tu pariente que viajó a Estados Unidos tiene cierta razón. Aún hay aquí gente a la que no le gusta que se hable español. Pero no tienes por qué pensar que es una "tontería". Cada cual tiene su manera de pensar. Cierto, los norteamericanos que se oponen al idioma español lo hacen por temor infundado, porque ellos no quieren (o no pueden) aprender español. Temen quedarse rezagados. Pero no son tantos como parecen (aunque sí son bastante ruidosos a veces). Quizá tu pariente tuvo mala suerte y se topó con uno de ellos. Lástima, porque una golondrina no hace verano.

(Por ejemplo, a mí me encanta la música de los Beatles, y de vez en cuando me encuentro quien los odia. Son pocos, cierto, pero los hay. Y no considero estas opiniones en contra como una "tontería". Cada cual su vida, ¿no crees?)

Sobre lo de que tienes una familia multicultural, te felicito. Pero dudo mucho que tengas mucha experiencia en el asunto de la multiculturalidad REAL.

Me explico: Latinoamérica FUE multicultural cuando llegaron los españoles. Ya no lo es. Somos bastante homogéneos. Aunque habemos blanquitos, negritos, morenitos y chinitos, todos compartimos más o menos una misma cultura, un mismo idioma (con distintos acentos), una misma religión (o similares) y costumbres muy parecidas. No somos idénticos, pero hay más similitudes que diferencias entre nosotros.

El que tu familia sea variopinta, NO significa que sea multicultural. No como en Estados Unidos. No creo que tú llegues a entender este fenómeno desde Perú, porque todos los inmigrantes que llegaron a Latinoamérica (chinos, españoles, italianos, portugueses, negros, árabes), se fundieron. Se mezclaron. Aprendieron español, se volvieron católicos. Se volvieron latinoamericanos.

Los latinoamericanos no somos multiculturales. Somos multiraciales.

Es muy, pero muy distinto a lo que ocurre en Estados Unidos, donde mexicanos, árabes, puertorriqueños, negros, asiáticos y anglos defienden cada cual sus costumbres, forman enclaves propios, y ello genera problemas.

Por ejemplo, piensa que Perú tuviera una experiencia VERDADERAMENTE multicultural. Piensa qué pasaría si de pronto entrasen cientos de miles de árabes al país, a quienes el resto de los peruanos les permitieran construir sus escuelas, enseñar en su idioma, aferrarse a su religión y a sus costumbres, aparte totalmente del resto de la población. Verás cómo sí va a haber problemas. Y seguro que comenzarán a matarse entre ustedes mismos. Incluso (Dios no lo quiera) entre tu propia familia.

El hecho de que tus parientes sean "blancos" no significa nada a la hora de ser discriminados o no en Estados Unidos. Pueden ser negros, azules o verdes. Pueden hablar inglés con un acento horrendo, o hablarlo perfectamente. Eso no importa: Siempre se encontrarán con personas a las que no les agraden. Que te odien por ser peruano... O por ser tú mismo.

Tú puedes tomar estas situaciones de dos maneras: Te puedes sentir discriminado o te puedes sentir que no te afecta. Cada cual lo toma como quiere. Tu pariente que vino acá y se sintió discriminado, seguramente lo tomó muy a pecho. Yo creo que eso viene en la mente de cada cual. A la mejor él ya venía con cierto sentimiento de inferioridad, paranoia o no sé, y cualquier actitud negativa de un gringo lo afectó más de lo normal.

Si tu hermano no habla inglés al 100%, y se sintió discriminado, también pienso que más bien ya venía con temor por no hablar bien el idioma. Hay extranjeros que tienen acentos horrendos (Arnold Schwarzenegger, Penélope Cruz, Salma Hayek, Ricardo Montalbán, Antonio Banderas, etcétera). Los gringos a cada rato se burlan de los acentos de estas celebridades. ¿Cómo reaccionan estas estrellas? Lo toman a broma. Y no se sienten discriminados. Al contrario: Lo asumen. Incluso se unen a la broma. Y se olvidan del asunto.

A la mejor tu hermano ya venía temeroso, te repito. Y si se encontró con un racista, no pudo manejar la situación y se enojó, o se sintió ofendido. Insisto: La mejor arma contra los racistas es no darles importancia, sino reírse de ellos. Y olvidarse del tema. Si haces escándalo les das municiones para que te sigan atacando. Lo que los hace sentirse importantes.

Yo creo que el error de muchos extranjeros en Estados Unidos es no aceptarse como son. Por muy perfecto inglés que hables, por mucho que te fundas con la sociedad americana, por muchos "*hot-dogs*" y hamburguesas que comas, por mucho que te hagas "*American citizen*", y lleves la bandera de las barras y las estrellas en la solapa... siempre serás un peruano. A la mejor nacionalizado americano, sí, pero peruano al fin. Punto. Y para los gringos (tus "compatriotas") siempre serás "ese peruanito".

Nunca serás (ni tú ni yo) un gringo "puro". Podrás ser ciudadano americano, amar y respetar a tu país adoptivo. Y ellos te respetarán como un igual... pero nunca lo serás. Hay que afrontarlo.

(Lo mismo pasa con gringos que se aferran a hablar un español "perfecto". Y se frustran cuando alguien "nota" su acento gringo. Yo alzo las manos al cielo y les digo: "Por favor... Si tú ERES un gringo. Por más perfecto español que hables, NUNCA serás un latinoamericano. En caso de que logres aprender un español perfecto, cuando un latino te escuche hablar se sorprenderá. Pero luego dirá: 'Mira, qué buen español habla ESE GRINGO'. Porque ESO ERES. Acéptalo".)

Dices que no tienes actitudes racistas. Que tu familia es multicultural y tolerante. Con todo respeto, yo no lo creo. El racismo no lo inventaron ni los españoles, ni los ingleses, ni los alemanes nazis, ni los judíos ni los gringos. Lo inventó el primer Homo Erectus que vio a los homínidos del clan del otro lado del río y se le hicieron más feos, más sucios y más tontos que los de su clan... aunque eran idénticos a ellos. Los seres humanos somos racistas por naturaleza, en menor o mayor medida. Tú mismo me estás diciendo que eres racista al escribirme "Yo soy blanco , (yo y mi hermano somos los únicos blancos de la familia, con excepción también de un tío y mi abuela) y no tenemos ideas racistas de ningún tipo". Lo siento, pero tu subconsciente te delató. Si de verdad fueras racista, ni te hubieras dado cuenta de que eres "blanco".

Despreocúpate cuando vengas a Estados Unidos. Dudo que ningún blanco, o negro, o amarillo o tutti-frutti quiera matarte. Es más, dudo que siquiera te tomen en cuenta (a menos que se te ocurra desfilar por las calles vestido con un traje típico de indígena peruano, montado en tu llama y silbando "*El Cóndor Pasa*" con una flauta de carrizo). No te des tanta importancia: En Estados Unidos habemos casi 50 millones de latinoamericanos viviendo desde siempre, y nadie te va a ver como a alguien especial, que amerite ser discriminado porque sí.

Ahora, tu miedo de que comiencen "a botar latinos porque sí" se me hace un poco exagerado... pero no infundado. Ha ocurrido antes. Puede ocurrir en el futuro. Sólo basta una crisis política o económica durísima en Estados Unidos, y que un loco demagogo llegue al poder, para comenzar a buscar chivos expiatorios. Y la historia nos ha dicho que éstos siempre son los recién inmigrados (primero fue contra los alemanes, luego contra los negros, contra los irlandeses, los chinos y hasta los italianos). Ahora nos toca a nosotros, los latinoamericanos.

Pero nosotros los latinoamericanos en Estados Unidos tenemos una enorme ventaja: Existen miles de policías, alcaldes, concejales, diputados, senadores y funcionarios del gobierno que son hispanos. Y millones de votantes. No será fácil para cualquier loco racista que llegue al poder librarse de nosotros tan fácilmente. Por lo menos sí batallará, te lo aseguro.

Tienes cierta razón respecto a que las leyes de inmigración en Estados Unidos no son del todo correctas. Es un enorme problema, que se debe corregir. Actualmente, en otros países anglosajones, como Canadá, Inglaterra, Australia y Nueva Zelanda, existe un sistema de inmigración basado en puntajes. Según tus cualidades, estudios, experiencia, edad, capacidad, te dan más o menos puntaje, lo que te hará acreedor a la posibilidad de emigrar. Se me hace un sistema bastante justo e imparcial. Emigran los que tienen algo qué ofrecer a su nuevo país.

Desafortunada o afortunadamente, Estados Unidos tiene un sistema distinto. Se basa más en reunificación familiar. O sea, los gringos le dan más preferencia a parientes directos, hijos, padres, hermanos, de ciudadanos o residentes legales para inmigrar. Le dan más énfasis en reunir familias, sin importar si éstos son universitarios con doctorado o campesinos. Es gracias a este sistema que millones de mexicanos pobres se han hecho ciudadanos americanos, lo que no les gusta a muchos políticos antiinmigrantes, que preferirían otra clase de inmigrantes, mejor preparados quizá.

Podrás decir muchas cosas contra el sistema de inmigración americano, pero una cosa es cierta: Es uno de los más abiertos del mundo. A pesar de todo. Trata, por ejemplo, de emigrar a Europa, a cualquier país de Asia o incluso a México, y verás las dificultades que hay. Con todo, Estados Unidos es el único país que tiene un sistema de sorteos de visas de inmigrantes para personas de todo el mundo, donde cualquiera —salvo algunas excepciones— se puede inscribir al año y salir agraciado con una residencia permanente... incluso peruanos.

¿Cuál opción es la mejor? ¿El sistema de puntaje por méritos individuales de Australia y Canadá? ¿O el sistema "humanitario" de reunificación familiar de Estados Unidos? Cada quién decide.

Sobre lo del idioma español, no hay problema. Sí, es un idioma "bello y poético", pero lo mismo te puede decir un moscovita del ruso, o un parisiense del francés. Nadie le está poniendo trabas al español en Estados Unidos. La prueba está en que

Estados Unidos es el país donde más gente habla español del mundo, después de México y España. Por ejemplo, en Estados Unidos hay hasta más hispanos que en el propio Perú. Y va en aumento.

A los anglos en general no les molesta en lo absoluto que se escuche música en español. Al contrario: Es excelente negocio para ellos.

Y no, no es precisamente la música salsa lo que se escucha por estos lares. Pocos, poquísimos la escuchan, fuera de Miami y Nueva York... y desafortunadamente creo que son muchísimos menos los que conocen a Héctor Lavoe, lamento decirte. Son muchos más los que oyen música norteña y grupera mexicana, con grupos como Los Tigres del Norte o los Tiranos de Tijuana. Pero seguro te darás cuenta cuando vengas acá.

Yo creo que el principal problema que tenemos los latinoamericanos respecto a nuestras opiniones sobre Estados Unidos, es la total desinformación respecto a ese país. La mayoría de nosotros nos formamos (o deformamos) una idea de los Estados Unidos de "oídas". Porque escuchamos lo que dicen nuestros medios locales. Porque nos creemos las películas de Rambo. Porque les damos mucho crédito a intelectuales de café, que nunca han puesto un pie ni en Nueva York, ni en Texas, ni en California ni en Florida... y aún así se creen "expertos" en Estados Unidos. Piensan que todo lo saben por lo que ven en la tele, en el cine, o en los periódicos izquierdistas.

Una cosa es cierta: Latinoamérica está llena de "expertos" en Estados Unidos. Hay más de 400 millones de ellos... y cada uno tiene su "opinión bien fundamentada".

En síntesis, Manuel: Relájate. Cuando vayas a venir a este país, respira profundo, sacúdete los temores y traumas típicos de cualquier latinoamericano con respecto a Estados Unidos, y ven con la mente abierta. No le tengas miedo a los gringos.

Quizá cambies tu opinión sobre los gringos. O quizá la refuerces. Pero una cosa es segura: La experiencia te cambiará la vida. Y lo conocerás de primera mano, sin que te lo cuente ningún "experto" desde la comodidad de su cafetería en Lima o Caracas.

Ante todo, disfruta la experiencia.

Espero que no sea la última vez que me escribas, y podamos seguir discutiendo tus inquietudes. Y me cuentes cómo te fue por acá.

Un saludo
CFZapata

—*Dallas, Texas, 8 de julio de 2005.*

CPSIA information can be obtained at www.ICGtesting.com
Printed in the USA
BVOW02s0012230615

405592BV00019B/262/P

9 781434 843753